中华优秀传统文化大众化系列读物

墨学与中国逻辑学趣谈

孙中原　著

商务印书馆
The Commercial Press

2017年·北京

图书在版编目（CIP）数据

墨学与中国逻辑学趣谈 / 孙中原著. — 北京：商务印书馆，2017
（中华优秀传统文化大众化系列读物）
ISBN 978‐7‐100‐12903‐9

Ⅰ.①墨⋯ Ⅱ.①孙⋯ Ⅲ.①墨家－关系－逻辑学－研究－中国 Ⅳ.①B224.5②B81

中国版本图书馆CIP数据核字（2017）第007703号

权利保留，侵权必究。

（中华优秀传统文化大众化系列读物）
墨学与中国逻辑学趣谈
孙中原 著

商 务 印 书 馆 出 版
（北京王府井大街36号 邮政编码 100710）
商 务 印 书 馆 发 行
三河市尚艺印装有限公司印刷
ISBN 978‐7‐100‐12903‐9

2017年7月第1版　　开本 880×1230　1/32
2017年7月第1次印刷　印张 15 3/8

定价：48.00元

创转创发相融通
《中华优秀传统文化大众化系列读物》丛书序

习近平总书记2014年9月24日在纪念孔子诞辰研讨会讲话说,要"努力实现传统文化的创造性转化、创新性发展,使之与现实文化相融相通"。本丛书取名为《中华优秀传统文化大众化系列读物》。以下简述本丛书著作的宗旨、缘起和内容。

一、宗旨

本丛书著作的宗旨,是弘扬中华优秀传统文化,阐发中华优秀传统文化"与现实文化相融相通"的意涵,推动中华优秀传统文化在新时代的"创造性转化、创新性发展",为振兴中华,实现中华民族伟大复兴的中国梦,提供锐利的思想武器和强大的精神动力,致力于中华优秀传统文化的大众化、普及化,通俗易懂,有科学性、知识性和可读性,适合广大人民群众阅读。

二、缘起

本丛书著作,缘起于我跟商务印书馆多年良好的合作共事。经多年酝酿,编撰拙著《中国逻辑研究》,2006年由商务印书馆出版。2015年经全国哲学社会科学规划办公室组织专家评审，全国哲学社会科学规划领导小组批准，获 2015 年国家社科基金中华学术外译项目立项，译为英文，在国外刊行。合著《墨子今注今译》，2009 年由商务印书馆出版，2012 年第 2 次印刷更新。从 2012 年开始至今，我陆续跟商务印书馆签约，致力于本丛书的编撰。这是我 1961—1964 年奉调师从中国科学院哲学研究所汪奠基、沈有鼎教授，专攻古文献，历经数十年教学和研究积淀的成果。

三、内容

本丛书首批出版著作 15 种：

1.《五经趣谈》：趣谈《诗》、《书》、《礼》、《易》与《春秋》的义理。

2.《二十四史趣谈》：趣谈二十四史的启示借鉴。

3.《诸子百家趣谈》：趣谈诸子百家人物、流派、典籍与学说。

4.《古文大家趣谈》：趣谈古文大家的文学精粹。

5.《墨学趣谈》：趣谈墨学的知识启迪。

6.《墨子趣谈》：趣谈墨家的智慧辩术。

7.《墨学与现实文化趣谈》：趣谈墨学与现代文化的关联。

8.《墨学与中国逻辑学趣谈》：趣谈墨学与中国逻辑学的前沿课题。

9.《中国逻辑学趣谈》：趣谈中国逻辑学的精华。

10.《诡辩与逻辑名篇趣谈》：趣谈先秦两汉的诡辩与逻辑名篇。

11.《诸子百家逻辑故事趣谈》：趣谈诸子百家经典的逻辑

故事。

12.《中华先哲思维技艺趣谈》:趣谈中华先哲的思维表达技巧。

13.《东方逻辑趣谈》:日学者趣谈中印西方逻辑,著者授权译介。

14.《管子趣谈》:趣谈《管子》的治国理政智谋。

15.《墨经趣谈》:趣谈《墨经》的科学人文精神。

本丛书著作,由商务印书馆编审出版,谨致谢忱。不当之处请指正。

孙中原
2016 年 4 月 10 日

目 录

开场白：墨学逻辑紧相连··1
 一、本书宗旨··1
 二、墨学··1
 三、逻辑学··7
第一章 墨家智慧与中国文化走向·······························15
 一、崇尚科学··16
 二、求真务实··22
 三、以人为本··26
第二章 墨家的宇宙人生智慧·······································34
 一、杞人无须忧天倾··34
 二、世界本原在物中··37
 三、物运时空须辩证··42
 四、人生本质是劳动··47
 五、七情六欲求适中··49
第三章 墨家的智慧治国论···57
 一、经济智慧··57
 二、伦理智慧··61
 三、教育智慧··71
 四、军事智慧··75

第四章　墨家智慧学的元研究····················79
一、智慧在哪里····························79
二、智慧在追求····························82
三、智慧的源泉····························83
四、智慧的阶梯····························85
五、智慧的形态····························87
六、智慧的目标····························90
七、智慧的辩论····························94

第五章　墨家哲学的发展·······················100
一、墨子哲学·····························100
二、《墨经》哲学··························107

第六章　墨学人文观要义······················115
一、问题的提出····························115
二、从神文到人文的蜕变······················116
三、墨学人文观要义························122

第七章　墨子杂论感言························129
一、兼王之道是范畴························129
二、修养身心儒墨同························131
三、教育交友须谨慎························133
四、规律概念从中出························135
五、强本节用倡勤俭························137
六、俭节则昌淫佚亡························138
七、墨子辩论露缺失························141

第八章　墨家的和谐世界观····················143
一、内容意义·····························143

二、理论创新…………………………………………145
三、实际运用…………………………………………153

第九章　墨学的持续发展和比较研究………………159
一、古今转型：持续发展……………………………159
二、中西合璧：比较研究……………………………168

第十章　墨子鲁班的综合研究………………………171
一、智慧群体…………………………………………171
二、鲁班精神…………………………………………175
三、墨子精神…………………………………………179

第十一章　墨家运用概念的艺术……………………183
一、概念的性质和作用………………………………184
二、概念的种类………………………………………188

第十二章　墨家运用命题的技巧……………………196
一、命题、语句和判断………………………………196
二、模态命题…………………………………………198
三、全称特称…………………………………………207
四、假言命题…………………………………………208
五、言意实评价范畴…………………………………212

第十三章　墨家论言词交际的规律…………………216
一、彼止于彼，此止于此：同一律…………………216
二、不俱当必或不当：矛盾律………………………219
三、或是或非当者胜：排中律………………………227
四、三物必具足以生：充足理由律…………………229

第十四章　墨家论证说服的技艺……………………238
一、演绎、归纳和类比………………………………239

二、止：综合类推……243
三、几种特殊类推……247

第十五章　传统推论范畴……263
一、一级范畴……263
二、二级范畴……272
三、传统推论特质……274

第十六章　墨家归谬法……277
一、中外归谬法……277
二、墨子归谬法……279
三、《墨经》归谬法……289
四、推广……298

第十七章　《墨子·经上》和《经说上》的逻辑……301
一、天下奇书……301
二、科学概念……303
三、逻辑学……310
四、范畴论……311
五、方法论……316
六、止式论证……318

第十八章　《墨子·经下》和《经说下》的逻辑……320
一、奇书难读……320
二、逻辑论证……321
三、科学成就……323
四、科学精神……332

第十九章　《墨子·大取》和《小取》的逻辑……336
一、《大取》赏析……336

二、《小取》赏析…………………………………347
第二十章 《吕氏春秋》与墨辩…………………………357
　一、墨者入秦创新业…………………………………357
　二、世传吕览有墨学…………………………………362
　三、势所必然篇相似…………………………………365
　四、弘扬墨辩逻辑学…………………………………368
　五、推类之难成篇章…………………………………369
　六、发展墨家语义学…………………………………373

第二十一章　言意之辩的逻辑哲学意义……………378
　一、言不尽意论………………………………………378
　二、言尽意论…………………………………………382
　三、结论………………………………………………393

第二十二章　比较逻辑观名家…………………………395
　一、奇辞怪说的表达方式……………………………398
　二、双重论证的思维模式……………………………404
　三、归谬反驳的论证方式……………………………411

第二十三章　兴危继绝　综合创新……………………416
　一、轴心精神待挥洒…………………………………416
　二、综合创新树典范…………………………………427
　三、兴危继绝宏图展…………………………………435

第二十四章　墨家的军事思想…………………………437
　一、墨者贡献…………………………………………437
　二、现代价值…………………………………………447

第二十五章 《老子》的实践哲学………………………449
　一、"取下求上"命题的产生…………………………449

二、"取下求上"命题的推广…………………455
三、"取下求上"命题的意义…………………462
第二十六章 学术论文的逻辑范式……………466
一、论题明确………………………………467
二、论据充分………………………………469
三、论证合理………………………………471
四、评论资料………………………………472
五、推敲锤炼………………………………476
后　记……………………………………………480

开场白：墨学逻辑紧相连

一、本书宗旨

趣谈墨学和逻辑学领域的闪光亮点、热点、焦点、攻关难题和学术增长点，推动墨学、逻辑学和中国传统文化研究的进展。

二、墨学

墨学，即墨家学说，在当前含有两重意义。墨学的第一重意义，是《墨子》中的墨家学说。我把这一重墨学，叫古旧墨学，对象墨学。因为它相对于我们的研究而言，是属于古代陈旧的研究对象，是属于第一层次的研究。墨学的第二重意义，是《墨子》外的非墨学人，特别是今人，对《墨子》中墨家学说的研究成果，是属于第二层次的研究。用专门的方法论术语，可把第二重意义的墨学，叫今新墨学，元墨学。

"元"对应英文 meta-，意为在对象之外、之后、之上，有超越性和总体性。港台学者译为"后设"，即在对象之外、之后、之上的设定。论研究层次，对象墨学低一层次，元墨学高一层次。"元"指高一层次。汉语中兼有本原、根本、支配、主导、统率、灵魂之意。《尔雅·释诂》说："元，始也。"

古旧墨学、对象墨学，是终结封闭的体系。因为古旧墨学、对象墨学的主体战国时期墨家，已离开我们远去，永不复返。如果无人研究拨动，古旧墨学、对象墨学自身，不会再自行增殖改变。而今新墨学、元墨学，则充满生机与活力、张力和无比影响力，可永续研究发展，是可以无限增殖的开放性进程。

《墨子》中的古旧墨学、对象墨学，是今新墨学、元墨学的研究素材，原始资料，就像是冶炼金属，浇铸新型工艺品的矿石原材料。我们研究的目的和宗旨，是推陈出新，新陈代谢，推出今新墨学、元墨学。就学术发展的层级性而言，今新墨学、元墨学，超越并高于古旧墨学、对象墨学，是古旧墨学、对象墨学的加工改制品和现代转型的结果。

正确地研究墨学，需要借助现代科学研究方法。现代科学研究方法，相对于《墨子》元典说，具有在外、在后和在上的性质。现代科学研究方法，从范围说，位于《墨子》外面。从时代说，位于《墨子》后面。从层次说，位于《墨子》上面。今人用现代科学方法研究《墨子》，立足视角，是在《墨子》外面、后面和上面。这种在外、在后和在上性质的研究，用专门的科学方法论术语称呼，叫元研究。

德国数学家希尔伯特（Hilbert）把理论研究分为"对象和元"两个层次。把所研究的理论，叫对象理论。把研究对象理论时，所用的工具性理论，叫元理论。希尔伯特1922年在莱比锡德国自然科学大会讲演时说："对于通常的形式化数学而言，在一定意义上要附加一门新的数学，即元数学。在元数学中，人们处理普通数学的证明，后者成为研究的对象。"

美籍波兰裔学者塔尔斯基（Tarski）1933年《形式化语言中真这个概念》一文，把语言区分为"对象和元"。把所讨论的语言，叫对象语言。把讨论对象理论时所用的工具性语言，叫元语言。

公元前335年，古希腊亚里士多德，在雅典东北郊小树林里租房，创立吕克昂学园，即逍遥学派。公元前60年，吕克昂学园第11代即末任园长安德罗尼柯，编辑亚氏学园的遗稿47种，其中论可感有形物的著作，叫《物理学》（Physica）。论超感抽象物的著作，叫《物理学之后》（Metaphysica），是英文构词前缀meta-的来源，是元研究意涵的西方渊源。中文的意涵，则渊源于《易·系辞上》说的"形而上者谓之道"。

对古旧墨学、对象墨学的元研究进程，必须运用分析综合、抽象概括、演绎归纳等理性思维方法，对古旧墨学、对象墨学的原材料，去粗取精，去伪存真，由此及彼，由表及里，形成今新墨学、元墨学的理论系统。科学的理论抽象，看似远离对象，实际是更深入对象，排除假象，把握真相，深刻反映对象本质的科学研究进程。

在古希腊哲学的多种多样形式中，差不多可以找到以后各种观点的胚胎萌芽。在《墨子》中，可以找到现代哲学、逻辑学、科学和人文学的胚胎萌芽。我们的工作，是揭示由《墨子》的胚胎萌芽，到现代观点方法的联结，展现墨学由古到今，中外融通的思想脉络。

人体解剖对于猴体解剖是一把钥匙。低等动物身上表露出来的高等动物的征兆，反而只有在高等动物本身已被认识之后才能理解。现代科学方法，是分析《墨子》精华的钥匙。

墨学中表露的现代观点征兆，只有在现代科学方法被把握后才能理解。

《诗经·小雅·鹤鸣》说："他山之石，可以为错。""他山之石，可以攻玉。""攻"是治理。"错"是磨刀石。清郑世元《感怀杂诗》说："他山有砺石，良璧愈晶莹。"砺石是磨刀石。《论语·卫灵公》载孔子说："工欲善其事，必先利其器。"现代科学方法是研究《墨子》的利器。

杜甫《望岳》诗说："会当凌绝顶，一览众山小。"王之涣《登鹳雀楼》诗说："欲穷千里目，更上一层楼。"苏轼《题西林壁》诗说："横看成岭侧成峰，远近高低各不同。不识庐山真面目，只缘身在此山中。"这些诗句，都可用来比喻形容用现代科学方法研究《墨子》的学术境界。

德国哲学家卡尔·雅斯贝尔斯（Karl Jaspers）说，以公元前500年为中心的文化轴心时代，是奠定人类精神基础，影响今日的时代。"这个时代产生了所有我们今天依然在思考的基本范畴。"[①]他说的这个时代，正值墨家兴盛的战国时期。

《墨经》有数百个各门科学的范畴命题，是影响到今日的重要元典。"元典"即始典、首典、原典、美典和宝典，是历久弥新，经久不衰之典。元典之树常青，《墨经》之树常绿。"经"即经典、典范、规范、常道和路径。《释名·释书契》说："经，径也，如径路无所不通，可常用也。"

《墨经》包含常用的普遍真理，有"施诸四海而皆准，行

[①]〔德〕卡尔·雅斯贝尔斯：《人的历史》，载《现代西方史学流派文选》，上海人民出版社1982年版，第38—40页。

诸百世而不悖"[1]的观念。元典是轴心时代的原创，蕴藏后代创造性诠释与转型的全息性基元。这是《墨子》精华可多次诠释和转型的奥秘所在。

西方的文艺复兴时代，是一次人类从来没有经历过的最伟大的、进步的变革，是一个需要而且产生了巨人的时代。战国时期的辉煌，不逊于西方的文艺复兴时代，是需要而且产生巨人的时代，包含墨家在内。巨人的智慧之光，辉耀当世，影响现代和未来。墨学有恒久不衰的价值，蕴藏适用过去、现代与未来世界合理思想的基质元素，禀赋永续研究发展的潜力。

旅美华裔学者傅伟勋的创造性诠释学方法，可资借鉴。傅伟勋提出创造性诠释学（Creative Hermeneutics）的五种境界说：第一，实谓。原典实际上怎么说，原典校勘考证。第二，意谓。原思想家想要表达什么，是"实谓"的意义，是原典训诂和语义分析。第三，蕴谓。原典蕴藏的深层义理，有高低不同的多层蕴含。第四，当谓。原思想家应当说出的，创造的诠释学者应当如何重新表达，发掘原思想体系表层结构下的深层结构，为原思想家说出应当说出的话。第五，创谓。为解决原思想家未完成的课题，现在必须创新地说什么，从批判继承者，转化为创造发展者，救活原有思想，消解其难题和矛盾，为原思想家完成创新思维课题，促进世界思想传统交流，培养创新力量。[2]

---

[1] 胡适语。
[2] 王赞源：《创造性的诠释学家：傅伟勋教授访问录》，《哲学与文化》1997年第12期。

借鉴傅伟勋的创造性诠释学方法，分析现今学术界对《墨子》的研究进程，可知当前学术界对《墨子》的校勘、训诂和义理研究，还远未走出傅氏所说的前两种诠释境界"实谓"和"意谓"。即使在"实谓"和"意谓"的诠释境界，学术界的成果，还远未达到理想，臻于完满，达成共识。更遑论傅氏所说的后三种诠释境界"蕴谓"、"当谓"和"创谓"。而这后三种诠释境界，才真正是墨学创新转型的理想化、完善化研究。墨学研究的大势，正是路漫漫其修远兮，亟须众多学人上下求索，追求超越。

近现代西学东渐，全球化、世界一体化趋势，锐不可当。许多有识之士，发现墨学中有符合新时代需要的科学内容，是建设新文化的宝贵资源和启示借鉴。但墨学，特别是《墨经》的哲学、逻辑学、自然科学和人文科学知识，原来所用先秦古汉语和《经》、《经说》奇特表达方式，佶屈聱牙，艰涩难懂，不经专门解释，令人难以索解。今日研究者在现代学术素养和专门知识的基础上，创造性地诠释《墨子》精华，把古旧墨学的朴素原始状态改造转型为今人易懂能用的学术新品，是时不我待的神圣使命。

在全球化、世界一体化的新时代，解读《墨子》，是从广大人民群众迫切的现实需要出发，秉持现代科学的研究方法，运用读者喜闻乐见、易于理解的语言表达论述，把古旧墨学改造转型为今人易于理解运用的今新墨学、元墨学。今新墨学、元墨学，是现代新文化的必要组成部分，是全球化、世界一体化新时代社会前进的巨大精神力量。

三、逻辑学

墨学跟逻辑学有必然的内在联系。墨学的构成、认知和宣传方式，是逻辑学。中国古代逻辑学，从墨子开始萌芽，到后期墨家著作《墨经》形成体系。西晋鲁胜写《墨辩注序》，把《墨经》叫"墨辩"和"辩经"。于是，"墨辩"在中国逐渐成为固定词组，它一是指《墨经》元典，二是指墨家辩学。《墨经》和墨家辩学，是中国传统逻辑学（古典逻辑学、经典逻辑学）的典型代表，是当代中国亟须深入攻关钻研的重要课题。

清代以前，"名"和"辩"是分开说的两个单独术语，分别代表儒家和墨家两种逻辑学说。"名"的代表作是《荀子·正名》。鲁胜《墨辩注序》推崇《墨经》，把《墨经》称为《墨辩》和《辩经》，但是他受儒家影响，把先秦逻辑思想一概归在"名家"的"名"范畴内。鲁胜《墨辩注序》开宗明义地给"名"（意指名学）的功能，定义为"别同异，明是非，道义之门，政化之准绳"，接着历数先秦名学的谱系、范畴和作用，末尾归结为"名之至也"，意即名学的极致。

"辩"的代表作是广义《墨经》[①]。广义《墨经》的《小取》开宗明义地说："夫辩者，将以明是非之分，审治乱之纪，明同异之处，察名实之理，处利害，决嫌疑焉：摹略万物之

[①] 广义《墨经》，指《墨子》中《经》和《经说》上下以及《大取》、《小取》六篇。狭义《墨经》，指《经》和《经说》上下四篇。本书以下引《墨子》，只提篇名。

然，论求群言之比。"这是给"辩学"制定功能定义。接着分说思维形式各论"以名举实，以辞抒意，以说出故"，相当于逻辑学的概念论、判断论、推理论。又列举判断推理形式"或假效譬侔援推"七种。并制定思维规律"以类取，以类予。有诸己不非诸人，无诸己不求诸人"，相当于同一律、矛盾律。下面再说"譬侔援推"，特别是"侔"式推论（比词类推）的各种谬误。《小取》是中国古代逻辑学的简明教学大纲。

"名"和"辩"两种学说源流，本质一致，但又各有特点。其特点，分别是以"名"统"辩"，或以"辩"统"名"。"名"相当于语词概念，把它加以扩张，用其广义，统率一切思维形式，于是把逻辑学叫名学。"辩"，即辩论，相当于证明反驳，用"辩"统率一切思维形式，囊括名辞说（概念判断推论），于是把逻辑学叫辩学。古代，辩、辨二字通假，辩学和辨学是一个意思。

"名"和"辩"，是近代中国学者引进西方逻辑学时，把逻辑学叫名学、辩学（辨学）的历史渊源，必然被借用的民族传统和特色。英国穆勒（J. S. Mill）1843 年出版的 *A System of Logic, Ratiocinative and Inductive*（书名直译为《逻辑体系：演绎与归纳》），严复译为《穆勒名学》，1905 年由金陵金粟斋木刻出版。

英国耶方斯（W. S. Jevons）1876 年在伦敦出版 *Primer of Logic*（书名直译为《逻辑初级读本》或《逻辑入门》）。1896 年出版英国艾约瑟（Joseph Edkins）中译本《辨学启蒙》。严复 1909 年重译为《名学浅说》，1909 年由商务印书馆出版。

耶方斯1870年出版 Elemenfary Lessons in Logic Deductive and Inductive（书名直译为《逻辑基础教程：演绎和归纳》）。王国维译为《辨学》，1908年由北平文化书社出版。内容包括名辞（概念）、命题、推理式、虚妄论、方法论（分析、综合）、归纳法（观察、实验、假说、分类、抽象）。

现代中国学者摆脱儒墨的宗派性和狭隘性，根据名学和辩学本质的一致性，把二者综合起来，叫名辩逻辑。其中名辩是中华民族历史固有的术语，逻辑是跟西方接轨，增加现代色彩，标示学说的学科性质。这体现一种逻辑观，即把名辩看作逻辑的一个特殊品种，把西方逻辑学看作全人类共同的知识学科。西方逻辑学由于发展的系统性、完整性和典型性，成为全人类共同的逻辑学，全世界同一的逻辑学。

所谓中国古代逻辑学（古典逻辑学、经典逻辑学、传统逻辑学）、"名学"、"辩学"和"名辩学"等，应该用西方现代逻辑学的理论方法，衡量分析，去粗取精，去伪存真，改造转型，不然就没有出路，也没有意义。顺乎历史潮流，合乎世界大势的必然现象。近代以来，处理中西逻辑学关系正确的做法，应该是铺路搭桥，融会贯通，而不是挖沟筑墙，割裂分离，不相往来。

"名"是中国古代逻辑学的重要术语，在《四库全书》中出现1071146次，涉及典籍79592卷，在《墨子》中出现93次。"名"这一逻辑术语，最初直接的来源，是孔子率先提出的"正名"。

"正名"就是把"名"，即语词和概念搞清楚。孔子提出"正名"，对中国古代哲学和逻辑学有巨大的影响。孔子以后的诸子百家，都喜欢谈论"正名"。"正名"成为古代哲学和逻辑领域争论非常激烈的议题，各学派学者都争相发表意见，提出论点。

战国后期，即秦始皇统一中国前，诸子百家都进入总结概括的学术发展阶段。墨家著作《墨经》、儒学大师荀子《正名》和名家领袖公孙龙《名实论》，不约而同地把这种争论上升为纯逻辑知识。荀子《正名》，有以"名"统"辩"的倾向，对名作了系统阐述。荀子详论"制名之枢要"，略论辞说辩。辞说辩是荀子名学的具体内容和下位概念。

《墨经》有以"辩"统"名"的倾向，对辩名辞说，有系统学说。《小取》用"夫辩者"云云作墨辩的开头语，而名辞说是墨辩的具体内容和下位概念。公孙龙《名实论》讲物实位正名等逻辑哲学概念，跟墨子、荀子一致。公孙龙《名实论》讲正名的逻辑规律，用词造句跟《墨经》一样。墨子、荀子、公孙龙三家的逻辑总结，几乎同时，本质一致，又各有特点。

在墨家看来，"辩"是比"名"更重要的概念。"辩"的第一个意义是辩论。辩论是逻辑学研究的对象，是逻辑学发展的动力，是逻辑学服务的对象。逻辑学从辩论中来，在辩论中发展，回到辩论中去。"辩"的第二个意义是辩学，即逻辑学。《小取》说："夫辩者"云云，从整篇的语境看，是指关于辩的学问，即逻辑学。它是用中国古汉语表达，有墨家特色的传统逻辑学。

研究中国古代逻辑学，难点有二。第一，对中国古代逻辑学元典怎么理解。第二，怎么用现代科学方法和通俗易懂的语言进行现代式的元研究。不攻克这两个难点，研究工作将寸步难行，也没有意义。

元研究，相对于对象研究，是对于对象研究的超越和总体研究，比对象研究高一层次。西方逻辑学跟数学一样，高度形式化。中国古代逻辑学虽没有高度的形式化，但它有低度的形式化。即是用古汉语虚词（而不是用拉丁字母，在当时也不能有这种要求），表达元逻辑规律。如用"无之必不然"、"非彼必不有"（相当于"无P必然没有Q"）表示必要条件假言命题。它是不是逻辑呢？我们从广义说，它是逻辑。广义到什么程度呢？它是研究思维形式的规律。什么叫思维形式？就是古代所称的名辞说辩，相当于概念命题推理论证。

《墨经》、《荀子》等，虽然没有使用我们现在所说的概念、判断、推理这些名词，但这并不意味着中国古代没有概念、判断、推理。古代的名辞说辩，首先是语言的形式和单位。名是包含概念的语词，辞是包含命题、判断的语句，说是包含推论的说词，辩是包含证明、反驳的辩词。逻辑是思维形式的规律。思维是大脑的活动，听不到、看不见。交流交际是用语言，听得到、看得见。通过语言形式，可以分析其中所包含的思维形式规律，这就是逻辑学。

历史上，中国逻辑元研究有两次高潮。第一次高潮是战国名辩学，如墨家逻辑。墨家逻辑相对于我们的逻辑研究而言，是对象研究。但墨家逻辑自身，也是一种元研究，因为墨家逻辑是对古代应用逻辑的总结。古代应用逻辑是墨家逻辑的对象逻辑，墨家逻辑是古代应用逻辑的元逻辑。

元研究的第二次高潮，是在近代，代表是梁启超、胡适和沈有鼎等学者。梁启超的研究始于1903年，这不是古代式的研究，而是近代式的研究。梁启超研究的特点，是以西方方法为工具，以墨家逻辑为对象。1898年戊戌变法失败后，梁启超逃到日本，学了英文和日文，接受了西方的研究方法。通过日本人的介绍，运用西方的研究方法来研究墨家逻辑。梁启超的研究，是近代中国逻辑元研究的开端序曲。

梁启超说："凡天下事，必比较然后见其真。无比较则非惟不能知己之所短，并不能知己之所长。"[①]治墨辩逻辑学，可"与泰西治此学者相印证"，"引申触类，借材于域外之学以相发"，即与西方逻辑互相比较印证，相互启发。[②]

以《先秦名学史》为题撰写博士学位论文的胡适说："只有那些在比较研究中（例如在比较语言学中）有类似经验的人，才能真正领会西方哲学在帮助我解释中国古代思想体系时的价值。"[③] 没有比较研究，就没有胡适对《先秦名学史》的开拓性研究。

毕生致力于中外哲学比较研究的贺麟说："不但可以以中释西，以西释中，互相比较而增了解，而且于使西方哲学中国化以收融会贯通之效，亦不无小补。"[④]致力于中外古今逻辑

---

① 梁启超：《论中国学术思想变迁之大势》，《饮冰室文集》7，中华书局1989年版，第2—3页。

② 梁启超：《墨子之论理学》，《墨子大全》第26册，北京图书馆出版社2004年版，第56页；梁启超：《墨经通解序》，《墨子大全》第39册，北京图书馆出版社2004年版，第6页。

③ 胡适：《先秦名学史》，学林出版社1983年版，第2页。

④ 贺麟：《哲学与哲学史论文集》，商务印书馆1990年版，第269页。

学比较研究，互相解释，融会贯通，是现代中国逻辑学研究者的使命。

中国逻辑学研究的主题，是确定研究的对象、目的、宗旨、方向、困难和方法。理论焦点，是中国逻辑学研究争论的交汇点、热点、理论突破点和前沿课题，可分为起源论、存在论、本质论、价值论和方法论，涉及中国逻辑学的体系、内容、本质、规律、价值和方法。

中国逻辑学研究的关键问题，可归结为：

1. 有什么？回答是否存在着特有的体系。

2. 是什么？回答名辞说辩的内容本质为何，与世界其他逻辑学体系相比，有何异同。

3. 为什么？分析中国逻辑学兴盛、衰落和再兴盛的因果联系规律。

4. 有什么用？回答中国逻辑学的功能、作用、价值和意义，如何弘扬精华，服务今人。

5. 怎么做？回答怎样正确看待和处理不同意见争论，合理选项应该是博采众长，兼容并蓄，批判综合，创新发展。

中国逻辑学研究的第一个困难是对象和材料的困难。借用黑格尔的说法，他说他研究逻辑学，"完全意识到对象本身及其阐述的困难"，"一本属于现代世界的著作，所要研究的是更深的原理、更难的对象和范围更广的材料"。[①] 孙诒让在《墨子间诂序》和《墨子间诂总目》说，先秦诸子之讹舛

---

① 〔德〕黑格尔：《逻辑学》（第二版）"序言"，商务印书馆1966年版，第7、21页。

不可读，未有甚于《墨子》书者。《墨子》书最难读者，莫如《经》、《经说》四篇。

中国逻辑学研究第二个困难是方法困难。方法是做什么，怎么做。做什么，包括主题、方向、目的、宗旨。怎么做，包括途径、手段、工具、程序。

古今元研究有不同特质。古代元研究的特质：研究主体是诸子百家，对象是古代应用逻辑，元语言工具是古汉语，成果是古名辩，形态是用古汉语表达，性质是第一次元研究，作用是为古人提供思维方法，评价是不加工，不便于今人认知和运用。

现代元研究的特质：研究主体是现代学者，对象是古代名辩，元语言工具是现代语，成果是古代名辩的现代观，形态是用现代语表达，性质是第二次元研究，作用是为今人提供思维方法的借鉴，评价是经过加工改制，便于今人认知和运用。古代与现代元研究的不同特质，见表1。

表1 古代与现代元研究的不同特质

序号	特质	古代元研究	现代元研究
1	主体	诸子百家	现代学者
2	对象	古代应用逻辑	中国古代逻辑
3	元语言工具	古代语	现代语
4	成果	中国古代逻辑	中国古代逻辑的现代研究
5	形态	古汉语表达	现代语表达
6	性质	第一次元研究	第二次元研究
7	作用	古代思维方法	现代思维方法的借鉴
8	评价	未加工不便认知运用	经加工方便认知运用

第一章　墨家智慧与中国文化走向

墨家有丰富的哲学智慧，其崇尚科学的智慧取向，求真务实的智慧目标和以人为本的智慧理据，是墨家科学和人文精神的核心，是墨家哲学智慧的重要特征，有重要的历史意义和现代价值，与中国文化走向有内在的关联性和本质的一致性。

墨家是中国古代诸子百家的重要一家，墨学是中国传统学术的重要内容，在中国文化的轴心时代即战国期间与儒学齐名，并称为显学。墨家哲学智慧的根基，深植于中国社会和文化的土壤。在中华民族的历史长河中，墨学有连绵一贯的历史性、遗传性、现实性和变异性。

墨家学派兴盛于先秦，中衰于汉至清代，但墨家典籍犹在，墨学作为非主流的异端学说，如同纤细的潜流，依然在中国文化和民族精神中浸润默化。到近现代，世界全球化和中国现代化潮流激荡，墨学因此具有堪与西方和现代文化接轨的科学、人文内涵，重新焕发生机，迎来蜕变、转型和新生的机遇。

在中华民族复兴，积极参与世界地球村和平、发展、合作与竞争的现时代，需要汲纳人类业已创造的全部文化精粹，也要恰当认识自身,准确把握国情,熟知、分析和变革中国文化遗产的精华,在历史既定的基础和条件下,理性地继承传统,踏实地创造未来。以现代科学方法,新诠和发挥墨家智慧精粹,促进墨学现代化,使新墨学作为新时代铸造中华文化新辉煌的必要和重要成分,为亿万华夏儿女提供丰富的智慧营养,让墨学富蕴的智慧宝藏,如同长流清泉,滋润广大读者的心田。

一、崇尚科学

(一)求故明法:科学技术的成因

"求故明法",是墨家科学技术的成因。在中国古代的诸子百家中,墨家最重视科学技术。墨家是由能工巧匠上升的科学技术家集团。《墨经》是中国古代科学技术的经典。《经上》第96条说:"巧传则求其故。"①

"巧传"是世代相传的手工业技巧。"求"即求取探究。《孟子·告子上》说:"求则得之。"《屈原·离骚》说:"路漫漫其修远兮,吾将上下而求索。"毛泽东在论"实事求是"含义时说:"'求'就是我们去研究。""故"是原因、规律。

"求其故",是对世代相传的手工业技巧,询问"为什么",揭示原因、本质和规律,从手工业技术上升到科学理论。技术是利用知识,改造自然,积累操作方法、技能、工

---

① 关于《墨经》的分条、校勘、翻译和解释,参见孙中原:《中国逻辑研究》,商务印书馆2006年版,第547—665页;《墨子今注今译》,商务印书馆2009年版,第227—368页。

具、手段的总和，是知识、智慧和客体相互作用产生的改造自然的方法体系，是生产和科学的中间环节。"巧传则求其故"，道出《墨经》的建构科学，形成理论的过程、方法和机制，是《墨经》科学精神的表现，说明墨家有高度自觉的理论意识。

《小取》说："其然也，有所以然也；其然也同，其所以然不必同。""故言多方、殊类、异故，则不可偏观也。"《墨经》第1条即规定"故"概念，区分"有之不必然，无之必不然"的"小故"（必要条件，部分原因）和"有之必然，无之必不然"的"大故"（充分必要条件的原因）。

《经下》、《经说下》共80余条，都是用"以说出故"的形式，用推论揭示现象原因和科学命题成立的根据。如"影之大小，说在斜、正、远、近"，"五行无常胜，说在多"等，都是以浓缩的推论形式，表达中国古代科学的内容和原理。

《墨经》把实践观念引入对哲学范畴"法"（法则、规律）和"然"（结果）的定义。《经上》第71条说："法，所若而然也。"《经说上》第72条说："然也者，民若法也。"即法则，是遵循它行动，可得出确定结果的东西。结果是遵循法则行动，可获得成品。

《经说上》第71条说："意、规、圆三也，俱可以为法。"即按"圆，一中同长也"的定义，或"规写交"（用圆规画封闭曲线）的作图方法，或模仿标准圆形的方法，都是获取圆形的法则手段。

《经上》第84条列举"合"（符合）的一种，是动机与效果一致，举例解释说："矢至侯中，志功正（合）也。"即人按照射箭的法则行动，预期射中靶心，结果射中，是动机和效果的符合。主体按照对法则的认识，见诸行动，作用和改造客体，使之适合人的利益需要，实现主体意图，达到预期目的，证明主体认识的正确性，说明实践是主体把握和改造客体的手段，是检验主体认识真理性的标准。

《墨经》总结桔槔机运用的杠杆原理。《经下》第127条说："负而不挠，说在胜。"《经说下》解释说："横木加重焉而不挠，极胜重也。右校交绳，无加焉而挠，极不胜重也。"指出桔槔机负重后，另一端不翘起来的原因，是由于另一端的力量，超过负重端的力量。

春秋战国时代，人们发现用桔槔机汲提水浇田，可百倍提高劳动效率。《说苑·反质》说，"负缶而入井，灌韭终日一区"，用桔槔机则"终日溉百区不倦"。《墨子》中屡见记载的桔槔机，因为运用杠杆原理，效率大大超过单纯利用人力。

墨家提倡广泛应用桔槔机等机械于生产和生活，从中总结科学理论，代表中国古代科学的正确方向。《墨经》所载"横木加重而不挠"的桔槔机，"绳制挈之"的滑轮，以及"车梯"等利用杠杆和斜面原理的简单机械，都是用知与言的认知表达方式，反映变"物"与"实"的自在本体，为自为本体的范例。

这些简单机械的研究利用，发挥人类认识与改造自然的主观能动性，提高生产力。《墨经》科学技术的哲学智慧，有助于进一步认识和改造"物"与"实"的客体，使之变为符合人类利益需要的物质实体。

墨家熟悉当时各种手工业技巧。《韩非子·外储说左上》说"墨子为木鸢（木鹰）"，弟子夸奖他："先生至巧，至能使木鸢飞！"惠施说："墨子大巧，巧为輗（车辆的关键设备）。"墨子的木工技巧，与古代名匠公输般（鲁班）不相上下。墨子也熟悉其他手工技艺。

《墨子》谈到"凡天下群百工：轮、车（车工）、鞼鞄（鞣革工）、陶冶（制陶冶金工）、梓匠（木工）"，以及"穴师"（洞穴坑道工）、"明习橐事者"（鼓风工）等，谈到各种军民用机械、器物的制造和应用。

《墨经》总结哲学、逻辑学和自然科学知识，用来作为实例、实证材料的手工业工种，有"为衣"（缝纫）、"举针"（刺绣）、"檜屦"（制鞋）、"铄金"（冶金）、"为甲"（制铠甲）、"垒石"（建筑）、"车梯"（木工）等。《墨经》中的数、力、光学等科学知识，是当时各种手工业技术的升华。

儒家传统重视政治人伦之道，轻视科学技艺。《礼记·王制》说："作淫声、异服、奇技、奇器以疑众，杀。"郑玄注说鲁班是"作奇技、奇器"而应"杀"的典型。墨家大"作奇技、奇器"，有"作奇技、奇器"的系统理论，为重儒的统治者所排斥。

道家以反对"机事"、"机心"为名，反对发明和使用"机械"的技术革新。《庄子·天地》载，"抱甕而出灌"，"用力甚多，而见功寡"，用桔槔机"一日浸百畦，用力甚寡，而见功多"，受道家思想支配的老者，宁肯用"凿隧而入井，抱甕而出灌"的笨方法，"用力甚多，而见功寡"，仍然不肯用桔槔机。他说："有机械者，必有机事。有机事者，必有机心。"故"羞而不为"。《老子》第19、20、57章说："绝圣弃智。""绝巧弃利。""民多利器，国家滋昏。人多技巧，奇物滋起。"这种思想不利于中国科学技术的发展。

《墨经》的科学精神，与中国传统文化重政治伦理实践、轻自然科学技术理论的主流意识，大相径庭，而酷似古希腊哲学家重视探索自然奥秘的科学精神。古希腊自然哲学家德谟克利特，率先表达贯穿于西方文明的科学精神。他说："宁愿找到一个因果的说明，而不愿获得波斯的王位。"①

亚里士多德说："技术家较之经验家更聪明；前者知其原因，后者则不知。凭经验的，知事物之所然而不知其所以然，技术家则兼知其所以然之故。""大匠师应更受尊敬，他们比之一般工匠知道得更深切，也更聪明"，"我们说他们较聪明，并不是因为他们敏于动作而是因为他们具有理论，懂得原因"。"而理论部门的知识比之生产部门更应是较高的智能。"②

美国科学哲学家罗伯特·瓦尔托夫斯基说："从古到今的能工巧匠中，向来就存在着许多不可言传的知识，总结它们，提高它们，不应把它们拒之门外。"③墨家兼具亚氏所说"技术

---

① 北京大学哲学系外国哲学史教研室编译：《古希腊罗马哲学》，商务印书馆1961年版，第103页。汪子嵩等：《希腊哲学史》，人民出版社1997年版，第1062页。

② 〔古希腊〕亚里士多德著，吴寿彭译：《形而上学》，商务印书馆1959年版，第2、3页。

③ 罗慧生：《西方科学哲学史纲》，天津人民出版社1988年版，第305、306页。

家"、"大匠师"的经验技术,从中"求故明法",总结提高,飞跃到科学理论。

(二)利人为巧:科学技术的价值

墨家揭示科学技术的价值。《鲁问》载墨子说:"所谓功,利于人谓之巧,不利于人谓之拙。"手工业技艺的功效价值,表现在有利于人民生产生活。《经上》第35条说:"功,利民也。"《墨经》继承发扬墨子的科学技术目的论,贯穿为人民谋利益的功利主义价值观。

《墨经》科学技术哲学的特色和魅力,是对世界本体的认识与改造相结合,理论与实践相结合。墨家分"存、亡、易、荡、治、化"六大项,诠释主体本体的实践行为,对客体本体改造的意义,解释说:"甲台,存也。病,亡也。买鬻,易也。削尽,荡也。顺长,治也。蛙鹑,化也。"即制造铠甲、修筑高台,是自我图存的防御行为。治病疗伤,是祛病健身的行为。买进卖出,是商品交易的行为。削尽叛乱,是扫荡暴虐的行为。顺理循法,促进植物生长,是治理农事的行为。青蛙鹌鹑养殖,是促进动物变化的行为。

这里涉及农、工、商、兵、医等各种实践活动,是主体改造客体自觉能动性的表现,是主体在知识指引下,从事改造客体的物质性活动。有意识从事改造世界的物质性活动,是人区别于其他动物的本质特征。墨家所说的农工业者从事的操作,是属于人区别于其他动物的特殊实践活动。

《墨经》把人看作认识和改造世界客体的主体,行与为是人同认识和改造对象客体间发生作用、反作用的中介桥梁。客体和主体间发生作用、反作用的公式是:客体(通过行为)→主体（通过行为）→客体。通过行为，客体作用于主体，形成主体的知与言；拥有知与言的主体，通过行为，反作用于客体，实现主体对客体的改造，使客体的结构和功能，与主体的利益需要协调一致。

《墨经》的科学技术哲学，从物与实的范畴开始，经由人类认识和实践的主体性活动，形成知与言的认知范畴，再经由人有意识的自觉实践行为，改造物与实，使之成为符合人类利益需要的物质实体。其范畴进展脉络的公式如下：物与实→知与言→行与为→物与实。《墨经》文本的结构和内容，是这一公式的表现。

《墨经》的科学技术哲学，超越墨子思想，排除墨子"天志"、"明鬼"的谬误，把物与实看作客观自在的本体，经过"巧传则求其故"的抽象概括，探求世代相传手工业技巧的原因、规律，用知与言的认知形式，形成反映物与实原因、规律的科学技术。

墨家崇尚科学的智慧取向，"求故明法，利人为巧"的科学技术智慧，对中华民族实施科学教育兴国的战略，有重要的启迪借鉴价值。

二、求真务实

墨家求真务实的智慧目标，是值得弘扬的文化精粹。《修身》载墨子说："慧者心辩。"《经说上》第100条说："正无非。"《小取》说："夫辩者将以明是非之分。""是非"即真理和谬误。墨家用"是、正、当、真"，表达认识符合事实的真理性，用"非、不正、不当、假"，表达认识违反事实的谬误性。

《经下》第109条说："假必悖，说在不然。"《经说下》解释说："假必非也，而后假。狗假鹤也，犹氏霍也。"虚假必然有悖于事实，因为事实不是如此。虚假必然是错误的，然后才能说是虚假。一只狗假装成鹤，并不就成为鹤，犹如一个人姓霍，并不等于鹤（霍、鹤古字通假）。非、假、悖、不然，都是指违反事实。

《公孟》载，墨子生病，学生跌鼻问："您是圣人，怎么会生病？"墨子回答："人之所得病者多方，有得之寒暑，有得之劳苦。"从寒暑、劳苦等自然和人体的实际状况，探求病因，是求真务实。《贵义》载，墨子到齐国，路遇相面先生说："今天上帝在北方杀黑龙，您长得黑，到北方去不吉利。"墨子反驳其迷信谬说不合事实，用鬼话骗人，是求真务实。

《小取》说，"夫辩者，将以明是非之分"，"决嫌疑"，"摹略万物之然，论求群言之比"。认识活动的目的，是辨明是非真假，识别真相假象，反映万物本来面目，比较各种言论利弊得失。又说："以名举实。"《经上》第31条说："举，拟实也。""实"即实体、实物、实质、实际情况。语词、概念要反映事物的实际情况。求真务实，即实事求是，从实际出发。

《墨经》崇尚科学，寻求实证，是求真务实的典范。《经上》和《经说上》用100个条目，解释各门科学的概念、范畴和简单命题，据事实立说。《经下》和《经说下》论证183个各门科学的复杂命题，用观察和实验的事实证明。

墨家把智慧看作是对事实和必然性的确切知识，与猜想、怀疑不同。《经下》第158条说："以楹为抟，于'以为'无知也，说在意。"《经说下》解释说："楹之抟也，见之，其于意也不易，先知。意，相也，若楹轻于秋，其于意也洋然。"

单纯"以为"想象楹柱是圆柱形的，不是知识，论证的理由在于这只是一种臆测。亲眼看到"楹是圆柱形"的事实，这种"意"（意识，判断）不会改变，是已知。臆测是想象。想象"楹柱比秋蒿轻"，是茫然无据的臆测。

《说文》："楹，柱也。"抟是圆柱形。"知"即知识。"意"即臆测、猜测、想象。《大取》说："智与意异。"即智慧和臆测不同。亲见"楹是圆柱形"的"意"，指意识、判断，即《小取》"以辞抒意"的"意"。"相"同"象"。《韩非子·解老》说："故诸人之所以意想者，皆谓之象也。"

"秋"指一种蒿类植物。"洋然"指茫然无据。"以为"是主观想象，不是亲见的事实和必然性的推论。如《经上》第23条说："梦，卧而以为然也。"睡梦中"以为"如何，不能认为是事实。"然"，指确切的事实。庄周梦蝶为幻象，并非事实为蝴蝶。

墨家把历史发展观运用于哲学智慧，认为古今有别，概念、判断、推论应如实反映今昔之别，时代变化。《大取》说："昔日之虑也，非今日之虑也。"今昔不同，古今有变，应有创新思考。楚国有一渡江人，佩剑从船上坠水，他在船上刻记号，并说："我的剑，就是从这里坠落的！"船到岸边，由刻记号处下水寻剑。水流船走剑不随，求剑者不知变通，岂非愚蠢？

《经下》第111条指出，有一种叫作"过"的"疑"。"疑"是怀疑、猜疑、猜想、想象、意见。"过"指过去已经如此。《经说下》解释说："智与？以已为然也与？过也。"即对于现实事物，是有真切知识，还是单纯由于过去已经如此，就说现在也必然如此。"智"，即智慧，指真切确实的知识，没有疑问，与"疑"相对。"以已为然"，指以过去如此为据，必然推论现在如此。"已"，是已经，即过去。"然"，指现在如此。

《经下》第134条说："或过名也，说在实。"即名称、语词会过时，因为实际情况已经变化。《经说下》解释说："知是之非此也，又知是之不在此也，然而谓此南北，过而以已为然。始也谓此南方，故今也谓此南方。"

知道事情性质，或空间位置已经改变，仅仅因为过去曾经把这个地方叫南方北方，现在就还说这个地方是南方北方，这就是"过而以已为然"的谬误。即事情已经过去了，还以"过去曾经如此"为理由，必然推论说："现在还是如此。"昔日处在赵国，说："宋国在南方。"今日处在楚国，仍说："宋国在南方。"其谬误无异于"刻舟求剑"。

《经说上》第84条说："必也者可勿疑。"即必然性的知识不用怀疑。《经上》第151条说："擢虑不疑，说在有无。"《经说下》解释说："疑无谓也。"从事实中抽取必然性，可以不用怀疑，论证的理由在于必然性是否存在。怀疑必然性是无意义的。

《贵义》载墨子对卫国大夫公良桓子说："卫，小国也，处于齐晋之间，犹贫家之处于富家之间也。贫家而学富家之衣食多用，则速亡必矣。"墨子从大量历史事实中，抽取"俭节则昌，淫佚则亡"的必然性，其真实性毋庸置疑。

三、以人为本

（一）群众智慧观

墨家有以群众智慧补充个人智慧不足的合理思想。《尚同》中下载墨子说："夫唯能使人之耳目，助己视听。使人之唇吻，助己言谈。使人之心，助己思虑。使人之股肱，助己动作。助之视听者众，则其所闻见者远矣。助之言谈者众，则其德音之所抚循者博矣。助之思虑者众，则其谋度速得矣。助之动作者众，即其举事速成矣。"

能够使众人耳目，帮助自己视听。使众人口舌，帮助自己言谈。使众人心智，帮助自己思考。使众人手足，帮助自己动作。帮助视听的人多，见闻远。帮助言谈的人多，声音传播范围广。帮助思考的人多，谋划效率高。帮助运作的人多，办事成功快。

墨子引古语说："一目之视也，不若二目之视也。一耳之听也，不若二耳之听也。一手之操也，不若二手之强也。"墨子引《诗》说："我马维骆，六辔沃若，载驰载驱，周爰咨度。""我马维骐，六辔若丝，载驰载驱，周爰咨谋。"意即：我的马是黑色鬃毛的白马，六条马缰绳柔美光滑，在路上快跑，到处咨询访查。我的马是黑色毛片的青马，六条马缰绳丝一般光滑，在路上快跑，到处探问谋划。

《亲士》说："江河不恶小谷之满己也，故能大。""江河之水，非一源之水也。千镒之裘，非一狐之白也。夫恶有同方不取,而取同己者乎?""天地不昭昭,大水不潦潦,大火不燎燎。""其直如矢,其平如砥,不足以覆万物。是故溪陕者速涸,逝浅者速竭,硗埆者其地不育。"

江河不嫌弃小溪水注满自己,故能汇成滔滔巨流。江河水不是来自一个源头。价值千金的裘皮大衣,不是来自一只狐狸腋下。哪有合乎道理的话不听,只听跟自己相同的意见呢?天地不是经常光明,大水不是永远清澈,大火不是长燃不熄。直得像箭杆,平得像磨刀石,不能包容万物。小溪干涸快,浅水枯竭快,坚硬土地不长庄稼。墨家看到集中群众智慧的必要性、重要性和优越性,是辩证唯物论认识论和群众路线思想的萌芽,是中国传统文化中民主性的精华。

(二)人力能动观

《非命》载,墨子认为国家安危治乱,不靠天命靠人力,提倡充分发挥人力的积极能动作用,批判消极的"命定"论。墨子说:"昔桀之所乱,汤治之。纣之所乱,武王治之。当此之时,世不渝,而民不易,上变政,而民改俗。存乎桀纣,而天下乱。存乎汤武,而天下治。天下之治也,汤武之力也。天下之乱也,桀纣之罪也。若以此观之,夫安危治乱,存乎上之为政也,则夫岂可谓有命哉?""故以为其力也。"世界和人民未变,桀纣当政天下乱,汤武变政天下治,可见国家安危治乱,是人力作用,不是命定的原因。这是求异法的科学归纳证明。

墨子由历史上著名的暴虐王君夏桀、商纣、周厉王、周幽王"执有命"(坚持有命论),概括出"命者暴王所作"(命运是暴王的捏造),懒人所述(懒人传承),应该抛弃,代之以"强力而为"（拼命用人力改造世界）的人力能动论，才能富强康乐。这是求同法的科学归纳证明。

孔子肯定天命对宇宙人生的决定作用。《论语·雍也》载，孔子学生冉耕生病，孔子探问，从窗外握着冉耕的手说："要死了，这是命呀！这样的人，而有这样的病！这样的人，而有这样的病！"肯定人的疾病死亡，是命中注定。鲁哀公问孔子："您的弟子中，哪个最好学？"孔子回答："颜回好学，不幸短命死了。现在则没有这种人，再没有碰到好学的人。"

《论语·颜渊》载，孔子学生司马牛发愁说："别人都有兄弟，偏偏我没有！"子夏说："我听老师说过：'死生有命，富贵在天。'君子敬慎无差错，对人恭敬有礼，四海之内都是兄弟，君子何须发愁没兄弟呢？"子夏听孔子说的"死生有命，富贵在天"，是儒家命定论的惯用语。《论语·宪问》记载孔子说："道之将行也与，命也！道之将废也与，命也！"自己道理能否实现，都是命中注定，人力不能抗争。

《公孟》载墨子跟儒者程繁辩论。墨子说，命定论的"儒之道足以丧天下"，儒家"以命为有，贫富寿夭、治乱安危有极矣（命有定数），不可损益也。为上者行之必不听治矣，为下者行之必不从事矣，此足以丧天下"。

《非儒》载墨家对儒家的反驳，说儒家"强执有命以说议曰：寿夭贫富、安危治乱，固有天命，不可损益。穷达、赏罚、幸否有极，人之智力不能为焉。群吏信之，则怠于分职。庶人信之，则怠于从事。吏不治则乱，农事缓则贫，贫且乱政之本。而儒者以为道教，是贼天下之人者也"。

儒家坚持有命论，说长寿和短命，贫穷和富贵，安定和危难，治理和混乱，都由天命决定，人力一点不能改变。穷困和通达，受赏和遭罚，吉祥和灾祸，都由天命决定，人的智慧和力量无所作为。官吏相信，会懈怠职守。平民相信，会荒废事业。官吏不理政事会混乱，耽误农业生产会贫穷，贫穷是混乱政治的根本。儒家把有命说作为教化的道理，是毒害天下人。

儒家所谓命，是人的智慧能力无可奈何的先天必然性。儒家宣扬人的现实遭遇是由命运预先安排好的，非人力所能改变。墨家认为，儒家宣扬命定论，是害人不浅的懒汉哲学，足以懈怠人的意志，使人放弃奋斗，安于贫穷，导致天下沦丧。墨家主张在认识世界的基础上，运用自身力量顽强奋斗，改变现状，从而达到理想目标。

墨子运用逻辑学的矛盾律，揭露儒家的自相矛盾。儒家宣扬命定论，认为贫富寿夭，全在天命安排，非人力所能改变，同时又提倡学习，等于承认学习可以改变自身命运，这是自相矛盾。墨子说："教人学而执有命，是犹命人包而去其冠也。"教人学习，又坚持命定论，就像叫人用帽子包裹头发，却又要人把包裹头发的帽子取下来一样荒谬。《小取》列举"不是而然"推论形式一例：

且夭，非夭也。寿且夭：寿夭也。
有命，非"命"也。非"执有命"，"非命"也。

意即：将要夭折，不等于事实上夭折。采取措施，让将夭折的人有寿，却等于让将夭折的人事实上有寿。儒家宣扬有命论，不等于事实上真有命这回事。墨家反对儒家坚持有命论，却等于"非命"（反对命定论）的论题成立。

《墨经》对人的疾病死亡，看作人力可以认识和有所作为的自然现象，把治病除掉病根，作为人类的基本实践活动和可达到预期目的的例子，不承认命定论的因素。某人因受伤而生病，是"物之所以然"。我亲眼看见，是"所以知之"。我亲口告诉你知道这件事，是"所以使人知之"。男仆臧得不治之症而死，女仆春染病，死而埋葬，我不能用手指指着说，却能用语言表达。

《非儒》载，墨家嘲讽儒家说："其亲死，列尸弗敛，登屋窥井，挑鼠穴，探涤器，而求其人矣。以为实在，则赣愚甚矣。知其亡也，必求焉，伪亦大矣！"双亲死，尸体陈列不收敛入棺，为招魂，爬屋顶，看水井，掘鼠洞，查器具，寻找死者的魂灵，以为死者真的还在，真是愚蠢至极。明知死者已不在人世，还一定要寻找，真是虚伪至极。

墨家认为，在认识规律的基础上，可以有计划地运作，达到预期目的。如工匠认识方圆的规律，可据以制作方圆之器。《经下》第152条说："且然不可止，而不害用功，说在宜。"《经说下》解释说："宜，犹是也。且然必然，且已必已。且用功而后然者，必用功而后然。且用功而后已者，必用功而后已。"

论述必然性和人力的关系，认为在事物发展过程一定如此的必然趋势面前，不妨碍人力做功，关键在于人力运作应该把握分寸,合乎法则。这样做的意图,在于控制事物的发展过程,使之对人的利益增至更大,害处减到最小。如使用桔槔、辘轳、车梯等简单机械,提高操作效益,筑堤拦河,减免洪水肆虐危害。

(三)人民价值观

《非命上》载,墨子总结三表法(立言的三条标准)说,把言论运用于国家刑政,"观其中国家百姓人民之利",观察言论是否符合人民利益,把满足人民利益需要的程度作为检验言论真理性的评价标准,是"出言谈,为文学",建立言论学说的出发点和归宿点。

《鲁问》载墨子说:"故所为功,利于人谓之巧,不利于人谓之拙。"衡量科学技术、发明创造的功效价值,是看其是否对人民有利。《经上》第35条说:"功,利民也。"实践功效的价值标准,是看其给人民带来的利益,把墨子的人民利益价值观用定义方式理论化。

墨家有劳动人民本位的思想萌芽,把劳动者看作国家服务的对象、方向和目的。《尚贤》载,墨子说,"为贤之道"是"有力者疾以助人,有财者勉以分人,有道者劝以教人","民无饥而不得食,寒而不得衣,劳而不得息,乱而不得治",人民得以"安生"。

《辞过》、《非乐》载,墨子谴责统治者"厚作敛于百姓,暴夺民衣食之财",导致"民有三患:饥者不得食,寒者不得衣,劳者不得息"。《非儒下》说:"贫且乱政之本。"《辞过》说:"民富国治。"人民贫富,是决定国家治乱的根本原因。《非乐上》载,墨子说人类与禽兽区别的本质特征,是生产劳动:"赖其力者生,不赖其力者不生。"用力生产劳动才能生存,不用力生产劳动不能生存。

墨子主张任人唯贤、后天习得的智者标准,反对任人唯亲、先天决定的宗法制标准,把人民看作治理国家、选贤举能的人才来源。墨子十大论题,第一是"尚贤"。《说文》:"贤,多才也。"贤人是博学多才的智者。《庄子·天下》说墨子"好学而博"。墨子论贤人的标准,是"厚乎德行,辩乎言谈,博乎道术",即品德高尚、能说会道、学识渊博。墨子提出的贤人标准,都是"可学而能",通过学习能够达到。

墨子主张打破旧有用人标准,"不党父兄,不偏富贵,不嬖颜色,贤者举","不辩贫富、贵贱、远迩、亲疏,贤者举","农与工肆之人,有能则举","民无终贱,有能则举"。"远鄙郊外之臣,门庭庶子,国中之众,四鄙之萌人闻之,皆竞为义。""虽在农与工肆之人,莫不竞劝而尚德。"远方郊外臣民,宫廷侍卫,城中民众,四境农民,都竞相做义事。农民、工匠和商人,无不竞相勉励崇尚道德。

墨子认为,从农工商下层人民中成长的"智慧者",是"可学而能者"。"王公大人骨肉之亲、无故富贵、面目美好者",仰仗先天因素,不是依靠"可学而能"的智慧,执掌政权,贻害无穷。

墨子质问:"今王公大人骨肉之亲、无故富贵、面目美好者,焉故必智哉?若不智,使其治国家,则其国家之乱,可得而知也。""夫无故富贵、面目佼好则使之,岂必智且有慧哉?若使之治国家,则此使不智慧者治国家也。国家之乱,既可得而知已。"

王公大人骨肉之亲一类人，凭借什么一定有智慧呢？如果让这些"不智慧者"治国家，就像"暗者而使为行人，聋者而使为乐师"，意即：让哑巴当外交官，聋子当乐队指挥，国家势必混乱。晋代惠帝、安帝是痴呆，惠帝不识人间烟火，说："百姓饿死，怎么不去吃肉粥？"这是"使不智慧者治国家"的恶果。

《管子·霸言》说："以人为本。本理则国固，本乱则国危。"唐代吴兢《贞观政要·务农》载，贞观二年，唐太宗对侍臣说："凡事皆须务本。国以人为本，人以衣食为本，凡营衣食以不失时为本。"

《尚书·五子之歌》说："民惟邦本，本固邦宁。""民惟邦本"和"以人为本"义同，传说是夏禹的训诫之词。本是根本、基础、根据。墨家效法夏禹，以"民惟邦本"、"以人为本"为智慧理据。

墨家的群众智慧观、人力能动观和人民价值观，肯定人类智慧能力的积极能动与评价作用，是建立在唯物论宇宙观基础上的人本论、能动论和实践论，有深刻的辩证哲理和唯物史观萌芽，与现代科学发展观的世界观、认识论、方法论和价值论，一脉相通，值得发挥借鉴。

墨家崇尚科学的智慧取向，探求真理的智慧目标，以人为本的智慧理据，是墨家哲学智慧的精髓，与中国文化发展的趋势相吻合，为中国文化走向，绘制合理的参考蓝图，值得认真研究，继承弘扬。

（本章主要内容曾发表于《中国人民大学学报》2006年第5期。）

第二章 墨家的宇宙人生智慧

要讨论墨家宇宙人生智慧的话题,我们首先关注《墨经》"无天陷"的哲学议论,以及作为世界本原的物概念。我们把《墨经》物概念,跟墨子天志论、东西方世界本原论和现代物质概念加以比较,可知《墨经》的物概念,贯彻彻底无神论,丝毫没有裹挟墨子鬼神迷信的神秘主义杂质,在中国文化史中堪称精品,值得大书。

我们进而分析墨家物运时空须辩证、人生本质是劳动和七情六欲求适中等基本观点,揭示墨家宇宙观人生观的唯物辩证性和朴素科学性。墨家充分肯定人类的劳动本性、理性精神和人力能动作用,跟现代科学的宇宙观人生观一脉相通,具有普遍真理性,是墨学在新时代条件下可持续发展的学术增长点和理论焦点。

一、杞人无须忧天倾

先秦哲人曾热烈争论一个怪问题:"天会塌下来吗?"《列子·天瑞篇》说:"杞国有人,忧天地崩坠,身无所寄,废寝食者。"即杞国人忧虑天会崩塌,地会坠陷,无处安身,睡不着觉,吃不下饭。这就是"杞人忧天"成语的出典,比喻不必要，无根据的忧虑。唐诗人李白《梁甫吟》诗说："白日不照吾精诚，杞国无事忧天倾。"

杞人忧虑天塌地陷，有深刻的时代社会根源。杞国是周朝于公元前11世纪分封的诸侯国。初在雍丘（今河南杞县）。后在战乱中屡迁。公元前445年，为楚国攻灭。心怀"忧天"顾虑的杞国人，在战乱频仍，强欺弱，大欺小的形势下，颠沛流离，度日如年，产生心理障碍，忧心忡忡，顾虑有朝一日天塌地陷，其情可悯。人逢盛世精神爽，战乱频仍顾虑多，在情理中。

《墨经》以抽象的哲学议论，回应杞人"天地崩坠"的忧虑。《经下》第150条说："无不必待有，说在所谓。"《经说下》解释说："若'无马'，则有之而后无。'无天陷'，则无之而无。"即"无"不以"有"为必要条件，论证的理由在于所说"无"的种类。如说："现在无马。"指先前曾经有马，后来变成无马。断言说："无天陷。"指没有天塌下来这回事，是指"天陷"之事，从来是"无"，压根儿是"无"，不像说"现在无马"，指先有后无。

墨家区分两种"无"，有深刻的哲学世界观意义。墨家断言"无天陷"，否认有"天陷"之事，是针对杞人"天地崩坠"的正确回应。墨家把"天会不会塌下来"问题的讨论上升到"有无"（即存在、不存在）的哲学高度，对先秦哲学的基本问题给出深刻精到的回答。

杞人忧虑"天地崩坠"，有典型的哲学世界观意义。先秦哲人对"天会不会塌下来"的问题，有许多认真的讨论驳辩。《庄子·天下》说："南方有奇人焉，曰黄缭，问天地所以不坠不陷,风雨雷霆之故。惠施不辞而应,不虑而对。遍为万物说,说而不休,多而无已,犹以为寡,益之以怪。"

惠施是战国中期名家(辩者)的杰出代表人物,做过魏国宰相十余年(前334—前322)。公元前318年,惠施为魏使楚,与南方奇人黄缭,认真论辩"天会不会塌下来"的问题。黄缭是与众不同的自然科学奇才,认为"天不会塌下来,地不会陷下去",黄缭向惠施发问:"天为什么不会塌下来?地为什么不会陷下去?风雨雷霆是什么原因?"

惠施是当时著名的哲学家,毫不推辞,立即回应,不假思索,对答如流。他普遍地解说万物道理,口若悬河,滔滔不绝,不时添加奇怪的论证。黄缭、惠施"天地所以不坠不陷"一类辩论的智慧闪光,仍有踪迹可寻。

成书于战国中期齐国稷下学派的《管子·侈靡》说:"天地不可留,故动。化故从新,是故得天者,高而不崩。"即由于天地处在永恒的自我运动中,由运动引起的新陈代谢,使天地高悬,不致崩陷。"天地所以不坠不陷"的缘故,在于天地自身的运动。

《庄子·天运》说:"天其运乎?地其处乎?日月其争于所乎?孰主张是?孰维纲是?孰居无事推而行是?""敢问其故?"作者穷源究委,自问自答:"意者其有机缄而不得已邪!意者其运转而不能自止邪!"天地日月行止代谢,不是外力推动,是由于自身存在的机制,自己不停运动的力量使然。

用事物本身自己运动的规律,作为解释"天地所以不坠不陷"自然现象的原因,是古代哲人的天才猜测,是现代科学宇宙观的先驱。用自然本身的原因来解释自然，而不借助鬼神迷信的因素，这是无神论和有神论，物质一元论和物质精神二元论区别所在。

二、世界本原在物中

（一）物概念和世界本原论

《墨经》物概念，跟世界本原论有关。《墨经》把"天会不会塌下来"问题的讨论，上升到"有无"（存在、不存在）的哲学高度，从本体论、存在论、宇宙观、世界观的层次，回答先秦哲学的基本问题，提出和规定"物"、"实"、"有"的哲学范畴。

本体论（ontology），是关于世界本原的哲学学说，即有关世界本性、存在本质和规律的学说。本体一词，来自拉丁文 on（存在、有、是）和 ontos（存在物）。世界本原，即世界的根源来源、存在形式和根据。希腊文原文意为开始，一译始基。希腊哲人认为，一切存在物由本原构成，从本原产生，复归于本原。中国古代哲学的本体论，探究天地万物产生存在，发展变化的原因和根据。

《小取》对于"辩"学（逻辑认知之学）的部分功能，是"明同异之处，察名实之理"，"摹略万物之然"。"明同异之处"，是从存在论上明确同一性和差异性的范围界限。"察名实之理"，是察知"实"（实体、实质）是第一性的客观存在，"名"（语词概念）是第二性的主观存在，这是从墨子到后期墨家《墨经》都一直坚持的本体论、宇宙观、世界观基本原则。"决嫌疑"，是区分现象中的真相假象，排除假象，把握真相。"摹略万物之然"和"所以然"，是反映世界万物的本来面目、本质和规律。这是墨家对人与世界关系哲学基本问题的正确回答。

"摹略万物之然"的"物"，是《墨经》哲学的第一范畴和出发点。《经说上》第79条定义说："物，达也，有实必待之名也命之。""物"是外延最大的哲学范畴（普遍概念），概括世界所有存在的实体。"物"、"实"、"有"（物质、实体、存在）三个范畴，外延相同，内涵一致。《经上》第66条说："盈，莫不有也。"《小取》说："尽，莫不然也。"《经说下》第174条说："盈无穷，则无穷尽也。"物质、实体和存在，充盈、穷尽无穷的宇宙。

墨家把物质、实体和存在，看作反映宇宙本原的三个最大范畴。认为"知"（认知、精神），是人体生命物质的才能、潜质和作用。《经上》第3条说："知，材也。"认知、精神是人体生命物质、实体和存在的派生现象。

《大取》说："名，实名，实不必名。"《经说下》第104条说："有之实也，而后谓之。无之实也，则无谓也。"物质、实体和存在，是第一性的，在外的，在先的，客观的，客体的，根源性的。名谓（概念判断）是第二性的，在内的、在后的、主观的、主体的、派生性的。前者决定后者，后者反作用于前者。这种朴素辩证唯物论一元论的世界观，是墨家积极能动反映论认识论、辩证方法论和谈辩逻辑学的哲学基础基石。

"哲"指智慧、聪明。哲人即聪明、智慧之人。《尚书·皋陶谟》说："智人则哲。"孔氏传解释说："哲，智也。"

哲学即智慧学，聪明学，是给人智慧，教人聪明的学问。19世纪日本学者西周最早传播西方哲学，首次用汉字"哲学"表述西方哲学学说。西方"哲学"术语，来源于古希腊文 philosophia（拉丁字母转写），意思是"爱智慧"。《墨经》哲学，作为战国末期优秀的哲学体系，总结先秦哲学精华，有积极的现代价值，与现代和西方哲学相通。

（二）物概念和天志观比较

墨子有著名的十个论题，其中有两个是天志、明鬼，或叫尊天事鬼。《鲁问》载墨子说："国家淫僻无礼，则语之尊天事鬼。"今《墨子·天志》有上中下三篇专论。天志，即天意。《玉篇》："志，意也。"墨子这里说的"天"，不是自然界，是人格化的上帝天神。梁启超《子墨子学说》说："人格者，谓有人之资格，可当作一人观也。"

墨子用《天志》作为篇名，是说天像人一样，有意志、欲望、感觉、情操和行为，则谓天有人格，即有作为人的"资格"，已很明显。墨子常说"天意"、"天欲"，即天有意志、欲望。认为天有超人的感觉、观察能力。对"林谷幽间无人"之处，"明必见之"，能看得清。常说"天为贵，天为智"。引"先王之书"说："明哲维天，临君下土。"认为天有最高的智慧聪明，能够创造和驾驭世界。

《天志中》说："天之为寒热也，节四时，调阴阳、雨露也，时五谷熟，六畜遂。""为日月星辰。""制为四时春秋冬夏，以纪纲之。""降雪霜雨露，以长遂五谷麻丝，使民得而财利之。列为山川溪谷，播赋百事。"要求全体人类都要"尊天事鬼"。

《法仪》说:"人无长幼贵贱,皆天之臣。"而墨子本人则具有对天的解释权和利用权。墨子把"天志"看作手中的工具,就像工匠手中的圆规矩尺。墨子说:"我有天志,譬若轮人之有规,匠人之有矩。"墨子有近400个语句,含有"天志"术语。他有权直接解释和论述"天志"(老天爷意志),俨然成为墨子"天志"教教主。

墨子天志观,是有神论、神智论(神有智慧),是墨子哲学的脊梁。《墨经》物概念,是到无神论、人智论(人有智慧),是《墨经》哲学的基石。从墨子有神论、神智论,到《墨经》无神论、人智论的转变,是墨学发展史和中国哲学史上的质变与革新进程,有重要的科学史与文化史意义。

狭义《墨经》四篇,共5700余字,183条,无一字句谈神论鬼,跟墨子游说论证,动辄搬神弄鬼,形成鲜明对照。狭义《墨经》四篇,摈弃墨子天志鬼神观念,总结哲学、逻辑学、政治学、伦理学、经济学、数学、物理学、光学、力学、简单机械学科学知识,崇尚人类智慧,重视事实论据,是墨学发展史中的确凿事实。

正确运用历史分析法,揭示墨学在战国二百五十多年间,从有神到无神,从迷信到科学的质变,划分科学与迷信、真理与谬误、精华与糟粕的界限,取其精华,弃其糟粕,古为今用,是现代科学研究的课题和使命。《墨经》总结的世界观、认识论、方法论、逻辑学和自然科学知识,与鬼神无关,不受鬼神干预。《墨经》的逻辑与科学,是国人的骄傲、中华的瑰宝,值得继承弘扬。

（三）物概念和东西方世界本原论

《墨经》物概念，跟东西方世界本原论比较，可见其精粗长短。古代东西方哲学，流行把世界本原，归结于某些具体物质形态的观点。古印度顺世论哲学认为，地、水、风、火是世界本原。古希腊哲学家泰勒斯认为水，阿那克西美尼认为气，赫拉克利特认为火，是世界本原。西周末年史伯认为，"土与金、木、水、火杂，以成百物"，这是五行创世说，尽管粗疏，但比神创论更接近科学。

墨家的世界本原论，以概括万类、包罗万象的"物"、"实"、"有"（物质、实体、存在）范畴为核心，与古代东西方其他哲学体系，以具体物质形态为世界本原相比，有精粗长短之别。墨家的世界本原论，是较为发达成熟的朴素辩证唯物论世界观。

《公孙龙子·名实论》说："天地与其所产焉，物也。"《荀子·正名》说："万物虽众，有时而欲遍举之，故谓之物。物也者，大共名也。"公孙龙和荀子的万物说，跟《墨经》的物范畴内涵本质一致。

法国哲学家狄德罗认为，世界存在的只有物质、时间、空间，运动是物质的属性。霍尔巴赫认为，物质存在不容置疑，宇宙是物质存在的结合体，到处存在物质、运动和因果联系。狄德罗和霍尔巴赫的观点，是近代西方产业和科学革命的哲学导引和灵魂。类似狄德罗、霍尔巴赫的这些哲学观点，《墨经》曾用自己特有的方式明确表述，奠定《墨经》科学观的基础。

（四）物概念和现代物质概念

《墨经》物概念，跟现代物质概念，也堪有一比。现代物质概念的规定，是现代辩证唯物论世界观的基石。现代物质概念的规定是："不依赖于人的意识，为人的意识所反映的客观实在。"列宁说："物质是标志客观实在的哲学范畴，客观实在是人通过感觉感知的，它不依赖于我们的感觉而存在，为我们的感觉所复写、摄影、反映。"[①] 物质概念是外延最大的最高类概念。物质概念的内涵，即客观实在性，是所有物质最普遍、最本质的属性，是从人与世界关系这一哲学基本问题角度观察，为世界各种具体物质形态所共同具有的一般共性。

《墨经》认为"物"的"达名"即范畴，是概括世界所有存在实体的最大类概念。比较《墨经》物概念和现代物质概念，撇开其古今语言与成熟程度的差别，可见其意涵的本质共同性和一致性。

三、物运时空须辩证

（一）用走路比喻物质、运动、时间和空间关系

中国古代哲人哲学话语的表达方式，有一个重要特点，是透过具体例证，体现抽象哲理。《墨经》也不例外。《墨经》用人走路打比方，贯通物质、运动、时间和空间的对立统一辩证关系。

《经下》第165条说："行修以久，说在先后。"《经说下》解释说："行者必先近而后远。远近，修也。先后，久也。民

---

① 《列宁选集》第2卷，人民出版社1972年版，第128页。

行修必以久也。"意即：走一定长度的路程（"行修"，空间），需要占有一定长度的时间（"以久"），论证的理由在于，人走一定长度的路程，有"先后"之别。因为走路的人，必然要先走近，而后走远。远近是空间的长度，先后是时间的久长。人走一定长度路程，必然要占有一定长度时间。

这里用人走路这一最为常见平凡的事例，来说明物质、运动、时间和空间的对立统一辩证关系，言简意赅，语句铿锵有力，体现汉语汉字的对称协调之美。一切物质运动，都必然占有空间，经历时间，时间和空间互相渗透，都与物质运动有必然联系，时间和空间是同一物质运动的不同存在方式，从整体上揭示物质、运动、时间、空间不可分割的对立统一辩证联系，一览无余，词满意足。

《经下》第113条说："宇或徙，说在长宇久。"《经说下》解释说："宇徙而有处，宇南宇北，在旦又在暮，宇徙久。"意即：物体在空间迁徙，论证的关键在于，说明物体运动，随着空间的转移，同时经历时间的绵延。物体在空间迁徙，占有一定处所（空间），由南往北迁徙，由早到晚，在空间迁徙，经历时间绵延。《经上》第50条说："动，或徙也。"《墨经》说"动"、"徙"、"行"，指运动。

（二）用走路比喻有穷、无穷关系

《墨经》以走路为例，说明整个宇宙空间无穷的绝对性与局部空间有穷的相对性。《经下》第164条说："宇进无近远，说在步。"《经说下》说："区不可遍举宇也。进行者先步近后步远。"

宇宙无穷大，在宇宙迁徙运动，没有绝对的远近，只有相对的远近，论证的理由在于，以人走路为例。一个具体有限的区域，不可能穷举无限大的宇宙。就走路来说，必须先走近，后走远。这是以走路为例，讨论宇宙空间无穷的绝对性和局部空间有穷的相对性。

《墨经》哲学话语的表达方式，是以个别具体事例，说明一般抽象哲理，以小见大，以近喻远，以浅喻深，以具象喻抽象，以技巧机智的方法，说明最高的哲学智慧。这里从技巧方法，到观点结论，都值得今日大众学习借鉴。

（三）时间、空间范畴定义

《经上》第40条说："久，弥异时也。"《经说上》解释说："古今旦暮。""久"（宙）即时间，是概括一切不同时段（如古今早晚）的范畴。《经上》第41条说："宇，弥异所也。"《经说下》解释说："东西南北。""宇"即空间，是概括一切不同处所（如东西南北）的范畴。

《淮南子·齐俗训》说："往古来今谓之宙，四方上下谓之宇。"元俞琰《书斋夜话》卷二说："《尸子》则曰，天地四方曰宇，往古来今曰宙。""余以俯仰之间言之，地居天之中央，地之上皆天也。仰观之，则苍苍无极，地之下亦天也。俯察之，则窈窈无穷，四表皆然：是之谓宇。以既往、未来言之，则自昨前日、去年前年、十年百年、千年千古、万年万万古，浩浩无极，自明日、后日、明年、后年、十年、百年、千年、千世、万年、万万世，绵绵无穷：是之谓宙。"

《墨经》最早从内涵和外延两方面，正确定义时间、空间的哲学范畴。今语"空间"、"时间"，《墨经》叫"宇久"，后来叫"宇宙"。"宇宙"是"宇久"的一声之转,"宇久"即"宇宙"。"宇久"、"宇宙",是时间和空间的合称。《墨经》的哲学抽象,实际上已达到或接近当今哲学教科书的水平。

(四)有穷、无穷范畴定义

《墨经》认为,时间范畴具备"有穷"和"无穷"的两重性。《经说下》第165条说:"久:有穷、无穷。"《墨经》定义"有穷"和"无穷"的哲学范畴。《经上》第42条说:"穷,或有前不容尺也。"《经说上》解释说:"或不容尺有穷,莫不容尺无穷也。"意即:空间有穷,指用尺子量,前面有一处不够一尺。用尺子量空间,到一处前面不够一尺,是有穷。每到一处,没有不够一尺,是无穷。

这里巧妙地用具体和抽象相结合的方法,借用一根有穷长的尺子,给"有穷"和"无穷"的哲学范畴,做出正确定义。这酷似古希腊阿基米德的度量公理"一有穷长线段的长度可度量",表明墨家对物质运动、时间、空间及其有穷、无穷的辩证关系,有深刻认识。

(五)无穷小时空概念和庄子诡辩

《庄子·齐物论》说:"有始也者,有未始有始也者,有未始有夫未始有始也者。有有也者,有无也者,有未始有无也者,有未始有夫未始有无也者。俄而有无矣,而未知有无之果孰有孰无也。今我则已有谓矣,而未知吾所谓之其果有谓乎,其果无谓乎?"

这是用归谬法,用无穷倒退、恶性循环的方法,从"有始"的概念,推导出与其相矛盾的"未始有始"和"未始有夫未始有始"的概念。这是钻牛角尖式的繁琐哲学,抬杠式的无理纠缠，由此抹煞开始和没有开始的区别，否认"开始"概念的确定性，是强词夺理的诡辩。按照这种诡辩，体育竞技，例如田径比赛，就无法计算成绩，决出名次，列出成绩单。

墨家反对这种诡辩，提出"无久"（无穷小时间）的概念。《经上》第44条定义说："始，当时也。"《经说上》解释说："时或有久，或无久，始当无久。"《经说上》第51条说："无久之不止，若矢过楹。有久之不止，若人过梁。""有久"指有穷大的时间量，如人走过一座桥梁，是"有久"之行。"无久"指无穷小的时间量，如飞箭穿越一根柱子的边缘，占有一无穷小的时间量"无久"和一无穷小的空间量"无厚"。

"始"的概念，相当于无穷小的时间量"无久"。它尽管是极微小的时间量，但毕竟是客观存在的、确定的、可计算的物理量。如田径运动员，根据发令枪的指令，开始竞技，是可计算的物理量，由此可以决出名次，列出有细微差别的成绩单。

墨家对物质、运动、时间、空间、有穷、无穷等哲学范畴及其辩证关系的认识，与古今中外的优秀哲学思想一致，既富于哲学的抽象性和思辨性，又富于自然科学的具体性和论证性。墨家描绘的世界图景是：物质、实体是宇宙的全部存在者，物质运动必然占有空间，经历时间。物质、运动、时间、空间，具备"有穷"和"无穷"的双重性。墨家经过百家争鸣的洗礼，通过对工匠技艺"求故"、"取法"的科学探索和哲学思考，结合当时最先进的哲学与自然科学知识，登上当时世界哲学的最高峰,至今仍给我们以深刻的智慧启迪。

四、人生本质是劳动

何谓"人生"?"人生"的本质是什么?墨子回答说,是生产劳动。《非乐上》载墨子说:"今人固与禽兽、麋鹿、飞鸟、贞虫异者也。今之禽兽、麋鹿、飞鸟、贞虫,因其羽毛,以为衣裘。因其蹄爪,以为裤屦。因其水草,以为饮食。故虽使雄不耕稼树艺,雌亦不纺绩织纴,衣食之财,固已具矣。今人与此异者也:赖其力者生,不赖其力者不生。"

人生的本质,跟麋鹿、飞鸟、爬虫等动物不同。禽兽等动物,用羽毛作衣服,用蹄爪作裤靴,用水草作饮食,雄不耕田种植,雌不纺纱制衣,衣食财用已具备。而人跟动物不同:人靠自己力量生产劳动,就能生存,不靠自己力量生产劳动,就不能生存。

这里说的"力",指用人的"股肱之力",使用工具,变革自然,从事生产。《经上》第 21 条定义说:"力,形之所以奋也。"《经说上》举例解释说:"重之谓。下举重,奋也。"意即:力是物体运动变化的原因。重量也可以叫作力。自下而上举起重物,是力引起物体运动变化的事例。形:形体,特指人的身体。"奋":动,运动。《广雅·释诂》:"奋,动也。"指物体运动状态的变化,特指人的形体身体,使用工具,从事劳动。

"力"是劳动者以自身力量,从事物质生产,改造自然,创造生存条件的实践活动。"力"是抽象概念,《墨经》给出定义。人吃饱饭，鼓起劲来，振作劳动，举起搬运重物，由静止变为运动和加速度运动，就是"力"。比如举重，从下往上，克服重力阻抗，就是"奋"和"力"。

现代物理学解释，物体重量是地心对物体的吸引力。人体克服重力（地心对物体的吸引力），举起重物，这种形体动作，就是劳动。形体之所以能动作的原因，就是"力"。伽利略和牛顿研究认为，力是物体运动状态改变的原因。墨家运用直接观察和抽象思维，分析人类劳动现象，朴素地接近于伽利略和牛顿的规律性认识。

墨子所谓"力"，指劳动人民以自身力量从事物质生产，改造自然，创造生存条件的实践活动。墨子常教弟子"能从事者从事"，所谓"从事"，指农业、手工业实践，即劳动。《经上》第81和86条说，知识的种类之一是"志行，为也"，即有意识的自觉实践行为，包括农牧和各种手工业生产劳动。

生产观是墨学的基本观点，贯穿于各方面，显示墨学独特的人文精神。"尚贤"，是因贤人重视生产。"非攻"，是因攻伐破坏生产。"节葬"，是因厚葬久丧耽误生产。"非乐"，是因统治者大办乐舞，耽误生产。"非命"，是因人信"有命"，则"背本弃事"，懒于生产。墨子主张发展手工业生产说："凡天下群百工，轮车鞼匏，陶冶梓匠，使各从事其所能。"发展生产的目的，是保证人民衣食日用。

《庄子·让王》载，古代圣王舜要把天下让给善卷，善卷说："立于宇宙之中，冬日衣皮毛，夏日衣葛絺（chī，细葛布），春耕种，形足以劳动。"人的形体，足以承担劳动，生产自身所需衣食之财。

南宋郑樵《通志》第一百八十一卷载,东汉医学家华佗说:"人体欲得劳动,但不当使极耳。动摇则谷气得消,血脉流通,病不得生,譬犹户枢终不朽也。"人体适当劳动,活动筋骨,有利于食物消化,促进血液循环,脉络畅通,少病长命,犹如门轴常动,不会被虫蛀坏。贪食肥腻,好逸恶劳,必多病短寿。这是劳动对健全人生的意义。

恩格斯在《劳动在从猿到人转变过程中的作用》中说:"一句话,动物仅仅利用外部自然界,单纯地以自己的存在来使自然界改变;而人则通过他所作出的改变来使自然界为自己的目的服务,来支配自然界。这便是人同其他动物的最后的本质的区别,而造成这一区别的还是劳动。"[1]墨子强调人兽之别在于生产劳动,是历史哲学中关于人生本质的重要发现,是历史唯物论劳动观点的胚胎萌芽。

五、七情六欲求适中

(一)墨家适欲说

墨家学团中,有熟悉军民两用手工业技巧的工匠。他们有时承揽防御战工程和军事器械制造任务,辛苦劳累,发现适量喝酒,可以舒缓疲劳。《备梯》载禽滑厘在墨子门下打拼三年,从事繁重劳动,足底、手掌都长满老茧,面部乌黑。"役身给使,不敢问欲。"墨子十分怜悯他,于是用竹管盛酒,怀揣肉干,到泰山上,与禽滑厘席茅而坐,相互敬酒,促膝

---

[1] 《马克思恩格斯选集》第3卷,人民出版社1972年版,第517页。

谈心。墨子问禽滑厘："亦何欲乎？"（还有什么欲望）禽滑厘以请教守城方法回答。

墨子"自处绝艰苦"，强调用理智支配行为，主张适当满足欲望。西汉刘向《说苑·反质》载墨子说："食必常饱，然后求美。衣必常暖，然后求丽。居必常安，然后求乐。为可长，行可久。先质而后文，此圣人之务。"吃饱穿暖，安居乐业，满足基本生活需要，追求美丽快乐的享受，社会才能长治久安。墨家适当满足欲望的"适欲说"，蕴含着深刻的智慧哲理，积淀丰富的生活经验。

《经上》第85条说："欲正权利，且恶正权害。"《经说上》解释说："权者两而勿偏。"即正当的欲望，可以用来权衡利益。正当的厌恶，可以用来权衡害处。在权衡思考的时候，要遵守"两而勿偏"的原则，照顾事情两面，而不只顾事情一面。其中渗透着欲恶利害全面权衡的辩证法。

《经下》第145条说："无欲恶之为益损也，说在宜。"《经说下》解释说："欲恶伤生损寿，说以少连。是唯爱也，尝多粟。或者欲有不能伤也，若酒之于人也。"即认为"所有欲恶都是有益的"，或认为"所有欲恶都是有损的"，这两种论点都是不对的，论证的理由在于，欲恶的满足要适宜有度，有节制、有分寸。

少连首倡"欲恶伤害身体，减损寿命"的学说。有人因为特别爱吃，吃过多粟米食品，这会伤害身体，因而并非"所有欲恶都是有益的"。有些欲望满足，不会伤害身体、减损寿命，如适量喝酒，对人有益，因而并非"所有欲恶都是有损的"。

《经上》第84条说:"合:正、宜、必。"《经说上》解释说:"臧之为,宜也。"宜,即适宜、适当、适度、合适、有分寸。如臧的行为适宜。有分寸、有节制地满足生理欲望,不会伤生损寿,反而有利于身体健康,能够延年益寿。

墨家的适欲说,主张满足欲望要适宜有度,有节制、有分寸。《吕氏春秋·重己》说:"圣人必先适欲。"高诱注:"适,犹节也。"墨家批评"所有欲恶都是有益的"和"所有欲恶都是有损的"两种极端片面的论点,将会分别导致纵欲主义和禁欲主义。墨家的适欲说,跟这两种极端片面的论点论战。

(二)跟纵欲说论辩

墨家关怀人生,提倡节俭,跟纵欲说论辩。认为"所有欲恶都是有益的"论点,导致纵欲主义。《经下》第146条说:"损而不害,说在余。"《经说下》解释说:"饱者去余,适足不害,能害饱。若伤糜之癯脾也。且有损而后益者,若疟病之之于疟也。"

即有时缺损一部分,没有伤害,论证的理由在于,缺损的部分,本是多余的。吃得过饱的人去掉多余的部分,恰恰没有害处,只能有害于"过饱"。吃过多糜鹿肉,会伤害身体,使脾脏生病。有时有所缺损,然后才能得益。患疟疾病的人,将疟疾病除去有益。"伤糜":吃过多糜鹿肉,伤害身体。"癯脾":脾脏生病。《说文》、《尔雅·释诂》:"癯,病也。"《礼记·曲礼上》说:"欲不可纵。"

人天生必有情欲。《辞过》载墨子说:"凡回于天地之间,包于四海之内,天壤之情,阴阳之和,莫不有也,虽至圣不能更也。何以知其然？圣人有传，天地也则曰上下，四时也则曰阴阳，人情也则曰男女，禽兽也则曰牡牝雄雌也。真天壤之情，虽有先王不能更也。"

意即：所有活动在天地间，包容于四海内的事物，天地的本性，阴阳的调和，都是自然的存在，即使最圣明的人也不能改变。怎么知道是这样呢？圣人解释说，天地称为上下，四季称为阴阳，人称为男女，禽兽称为雄雌。这确实是天地的本性，即使古代圣王也不能改变。这是肯定从自然到社会，从无机物、动物到人类，普遍存在着矛盾、对立统一现象，其中包括男女对立调和的本性，墨子叫"人情"，又叫情欲。狭义的情欲，指对异性的欲望。广义的情欲，指一般欲望。欲望是希冀达到某种目的的愿望。

墨子从最广大人民的根本权利即生存权出发，尖锐批评统治者在衣、食、住、行、男女等方面的纵欲。《辞过》说："富贵者奢侈，孤寡者冻馁。"统治者纵欲，导致人民饥寒交迫。"当今之主"，"其为衣服，非为身体，皆为观好"。统治者"厚作敛于百姓，以为美食"。"当今之主，其为宫室"，"暴夺民衣食之财"。"当今之主，其为舟车"，饰文采、刻镂，"民饥寒并至"。"当今之君，其蓄私（养妾）也，大国拘女累千，小国累百"，使部分男人"无妻"，女人"无夫"，国君"蓄私不可不节"。墨子说："节俭则昌，淫逸则亡。""夫妇节而天地和，风雨节而五谷熟，衣服节而肌肤和。"这是历史经验的总结。

《尚贤中》载墨子说："民生为甚欲。"即人民的最大愿望是生存，生存权是广大人民的根本权利。《非乐上》载墨子说:"民有三患:饥者不得食,寒者不得衣,劳者不得息,三者民之巨患也。"即人民有三大忧患:饥饿却得不到食物,寒冷却得不到衣服,劳苦却得不到休息。

《尚贤下》载墨子说:"为贤之道将奈何?曰:有力者疾以助人,有财者勉以分人,有道者劝以教人。若此,则饥者得食,寒者得衣,乱者得治。若饥则得食,寒则得衣,乱则得治,此安生生。"即贤人的为人之道是:有力量就赶快帮助别人,有财产就尽力地分给别人,有道理就耐心地劝导别人。饥饿能得到食物,寒冷能得到衣服,混乱能得到治理,使人民世代得以安生。

"垂其股肱之力,而不相劳来也。腐臭余财,而不相分资也。隐慝良道,而不相教诲也。若此,则饥者不得食,寒者不得衣,乱者不得治。"即闲置手足之力,不帮助别人。多余财物腐烂变质,也不资助别人。隐匿好道理,不教导别人。这样,饥饿者就得不到食物,寒冷者就得不到衣服,混乱者就得不到治理。这些说法,充分表现了墨子体恤民生的深厚人文精神。

七情六欲,人皆有之。情欲是人天生的生理心理活动。《吕氏春秋·贵生》说:"所谓全生者,六欲皆得其宜也。"高诱注:"六欲:生死耳目口鼻也。"《礼记·礼运》说:"何为人情?喜怒哀惧爱恶欲,七者勿学而能。"

《白虎通·情性》说:"六情者何谓也?喜怒哀乐爱恶,谓六情。"唐代韩愈《原性》说:"其所以为情者七:曰喜、曰怒、曰哀、曰惧、曰爱、曰恶、曰欲。"明代王阳明《传习录》说:"喜怒哀惧爱恶欲,谓之七情。"

黄宗羲《明儒学案》卷三十一说:"人自有身以来,百骸九窍，五脏六腑，七情六欲，皆生死之根。富贵、贫贱、患难、声色、货利、是非、毁誉、作止、语嘿、进退、行藏、辞受、取与，皆生死之境。"墨家跟各家一样，肯定人天生有情欲，适当满足欲望，是人之常情。

（三）跟禁欲说论辩

禁欲说断言："所有欲恶都是有损的。""欲恶伤生损寿。"即一切欲望满足都会伤害身体，减损寿命。《论语·微子》称少连是古代"逸民"，孔子称少连"降志辱身"，《礼记·杂记下》载孔子说少连"善居丧"。"欲恶伤生损寿"之说，首倡于少连，继之于老庄学派。《庄子·德充符》载庄子说"不以好恶内伤其身"。这是《墨经》所不同意的。

但是，墨子强调圣人义士侠客，为救天下，应具有自我牺牲精神的同时，兼具部分禁欲倾向。《贵义》载墨子说"必去六僻"，即改掉六种癖好。他说："必去喜、去怒、去乐、去悲、去爱、去恶，而用仁义。手足口鼻耳从事于义，必为圣人。"墨子要求改掉的"喜怒乐悲爱恶"六种癖好，恰恰是人们常说的与生俱来的"七情六欲"。

《庄子·天下》评论说，墨家生勤死薄。"以裘褐为衣，以跂蹻为服，日夜不休，以自苦为极。"《荀子·富国》评论说："墨子大有天下，小有一国，将蹙然衣粗食恶，忧戚而非乐。若是则瘠，瘠则不足欲。"由墨子"去六僻"的成圣法和庄子、荀子对墨子的批判看，墨子确有部分禁欲倾向。这反映墨家复杂矛盾的哲学性格。

（四）淡泊欲望：心理平衡法

《经上》第25条说："平，知无欲恶也。"心理平衡，指精神没有欲望和厌恶的状态。这里"知",是"知,材也"的"知",指认知能力和精神。保持认知能力清醒健全,精神状态安详平和,是理性认知世界和合理改造世界的必要条件。淡泊欲望,控制感情,抑制偏执狂热的过激心理状态,是治疗心理病症的技巧。

(五)理智克制欲望:避错法

《经上》第76条说:"讹,穷智而悬于欲也。"《经说上》解释说:"欲饮其鸩,智不知其害,是智之罪也。若智之慎之也,无遗于其害也,而犹欲饮之,则饮之是犹食脯也。搔之利害,未可知也,欲而搔,是不以所疑止所欲也。墙外之利害,未可知也,趋之而得刀,则弗趋也,是以所疑止所欲也。观'讹,穷智而悬于欲也'之理,食脯而非智也,饮鸩而非愚也。所为与所不为相疑也,非谋也。"

意即:人的言行之所以会犯错误,是由于没有受理智支配,而受欲望支配的结果。例如某甲想喝毒酒,理智不知道毒酒的害处,这是理智的罪过。假若理智上很慎重,并没有忽视毒酒的害处,但还是想喝毒酒,那么他喝毒酒就像吃肉干一样。这种错误是由于受欲望支配,而不是受理智支配的结果。

某乙对搔马的利害,是否会被马踢伤,在事前不能确知,他只是想搔就搔了,这是不以他在理智上所持有的怀疑,是否会被马踢伤,来制止他想搔马的欲望,这时如果他真的被马踢伤,这种错误同样是由于受欲望支配,而不是受理智支配的结果。

某丙对到墙外去的利害,是否会受到伤害,在事前不能确知,即使去了能拾得钱币,也不贸然而去,这是以他在理智上所持有的怀疑，是否会受到伤害，来制止他想拾得钱币的欲望，这种理智上的慎重态度，可以使他避免受到伤害。

考虑"人的言行之所以会犯错误，是由于没有受理智支配，而受欲望支配的结果"这一道理，某甲吃肉干是由于欲望，而不是由于理智的聪明，喝毒酒是由于欲望，而不是由于理智的愚蠢。某乙所干的（指搔马）和某丙所不干的（指不去墙外），都只是在理智上对自己行为的后果和利害有疑问，算不上深刻的智谋。

这里"讹"指错误。"穷智"指知识智慧有所穷，知识水平没有达到，言行没有受理智支配。"悬于欲"指受欲望牵系，言行受欲望支配。"鸩"是毒酒。"搔"指搔马，为马理毛和清洁身体。"刀"是古代刀形金属货币。

墨家主张行为受理智支配，不受欲望支配，是少犯错误的理性方法，是认识论上的唯理论。《非攻中》载墨子引古语说："谋而不得，则以往知来，以见知隐，谋若此，可得而知矣。"从过去经验预测未来，从表面现象洞察隐藏的本质，这是深刻的知识、智慧和谋略，是认知和行为少犯错误的根本方法。这是认识论上的唯物论。

墨家肯定生产劳动、精神理智与人力作用的积极能动人生观，是古代哲学理论的高峰。从工匠劳动者上升为显学的墨家学者，在人生观的抽象哲学领域，贡献丰富的哲学智慧，至今仍能给人以深刻的启迪。

（本章主要内容曾发表于《重庆工学院学报》2006年第7期。）

第三章　墨家的智慧治国论

《老子》第65章说:"以智治国,国之贼。不以智治国,国之福。"墨家的理想,跟《老子》相反,主张用智慧治国。墨子说,如果让"不智慧者治国家",将导致国家混乱。墨家把精心研究的智慧学理论,运用于经济、伦理、教育和军事实践,提出有智慧理据的主张,至今仍有借鉴意义。

一、经济智慧

(一)强本节用

"强本"指加强农业生产。《七患》说:"食不可不务也,地不可不力也,用不可不节也。""以时生财,固本而用财,则财足。"努力种地,不误农时,加强农业生产,节约开支,则财物充足。《非儒下》批评儒家的缺点之一,是"背本弃事而安怠傲",即荒废农业生产,苟且偷安。

"节用"即节省用度。《鲁问》说:"国家贫,则语之节用节葬。"面对国家贫穷的课题,解决的方案是节约用项,丧事从简。《节用上》载墨子说:"用财不费。"使用财物不浪费。墨子估计,如果整个国家"去其无用之费,足以倍之",即国家把浪费的因素除掉,相当于使社会财富增加一倍,节约的好处确实惊人。

《节用中》载墨子说:"制为节用之法曰:凡天下群百工,轮车鞼鞄,陶冶梓匠,使各从事其所能。曰:凡足以奉给民用则止,诸加费,不加于民利者,圣王弗为。"制订节约用度的法规,制造轮车、皮件、陶器、金属器、木器等各行业工匠,各尽所能,够用就行,禁绝不利于人民的各种浪费。

《辞过》载墨子说:"其用财节,其自养俭,民富国治。"勤俭节约是"民富国治"的良策。墨子说:"俭节则昌,淫佚则亡。"节俭还是浪费,是涉及国家兴衰存亡的重要因素,这是历史经验的总结。

《大取》说:"利人也,为其人也。'富人',非为其人也。有为也以富人,富人也。"利人就是为人考虑。单纯从口头上称誉人"富有",不等于为人考虑。采取实际措施,使人富有,才是真正的富人之举。这里用《小取》总结的"一是一非"推论模式,表达墨家利人、富人的功利主义价值观和富民的经济智慧,其独特的人文精神溢于言表。

荀子曾有对墨家经济智慧的否定性评价。《荀子·富国篇》说:"墨子之节用也,则使天天下贫。""墨术诚行,则天下尚俭而弥贫。"墨子主张在强本开源的基础上,提倡节用,避免不必要的浪费,绝不会"使天天下贫"或"弥贫"(更贫)。荀子这种说法,跟墨子"强本节用为富民"的思想实际不合。墨家的经济智慧,是"强本节用为富民",即强本节用,开源节流两不误,目的是"富民",而不是"贫民"。

司马谈《论六家要旨》说:"要曰强本节用,则人给家足之道也,此墨子之所长,虽百家弗能废也。"指出墨子学说的要点，是主张强力发展农业生产，节约开支，这是人民富裕的途径，是墨子学说的长处，是其他诸子百家都不能否定的，肯定了墨家的经济智慧。司马迁《史记·孟子荀卿列传》附言说，墨翟"善守御，为节用"，是对墨子学说要点的肯定。

明代李贽《墨子批选·非命上》说："勤俭致富，不敢安命，今观勤俭之家自见。"以亲身观察，肯定墨子"勤俭致富"的主张，与儒家安于命定的思想划清界限。《非儒》批评"儒者"："强执有命以说议曰：寿夭、贫富、安危、治乱，固有天命，不可损益。穷达、赏罚、幸否（吉凶）有极（定数），人之智力不能为焉。""庶人信之，则怠于从事。""农事缓则贫，贫且乱政之本。""立命缓贫"，"倍本弃事"，"贪于饮食，惰于作务，陷于饥寒，危于冻馁，无以违（避）之。"墨子"勤俭致富"的主张，与受儒家命定论影响，安于"穷命"、无所作为的思想是不相容的。

清儒曹耀湘《墨子笺·修身》注说："太史公论墨子曰：'强本节用，则人给家足之道也。'强本以勤，节用则俭，此乃墨氏之大旨。"今人所谓"勤俭发家，劳动致富"，是墨子节用思想的继承。

（二）商人明察

《贵义》载，墨子说"商人之察"，即商人的聪明智慧在于："商人之四方，市价倍徙，虽有关梁之难，盗贼之危，必为之。"商人到四方经商，使商品的市场价格高出一倍或数倍，虽有过关渡桥的困难，遇到盗贼的危险，但还是要身体力行。

《墨经》有专条讨论市场经济和商品价格的变化规律，主张根据市场具体情况决定合适的价格,有重要的经济思想史价值。《经下》第131条说:"买无贵,说在反其价。"《经说下》解释说:"刀籴相为价。刀轻则籴不贵,刀重则籴不易。王刀无变,籴有变。岁变籴,则岁变刀。"

商品的价格没有绝对的贵贱,论证的理由在于,商品的价格可以由货币的币值来反观。货币与商品可以互相比价。当货币贬值时,商品表面价格上涨,而实际价值并未上涨。当货币升值时,商品表面价格下跌,而实际价值并未下跌。

如果国家规定的货币币值没有变化,商品价格也会因供求关系和人们的购买欲望而有变化。每年商品价格有变化,则每年也会影响到货币币值的变化。"买",含卖,指商品交易。《经说上》:"买鬻,易也。"《说文》:"买,市也。""刀"、"王刀"泛指货币。"籴",谷物,泛指商品。

《经下》第132条说:"价宜则售,说在尽。"《经说下》解释说:"尽也者,尽去其所以不售也。其所以不售去,则售。价也宜不宜在欲不欲。"商品价格适宜,则交易会成功,论证的理由在于,买方不想购物的欲望是否全部都被排除。买方不想购物的欲望全都排除,交易就会成功。这里说的商品价格适宜不适宜,就在于买方想不想购物。

《经上》第89条说:"价宜,贵贱也。"以此作为辩证思维的对立统一规律"同异交得"的一个重要实例,即买卖双方商议适宜的价格,对卖方说是够贵才行,对买方说是够贱才行,这是同一价格同时存在"贵贱"两种对立的性质。这是墨家把辩证法的一般宇宙观,运用于商品交换的特殊场合,有重要的辩证逻辑意义。

《号令》说:"募民欲财帛粟米以贸易凡器者,以平价予。""收粟米布帛钱金,出纳畜产,皆为平值其价,与主人券书之。事已,皆各以其价倍赏之。"募集民众财帛粟米,民众想用来交换日用器具者,用平价给予计值。征收粟米、布帛、金钱、畜产,都要公平估价,给主人开具物价券,写明数量,战事已毕,都各以其价加倍赔赏。"募",募集。"凡器",日用器具。

《杂守》说:"民献粟米、布帛、金钱、牛马、畜产,皆为值平价与主券,书之。"民众所献粟米、布帛、金钱、牛马、畜产,都按平价估定价值,给主人以物价券,写明数量。这些记载说明,墨家主张在防御战争的特殊时期,官府征收民间财物,应遵守商品等价交换法则,而非无偿剥夺,是祖宗民主、平等和理性的智慧之光。

二、伦理智慧

兼爱是墨家的标志性学说和政治伦理理想。《孟子·滕文公下》说:"墨氏兼爱。"《尸子·广泽篇》说:"墨子贵兼。"梁启超《墨子学案》说,"墨学所标纲领","其实只从一个根本观念出来,就是兼爱"。孙中山在《三民主义》中说:"古时最讲爱字的莫过于墨子。"[1]

墨家在战国二百多年间(前5—前3世纪),从各个角度,坚持论证兼爱理想,说明兼爱的内涵和价值。清儒曹耀

---

[1] 《孙中山全集》第3卷,中华书局1986年版,第506页。

湘《墨子笺·兼爱下》注说:"兼爱者,墨氏之学之宗旨也。前后之为说,凡数十篇,皆以助明兼爱之旨也。"从墨家坚持论证兼爱理想的若干实例,可窥见其杰出的伦理智慧。

(一)兼爱的整体性和平等性

1."兼"范畴含义。《经上》第2条说:"体,分于兼也。"《经说上》解释说:"若二之一、尺之端也。""体"(部分)是从"兼"(整体)中分出来的。如一个集合"二"中的元素"一",尺(线段)中的端(点),是"兼"中之"体"(整体中的部分)。"兼"指整体,与"体"(部分)相对。这是规定"兼"范畴的含义,于是可以说:"兼爱是普遍地爱人类整体。"

2."兼爱"等同于"尽爱"、"俱爱"和"周爱"。"兼爱"等同于"尽爱"、"俱爱"和"周爱",是整体、穷尽、全部、周遍地施爱于所有人。什么是"尽"?《经上》第43条说:"尽,莫不然也。"《经说上》举例解释说:"俱止、动。"在一个论域中说"尽然"(所有个体都是如此),等于说"没有个体不是如此"。如在一个论域中说"所有的个体都停止"或"所有的个体都运动"。"尽"是全称量词,与"俱"同义,意为"所有的"。"然"是指代任一事物状态的逻辑变项。

在当时诸子百家的争鸣辩论中,有人从抽象思辨角度诘难墨家说:"世界是无穷的,人是无穷的,墨家怎么兼爱呢?"即世界和人类的无穷性,妨害兼爱。针对这一诘难,墨家在《经下》第174条论证说:"无穷不害兼,说在盈否。"

《经说下》解释说:"'南者有穷则可尽,无穷则不可尽。

有穷、无穷未可知,则可尽、不可尽未可知。人之盈之否未可知,而必人之可尽、不可尽亦未可知,而必人之可尽爱也,悖。'(以上引难者的话)人若不盈无穷,则人有穷也,尽有穷无难。盈无穷,则无穷尽也,尽无穷无难。"

即空间和人数的无穷,都不妨害兼爱。论证的理由在于,人是否充盈于无穷的空间。你们说:"南方如果是有穷的,那么就可以穷尽。南方如果是无穷的,那么就不可以穷尽。现在连南方是有穷的,还是无穷的,都还不知道,则南方是可以穷尽的,还是不可以穷尽的,也就不知道。人是否充盈于南方不知道,而必然地说人是可以尽数,还是不可以尽数,也不知道。在这种情况下,就必然地断言人是可以'尽爱'(兼爱)的,是自相矛盾的。"

墨家的回答是:如果人不充盈于无穷的南方,则人是有穷的。尽爱有穷的人没有困难。如果人充盈于无穷的南方,则"无穷的南方",被"人充盈于"一句话穷尽(刻画),那么再用一句话穷尽(刻画):"尽爱无穷南方无穷的人。"这也应该没有困难。

这里"无穷",指空间和人的无穷。"害",妨害。"兼",指兼爱。"盈",充盈,充满。《经上》第66条说:"盈,莫不有也。"盈是无处不有,即到处都有,即充盈、充满之意。"盈无穷",指人充盈于无穷的空间。

"南者",指南方,代指整个空间。用具体指代抽象,是古人常用表达方式。《庄子·天下》篇载惠施说:"南方无穷而有穷。""尽",指尽举、尽数。"尽爱",即兼爱。"悖",自相矛盾。"无穷尽",即空间和人的无穷性,可以用有穷的语言刻画穷尽。

《小取》说:"'爱人',待周爱人而后为'爱人'。'不爱人',不待周不爱人。失周爱,因为'不爱人'矣。"即说"爱人",必须周遍地爱所有人,才算是"爱人"。说"不爱人",不依赖于周遍地不爱所有的人。没有周遍地爱所有人,就算是"不爱人"(有失"兼爱"的标准)。

3. 不知人数,不妨害兼爱。有人诘难墨家:"不知道世界上究竟有多少人,怎么兼爱?"《经下》第175条说:"不知其数而知其尽也,说在问者。"《经说下》解释说:"'不知其数,恶知爱民之尽之也?'(以上引难者的话)或者遗乎其问也。尽问人,则尽爱其所问。若不知其数,而知爱之尽之也,无难。"

即不知人数,也可以知道能够尽爱(兼爱)所有的人,论证的理由在于,分析对方的问题本身。对方说:"不知人数,怎么知道可以尽爱所有人呢?"对方可能是忘记了问题的本身:如果对方能够尽问所有人,我就可以尽爱对方所问的所有人。所以,不知人数,也可以知道能够尽爱(兼爱)所有人,这没有什么困难。这里"其数",指人数。"尽",指尽爱、兼爱。"问者",指诘难者的问题本身。

4. 不知人处何方,不妨害兼爱。有人诘难墨家:"不知人处何方,怎么兼爱?"《经下》第176条说:"不知其所处,不害爱之,说在丧子者。"即不知人处何方,不妨害兼爱,论证的理由在于,分析丢失儿子的人。如果丢失儿子,不知儿子处何方,不妨害对儿子的爱。这是举出反例,反驳对方论点,是"止"式推论的应用。

5.爱人包含爱自己。"爱人不爱己",是当时人理解的墨家观点。墨子提倡以夏禹为榜样,自苦利人。《经上》第19条说:"任,士损己而益所为也。"《经说上》解释说:"为身之所恶,以成人之所急。"任侠精神,是肯于牺牲自己利益,使人得到利益。任侠精神,经受自身原本所不愿经受的痛苦,救助别人的急难。"任",保护。《说文》:"任,保也。"引申为以抑强扶弱为己任的侠义行为。《孟子·尽心上》:"墨子兼爱,摩顶放踵利天下为之。"《淮南子·泰族训》:"墨子服役者百八十人,皆可使赴火蹈刃,死不旋踵。"墨子及其门徒带有任侠精神。

《荀子·正名》说,"圣人不爱己","此惑于用名以乱名者也。验之所以为有名,而观其孰行,则能禁之矣"。荀子认为,自己是人,爱人应该包括爱自己,说"爱人不爱己",是把个人从人的普遍概念中排除,是用"不爱己"的概念,搞乱"爱人"的概念,不符合"制名以指实"和"别同异"的目的。

《大取》说:"爱人不外己,己在所爱之中。己在所爱,爱加于己。伦列之:己,人也。爱己,爱人也。"这种复杂概念推理,符合《小取》中"是而然"侔式推论的模式,是正确的推论。荀子批评"圣人不爱己"的论点,不是《大取》的观点。由于荀子的批判,《大取》修正了墨子的观点,接受了论敌的批评意见。

6.人口密度,不妨害兼爱。有人诘难墨家:"不同世代和地区,人口密度不同,怎么兼爱?"《大取》说:"爱众世与爱寡世相若，兼爱之又相若。"即平等施爱于人口密度不同的世代和地区，兼爱相等。

7. 平等施爱于过去、现在和未来人。有人诘难墨家："人分过去、现在和未来，怎么兼爱？"《大取》说："爱上世与爱后世，一若今之世人也。"即平等施爱于过去、现在和未来人。

8. 兼爱理想和现实恶盗的协调。《大取》说："知是世之有盗也，尽爱是世。知是室之有盗也，不尽恶是室也。知其一人之盗也，不尽恶是二人。虽其一人之盗，苟不知其所在，尽恶其非也。"即知道这个世界上有强盗，还是要提倡"兼爱世界上所有人"的理想。这是论证"现实恶盗和兼爱理想不矛盾"。

知道这个房间里有强盗，却不能提倡厌恶这个房间里所有人。假定这个房间里有两人，又确知其中一人是强盗，也不能同时厌恶这两个人。虽然确知其中一人是强盗，但不知道强盗究竟是这两人中的哪一个，同时厌恶这两个人也是不对的。这是论证"所恶的强盗尽量少，所爱的好人尽量多"，以便缩小打击面，扩大兼爱面，是鲜明的人道精神。

墨家着眼于"杀盗非杀人"命题的政治伦理意义，论证恶盗、杀盗的合理性。《小取》特地总结"是而不然"（前提肯定，结论否定）的"侔"式推论模式，从"获之亲，人也；获事其亲，非事人也。其姊（指妹妹），美人也；爱姊，非爱美人也。车，木也；乘车，非乘木也。船，木也；入船，非入木也。盗，人也；多盗，非多人也；无盗，非无人也。奚以明之？恶多盗，非恶多人也；欲无盗，非欲无人也"一类事例，类推"盗，人也；爱盗，非爱人也；不爱盗，非不爱人也；杀盗，非杀人也"的正确性。

荀子着眼于"杀盗非杀人"命题的生物学意义，说："'杀盗非杀人也'，此惑于用名以乱名者也。验之所以为有名，而观其孰行，则能禁之矣。"认为盗是人，杀盗是杀人。这符合《小取》"是而然""侔"式推论的模式，也是正确的推理。如果说"杀盗"不是"杀人"，是把当强盗的人，从"人"的普遍概念中排除，不符合"制名以指实"和"别同异"的原则。

荀子把"杀盗非杀人"，看作用"非杀人"的概念搞乱"杀盗"的概念。墨家认为"杀盗非杀人"的论证，不是属于"是而然"的"侔"，而是属于"是而不然"的"侔"。墨、荀两家对"杀盗非杀人"命题语义理解不同，应用的论证模式不同，结论也不同。

墨家的兼爱，是理想和奋斗目标，恶盗、杀盗，是现实的正义行为，二者并行不悖，不构成逻辑矛盾。从现代模态逻辑的分支道义逻辑来说，"兼爱"是"所有人应该爱所有人"句义的浓缩。其中"应该"是道义（道德、义务、理想、规范）概念，加进"所有人爱所有人"的真值命题，构成道义逻辑的"必须肯定命题"。

《经说上》第98条说，"有不爱于人"，即"有人（如强盗、攻国者）不被人爱"是现实的事实。这一事实的存在，不证明兼爱理想的不成立，而恰恰证明应该坚持兼爱理想，并为之奋斗，以尽早消除盗窃、攻国等害人行为，除掉实现兼爱理想的障碍。

要实现兼爱理想，有一个长期奋斗的过程，而恶盗、杀盗和诛讨攻国者，却是必须立即付诸实现的正义行为。《非儒下》说："暴残之国也，圣将为世除害，兴师诛罚。""（若）暴乱之人也得活，天下害不除，是为群残父母，而深贼世也，不义莫大焉。"即对残暴的攻国者，圣人将为世除害，用武力诛讨惩罚。如果让暴乱者活命，天下祸害不除掉，这是残害天下父母，深害世人，是最大的不义。

9. 爱人的一贯性。《大取》说："昔者之爱人也，非今之爱人也。"这是说过去爱人，不等于现在爱人。要坚持兼爱的一贯性、时间延续性，不能过去爱人，现在不爱人，爱人要坚持继续，不断建立新功。

10. 兼爱的不容割裂性。《大取》说："兼爱相若，一爱相若，一爱相若，其类在死蛇。"即兼爱的整体性不容分割。说"兼爱所有人相等"，不能拆分成"爱这一部分人相等"、"爱那一部分人相等"。分割兼爱整体性，犹如一条活蛇，被肢解割裂为死蛇。

《耕柱》载儒家信徒巫马子对墨子说："我与子异，我不能兼爱。我爱邹人于越人，爱鲁人于邹人，爱我乡人于鲁人，爱我家人于乡人，爱我亲人于我家人，爱我身于吾亲。"这是以自我为中心，由极端利己主义逐步扩大的部分之爱，是分割兼爱整体性的"别爱"论（差别之爱）和"偏爱"说（部分之爱）。

11. 爱人包含爱臧获。《小取》说："获，人也；爱获，爱人也。臧，人也；爱臧，爱人也。此乃'是而然'者也。"臧、获是古代对男女奴隶、仆人的贱称，但《墨经》经常以臧、获为例，丝毫看不出贱视之意，就像现在举例说张三、李四一样平常，并明确说："爱获，爱人也。""爱臧，爱人也。"爱人包含爱臧、获，奴隶、仆人也在内。

墨家坚持普遍、平等的人道主义精神。墨家的兼爱，是整体、普遍之爱，也是平等、无差别之爱。《孟子·滕文公上》载墨者夷之主张"爱无差等"。《非儒》开宗明义批评儒家的"爱有差等"说："儒者曰：'亲亲有杀（差等），尊贤有等。'言亲疏、尊卑之异也。"清末皮嘉佑1898年5月在《湘报》第58至60号，发表《平等说》指出："平等之说，导源于墨子。"

《荀子·天论》说："墨子有见于齐，无见于畸。"批评墨子看问题片面，只见齐等，不见不齐等。"齐"：齐等、平等。"畸"：不齐等、不平等。墨荀争论的焦点是：墨子平等观，是墨家的理想和奋斗目标。荀子差等观，反映现实封建宗法等级制，二者有理想和现实两种视角的不同。

以广义模态逻辑为工具性元理论，对墨家"兼爱"说进行超越、总体研究，从概念角度说，"兼爱"指普遍、平等地爱一切人，爱过去、现在和未来人，不分民族、阶级、阶层、等级、关系亲疏和居住地，包括别人和自己，奴隶、仆人也在内，只要是人，都普遍、平等施爱。

墨家"兼爱"，等同于"尽爱"、"俱爱"和"周爱"，贯穿普遍、深刻的人文精神。《说文》："兼，持二禾。""兼"本意是一手持二禾，有兼及、兼顾之意。墨家将"兼"的语义提纯、升华为表示整体、集合的哲学和逻辑学的概念、范畴。

从命题角度说，"兼爱"是"所有人应该爱所有人"句义的浓缩。其中"应该"是道义（道德、义务、理想、规范）概念，加进"所有人爱所有人"的真值命题，构成广义模态逻辑（道义逻辑）的"必须肯定命题"。这是依据全部墨学和广义模态逻辑语境的理解，对墨家"兼爱"说的创造性诠释和发挥，与墨家"兼爱"说的全部话语语义，协调一致，切中肯綮。

12. 兼相爱，交相利。《兼爱中》、《兼爱下》载，墨子把兼爱理想浓缩为"兼相爱、交相利"的短语，"兼"和"交"，是强调整体性、普遍性、交互性和对等性。"爱"、"义"指精神、道义观念，"利"、"功"指物质利益、功利。"利"、"功"是"爱"、"义"的内容、本质、基础和量度标准。墨家主张兼爱交利，义利统一。

《耕柱》载，墨子说："所谓贵良宝者，可以利民也。而义可以利人，故曰：义，天下之良宝也。"《兼爱下》载墨子说："仁人之事者，必务求兴天下之利，除天下之害。"墨子理想的"兼君"实行兼爱说，对"万民饥即食之，寒即衣之，疾病侍养之，死丧葬埋之"，"老而无妻子者，有所侍养以终其寿。幼弱孤童之无父母者，有所放依以长其身"。《尚贤中》、《尚贤下》载墨子说，贤人"为政乎天下也，兼而爱之也，从而利之也"，有力助人，有财分人，"饥者得食，寒者得衣"。

《孟子·告子下》载，孟子说："墨子兼爱，摩顶放踵，利天下为之。"据宋代张栻《癸巳孟子说》卷七的解释，墨子"摩其顶，以至于踵，一身之间，凡可以利天下者，皆不惜也"。《庄子·天下》说："墨子泛爱兼利。"墨子是爱、利天下，精神道德境界高尚的典范。

《墨经》传承墨子爱利、义利统一的思想，《经上》第8条定义说："义，利也。"《经说下》第176条说："仁，爱也。义，利也。"《经上》第35条说："功，利民也。"政治伦理的功效，是对人民有利。《大取》说，"有爱而无利"，"乃客之言也"，认为割裂爱利、义利的联系，是儒家论敌的言论。

《论语·里仁》载孔子说："君子喻于义，小人喻于利。"君子懂得义，小人懂得利。《孟子·梁惠王上》载孟子对梁惠王说："何必曰利，亦有仁义而已矣。"《汉书·董仲舒传》载汉代儒家董仲舒说："夫仁人者，正其义不谋其利，明其道不计其功。"

墨家反对儒家割裂爱利、义利的联系，主张爱利、义利的统一。墨家的合理思想，是中华民族优秀精神的代表、浓缩和概括。未来社会发展的趋向，必将逐步实现墨家思想的合理成分，而避免儒家"有爱而无利"、义利分裂的弊端。

三、教育智慧

（一）智多则教

《尚贤下》载，墨子说，"有道教人"为仁义，"隐匿良道而不相教诲"为不仁义。《贵义》载墨子说，圣人"言则诲"，说话则教诲人。《公孟》载墨子"遍从人而说"，认为"不强说人，人莫之知也"，所以要"强说人"让人知。墨子为"上说下教"，游说辩论，兴办教育，传授智慧，终生不倦。墨家和墨学的存在发展，都离不开教育教学的手段。

墨家肯定教育传授智慧的功能。《经说下》第178条论证"学之益也",即"学习是有益处的",批判老庄学派"学无益"的谬论。《经说下》第170条说:"唱而不和,是不学也。智少而不学,功必寡。和而不唱,是不教也。智多而不教,功适息。"

"唱"指教学中教师的作用。教师教授知识,是教学中的主导,犹如合唱活动中的"唱"的一方。"和"指教学中学生的作用。学生接受知识,犹如合唱活动中"和"的一方。教师唱而学生不和,是学生的学习积极性不高。

学生智能少而不积极学习,教育的功效必然寡少。学生和而教师不唱,是教师教育的积极性不高。教师智能多而不积极教育,教育的功效也等于零。在教育活动中,师生双方的作用,有多少的不同,但都有作用,不是都没有作用。

(二)学以致用

墨家世界观、认识论、方法论和逻辑学的基本原则,是思维和存在联系、理论和实际结合。墨家把这一原则贯彻于教育活动,坚持学以致用、学用结合。《耕柱》载治徒娱、县子硕问墨子:"为义孰为大务?"即什么是成就义事(实现理想事业)最重要的事情?

墨子回答说:"譬若筑墙然,能筑者筑,能实壤者实壤,能欣者欣,然后墙成也。为义犹是也,能谈辩者谈辩,能说书者说书,能从事者从事,然后义事成也。"即好比筑墙,能筑就筑,能夯土就夯土,能测量就测量,墙才筑成。成就义事也如此,能游说辩论就游说辩论,能教书就教书,能做事就做事，义事才能办成。

游说辩论、教书和做事，是墨家教育的分科，犹如孔门四科。《论语·先进》载，孔门教育分"德行"、"言语"、"政事"和"文学"，各有学成的典型代表。墨门教育分"谈辩"、"说书"和"从事"三科，是墨家教育"学以致用、学用结合"的领域。《修身》说："士虽有学，而行为本焉。""学"即理论，以"行"即行为、实践，为根本、归宿和目的。

（三）环境影响

墨子认为，人性善恶，并非与生俱来，而是后天环境和教育学习的产物。《所染》载："子墨子见染丝者而叹曰：'染于苍则苍，染于黄则黄，所入者变，其色亦变，五入毕而已，则为五色矣。故染不可不慎也。'""非独染丝然也"，"士亦有染"，"行理生于染当"，并引《诗》说："必择所染，必谨所染。"

墨子用染丝的工艺效果，比喻教育的改造功能，认为谨慎选择教育的环境、条件和良师益友，是造就善良人性的必要条件。选择仁人熏染，有助于人性向善。《非儒》说："仁人以其取舍是非之理相告，无故从有故也，弗知从有知也，无辞必服，见善必迁。"

墨门效法夏禹，崇仁重义，生活艰苦，学以致用，通过教育学习，改变原有的道德、知识和智慧状况。甚至个别原有不良思想者，在墨门的大染缸中，也被熏染、塑造为新人，正所谓"浪子回头金不换"。元代张雨《句曲外史集》补遗卷上《古诗十首》说："墨子叹染丝，所叹一何长。染于苍则苍，染于黄则黄！"

墨子继孔子之后，私人办学取得巨大成就，有重大影响。《公孟》屡记"有游于子墨子之门者"。《鲁问》载曹公子对墨子说"始吾游于子之门"，《吕氏春秋·当染》说，孔子、墨子"无爵位以显人，无赏禄以利人，举天下之显荣者必称此二士也"，成为当时闻名天下的大教育家，孔、墨死了很久，门下仍"从属弥众，弟子弥丰，充满天下，王公大人从而显之，有爱子弟者随而学焉，无时乏绝"，即弟子满天下，谁都希望把子弟托付给其继承者培养、教育。

墨门杰出弟子世代相传的谱系是："禽滑厘学于墨子，许犯学于禽滑厘，田系学于许犯。"吕不韦说："孔、墨之后学显荣于天下者众矣，不可胜数。"皆因子弟"所染者得当"。墨门子弟，在墨门大染缸里，受教育，学成才。甚至有少数品行不端的人，在墨门染缸，被熏染、教育、改造为"天下名士显人"。

《吕氏春秋·尊师》说："高何、县子石，齐国之暴者也，指于乡曲，学于子墨子。索卢参，东方之巨狡也，学于禽滑黎（厘）。"高何、县子石是齐国暴人，受到乡里指责，后来受学于墨子。索卢参，是东方的巨奸大猾，后来受学于墨翟大弟子禽滑厘。

孙诒让注解说，问墨子"为义孰为大务"的"县子硕"，就是"县子石"，"硕"、"石"古字通假。吕不韦说，按表现，这几人都应是"刑戮死辱之人"，该法办。"今非徒免于刑戮死辱也，由此为天下名士显人，以终其寿，王公大人从而礼之，此得之于学也。"在墨门染缸里，被教育、改造为闻名天下的贤达之士，全寿而终，获得王公大人的礼遇。这都是得力于墨门染缸的教育、改造和学习增长智慧的作用。

四、军事智慧

（一）和战两手

墨子以"善守"闻名，司马迁《史记·孟子荀卿列传》说墨子"善守御"。战国时有"墨翟之守"的成语流传。《战国策·齐策六》载齐说客鲁仲连写信劝燕将撤离聊城之守，说："今公又以弊聊之民，距全齐之兵，期年不解，是墨翟之守也。""墨子善守"、"墨翟之守"，被简化为"墨守"，义同"善守"。

东汉经学家何休著书《公羊墨守》，意为《春秋公羊传》义理深远，不可驳难，犹如墨子守城。郑玄著《发墨守》，反驳何休。（《后汉书·郑玄传》）明清之际黄宗羲《钱退山诗文序》说"未尝墨守一家"。"墨守成规"成语中的"墨守"，取"墨子善守"的意思。

墨子止楚攻宋，当"和"的一手，即游说、辩论未完全解决问题时，他严厉地指出："臣之弟子禽滑厘等三百人，已持臣守御之器，在宋城上，而待楚寇矣，虽杀臣，不能绝也。"在"和"的一手之外，有"战"的另一手为坚强后盾，楚王不得已说："善哉！吾请无攻宋矣。"和平谈判的军事外交，须以充足战备为后援和靠山。

（二）习熟技巧

史家把墨家军事论著归入"兵技巧"类。东汉班固《汉书·艺文志》，据刘向《别录》、刘歆《七略》，在兵书项中，分兵技巧类，班固自注："省《墨子》，重。"可见在兵技巧类中，本有《墨子》，因其与诸子项重而被省。班固对"兵技巧"的定义是："技巧者，习手足，便器械，积机关，以立攻守之胜者也。""习手足，便器械，积机关"，也是墨家"立攻守之胜"的诸因素。

1.习手足：熟练掌握技巧。墨者在当时的特定历史条件下，由贵义任侠而学军救守，组成一个带军事性的学术团体。墨者教弟子"能谈辩者谈辩，能说书者说书，能从事者从事"，"从事"包括由学军到从军。墨子教育，有"学射"等军事科目。

《公孟》说："二三子有复于子墨子学射者。"专门提炼哲学、逻辑和科学范畴的《墨经》，以射箭为例说："矢至侯（布制箭靶）中，志功正也。"射箭射中靶心，是动机和效果的正好符合。《备高临》记述需十人操作的大型兵器"连弩车"，更需用熟练的体能和灵敏的智力配合，是墨家"兵技巧"训练的重要项目。

2.便器械：提高器械效能。墨家熟悉木工、造车、制陶、皮革、冶金、建筑等百工技艺，把这些技艺应用于军事，设计、制造各种方便作战、有更大杀伤力的军事器械，如连弩车、转射机、窑灶鼓橐等。连弩车是当时墨家设计、制造的重兵器，仅发射机关"连弩机郭用铜"即达"一石三十斤"。用以产生弹力的弓弦，"以弦钩弦，至于大弦"，引张弓弦，已非手足的力量，而是"引弦辘轳收"，用力士十人操作。"矢长十尺","如弋射,以辘轳卷收"。用矢无数,"出入六十枚"。

杜甫《前出塞九首》说:"挽弓当挽强,用箭当用长。苟能制侵凌,岂在多杀伤?"墨家为积极防御当时强大国家侵凌弱小国家的不义战争,利用其技术优势,特意设计、制造有强大杀伤力的重兵器。转射机(简称射机、掷车、技机、奇器等)是利用杠杆原理制造的抛掷机械,也是古代防御战的重兵器,可抛掷石弹、利剑、炭火筒、蒺藜球等杀伤物。窑灶鼓橐是利用风力传播烟雾熏敌的守城战具,是采矿、冶金、制陶等技术在军事上的运用。

3. 积机关:设置机巧关节。机关本指弩箭上的发动设施,引申为一切机巧关节。《备城门》篇记录"引机发梁"的机关:"去城门五步大堑之,高地丈五尺,下地至泉,三尺而止。施栈其中,上为发梁而技巧之,比傅薪土,使可道行,旁有沟垒,毋可逾越,而出挑且北(败),敌人遂入,引机发梁,敌人可擒,敌人恐惧,而有疑心,因而离。"

以精心伪装的、用机械牵引的活动吊桥,加上"兵不厌诈"的诱敌谋略,可达擒敌目的,这是工匠技艺和兵家谋略的结合。《备穴》篇叙述的"罂听",是利用声的传播原理设计、制造的测声仪,是工匠技艺和科学知识的结合。

《备穴》篇说:"穴中与敌人遇,则皆御而毋逐,且战败以须炉火之燃也。"在地道中与敌人相遇,仅防御而不追逐,并且伪装成战败以等待炉火燃烧,鼓烟熏敌。这都是使用"变诈之兵",以最大限度地歼灭敌人。《墨子》城守各篇记述的"强弩射"、"技机掷"、"奇器投"、"夹而射"、"重而射"、

"桔槔冲"、"行临射"等，在当时都是强有力的歼敌手段，目的是尽可能多地歼敌，转化敌我力量对比，以赢得积极防御战的胜利。

《号令》说："凡守城者以亟伤敌为上。"尽可能多地歼灭入侵之敌，是积极防御的战术原则。《旗帜》篇说，在防御中"三出却敌"者受奖。《备梯》篇说，敌人进攻受挫，"引兵而去"，"则令吾死士左右出穴门，击溃师，令贲士、主将皆听城鼓之音而出"，这是在战斗中集中优势兵力，歼灭溃逃之敌，并说"因素出兵施伏"，"破军杀将"。

《汉书·艺文志》论兵家说："自春秋至于战国，出奇设伏，变诈之兵并作。"墨家主张屡屡出兵实施埋伏，出其不意地歼灭敌人。现代战争的内容和形式，同古代有重大区别。墨家"和战两手，习熟技巧"的军事智慧，对现代和未来人民防御和反侵略战争有重要的启迪和借鉴价值。

（本章主要内容曾发表于《重庆工学院学报》2006年第1期。）

第四章　墨家智慧学的元研究

　　智慧学是研究智慧本质和规律的科学。元研究是对象的超越、总体研究。墨学包含丰富的智慧学内容。智慧是什么？它从哪里来？墨家针对这些问题，用古汉语工具，对智慧的素质、活动、源泉、阶段、形态和目标等元性质，进行第一层次超越、总体的元研究，洞察智慧的本质和规律，深刻独到地总结智慧学理论，并将这些理论运用于经济、政治、伦理、教育、科学技术和军事领域。墨家对智慧学的元研究成果和运用，具有重要的现代价值，值得继承弘扬。

　　我们用现代科学方法和语言工具，对墨家智慧学第一层次元研究的成果，进行第二层次的元研究，予以创造性的诠释，继承弘扬中华民族这一宝贵的历史遗产。希尔伯特、塔尔斯基等西方学者，区分研究为对象和元的不同层次。傅伟勋区分创造性诠释学为实谓、意谓、蕴谓、当谓和创谓的不同层次。这是我们对墨家智慧学进行现代式元研究的方法论依据。

一、智慧在哪里

　　智慧在哪里？墨家回答是：智慧在人身。在每个人身上，与生俱来，存在智慧的生理因素、先天素质。求知是人类的天性。《墨子·经上》第1条说："知，材也。"《经说上》解释说："知也者，所以知也，而不必知，若明。"即认知能力是人的材质潜能，是获取知识的必要条件，人类凭借之以认知事物，但并不必然获得知识，譬如仅有明亮的眼睛，健全的视力，并不必然见到事物，见到事物还需其他许多条件的配合。

这里"知，材也"和"知也者"的"知"，指人的认知能力。"所以知也"的"知"，指知识、智慧。"若"是譬喻词。"明"指明亮的眼睛，健全的视力，有见物的能力。

智慧是人类认识和改造世界的素质、知识和能力的总和，墨家总称为"知"。智慧是人类对事物认识、辨析、判断处理和发明创造的能力。认识客观事物，并运用知识解决实际问题的能力。借助观察、记忆、想象、思考、判断等意识形式，表现为认知事物的深刻、正确和完全程度。应用知识解决问题的速度和质量，在掌握人类知识经验和实践活动中发展，是先天素质、历史遗产、教育影响和勤奋实践诸因素相互作用的产物。

墨家以其特有的思维方式和语言表达工具，论述智慧的各种元性质。我们的任务，是铺架古今中外智慧学联结贯通的桥梁，融通古今中外智慧学理论，达到古为今用、洋为中用的目的。

智慧是聪明的同义语，聪明是智慧的比喻。南宋陈大猷《书集传或问》卷上说："聪明乃譬喻智慧之辞。""聪"的本义，指听觉器官功能健全，能敏锐地辨别声响。"明"的本义，指视觉器官功能健全，能敏锐地辨别形体。常言说"耳聪目明",简称为"聪明"。这是用听觉、视觉器官的功能健全,锐敏通达,作为智慧的代表性质和譬喻词。

墨家发现耳目器官对人类智慧的作用。《经上》第 90 条说:"闻,耳之聪也。"即能敏锐地辨别声响,是听觉器官的功能健全,叫作"聪"。"见"为"目之明"。敏锐地辨别形体,是视觉器官的功能健全,叫作"明"。墨家特别重视视觉器官对智慧的作用。《经上》第 1 条举例"若见之成见",第 3 至 6 条均以视觉器官作用为举例或喻体。墨家论著中以"见"、"视"、"观"为举例和喻体者极多。

亚里士多德在其哲学著作《形而上学》中开宗明义宏论认知和视觉的作用时说:"人们总爱好感觉,而在诸感觉中,尤重视觉。""较之其他感觉,我们都特爱观看。理由是:能使我们认知事物,并显明事物之间许多差别,此于五官之中,以得于视觉者为多。"①

《墨经》中"知"是多义词。"知,材也"和"知也者"的"知",指人类求知的材质潜能。人类与生俱来的认知器官,是智慧产生的基础和条件,用马克思的话说,是尚未运作发挥的人类"自身的自然中沉睡着的潜力"②。王充《论衡·辨祟篇》说:"人,物也,万物之中有智慧者也。"墨家肯定人类有求知的材质潜能,酷似亚里士多德说:"求知是人类的本性。"③

---

① 〔古希腊〕亚里士多德:《形而上学》,商务印书馆 1959 年版,第 1 页。
② 马克思:《资本论》,《马克思恩格斯全集》第 23 卷,人民出版社 1972 年版,第 202 页。
③ 〔古希腊〕亚里士多德:《形而上学》,商务印书馆 1959 年版,第 1 页。

亚氏在吕克昂学院授课的论著,被门生编为一书,取名为 Metaphsica(拉丁字母转写),词意是"物理学之后",即编在物理学之后,专论抽象哲学问题的著作。中译名《形而上学》,取意《易·系辞》说:"形而上者谓之道。"《荀子·正名》说:"凡同类同情者,其天官之意物也同。"墨家和亚氏,同为古代对智慧进行元研究的代表,其智慧学思想有许多相似,是英雄所见略同。

二、智慧在追求

思虑是智慧的重要因素。《尚贤中》载墨子说"精其思虑",《贵义》载墨子说"默则思",把精心静默的思虑、思考,看作贤圣生成的必要条件。《公孟》说"游于子墨子之门者""思虑徇通",把思维敏捷通达,作为接受知识教养的优越条件和素质。

《非乐上》《非命下》说"殚其思虑之知",把殚思极虑、殚精竭虑、费尽心思、竭尽心力,作为智慧构成的重要特征。《尚同中》说:"使人之心,助己思虑。""助之思虑者众,则其谋度速得矣。"把借助众人心,助己思考,作为提高谋划效能的途径。这是墨家思想民主性精华的思维机制,是现代集中众人智慧、群众路线科学思维的萌芽和历史渊源。

智慧是人认识和改造世界主观能动作用的表现,主要特点是积极探求。墨家定义思虑智慧要素的特有属性是探求。《经上》第4条说:"虑,求也。"《经说上》解释说:"虑也者,以其知有求也,而不必得之。若睨。"

思虑是求知的活动和状态,人用认识能力求知,不必然求得知识，如人用眼睛斜视，不必然看清物体。把思虑定义为以自身认知能力，求取知识的状态、活动和过程，是中国古典智慧学的精到规定和深湛哲理。

智慧的本质特征，是人借助认知和行为器官，在实践中积极探索追求，不能静坐闲处，消极等待智慧降临。智慧在于勤追求，聪明不会从天降，智慧之花等不来。智慧的精神财富，同物质财富一样，积极求索才能有，消极等待绝对无。

三、智慧的源泉

墨家把智慧看作认知器官的动态运作过程，探索智慧的源泉和获取智慧的手段，概括与规定"亲知"、"闻知"和"说知"的重要认知范畴。宋国丁氏，家中无井，需要花费一劳动力出外取水。后来家中打井，丁氏告诉别人："吾穿井得一人。"（家里打井节省一劳动力的使用）此话经多次传播，竟转意为"丁氏家里打井，从井里捞出一活人"。此话传至国君耳，国君诧异派人问，丁氏解释说："得一人之使，非得一人于井中也。"（得一劳动力使用，而不是从井中捞出一活人）国君释疑。

《吕氏春秋·察传》说，言论经过"数传，而白为黑，黑为白"。所以对传闻要谨慎辨析，以防被误传信息迷惑。南宋陈思《书苑菁华》卷五说："一犬吠形，百犬吠声。一人构虚，百人传实。"一条狗见可疑形体而吠，一百条狗会因第一条狗吠而吠。一人虚构假信息，百人会当作真消息传播。《韩非子·八经》说："不然之物，十人云疑，百人然乎，千人不可解。"事实为"S 不是 P",十人会传说成"S 可能是 P",千人会传说成"S 必然是 P"。越传越离奇,就是信息传播中的失真效应。

一般说,"亲闻"的真实性,高于"传闻"。《经上》第82条说:"闻:传、亲。"《经说上》解释说:"闻:或告之,传也。身观焉,亲也。""闻知"被细分为"亲闻"和"传闻"。有人告诉,叫传闻。亲身在场听到,叫亲闻。

墨家以某人受伤生病为例,区分"亲知"和"闻知"两种认知方式。《经上》说:"物之所以然,与所以知之,与所以使人知之,不必同,说在病。"《经说上》解释说:"或伤之,〔所以〕然也。见之,〔所以〕知也。告之,〔所以〕使知也。"

事物之所以如此的原因,与人们之所以知道这原因的途径,与使人知道的方式不一定相同,例如某人生病。在某种情况下他受到伤害,这是他之所以生病的原因。我亲眼看到了他因受伤而生病,这是我之所以知道这原因的途径。我亲口告诉了别人,这是我使人知道的方式。

《经上》第81条说:"知:闻、说、亲。"《经说上》解释说:"传受之,闻也。方不㢖,说也。身观焉,亲也。"从来源说,认知有闻知、说知和亲知。闻知是传授来的知识,说知是由已知推测未知,亲知是亲自观察得来的知识。方是比方、类推、推论。推论之知的特点,是借助前提中已经通晓的知识,按照一定形式、规则,把在结论中原未通晓的知识转变为已经通晓的知识,使知识由"不彰"到"彰"。

《经下》第171条说:"闻所不知若所知,则两知之,说在告。"《经说下》解释说:"在外者,所知也。在室者,所不知也。或曰:'在室者之色若是其色。'是所不知若所知也。犹白若黑也,孰胜?是若其色也,若白者必白。今也知其色之若白也,故知其白也。夫名以所明正所不知,不以所不知疑所明。若以尺度所不知长。外,亲知也。室中,说知也。"

意即:听到别人说自己所不知道的东西,与所知道的东西一样,则不知和知两方面就都知道了,论证的理由在于,这是以别人告诉的知识作为中间环节,而推论出来的知识。在室外的东西是自己所知道的(亲知),在室内的东西是自己所不知道的,有人告诉说:"在室内的东西的颜色与在室外的东西的颜色是一样的。"(闻知)这就是所不知道的东西与所知道的东西一样。

"若"(像)字的意思就是一样,假如一个思想混乱的人说:"白若黑。"那究竟是"像白",还是"像黑"呢?所谓"这个颜色像那个颜色",如果像白,那就必然是白。现在知道了它的颜色像白,所以就推论出来一定是白的。

所谓概念和推论,是以所已经明白的知识为标准,衡量还不知道的东西,而不能以还不知道的东西为根据,怀疑所已经明白的东西。这就像用尺子,量度还不知道的东西的长度。室外的东西是"亲知";室内的东西是"说知"。这是以"亲知"和"闻知"为前提,用演绎推论导出新知。

四、智慧的阶梯

墨家明确指出,智慧的阶梯,即获取智慧的阶段,是

"接知"、"过物"之知和"明知"、"论物"之知。

第一,"接知"、"过物"之知。《经上》第5条说:"知,接也。"这是感性认知。其特点,从来源说,是由感性认识器官接触外界而产生。通过亲身观察得来的"亲知",是感性认知。如亲眼见到室外之物的颜色是白的。《经说上》解释说:"知也者以其知过物,而能貌之。若见。"感性知识是用认识器官,跟事物相过从、相接触,以描摹事物的本来面貌。这里"知也者"中的"知",特指感性认知。"以其知"中的"知",指认知器官。"过物"即与事物相过从、相接触。

第二,"明知"、"论物"之知。《经上》说:"知,明也。"这是理性认知。其特点是把握事物的本质、规律,不是感性认识感知杂乱无章的现象,所以有清楚明白的特点。《经说上》解释说:"知也者以其知论物,而其知之也著,若明。"

理性知识是用认识能力,分析整理事物,而认识达到深切著明的程度。譬如人用心观察,而能把事物看得清楚明白。"知也者"的"知",指理性认识。"以其知"的"知",指认识能力。"论"是分析、整理和论证,使认识有条理。《释名》:"论,伦也,有伦理也。"朱熹《诗集传》说:"论,伦也。言得其伦理也。""著"即显著、深切著明、透彻明白。墨家把理性认识,看作比感性认识更高、更优的阶段。

《经下》第147条说:"知而不以五路,说在久。"墨家把眼耳鼻舌身叫"五路",即接受外界信息的五种通路。像"时间"这样抽象概括的哲学范畴,是不能单靠五种感官而认知的,需要依靠心智器官的思考来把握。

五种感官提供给心智器官用思考把握"时间"范畴的经

验知识，只相当于光线对于见物的条件作用。墨家定义"时间"的哲学范畴，是"弥异时"，即概括"古、今、旦、暮"等不同具体时间形式的抽象概念，不是仅靠五种感官认知，需依靠心智思考把握。

《墨经》论述各门科学的抽象知识，是从工匠生产技艺中概括的理性认识。论列、理解和运用概念规律的抽象知识，是墨家智慧学的重要要求。"明知"或"论物"之知，即理性认识，墨家用一个特制的字表示，即在"知"字下加一个"心"字，组成一个新的会意字，表示通过心智思考得到理性认识。基于汉字规范化的考虑，我把这个墨家特制的字替换为通行的"知"字。

五、智慧的形态

智慧作为人类认识和改造世界的知识和能力的总和，墨家总称为"知"。从认识世界说，有"名、实、合"三种"知"。从改造世界说，有"为知"。这是独特和深刻的见解。《经上》说："知：闻、说、亲；名、实、合、为。"前面"闻、说、亲"三种"知"，是从智慧的来源、获取智慧的手段说。后面"名、实、合、为"四种"知"，是从智慧的形态说。《经说上》解释说："所以谓，名也。所谓，实也。名实耦，合也。志行，为也。"

（一）名知：概念、理论的知识

《经说下》第154条说："举友富商也，是以名示人也。"如甲对乙说："我的朋友丙是富商。"乙不认识丙这个实体，没有同丙打过交道，也可以知道丙有"富商"这个"名"（概念）所表示的性质。"名知"，即概念理论的知识，一般是书本知识，通常由"传授"来的闻知和推论来的"说知"得到。

"名知"，即概念理论的知识，有重要的理论认识价值，也有片面性和局限性，即"知其名不知其实"，知道名称概念，不知名称概念之所指。墨子曾批评"今天下之诸侯"，整日"攻伐兼并"，只知"义"之名，"而不察其实"，像瞎子会说"白黑之名"，而不能分清白黑之物。

（二）实知：实际情况的知识

《经说下》第154条说："指是鹤也，是以实示人也。"指着眼前的动物或教具标本说："这是鹤。"这相当于实指定义的交际方式，通过展示实物的方式，让人了解。"实知"，即对实际情况的知识，一般是经验知识，通常由"身观"来的"亲知"得到。如教师带领学生，到野外实地考察，参观博物馆，或用教具演示。"实知"是认识的实物素材和经验基础，有另一种片面性和局限性，即"知其实不知其名"，知道实体，不知其名称概念，需要进一步上升到概念理论的认识。

（三）合知：概念、理论与实际结合的知识

书本知识和经验知识的结合，是既知其名，又知其实。就认识世界而言，它是结合亲知和闻知、名知和实知的全面知识。如学生通过教师系统讲授，以及考察、参观、演示，知道鹤的名和实、理论和实际知识。

（四）为知：自觉行动即实践的知识

"为知"的定义是"志行"，即有目的、有计划的自觉行动。"志"是意志、志向，泛指人的思想意识。"行"即行为、实践。《经上》第 10 条说:"行,为也。"《经上》第 86 条说:"为:存、亡、易、荡、治、化。"《经说上》解释说:"甲台,存也。病,亡也。买鬻,易也。消尽,荡也。顺长,治也。蛙、鹑,化也。"

这里列举六种重要的实践行为:制甲造台是保存的行为,治病是消除的行为,买卖是交易的行为,消除净尽是荡平的行为,遵循规律生长是治理的行为,蛙鹑养殖是促使生物变化的行为。墨家关注各种社会实践活动,与儒家主要关注道德实践行为大相径庭。

《经下》149 条说:"知其所不知,说在以名、取。"《经说下》解释说:"杂所知与所不知而问之,则必曰:'是所知也,是所不知也。'取、去俱能之,是两知之也。""取知"即"为知",指把概念理论的知识运用于实践,在实践中能区分选取事物。

《贵义》说:"瞽不知白黑者,非以其名也,以其取也。""取知"是分辨选取。"去"指排除舍去。认识自己原来所不认识的东西,有两种方式,一种是概念理论,另一种是应用概念理论,在实践中选取为概念理论所反映的事物。把对方所知道的东西,与所不知道的东西,混杂在一起问他,他一定说:"这个是我所知道的东西,这个是我所不知道的东西。"像这样选取和舍去都能做到,是全面知识。

"为知"是知识、思想和行动、实践的统一。这是最高类型的知识,是在理论指导下的自觉实践能力。墨家智慧学重视素质、知识和能力的统一,主张人以自己的认识能力认识世界之后,应转化为改造世界的实践能力。

墨家把认识和实践相结合，把人有目的、有计划的自觉行为、实践引入智慧范畴。列宁说："卓越的地方是：黑格尔通过人的实践的、合目的性的活动，接近于作为概念和客体的一致的'观念'，接近于作为真理的观念。极其接近于下述这点，人以自己的实践证明自己的观念、概念、知识、科学的客观正确性。""认识过程，其中包括人的实践和技术。""人从主观的观念，经过'实践'（和技术），走向客观真理。"①

恩格斯说："人的智力是按照人如何学会改变自然界而发展的。""人也反作用于自然界，改变自然界，为自己创造新的生存条件。"②墨家把"存、亡、易、荡、治、化"的自觉实践活动，叫"为知"，纳入智慧范畴，是古代智慧学的真知睿智，深刻精到。

六、智慧的目标

《公孟》篇载，一次墨子病了，学生跌鼻问："您是圣人，怎会生病？"墨子答："人之所得病者多方，有得之寒暑，有得之劳苦。""寒暑"、"劳苦"是自然和人体的实际状况，从事物实际状况探求病因，是求真务实。《贵义》篇载，一次墨子到齐国，路遇相面先生说："今天上帝在北方杀黑龙，您长得黑，到北方去不吉利。"墨子反驳斥其迷信谬说，不合事实，用鬼话骗人。这也是求真务实。

---

① 列宁：《哲学笔记》，人民出版社1956年版，第203、204、215页。
② 《马克思恩格斯选集》第三卷，人民出版社1972年版，第551页。

墨子说:"慧者心辩。"(《修身》)《小取》说:"夫辩者将以明是非之分。"区分是非、真假、正误,是智慧的目标。墨家所谓"是、正、当、真",指符合事实;"非、不正、不当、假",指违反事实。墨家智慧学以求真务实为依归,力求避免虚假悖谬。

《小取》说认识活动的目的是"摹略万物之然"和"所以然",即反映宇宙万物的真相和规律。"摹略"即反映、概括,"然"是现象、状况、真相,"所以然"是本质、原因、规律。《小取》说:"其然也,有所以然也。"又说:"以名举实。"

《经上》第31条说:"举,拟实也。""实"即实体、实物、实质、实际情况。语词、概念要反映事物的实际情况。求真务实,即实事求是,从实际出发。《墨经》崇尚科学实证,是求真务实的典范。《经上》和《经说上》用100个条目,解释各门科学的概念、范畴和简单命题,据事实立说。《经下》和《经说下》论证183条各门科学的复杂命题和定律,用观察和实验的事实证明。

《经下》第109条说:"假必悖,说在不然。"《经说下》解释说:"假必非也,而后假。狗假鹤也,犹氏霍也。"即虚假必然有悖于事实,因为事实不是如此。虚假必然是错误的,然后才能说是虚假。如一只狗假装成鹤,并不就成为鹤,如一个人姓霍,并不等于鹤(霍、鹤古字通)。非、假、悖、不然,都是指违反事实。墨家把智慧看作是对事实和必然性的确切知识,与猜想、怀疑等意识现象不同。

(一)猜想和事实

《经下》第158条说:"以楹为抟,于'以为'无知也,说在意。"《经说下》解释说:"楹之抟也,见之,其于意也不易,先知。意,相也,若楹轻于秋,其于意也洋然。"单纯地"以为"楹柱是圆柱形的,不是知识,论证的理由在于这只是一种臆测。如果亲眼看到"楹是圆柱形"的事实,这种"意"(意识,判断)不会改变,是已知。臆测是想象,如想象"楹柱比秋蒿轻",这是茫然无据的臆测。《说文》:"楹,柱也。"抟是圆柱形。"知"即知识。"意"即臆测、猜测、想象。

《大取》说:"知与意异。"亲见"楹是圆柱形"的"意",指意识、判断,即《小取》"以辞抒意"的"意"。"相"同"象"。《韩非子·解老》说:"故诸人之所以意想者,皆谓之象也。""秋"指一种蒿类植物。"洋然"指茫然无据。"以为"是主观想象,不是亲见的事实或必然性的推论。如《经上》第23条说:"梦,卧而以为然也。"睡梦中"以为"如何,不能认为是事实。

墨家把发展观运用于智慧学,认为古今有别,过去和现在不同,概念、判断、推论应如实反映今昔之别,构成辩证的智慧学。《大取》说:"昔日之虑也,非今日之虑也。"今昔不同,古今有变,应有创新思维。楚国有人渡江,佩剑从船上坠水,马上在船上刻记号说:"我的剑就是从这里坠落的!"船到岸边,马上由刻记号处下水找剑。水流船走剑不行,如此不知变通,岂非愚蠢至极?

《经下》第111条指出,有一种叫作"过"的"疑"。"疑"是怀疑、猜疑、猜想、想象、意见。"过"指过去已经如此。《经说下》解释说:"知与?以已为然也与?过也。"即对于现实事物,是有真切知识,还是单纯由于过去已经如此,就说现在也必然如此。"知"指真切确实的知识,没有疑问,与"疑"相对。"以已为然"指以过去必然地推论现在。"已",是已经,即过去。"然",指现在如此。

《经下》第134条说:"或过名也,说在实。"即名称、语词会过时,因为实际情况已经变化。《经说下》解释说:"知是之非此也,又知是之不在此也,然而谓此南、北,过而以已为然。始也谓此南方,故今也谓此南方。"

知道事情的性质或空间位置已经改变,仅仅因为过去曾经把这个地方叫南方或北方,现在就还说这个地方是南方或北方,这就是"过而以已为然"的错误。即事情已经过去了,还以"过去曾经如此"为理由,必然地推论说"现在还是如此"。如今日处北京,说"武汉在南方";明日处广州,仍说"武汉在南方",这同"刻舟求剑"的愚蠢思维方式一样。

(二)怀疑和必然性

《经说上》第84条说:"必也者可勿疑。"即必然性的知识,不用怀疑。《经上》第151条说:"擢虑不疑,说在有无。"《经说下》说:"疑无谓也。"从事实中抽取必然性,可以不用怀疑,论证的理由在于这种必然性是否存在。怀疑事实中的必然性,是无意义的。

《贵义》载墨子对卫国大夫公良桓子说:"卫,小国也,处于齐晋之间,犹贫家之处于富家之间也。贫家而学富家之衣食多用,则速亡必矣。"墨子从此类事实中,抽取"俭节则昌,淫佚则亡"的必然性,其真实性毋庸置疑。

七、智慧的辩论

墨家根据其所总结的智慧学原理，驳斥当时流行的各种认知诡辩。

（一）火不热

《庄子·天下》载辩者学派提出的许多诡辩论题，与惠施辩论。其中有"火不热"的诡辩论题。唐成玄英《庄子疏》解释说："譬杖加于体，而痛发于人，人痛杖不痛，亦犹火加体，而热发于人，人热火不热也。"

用棍子打人，人感到痛，棍子不痛，类推用火加于人，人感到热，火本身不热。这是用"不当类比"的方法，进行诡辩。人的痛觉和火的热性是两回事。依照这种诡辩，可以任意把事物本身的性质，如颜色、声音、香臭、甜苦、冷热等，说成人的主观感觉，否认事物本身的客观实在性，这是导致主观唯心论和不可知论哲学观点的诡辩。

古希腊的诡辩家普罗泰戈拉说："在一阵风吹来时，有些人冷，有些人不冷；因此我们不能说它本身是冷的或是不冷的。"[①] 把冷说成人的主观感觉，否认客观事物本身的实在性，这是"风不冷"的洋诡辩，跟辩者"火不热"的诡辩酷似。

《经下》第148条驳斥说："火热。说在视。"《经说下》解释说："谓火热也，非以火之热我有。若视日。"即火本身是热的，这可用看太阳的经验来加以证明。说"火热"，并不是

[①]〔德〕黑格尔：《哲学史讲演录》第三卷，生活·读书·新知三联书店1957年版，第29页。

说火的热是我的身体所有，例如看太阳，热从太阳发出，并不是从我的眼睛发出。这是用朴素的实在论、感觉论、经验论，反驳"火不热"的诡辩。

（二）目不见

《庄子·天下》载诡辩家有"目不见"的论题。《公孙龙子·坚白论》论证这一诡辩论题说："以目、以火见，而火不见，则火与目不见。"即通常说"用眼睛、用光线来看见"，但光线显然不是见物的器官，所以光线与眼睛加在一起也看不见。

这是用两个"以"字的不同意义，进行诡辩。"以"即用，"用眼睛来看见"，眼睛是见物的器官，"用光线来看见"，光线是见物的条件，这两个"以"（用）的意思不一样。这里先说"以目、以火见"，似乎眼睛和光线对见物有同等的作用，继而说，因光线不是见物的器官，所以，眼睛也不是见物的器官，即"目不见"。这是强词夺理，是引向不可知论和怀疑论的诡辩。

《经说下》批评驳辩者的诡辩说："'以目见'而目见，'以火见'而火不见。"墨家认为眼睛是见物的器官，光线是见物的条件，两个"以"字的意思不一样，不能用光线不能见物作理由，就否认眼睛能见物。

《经说上》第1条解释"大故"（充分必要条件），以"见之成见"为例。第3至6条论述认识过程，以眼睛见物为例。墨家对"目不见"诡辩的批评，对"目见"（即观察）认识手段的肯定，表明对主体的认识能力，抱有充分的信念，反对诡辩家的不可知论和对认识的怀疑论调。

（三）狗非犬

《庄子·天下》载诡辩家有"狗非犬"的论题。唐成玄英《庄子疏》解释说："狗、犬同实异名。名实合，则彼谓狗，此谓犬也。名实离，则彼谓狗，异于犬也。"狗、犬是同一实体，不同名称。狗、犬二名和同一实体综合考虑，有人说是狗，有人说是犬，是指同一实体，在这个意义上，应该说："狗是犬。"

如果把名称和实体分离开来说，即只考虑名称，而不考虑实体，则有人说是狗，当然不等于说是犬，在这个意义上，可以说："狗非犬。"用"以偏概全"的不正当论证方法，把"狗非犬"的特殊意义，说成普遍意义，造成"狗非犬"的诡辩。

墨家用分析方法，批评辩者"狗非犬"的诡辩：《经说下》第136条说："所谓非同也，则异也。同则或谓之狗，其或谓之犬也。"《经下》第141条说："知狗而自谓不知犬，过也，说在重。"《经说下》解释说："智狗重智犬则过，不重则不过。"《经下》第155条说："狗，犬也。而'杀狗非杀犬也'不可，说在重。"《经说下》解释说："狗，犬也。杀狗谓之杀犬，可。"

墨家把知识分为"名、实、合、为"四种。墨家对辩者"狗非犬"诡辩的批评，运用了这一理论。就"名知"说，狗名不是犬名，知狗名不等于知犬名，在这个意义上，可以说"狗非犬"、"知狗非知犬"。

但是，就"实、合、为"三种"知"说，不能说"狗非犬"。从"实知"、"合知"说，狗、犬是二名一实，是"重同",在这个意义上,不能诡辩说"狗非犬"、"知狗非知犬"。从"为知"说,屠夫杀狗就是杀犬,在这个意义上,也不能诡辩说"狗非犬"、"杀狗非杀犬"。墨家用清晰的分析方法,指明了"狗非犬"命题的合理性及其界限、范围,以及辩者诡辩的谬误所在。

(四)学无益

《老子》说:"绝学无忧。"认为弃绝学习,没有忧愁。《庄子·养生主》说:"生也有涯,而知也无涯,以有涯随无涯,殆矣。已而为之者,殆而已矣。"认为生命有限,知识无限,以有限追逐无限,危殆就要来临。危殆来临,还要勉强求知,就更加危殆。这是用归谬法,论证相对主义知识论和消极的"学无益"论。

《经下》第178条说:"学之益也,说在诽者。"《经说下》解释说:"以为不知学之无益也,故告之也,是使知学之无益也,是教也。以学为之无益也教,悖。"即认为学习是有益处的,论题的理由在于,反对这一命题的人,会陷于自相矛盾。因为倡导"学习没有益处"的人,认为别人不懂这一道理,要千方百计告诉别人,这就是要别人学习"学习没有益处"的道理,这就是教。倡导"学习没有益处",却又教别人,是自相矛盾。这是用归谬法,反驳老庄"学无益"的错误论题,论证"学有益"的正确论题。

墨家坚决反对"学无益"论,主张"学有益"论。墨子出身工匠,靠学习,成为名扬千古的大学者。《贵义》篇载,墨子到卫国游说,车上装载很多书,他对学生说:"过去周公旦,一大早就读书百篇,我怎能不多读书呢?"主张"有道者劝以教人"(《尚贤下》),"遍从人而说","不强说人,人莫之知"(《公孟》)。墨子常劝别人学习。《公孟》篇载,墨子遇到身体强良,思维敏捷的年轻人,劝他跟随自己学习。

《庄子·天下》赞扬墨子"好学而博"。《吕氏春秋·当染》记载,墨子早年曾就学于周王史官史角的后代。跟随墨子学习的弟子"弥众"、"弥丰"、"充满天下","无时乏绝",一直"显荣"到战国末期。

《淮南子·要略》说,墨子曾"学儒者之业,受孔子之术"。墨家从认识论上阐述"闻知"("传受"之知)的意义,肯定教学的作用。《经说下》的170条说:"智少而不学,功必寡。""智多而不教,功适息。"即智慧少又不学习,教育的功效一定少。智慧多而不教人,教育的功效等于零。

(五)知不知

《老子》说:"知不知,上。不知知,病。"即知道自己不知道,是最好的。以"不知"为"知",是弊病。《论语·为政》载孔子说:"知之为知之,不知为不知,是知也。"即知就是知,不知就是不知,这就是知识。

道儒两家都强调要知道自己有所不知,这表现了在知识问题上的谦虚态度,但在求知问题上,两家都缺乏积极进取的精神。道家要荒谬地取消知识,儒家认为文献不足,只能缺疑,对自然知识的探求缺乏兴趣。

《论语·子路》载,孔子斥责"请学稼"、"请学为圃"的学生樊迟,是"小人",认为农工生产知识不值得君子学习,与墨家堂而皇之地把百工技艺,总结上升为科学知识,大相径庭。

墨家主张积极追寻自然知识,反对道儒两家在求知问题上消极无为的态度。《经下》的135条说:"知知之否之足用也,悖,说在无以也。"《经说下》解释说:"论之非知无以也。"即说"知道自己知道,还是不知道,就已经够用了"的话,是自相矛盾的。因为你说这话的目的,是想让别人知道你这个道理。不然你这句话,就是无的放矢。可见,你认为别人要是不知道你的道理,而仅仅知道自己是不知道的,这是不够用的。这是用归谬法,驳斥道、儒两家在求知问题上的消极论点。

墨家驳斥认知诡辩的事例,是古代诸子百家在智慧学领域争鸣辩论的缩影。墨家主张积极求知,反对消极的认知论调,是其智慧学元研究成果的重要应用。

(本章主要内容曾发表于《南通大学学报》2006年第1期。)

第五章　墨家哲学的发展

为弘扬墨学、国学和中国传统文化的精华,我们从主体、载体和观点三方面,探索墨家哲学发展两个不同性质的阶段,即墨子哲学和《墨经》哲学。二者有相同的一面,如都主张兼爱,提倡辩论。也有不同的一面,如前者主张有神论,有逻辑学的萌芽;后者主张无神论,有系统的逻辑学说。

一、墨子哲学

(一)墨子哲学主体

墨子是墨家哲学发展第一阶段的主体。墨子出身匠师,熟悉百工技艺,尤精木工技巧。曾制造木鸢、车辖和各种守城器械。《鲁问》说:"翟之为车辖,须臾斫三寸之木,而任三十石之重。"《韩非子·外储说左上》说:"墨子为木鸢。"《公输》记载,弟子禽滑厘等三百人,持墨子守御之器帮宋国防守都城。

《贵义》载墨子自称"贱人",把自己的学说,比喻为农民生产的粮食,采集的草药。《节用中》载墨子说:"凡天下群百工,轮车鞼匏,陶冶梓匠。"《墨子》记载制革、制陶、冶金、缝纫、刺绣、制鞋、造铠甲、土石建筑等多项手工业工种。

庄子赞扬墨子"好学而博"。墨子是从手工业劳动者上升的士。《贵义》载墨子说:"翟上无君上之事,下无耕农之难。"墨子最初跟周王朝史官史角的后代学习儒学,"学儒者之业,受孔子之术"。后来,墨子又不满意儒学,创立自己的学派,叫墨家,跟儒家学派对立。

墨子为了推行学说,上说下教,席不暇暖,突不及黔,日夜不休,以自苦为极。他曾经在车上装载很多书,游说齐、卫、宋、楚等国。墨子说话,常引证儒家传统经典《诗》、《书》、《春秋》等著作。

墨子曾从事"止楚攻宋郑"、"止齐攻鲁"等活动,实施"非攻"反战的主张。但他反战,是反对"大国攻小国"的掠夺兼并战争,而不反对在不得已情况下,小国抵御大国掠夺兼并的防御战争。所以,墨子劝说卫国大夫,训练军队,积极防御。墨子劝说齐国将军项子牛,停止伐鲁。墨子向楚惠王献书,辞绝楚惠王的封地封君,谢绝越王邀官许封。墨子推荐门徒到各国做官,践履墨学。

(二)墨子哲学载体

墨家哲学载体《墨子》,是前5世纪至前3世纪墨家著作的汇编。东汉班固《汉书·艺文志》著录《墨子》七十一篇本,今日已不可得见。今存《墨子》最早和最好的版本,是明正统十年(1445)刊行《道藏》所收《墨子》五十三篇本。

《墨子》五十三篇本,按其内容性质,分为五编:墨论、杂论、墨语、墨守(以上属于墨子思想)、墨经(属于后期墨家思想)。

从《尚贤上》到《非命下》二十三篇，我叫它"墨论"，又称墨子"十论"，即墨子的十大论题，主要论述墨子的政治伦理哲学。《鲁问》载墨子说："凡入国，必择务而从事焉。国家昏乱，则语之尚贤尚同。国家贫，则语之节用节葬。国家喜音沉湎，则语之非乐非命。国家淫僻无礼，则语之尊天事鬼。国家务夺侵凌，则语之兼爱非攻。"

这是著名的墨子"十论"，即墨子十个重要论题的由来。这是墨子在游说各诸侯国君卿大夫时，着重阐发的治国方案。这与《墨子》中《尚贤》、《尚同》、《兼爱》、《非攻》、《节用》、《节葬》、《天志》、《明鬼》、《非乐》、《非命》等十个篇名，恰相对应。这是墨子就自己学说基本问题所做的系统讲演，由弟子们记录整理而成。

其中每篇分上中下，十篇又细分为三十篇，有些篇在流传中遗失，现存二十三篇。其内容大同小异，可能是墨者不同派别的传本，由后人辑录。这是反映墨子学说的可靠材料。墨子后学分三派，分住南方楚国，东方齐鲁，西方秦国，可能因空间阻隔，故传本不同。

汉代史学家刘向、刘歆，奉皇帝命，整理国家图书馆收藏的《墨子》文献，统编墨家各派传文，构成《尚贤》到《非命》十论二十三篇。这是《墨子》的主要论题和思想，细分归属于哲学、经济、政治、伦理、宗教和军事等学科思想，以政治伦理为主。

从《修身》到《三辩》七篇，加《非儒下》，共八篇，我叫它"杂论"，指《道藏》本《墨子》开头部分，从《亲士》到《三辩》共七篇文章，可能是刘向、刘歆父子，奉命整理国家图书馆藏书时编排。我又加《非儒下》，共八篇，组成墨学杂篇论文，记载墨子政治伦理思想，杂述墨子哲学若干方面。

"杂论"八篇，多为"墨论"（墨子十论）余义。孙诒让指出，《亲士》为《尚贤》余义，《法仪》为《天志》余义，《七患》、《辞过》为《节用》余义，《三辩》为《非乐》余义。"杂论"是"墨论"意义的补充。

从《耕柱》到《公输》5篇，我叫它"墨语"，文体类似儒家经典《论语》，记墨子对话，生动真实，妙趣横生，是墨子言行录和传记资料，为研究墨子生平事业和思想的重要参考。

从《备城门》到《杂守》11篇，我叫它"墨守"，记墨子守城的工程设施、武器装备、军事组织和战略战术，属于军事学思想，用墨子和禽滑厘对话的体裁写成。其中称"子墨子"14次，称"禽滑厘"3次，称"禽子"8次，说明墨子大弟子禽滑厘，也带有门徒，称为老师，参与"墨守"论文撰稿。

墨子和禽滑厘，在篇中都被称为"子"，可见其中有墨子的再传弟子，禽滑厘弟子加工整理的痕迹，里面可能包含有战国中后期墨子再传弟子补充的部分，但其基本思想，仍可视为墨子和禽滑厘的共同创造。由于是采用禽滑厘提问和墨子回答的形式，也可看作是墨子著作，代表墨子思想。

当时著作的传统，是由老师讲，弟子记录，加工整理而成。如《论语》是孔子弟子记录孔子言行，虽不是孔子亲手所著，但代表孔子思想。《老子》由后学整理，其中可能有战国中期后学的补充，但基本思想，仍可归之于春秋末期的老子。

《墨子》由历代墨者薪尽火传，一再加工整理，集体创作而成。时间跨度，从战国初至战国末，即前5至前3世纪的二百多年。它绝非成书于墨子一人之手，也非成书于一时，是墨家学者集众人之力，历经两个多世纪积累编纂的结果。

《墨子》一书能够流传到今天，要感谢东晋道教理论家葛洪。葛氏道教著作《神仙传》述古代神仙故事，把墨子附会为道教神仙。他说"墨子年八十有二"，"乃入周狄山"学道，修炼为"地仙"。到汉武帝时尚存，"视其颜色，常如五十许人"。活了好几百岁，竟然还像五十多岁的人。这是道教迷信的不经之谈。不过，由此后世兼收《墨子》入道教经典总集《道藏》。魏晋以降，历经战乱，群书散失，而五十三篇《墨子》却侥幸得存，由此可使我们一睹墨学之精深博大。

清纪昀《四库全书总目提要》卷一一七评论《墨子》说："旧本题宋墨翟撰，考《汉书·艺文志》《墨子》七十一篇，注曰，名翟，宋大夫，在孔子后。《隋书·经籍志》亦曰，宋大夫墨翟撰。然其书中多称子墨子，则门人之言，非所自著也。"

《墨子》书中多称"子墨子"，意即："我们这个学派的老师墨子。"第一个"子"强调是"我们这个学派的"，第二个"子"是先生。"子墨子曰"意即："我们的老师墨子说。"《墨子》为文，多用门人口气。《墨子》准确说是墨家著作，不一定是墨子本人执笔。

《四库全书》总纂官纪昀说，《墨子》是"门人之言"，非墨翟"自著"，颇有见地。直到现在，还有人坚决主张《墨子》是墨子本人写的，而这是不可能的。墨子是前5世纪的人，不可能知道公元前4世纪和前3世纪的思想发展与历史事实。有人说，如果《墨子》不是墨子本人写的，怎么能说是墨子的思想学说？墨子门人谨遵师训，记述发挥墨子学说，不一定都由墨子本人亲手撰写，但仍可部分地、有条件地归之于墨子本人的思想学说。

先秦人著作"书于竹帛"（《兼爱下》），即写在竹简绢帛。先秦留下的《墨子》竹帛之书，经过汉朝人编辑。汉成帝于前26年派刘向整理编校先秦古籍，包括《墨子》在内。汉哀帝又叫刘向之子刘歆继续其父的工作。他们使用的就是这种竹帛之书。经刘向、刘歆整理的《墨子》，统一用绢帛书写。

《经上》到《小取》六篇，统称《墨经》，是后期墨家的著作。以上所说《墨子》五编（墨论、杂论、墨语、墨守、墨经）篇目，见表2。

表2 《墨子》五编篇目

序号	五编	篇目	篇数
1	墨论	《尚贤》上中下、《尚同》上中下、《兼爱》上中下、《非攻》上中下、《节用》上中、《节葬》下、《天志》上中下、《明鬼》下、《非乐》上、《非命》上中下	10
2	杂论	《亲士》、《修身》、《所染》、《法仪》、《七患》、《辞过》、《三辩》、《非儒》下	8
3	墨语	《耕柱》、《贵义》、《公孟》、《鲁问》、《公输》	5
4	墨守	《备城门》、《备高临》、《备梯》、《备水》、《备突》、《备穴》、《备蚁附》、《迎敌祠》、《旗帜》、《号令》、《杂守》	11
5	墨经	《经上》、《经说上》、《经下》、《经说下》、《大取》、《小取》	6

（三）墨子哲学观点

1. 政治哲学观点。细分为尚贤、尚同、兼爱、非攻、节用、节葬、非乐、非命等。主张任人唯贤，提倡"虽在农与工肆之人，有能则举"，强调"官无常贵，而民无终贱"。反对任人唯亲，特别照顾亲属。主张"选择天下贤良"，"使从事乎一同天下之义"，用道德仁义统一全国思想。认为做到"兼相爱，交相利"，天下就没有"强执弱、众劫寡、富侮贫、贵傲贱、诈欺愚"等不合理现象，没有攻伐掠夺。墨子批判统治者厚葬久丧，暴夺民衣食之财，奢侈享乐。

2. 经验论的认识论。强调知识来源于众人的耳目之实，以视听感觉为判定是非有无的根据，提出检验认识真理性的三条经验标准（三表）。认为知名与察实、取实结合，才能构成完整的知识。如知仁义之名，不能察取仁义之实，就像盲人知黑白之名，不能察取黑白之物，不是完全的知识。

3. 认识论有理性论的科学成分。主张察类知类，辩故明故，重视探求"方法"、"法则"，要求"以见知隐"，从现象到本质。倡导"以往知来"，从过去推知未来。认为往者和来者都可知，肯定认识往者的总结性和认识来者的预见性。墨子批评儒家的命定论，认为"命者暴王所作，穷人所述，非仁者之言"，"足以丧天下"，"贼天下之人"。提倡积极发挥人力的能动作用，改造自然。倡导说："赖其力者生，不赖其力者不生。"认为人兽之别，在于能否用力从事生产劳动。

4. 提出逻辑概念名、辩、类、故、法、悖。要求名实相符，"能谈辩者谈辩"，把辩论技巧作为知识传授。重视逻辑论证，强调"无故从有故"。常用归谬法，揭露论敌自相矛盾。批评"世俗之君子,贫而谓之富则怒,无义而谓之有义则喜"是"悖",儒家"教人学而执有命,是犹命人包而去其冠","执无鬼而学祭礼,是犹无客而学客礼",无鱼而为渔网,公输般"义不杀少而杀众,不可谓知类",为墨家建立中国古代逻辑体系奠定实践和知识基础。

5.认为鬼神存在。根据有人曾"见鬼神之物,闻鬼神之声"的错觉,古书的讹传,提出鬼神存在的错误主张,突显他经验论认识论的流弊。墨子把天说成是有意志的人格神,相信鬼神能赏善罚暴。说"兼相爱,交相利",是顺天意,必得赏。"别相恶,交相贼",是反天意,必得罚。把天志、鬼神,作为推行政治主张的工具。这是墨子思想中的消极因素,应予以扬弃。墨子后学著狭义《墨经》四篇,完全抛弃墨子天志、明鬼学说,连一个字也没有出现,是墨家哲学发展中的进步现象。

二、《墨经》哲学

(一)《墨经》哲学主体

墨家哲学发展第二阶段的主体,是后期墨家。墨子创立的墨家学派,由战国初兴盛到战国末。司马迁《史记·太史公自序》引司马谈《论六家要旨》,有"墨者"一家。班固《汉书·艺文志·诸子略》九流十家,有"墨家"。先秦典籍称"墨者",即墨家人,犹如儒家人称"儒者"。战国中后期,墨翟后学组成的学派,称后期墨家。

(二)《墨经》哲学载体

墨家哲学发展第二阶段的载体,是《墨经》,晋鲁胜称为《墨辩》和《辩经》。《墨经》称呼见《庄子·天下》。《庄子·天下》说："相里勤之弟子，五侯之徒，南方之墨者，苦获、已齿、邓陵子之属，俱诵《墨经》。"

《晋书·隐逸传》引鲁胜《墨辩注序》说："《墨辩》有上下《经》，《经》各有《说》，凡四篇，与其书众篇连第，故独存。今引《说》就《经》，各附其章。"又说："作《辩经》以立名本。"鲁胜《墨辩注序》是近现代《墨经》研究的前导。

《墨经》是战国后期墨家的著作，约成书于公元前4世纪至前3世纪期间，记述古代逻辑学和科学的哲学。它总结整个战国时期的哲学争论，不可能产生于战国初期墨子所处的时代。它是《墨子》中的部分篇章，因论述逻辑学和科学的哲学，体例特殊，字字珠玑，一字千金，有独立存在的价值。

今存最早《墨经》版本，见于明正统十年（1445）刊《道藏》。清中叶以来，《墨经》校释渐盛，其义理价值受到重视。《墨经》继续发挥论证墨子兼爱主张，尚功利，重人为，把墨家逻辑学和科学的哲学推进到高峰。

《墨经》有广狭二义。狭义《墨经》，指《经》、《说》上下四篇，广义《墨经》再加《大取》、《小取》两篇。区分狭义和广义《墨经》，对中国文化史研究意义非凡。狭义《墨经》，完全从自然本身解释自然，不掺杂任何鬼神迷信，神秘因素，是干净彻底的无神论，纯粹的科学与人文学著作。这是墨学发展史上的一大进步，是中国文化轴心时代的历史绝唱。

《墨经》是千古奇书。内容除涉及政治、伦理外，逻辑、哲学和科学知识，特别丰富和突出。《经上》讲逻辑、哲学和科学等方面的知识，对重要概念范畴做出定义、划分，列举简单命题，《经说上》展开说明。《经下》讲逻辑、哲学和科学重要命题、定理、定律，揭示论证的理由，把论证理由浓缩为几个字，便于诵读记忆，《经说下》展开说明。

从专讲逻辑学、哲学和科学的意义上说，《墨经》比同时代的其他任何典籍，都更有价值。《墨经》作为古代微型的百科全书，涵盖中国古代各门科学，是墨学的精华。

常言说，中华传统文化（包括儒家、道家）的短处，是缺乏逻辑和科学。而《墨经》确实是专讲逻辑和科学的元典。迄今为止，公众对《墨经》的熟悉程度，远不及《论语》、《孟子》，《老子》、《庄子》等儒道典籍。因为儒道典籍一向被宣传得多，中国两千多年的封建国家机器、舆论机构、知识精英，无不为此倾注全力，殚精竭虑。

秦汉以后墨家中绝，《墨经》无人问津。梁启超1920年冬在清华大学讲授国学小史，讲完"墨家之论理学（逻辑学）"一节后，感慨说："只可惜我们做子孙的没出息，把祖宗遗下的无价之宝，埋在地窖子里二千年。今日我们在世界文化民族中，算是最缺乏论理（逻辑）精神的民族，我们还有面目见祖宗吗？如何才能够一雪此耻？诸君努力啊！"[①]

沈有鼎说："《墨经》的逻辑学是中国学术史中光辉灿烂的一页。两千年长期停滞的封建社会抛弃了这一宝物，让它埋在泥里。"[②] 笔者不禁感慨：先秦墨经很热闹，秦汉以后遭冷

---

① 梁启超：《墨子学案》，《墨子大全》第二十六册，北京图书馆出版社2004年版，第142页。

② 沈有鼎：《沈有鼎文集》，人民出版社1992年版，第377页。

淡。埋在泥里被抛弃，埋在地窖两千年！

《墨经》为文，体例特殊。又因埋没已久，素来缺乏研究，故学者素称难读。清代著名古文字学家、经学家孙诒让，为校释《墨经》，倾注毕生精力。孙诒让形容《墨经》难读说："盖先秦诸子之伪舛不可读，未有甚于此书（指《墨经》）者。""而此书（指《墨经》）最难读者，莫如《经》、《经说》四篇。"

1897年，孙诒让致信梁启超，自称对"《经》、《说》诸篇，闳意妙旨，所未窥者尚多"。又说《墨经》学问"赅举中西，邮彻旷绝，几于九译乃通"，故学者"罕能尽逮"。孙诒让鼓励梁启超从事《墨经》研究的"旷代盛业"。梁启超不负厚望，积三十多年功力，著《墨子学案》和《墨经校释》，在墨学研究史上树立丰碑。

清汪中《述学·墨子序》说："《经上》至《小取》六篇，当时谓之《墨经》。"孙诒让《墨子间诂》综合广狭二义《墨经》的两种见解说："按《墨经》即《墨辩》，今书《经》、《说》四篇，及《大取》、《小取》二篇，盖即相里子、邓陵子之伦所传诵而论说者也。"隐约表明，广狭二义《墨经》为后期墨家的作品。

从《墨经》的内容看，应是墨子后学，即后期墨家的作品。《墨经》综合融汇战国中后期百家争鸣的思想成果，有跟战国末荀子和公孙龙论战唱和，互相往还，影响渗透的痕迹，不是战国初期墨子和前期墨家所能创作出来的。墨子死后，分散在各地的墨家学派，分为许多小派别，小团体。他们是相对独立，平等发展的不同学术群体，除保持共同的"墨者"

称号,遵奉共同的精神领袖墨翟,宗奉墨子学说(如兼爱)外,常就各种学术问题展开激烈争辩。

《韩非子·显学》说:"自墨子之死也,有相里氏之墨,有相夫氏(一说伯夫氏)之墨,有邓陵氏之墨。故孔墨之后,儒分为八,墨离为三,取舍相反不同,而皆自谓真孔墨,孔墨不可复生,将谁使定后世之学乎?"

《庄子·天下》说:"相里勤之弟子,五侯之徒,南方之墨者,苦获、已齿、邓陵子之属,俱诵《墨经》,而倍谲不同,相谓别墨,以坚白同异之辩相訾,以奇偶不仵之辞相应,以巨子为圣人,皆愿为之尸,冀得为其后世,至今不决。"

庄子后学所说的"相里勤之弟子,五侯之徒,南方之墨者,苦获、已齿、邓陵子之属,有邓陵氏之墨",其中"之弟子,之徒,之墨者,之属,之墨"等,都用复数词,不是指一个人,是指一批人,一群人。当时著名学者,常聚徒讲学,追随者甚众,动辄"后车数十乘,从者数百人"。[①]

各派墨者,都共同诵读《墨经》,但在许多问题上有争论,都说对方是非正统墨家。这种争论,在学派发展中是正常现象。从本质上说,争论不是真理发展的阻力,而是动力。真理像燧石,敲打越厉害,越能发射灿烂的火星。如今所见《墨经》义理之深湛,文字之精炼,都是学派内外反复争辩,切磋琢磨的结果。

沈有鼎主张发挥科学性的想象力,猜测《经》和《经说》四篇,可能是学术文化发展水平较高的"北方(秦国说东方)

---

① 见《孟子·滕文公下》、《论衡·刺孟》。

之墨者"的著作，即"相里勤之弟子，五侯之徒所著"，其论据的简括术语用"说在"。

《大取》在很多地方，跟四篇明显唱对台戏，学说比较原始，含义丰富，重形式的趋势较弱，可能是"南方之墨者"的著作，其论据的简括术语用"其类在"。两种公式不同。韩非子说，在以上两派之外，还有相夫氏（伯夫氏）之墨，这一派也许是西方（秦国）之墨者，不愿意参加以上两派的争论，而满足于《小取》完整而简明但较晚出的辩学体系。①

（三）《墨经》哲学观点

1. 自然观。用实证理性的自然观，取代墨翟的有神论。汲取自然科学成果，规定和解释物、实、动、宇、久、有穷、无穷等范畴。认为物质、实体充盈无穷宇宙，为世界本原，知识、精神是人体生命物质的才能。

《经说上》说："物，达也。有实必待之名也命之。"物是外延最大的属概念，世界上一切客观存在着的实际事物，都归属于"物"的范畴。宇即空间的定义，是"弥异所"，是东西南北等不同处所的概括。久（宙）即时间的定义，是"弥异时"，是古今早晚等不同时段的概括。《经说下》说："盈无穷，则无穷尽也。"

认为物、实充盈于无穷宇宙，知识、精神是人体生命物质的才能。动即徙和行。《经说下》说："行者必先近而后远。远近修也，先后久也。民行修必已久也。久：有穷；无穷。"认为物质、运动与时间、空间有必然联系，时间、空间有无

---

① 沈有鼎：《沈有鼎文集》，人民出版社1992年版，第393页。

穷和有穷两重性。

2.认识论。用感性、理性并重的反映论认识论，取代墨翟的经验论。研究认知的目的、实质、能力、活动、过程和检验标准。认为认知的目的和实质是"摹略万物之然"与所以然。说明感性认知的特点，是用感官接触事物，反映事物的面貌。理性认识的特点，是用思虑分析事物，得到深切的认知。

主张感性、经验上升为理性、理论，从相传的手工业技巧中探求缘故、概括法则，形成科学知识。把知识按来源、内容和程度分为传授的"闻知"、推论的"说知"、亲身观察的"亲知"、概念的"名知"、实际的"实知"、概念与实际结合的"合知"、意志思想与行动效果结合的"为知"（自觉实践之知）七种。

其中第七种"为知"（自觉实践之知）是意志、动机与行动、功效的结合，对知识的形成和检验有重要作用。《经说上》说："志行，为也。""志功，正也。"主张积极发挥认知和改造世界的能动性。

3.辩证法。从大量用例，总结"同异交得"（矛盾分析）和"两而无偏"（两面分析）的辩证法，广泛运用于分析自然、社会现象和百家争鸣中提出的问题（如坚白、利害、敢不敢、能不能、久不久的关系）。

4.逻辑学。由墨翟的谈辩术，发展为系统的逻辑学理论。从百家争鸣论辩中总结"名、辞、说、辩"的思维形式，"譬、侔、援、推、止"的推论方式，"辞以故生、以理长、以类行"的论证原理，"彼止于彼"、"不俱当，必或不当"、"或谓之是，或谓之非，当者胜也"的思维规律。《小取》是墨家逻辑学的简明纲要。

5.历史观。表达与时俱进的思维发展观和进化历史观。提出"古今异时"的历史分析法。以"尧之义"和"尧善治"命题为典型事例，说明古今时代不同，实际各异，古今的仁义与善治也不等同，认为这种基于古今异时、名实不同的历史分析法有普遍适用性，可依此类推（"于是推之"）。

《经下》："或过名也，说在实。"指出名言须随实际的改变而改变。《经说下》指出"过而以已为然"的经验论逻辑，不具有必然的真理性。《大取》："昔日之虑，非今日之虑。"表达与时俱进的思维发展观和进化的历史观。

《墨经》有不同于其他古籍的独特义理，是中国传统文化的重要内容，人类知识的优秀遗产，值得认真研究、继承弘扬。墨家在先秦百家争鸣中独树一帜，有重要的理论贡献和重大的社会影响。

战国到汉初，墨家与儒家并称显学。汉武帝尊儒后，墨家作为学派衰微不传，但是《墨子》著作继续流传，作为非主流的异端思想，继续对中国社会发挥影响。清末以来，墨学受到主流思想界的重视，出现复兴和发展的趋势。在全球化的新时代，墨家哲学经过创造性诠释和现代转型，构成中国先进文化的必要成分，是民族振兴和国家进步的重要精神力量。

（本章主要内容曾发表于《中共郑州市委党校学报》2009年第1期。）

第六章　墨学人文观要义

从纵剖面说，墨学发展有一个从神文到人文的蜕变，即质变过程。从横剖面说，墨学人文观可分七大要义，在当前有特别值得弘扬的积极现实意义。墨子活动于前五世纪，代表作是《尚贤》至《非命》十论，表现神文人文思想杂糅。墨子神文思想的核心，是《天志》、《明鬼》，认为"天"是有意志的人格神，错误证明有鬼存在。

墨子人文思想的要点，是崇尚贤人，主张统一。倡导兼爱，反对兼并。主张节约，反对浪费。否认命定，倡导人为。墨子后学活动于前3世纪，代表作是狭义《墨经》，剔除墨子神文思想杂质，把墨子人文思想推进到新阶段。这在中国哲学史上具有至关重要的意义，是至今尚未被充分研究的古代哲学重镇。

一、问题的提出

墨子论证的缺点是时而搬神弄鬼，企图借鬼神迷信吓唬论敌，实际是为其相对薄弱的论证帮倒忙。《经》和《经说》上下四篇，构成狭义《墨经》，只字未提墨子常说的"鬼神"，提出论证"兼爱"的新角度，突出发展中国古代科学和逻辑。

墨家在中国哲学史上的特殊贡献，是从工匠理论家的视野，以改造社会为宗旨，独创涵盖自然和人文的应用哲学系统，创见囊括当时社会政治、经济、文化、伦理、科学、逻辑和军事等诸多领域。

继先秦老庄创始道家哲学，孔孟荀创始儒家哲学后，墨家显学独树一帜，创始精辟独到的墨家哲学，给后人留下仍需继续探索的许多重要课题。相对而言，墨学研究，是中国哲学、国学和传统文化研究中，至今仍称薄弱的领域，亟须有更多学者关照，参与攻关。

当前需要学术界切磋琢磨，共同研讨的一个课题，即墨学在战国二百五十多年的长期发展中，是否存在从神文到人文的蜕变，即质变过程？墨学人文观的要义是什么？墨学在当前有什么值得弘扬的积极现实意义？这些都是学术界不能回避的重要攻关难题。

二、从神文到人文的蜕变

（一）神文人文概念

神文和人文概念有别。神文是神的文化。西方中世纪神文主义占统治地位。神文主义，提倡以神为中心，人服务于神。人文是人的文化。人文精神是人类文化精神，又叫人道精神、人道主义、人文主义、人本主义。

人道，是为人之道，做人的道理，与"天道"相对。人道精神，人道主义，是人类特有的作为人的精神。人道主义，源出于拉丁文 humanus，又译作人文主义。人文主义提倡关怀尊重人，以人为中心，服务于人。

人文精神、人道精神、人文主义、人道主义，是人本主义，以人为本，把人作为理论的根本依据、出发点和归宿，提倡为人兴利除弊，谋取福祉。人文精神，重视人生、人性、人权、人格和人的价值。

重视人生，就是承认人要生存、生活、存活，首先要有衣食住行的基本条件，这是社会存在的经济基础。社会存在，首先必须满足最大多数劳动人民的基本生活需要，要让人民能够生存、生活、存活，然后才能谈论社会的意识形态、文化娱乐与舒适安逸。

重视人性，是承认人有不同于动物的性质特征。重视人权，是尊重人的权利，不能任意剥夺。重视人格，是尊重做人的资格，不能任意贬损。重视人的价值，是人类普世伦理的核心内容。发掘墨家人文精神的传统资源，丰富今日人文思想的宝库，具有迫切的现实意义。

（二）民本人本源流

《尚书·五子之歌》说："民惟邦本，本固邦宁。""民惟邦本"，即只有人民，才是国家的根本。"民惟邦本"简缩为"民本"。"民本"是以民为本，民本主义，人本主义，以人为本。"本"是根本基础。"本固邦宁"，即人民这个根本巩固，国家才能安定。相传这是夏禹的训诫之词。墨子称道夏禹，把禹作为墨家效法的典范，把禹之道（夏禹的道理）作为墨学提倡民本人本的渊源依据。

《庄子·天下》说："墨子称道曰，昔者禹之湮洪水，决江河，而通四夷九州也。名川三百，支川三千，小者无数。

禹亲自操橐耜，而九杂天下之川。腓无胈，胫无毛，沐甚雨，栉疾风，置万国。禹，大圣也，而形劳天下也如此！使后世之墨者，多以裘褐为衣，以跂蹻为服，日夜不休，以自苦为极，曰，不能如此，非禹之道也，不足谓墨！"

墨子推崇夏禹治理洪水，疏通江河，沟通九州。大河三百，支流三千，小溪无数。夏禹亲自手持畚箕锄头，汇合天下河川，累得腿肚没肉，小腿没毛，大雨浇身，狂风乱发，安顿万国。禹是大圣人，为天下如此劳苦！于是叫后代墨者多穿粗麻衣，木草鞋，白天黑夜不休息，把自讨苦吃作为最高原则。墨子说，做不到这样，就不合夏禹的道理，不配做墨者！

夏禹治水，公而忘私、为民服务的精神，以民为本的思想，是墨家效法的榜样，影响延续至今。民为邦本、民贵君轻的民本思想，是中国传统文化的固有精神，有积极的现实意义。成书于殷商时期的《尚书》，有"民惟邦本，本固邦宁"的思想。今日提倡以人为本，是对古代民本思想的继承弘扬。通过改革开放，解放发展生产力，满足人民日益增长的物质文化需求，是在自由平等的条件下实现人的全面发展。

（三）神文人文杂糅

墨家的人文精神有一个发展的过程。墨子思想是神文和人文的杂糅。墨子的神文思想，集中表现为《天志》和《明鬼》两个论题。《天志》把天说成是有意志的人格神，《明鬼》用讹传和古书的错误记载，活灵活现地证明有鬼存在。

墨子把他的神文思想，抹上人文的油彩，披上人文的外衣，做出人文的装潢，作为实现其人文观的工具。墨子说用鬼神做工具，推行兼爱非攻，就像工匠使用规矩，量度方圆。

墨子游说四方，学生魏越问他："您看见四方的君主，将先说什么呢？"墨子说："凡入国，必择务而从事焉。国家昏乱，则语之尚贤、尚同。国家贫，则语之节用、节葬。国家喜音沉湎，则语之非乐、非命。国家淫僻无礼，则语之尊天、事鬼。国家务夺侵凌，即语之兼爱、非攻。故曰：择务而从事焉。"

墨子从战国时代课题总结出十个论题。其中"尊天、事鬼"，即"天志"、"明鬼"。"天志"，是说"天"有意志，是人格神。"明鬼"，是说有根据证明鬼存在。这两个论题是墨子的神文思想。

"尚贤"是主张贤人治国。"尚同"是主张国家统一。"兼爱"是主张整体、平等、无差别的爱。"非攻"是反对侵略，主张用正义的防御战，制止非正义的进攻战。"节用"是主张节约开支。"节葬"是主张节省丧葬费。"非乐"是批判统治者不顾人民疾苦，大办乐舞。"非命"是反对儒家命定论，主张充分发挥人力作用。这八个论题，是墨子的人文思想。墨子人文和神文论题的比例，是四比一，反映墨子思想是人文神文的杂糅。墨子神文人文论题比例，见表3。

表3　墨子神文人文论题比例

墨子论题	神文	人文
论题名称	天志、明鬼	尚贤、尚同、兼爱、非攻、节用、节葬、非乐、非命
论题个数	2	8
所占比例	1	4

1．说天。墨子共267次说神化意义的"天",意指天神。天本属自然界,无意志可言。墨子却给天赋予人格意志,这是迷信、信仰和非科学的有神论观点。《天志中》说:"天为贵,天为智。"天既尊贵,又智慧。墨子引经据典说:"明哲维天。"即天有最高的智慧聪明。《天志上》说,"天"有超人观察力,即使对于"林谷幽间"隐蔽处,"明必见之",明察秋毫。

墨子说:"天之为寒热也,节四时,调阴阳雨露也,时五谷熟,六畜遂。""为日月星辰","制为四时春秋冬夏,以纪纲之。降雪霜雨露,以长遂五谷麻丝,使民得而财利之。列为山川溪谷,播赋百事。"这是把"天"说成世界万物的创造者、主宰者。

《天志上》说:"我有天志,譬若轮人之有规,匠人之有矩。""顺天意者,兼相爱,交相利,必得赏,反天意者,别相恶,交相贼,必得罚。"墨子认为天有意志、人格、意欲、感觉、情操和行为,假托"天志"天意,表达自己的主张,推行兼爱,替天行道。

梁启超《子墨子学说》解释说:"人格者,谓有人之资格,可当作一人观也。"墨子把自然界的天空天候,神化、人格化为超人间的权威,是万物的主宰,能决定人间祸福、赏善罚暴,这是粗糙幼稚的神学迷信。墨子神文思想用词,多于人文用思想用词101次,数量惊人。墨子人文神文用词频次,见表4。

表4　墨子人文神文用词频次

墨子	人文	神文		
用词	人	神	鬼	天
频次	463	116	181	267
总计	463	564		

2．说鬼。墨子共116次说"神"，指神灵。共181次说"鬼"，指鬼魂。世上鬼神本无。《明鬼下》却说："有山水鬼神者，亦有人死而为鬼者。""故鬼神之明，不可为幽间广泽，山林深谷，鬼神之明必知之。鬼神之罚，不可为富贵众强，勇力强武，坚甲利兵，鬼神之罚必胜之。"这是"活见鬼"，"说鬼话"，无中生有，自欺欺人。

《公孟》载墨子说："古圣王皆以鬼神为神明，而为祸福，执有祥与不祥，是以政治而国安也。"认为鬼神灵验，神奇明察，神通广大，力大无边。墨子说鬼神，跟他说人格神的"天"一样，是超人的权威，能明察秋毫、赏善罚恶、兴利除弊，表现墨子的迷信、信仰和善良幼稚的政治愿望。

3．说人。《墨子》共821次，出现"人"的词语、概念和范畴。其中总指众人、人们、世人、人民、任意个人共463次。如《兼爱中》说："人与人相爱。"与"己"、"我"相对的他人，别人共259次。

把"人"作为生物学、动物学、人类学意义上的特殊类别，涉及人类的性质、行为和动作，共69次。如《非乐上》说："今人固与禽兽麋鹿蜚鸟贞虫异者也。""今人与此异者也，赖其力者生，不赖其力者不生。"

用作状语的"人人"、"每人"共12次。"人口"、"人数"共8次。"人才"、"德才"出众者共9次。"人"通"仁",即仁人、仁爱之人1次。又如"人民"、"民人"、"众人"、"庶人"、"匠人"、"商人"、"哲人"、"智人"、"爱人"、"利人"、"教人"、"善人"、"圣人"、"人情"等语词近百个。这说明从整体看来,墨家关注人,人是墨学的出发点和归宿点。墨子的神文思想"天神鬼",是被借用作为替人服务的工具,就像工匠手中使用的圆规矩尺。

(四)跃进佳境

狭义《墨经》,共183条,5700余字,言简意赅,论证严谨,系统表述朴素科学的世界观、理性的认识论、辩证的方法论、谈辩的逻辑学,无一字句谈神论鬼,完全摒弃墨子"天志"、"明鬼"的论题。把墨子"天鬼神"的迷信臆说,抛到九霄云外。这标志墨学在发展中,剔除墨子神文思想的杂质,完成由神文到人文的蜕变,即质变过程,大踏步跃进纯人文的佳境。

三、墨学人文观要义

(一)劳动生产观

《非乐上》说:"今人固与禽兽、麋鹿、飞鸟、贞虫异者也。今之禽兽、麋鹿、飞鸟、贞虫,因其羽毛,以为衣裘,因其蹄爪,以为裤屦,因其水草,以为饮食。故虽使雄不耕稼树艺,雌亦不纺绩织纴,衣食之财,固已具矣。今人与此异者也:赖其力者生,不赖其力者不生。"

"力"是劳动者以自身力量从事物质生产,改造自然,创造生存条件的实践活动。《经上》说:"力,形之所以奋也。"《经说上》以"举重"为例,解释说:"重之谓。下举重,奋也。"举起重物的形体动作是劳动,形体之所以能劳动的原因是"力"。

墨子的原创命题是:人和动物不同,依赖自己力量生产劳动,才能生存;不依赖自己力量生产劳动,不能生存。意同于"不劳动者不得食"。人兽之别,人生本质,是生产劳动。墨子肯定人生的本质是劳动,是对人类劳动本质的自觉意识。人文精神的物质前提,是生产劳动。

《墨经》知识分类的一种是"为知",即自觉实践的知识,包含根据植物生长规律种植作物,养殖青蛙、鹌鹑,这是农牧业生产实践的知识。墨子教育学生"能从事的从事","从事"即生产劳动。

生产观一如红线,贯穿全部墨学。"尚贤",因贤人重视生产。"非攻",因大国攻小国,破坏生产。主张薄葬,批判厚葬,因"厚葬久丧",破坏生产。"非乐",批判国君大办音乐歌舞,耽误生产。"非儒",因儒家笃信命定论,懒于生产。

(二)劳动本位观

《辞过》说:"民富国治。"人民富足,国家才能治理。《尚贤上》说:"农与工肆之人,有能则举之。民无终贱,有能则举。"主张从社会基层"农与工肆之人","贱民"举荐能人,管理国家。《七患》说:"固本而用财,则财足。""本"指农业,是社会的根本。墨子由劳动生产观,引出劳动本位观,把"农与工肆之人"和"贱民"劳动者,看作是社会的本位与基础。墨子是劳动者的圣人,墨家是劳动者的学派,墨学奏出劳动者的心声。

（三）劳动人权观

《尚贤中》说："民生为甚欲。"人民生存，世代延续，是第一愿望。《非乐上》说："民有三患：饥者不得食，寒者不得衣，劳者不得息，三者民之巨患也。"《非命下》："必使饥者得食，寒者得衣，劳者得息。"吃饭、穿衣和休息，是劳动者的基本人权。

《尚贤下》说："为贤之道，有力者疾以助人，有财者勉以分人，有道者劝以教人，若此则饥者得食，寒者得衣，乱者得治。此安生生。"《兼爱下》说："万民饥即食之，寒即衣之，疾病侍养之，死丧葬埋之。老而无妻子者，有所侍养以终其寿。幼弱孤童之无父母者，有所放依以长其身。"墨子理想，人民衣食住行得到满足，生老病死有保障，是社会福利思想的古代萌芽。从儒家经典《礼记》，到孙中山等革命志士，都曾从墨子思想汲取"世界大同"、"天下为公"的思想资源。

（四）群众智慧观

《尚同中》说："夫唯能使人之耳目，助己视听。使人之唇吻，助己言谈。使人之心，助己思虑。使人之股肱，助己动作。助之视听者众，则其所闻见者远矣。助之言谈者众，则其德音之所抚循者博矣。助之思虑者众，则其谋度速得矣。助之动作者众，即其举事速成矣。"《尚同下》引古语说："一目之视也，不若二目之视也。一耳之听也，不若二耳之听也。一手之操也，不若二手之强也。"这是集中群众智慧、群众路线的思想萌芽渊源。

（五）人力能动观

墨子在《非命》篇，论述国家安危治乱，不靠天命，靠人力，提倡充分发挥人力的积极能动作用，批判儒家消极的命定论。《公孟》载墨子跟儒者程繁辩论，墨子说命定论的"儒之道足以丧天下"，儒家"以命为有，贫富寿夭、治乱安危有极矣（命有定数），不可损益也。为上者行之必不听治矣，为下者行之必不从事矣，此足以丧天下"。

《非儒》说，儒家"强执有命以说议曰：寿夭贫富、安危治乱，固有天命，不可损益。穷达、赏罚、幸否有极，人之智力不能为焉。群吏信之，则怠于分职。庶人信之，则怠于从事。吏不治则乱，农事缓则贫，贫且乱政之本。而儒者以为道教，是贼天下之人者也"。儒家用"有命"说教天下，是害人。儒家命定论是懒汉哲学，使人放弃奋斗，安于贫穷。墨家主张认识世界，改变现状，强力拼搏。

（六）人民价值观

墨子在中国哲学史上，首次提出检验言论真理性的标准，肯定人民经验，对判定言论真理性的价值。墨子检验言论真理性标准的"三表法"，要求"下原察百姓耳目之实"，"观其中百姓人民之利"，到下层考察人民经验，观察言论实行中符合人民利益的程度，是目光向下，体恤百姓的人民价值观。

（七）兼爱平等观

墨家的兼爱平等观强调爱的普遍性、整体性、交互性和对等性，是深刻的人道主义，人文主义，为历代仁人志士所追求。墨家的"兼爱"，相当于模态逻辑、道义逻辑的"必须肯定命题":"所有人应该爱所有人。""必须"、"应该"是道义（道德、义务、理想、规范）概念。

模态逻辑中有"道义逻辑"，即道德伦理的逻辑。其中有一个高级的模态断定词"必须"、"应该"，其含义是道德、义务和理想，用模态词"必须"构造"必须肯定命题"，意即必须这样做，才最合乎道德、义务和理想。

从现代逻辑分支模态逻辑角度分析，墨家的兼爱平等观，用命题形式表示为"必须肯定命题"："所有人应该爱所有人。"在"所有人爱所有人"中关系词"爱"的前面，加模态词"应该"（与模态词"必须"等值、同质），表达道义逻辑中的道德、义务和理想规范。这不是事实、真值命题，是模态、道义命题，是墨家的道德、义务、理想和目标。

墨家在战国时期二百五十多年间，始终坚持兼爱平等观理想，提出十几个论证角度。笔者对墨家著作思想用语，穷尽搜索，完全归纳，确认墨家的兼爱理想，是尽爱、俱爱、周爱，不分民族、阶级、阶层、等级、亲疏、住地、人己、主仆等差别，包括过去、现在和未来人，是普遍深刻的人道主义，人文精神。

兼爱有整体性。兼即整体，兼爱是遍爱人类整体。《经下》说："无穷不害兼，说在盈否。"《经说下》说："人若不盈无穷，则人有穷也，尽有穷无难。盈无穷，则无穷尽也，尽无穷无难。"世界无穷，人无穷，不妨碍推行兼爱理想。

兼爱有周遍性。《小取》说："爱人，待周爱人而后为爱人。不爱人，不待周不爱人。失周爱：因为不爱人矣。"《经上》说："尽，莫不然也。"要爱所有人，才叫爱人。有一部分人不爱，不叫完全意义的爱人。

爱人有一贯性。《大取》说："昔者之爱人也，非今之爱人也。"爱人要一贯：过去爱人，现在爱人，永远爱人。施爱于过去、现在和未来。《大取》说："爱上世与爱后世，一若今之世人也。"

兼爱不容割裂。《大取》说："兼爱相若，一爱相若，一爱相若，其类在死蛇。"爱人包含爱奴隶臧获。《小取》说："获，人也；爱获，爱人也。臧，人也；爱臧，爱人也。此乃是而然者也。"爱奴隶"臧获"，是"兼爱"整体不可分割的部分。

人口密度，不妨害兼爱。《大取》说："爱众世与爱寡世相若，兼爱之又相若。"不知人数，不妨害兼爱。《经下》说："不知其数而知其尽也，说在问者。"《经说下》说："尽问人，则尽爱其所问。若不知其数，而知爱之尽之也，无难。"

不知处所，不妨害兼爱。《经下》说："不知其所处，不害爱之，说在丧子者。"爱人包含爱己。《大取》说："爱人不外己，己在所爱之中。己在所爱，爱加于己。伦列之：己，人也；爱己，爱人也。"

《孟子·滕文公下》说："墨氏兼爱。"《告子下》说："墨子兼爱，摩顶放踵利天下为之。"《庄子·天下》说："墨子泛爱兼利。"《尸子·广泽篇》说："墨子贵兼。"《荀子·天论》说："墨子有见于齐。"齐指平等。皮嘉佑说："平等之说导源于墨子。"[1] 孙中山《三民主义》说："古时最讲爱字的莫过于

---

[1] 皮嘉佑：《平等说》，《湘报》第58—60号，1898年5月。

墨子。"梁启超《墨子学案》说："墨学所标纲领，其实只从一个根本观念出来，就是兼爱。"

墨学人文观的要义，是中华民族实现伟大复兴的宝贵精神资源。新中国的新理论，在新应用中适应新要求，实现中国化，为中国人民所喜闻乐见，必须结合国情、历史和现实，创新转型，博取人类优秀文化，继承传统墨学精华。这是中华文化现代化、世界化的趋势，是中华民族实现伟大复兴的精神动力。

（本章主要内容曾发表于《社会科学战线》2009年第8期。）

第七章　墨子杂论感言

经汉代史官整理的《墨子》，第一卷收录从《亲士》到《三辩》七篇短文，我把它们归入墨学"杂论"一类，错杂论述兼王之道、身心修养、教育交友、规律概念、治国、节用、音乐等专题。

一、兼王之道是范畴

《亲士》论述的"兼王之道"，是墨子重要的政治哲学范畴。何谓"兼王之道"？《亲士》说："江河不恶小谷之满已也，故能大。圣人者，事无辞也，物无违也，故能为天下器。是故江河之水，非一源之水也。千镒之裘，非一狐之白也。夫恶有同方不取，而取同己者乎？盖非兼王之道也。是故天地不昭昭，大水不潦潦，大火不燎燎，王德不尧尧者，乃千人之长也。其直如矢，其平如砥，不足以覆万物。"

兼王之道，重在兼容并包，兼收博采，听取不同意见。这种开放兼容的精神，一脉相传，延续至今，成为中华文化的固有内涵和优秀传统。中华民族自古以来，就有兼收并蓄，博采众长的优良传统和智慧。从中国历史发展看，可以得出结论，只有开放兼容，国家才能富裕强盛。

《亲士》说："今有五锥，此其铦，铦者必先挫。有五刀，此其错，错者必先靡。是以甘井近竭，招木近伐，灵龟近灼，神蛇近暴。是故比干之殪其抗也，孟贲之杀其勇也，西施之沈其美也，吴起之裂其事也。故彼人者，寡不死其所长。故曰，太盛难守也。"

意即：如今有五把锥子，有一把最锐利，这一把必定先折损。有五把刀子，有一把最锋利，这一把一定先损坏。所以，甜水井，先被汲干。高大的树，先被砍伐。灵验的龟，先被烧灼占卜。神奇的蛇，先被曝晒求雨。比干的死，因他敢于直谏。孟贲被杀，是因为他逞勇。西施遭溺，是因为她美丽。吴起遭车裂，是因为他变法事业，成果辉煌。所以这些人，很少有不死于自己的长处。所以说，太过兴盛，难于久守。

这里从所列举的十个例子，概括"太盛难守"的结论，是运用典型分析式的科学归纳推理。"太盛难守"，即物极必反，是事物发展的辩证规律。"太盛难守"，酷似《老子》的思维表达。《老子》第9章说："揣而锐之，不可常保。"（尖利锋芒，难保久长）。第30章说："物壮则老。"第44章说："多藏必厚亡。"第76章说："坚强者死之徒。""兵强则灭，木强则折。"这是老子"太盛难守"的意涵。

《庄子·天下》说老子"以柔弱谦下为表"，"曰坚则毁矣，锐则挫矣"。元吴海《闻过斋集·读墨》说："锥刀井木之喻其所长，大盛难守则老氏之意。"墨子"太盛难守"的概括，跟老子的哲学思想互相渗透，贯通一致。当今处理国际关系，"不当头"、"不称霸"谋略的哲学源头和理论依据，可追溯到老子与墨子共同主张的"太盛难守"。

《亲士》说:"缓贤忘士,而能以其国存者,未曾有也。""归国宝,不若献贤而进士。"即怠慢贤士,会导致亡国。馈赠国宝,不如劝进贤士。《玉篇》说:"通古今,辩然不(否),谓之士。"《亲士》开宗明义,提倡治国,必须要重视贤士,即通晓历史经验,辨别是非然否的知识分子,让他们自由地发表不同意见,提出善良的建议,才可以长生保国,维护国家长治久安。这些思想具有积极的现实意义。

二、修养身心儒墨同

"修身",是中国古代道德修养的惯用语,意为陶冶、锻炼自身的道德品质和情操,培养优良德行。《论语·宪问》载孔子首次提出"修己"的概念,说"修己以敬","修己以安人","修己以安百姓"。《卫灵公》载孔子说:"君子求诸己。"这是"修身"概念的先驱。

第一次明确提出"修身"概念,是《墨子·非儒》:"夫一道术学业仁义也,皆大以治人,小以任官,远施周偏,近以修身,不义不处,非理不行,务兴天下之利,曲直周旋,不利则止,此君子之道也。"把修身看作普遍实行君子之道,仁义道德的基础和起点。

孟子在《尽心上》接过《墨子》"修身"的术语说:"夭寿不二,修身以俟之,所以立命也。"即无论短命或长寿,都一心一意,修养自身,等待机遇,这是安身立命的不二法门。

荀子的著作,跟《墨子》一样,把《修身》作为第二篇。篇中说:"以修身自强,则名配尧禹。"把修身自强看作是成圣成贤的必经之途。儒家经典《礼记·大学》说："修身为本。"把修身看作齐家、治国、平天下的前提，以"修齐治平"的紧缩语名世。

经汉代史学家编辑整理的《墨子》，把"修身"作为全书排序第二，立意是论证修养身心、自我修养的重要性，把修身看作人生道德完善的根本，成就贤士、君子和圣人的途径。篇中说："置本不安者，无务丰末。""本不固者末必几。"即不把修身的根本树立牢固，就不能安身立命，功德完满。

篇中说："士虽有学，而行为本焉。"主张贤士要把所学的理论，见诸于行动，反映墨家注重实践，主张言行一致、学用结合，把理论的实行，放在重要地位。篇中说："辩是非不察者，不足与游。""言不信者行不果。""名不可简而成也。""多力而不伐功，此以名誉扬天下。"要求贤士明辨是非，讲究诚信，不图虚名，努力不懈，不自夸有功，这样才能成就功业，誉满天下。

本篇论修身的关键跟儒家的理论一样，是"反之身"，即反省自身，时时按照"君子之道"的修身原则，警戒、告诫自己，改过迁善，"以身载行"、身体力行，达到道德品行的自我完善。

什么是"君子之道"？篇中说："君子之道也，贫则见廉，富则见义，生则见爱，死则见哀，四行者不可虚假，反之身者也。藏于心者，无以竭爱。动于身者，无以竭恭。出于口者，无以竭驯，畅之四支，接之肌肤，华发隳颠，而犹弗舍者，其唯圣人乎！"

即君子的修身之道，是贫穷不忘廉洁，富贵不忘仁义，对人表现爱心。这些品行不能造假。要反躬自问，心存真诚，把无尽的爱藏在内心，把无尽的谦恭见诸行动。出口说话无比善良。通达四肢，遍及肌肤。直到老年，头发花白，头顶变秃，也不肯放弃，这只有圣人才能做到。篇中所说"君子之道"的含义，跟传统儒家的相关论述实质一样。墨家和儒家大师修身养性的名言佳句，经过分析转型，可以作为今日完善道德修养的借鉴。

三、教育交友须谨慎

《所染》的主旨是论证教育交友须谨慎。开篇伊始，叙述墨子看到染丝工匠操作，感叹"染于苍则苍，染于黄则黄"，"所入者变，其色亦变"，"故染不可不慎"。篇末归结，引证逸诗说："必择所渐，必谨所渐。"即必须正确选择染料，谨慎面对染料的浸渍。

"染丝"是用来进行譬喻式类比论证的素材。《小取》定义譬喻式类比论证说："譬也者，举他物而以明之也。""举他物而以明之也"，就是"举 S2 以明 S1"。"染丝"这个譬喻词，即定义中的"举他物"（S2），是譬喻中的"喻体"。因明的术语，叫"同喻依"。《所染》说："非独染丝然也，国亦有染。""非独国有染也，士亦有染。"这"国有染"，"士有染"，是定义中"而以明之也"的对象、主体（S1），是譬喻中的"本体"。因明的术语，叫"宗有法"。

在"而以明之"的展开过程中，使用正反对照的 21 组，共 48 个典型的个别事例，从中分析归纳一般结论：

第一，"凡君之所以安者，何也？以其行理也，行理生于染当。故善为君者,劳于论人,而佚于治官。不能为君者,伤形费神,愁心劳意,然国愈危,身愈辱。此六君者,非不重其国,爱其身也,以不知要故也。不知要者,所染不当也"。

第二,"其友皆好仁义,淳谨畏令,则家日益,身日安,名日荣,处官得其理矣"。"其友皆好矜奋,创作比周,则家日损,身日危,名日辱,处官失其理矣。"这里所用的论证方式,是求同求异并用的科学归纳推论,并辅之以讲道理的演绎推论成分。其逻辑思维进程清楚明白,是《小取》和《墨经》阐发墨家辩学的典范运用。

从思想内容说,染,即染色,沾染,引申为熏染,影响。渐,即沾染,浸渍,影响,逐渐渗透。本文以染丝渐渍为比喻,说明国君治国跟周围影响密切相关。要受到良好的影响,就必须善于选贤使能。

文中论证,明君受到良好影响,国家就能治理好。反之,国家就要遭难。对个人来说,交友当否是安危荣辱的关键,即文中所说的"知要"、"染当"、"行理"、"得理"。由于本篇创作的成功,使秦相吕不韦,在召集六国辩士,编辑《吕氏春秋》时,直接汲取《墨子·所染》大部分文字,写成《吕氏春秋·当染》,仅在篇末补充若干新意。清汪中《述学补遗·吕氏春秋序》说:"《当染》篇全取《墨子》。"

《吕氏春秋·当染》与《墨子·所染》前段大部分篇幅论述墨子用工匠染丝的操作,比喻国家和个人环境的熏染影响作用。《吕氏春秋·当染》后段补充新意,论述儒墨两家从属弟子众多,无数后学显荣天下,列举墨学传授的谱系:墨子

→禽滑厘→许犯→田系。因为补充了墨子后学的新资料,可以证明《吕氏春秋·当染》的写作时间,应该在《墨子·所染》广泛流传之后。《吕氏春秋·当染》是战国后期入秦墨者的新作,兼容发挥了《墨子·所染》的主体论述。

四、规律概念从中出

墨子从手工业工匠无数次重复的实践经验中概括法则、规律的概念。这里首先列举"百工为方以矩,为圆以规,直以绳,正以悬,平以水"这五个典型事例,从中分析归纳"故百工从事,皆有法所度"的规律性,然后推广扩及"虽至士之为将相者","天下从事者","大者治天下,其次治大国",无不遵循法则、规律的概念办事。

遵循法则,按照规律办事,胜过一切主观臆测。这是劳动人民无数次实践经验证实的永恒法则,是颠扑不破的客观真理。墨子对法则、规律客观性、绝对性的论述,在《墨经》中被大为发展、深化和提升,造就《墨经》的科学知识体系,成为《墨经》科学方法、科学精神的核心和支柱。

"法"的一个含义,是"标准"。篇中说:"百工为方以矩。"即各种工匠做方形的东西,都要用矩尺做工具。《经上》第60条说:"方,柱、隅四权也。"即方是四边、四角相等的平面图形。《经说上》解释说:"方,矩写交也。"即方是用矩尺画出的首尾相交的封闭图形。

《经下》166条,发挥《法仪》"法即标准"的思想说:"一法者之相与也尽类,若方之相合也,说在方。"即与一个共同标准相合的东西,都属于一类,这就像与标准的方形相合的东西，都是属于方形一样，论证的事例在于分析方形的相同和不同。

《经说下》举例解释说："方尽类，俱有法而异，或木或石，不害其方之相合也。尽类犹方也，物俱然。"即所有方形的东西，都是属于一类，它们都合乎方形的法则，而又有所不同，或者是木质的方，或者是石质的方，都不妨害其方形边角的相合。一切同类的事物，都与方形的道理一样，所有事物都是如此。

"法"的一个含义，是"法则、规律"。篇中说："虽至士之为将相者皆有法，虽至百工从事者亦皆有法。"即从各种工匠、士人，到将军、宰相，都要遵循法则、规律办事。《经上》第71、72条说："法，所若而然也。循，所然也。"即法则（规律）是人们遵循着它而能得一确定结果的东西。法则（规律）是人们遵循着它而能得一确定结果的东西。

《经说上》举例解释说："意、规、圆三也，俱可以为法。然也者，民若法也。"即例如人按照圆的定义、使用圆规或者拿一个圆形来模仿，都可以作为画圆的法则。人的行动之所以能取得预想结果的原因，是由于人们遵循着规律办事。

"法"的本义为标准，引申为法则、规律。"若"，即遵循，依照，符合。《广雅·释言》："若，顺也。"《释名·释言语》："顺，循也。""然"，即结果，此处特指人遵循一定的法则行动所造成的结果、效果、产品。"意"，即意念、定义，如："圆，一中同长也。""圆，规写交也。"这是关于"圆"的意念、定义，作图方法，是制圆的法则、规律。这种发挥，异常精到、深刻，是从各种工匠亿万次操作实践中总结出来的理论，至今都是正确规范的自然科学和哲学知识。

五、强本节用倡勤俭

从《七患》篇名，顾名思义，是讨论国家面临的七种祸患，篇中提出治理国家七种祸患的方针，用现在的话说，即发展生产，厉行节约，备战备荒，严词批判统治者的骄奢淫逸、肆意浪费。曹耀湘《墨子笺·七患》注说："此篇言强本节用之道，教治国者以勤俭也。"

发展生产。篇中说："凡五谷者，民之所仰也。""故食不可不务也，地不可不力也。""财不足则反之时。""以时生财，固本而用财，则财足。""力时急。""其生财密。"即五谷是人民赖以生存的物资。努力生产粮食，尽力利用土地。财富不够，就返回到时机，从季节上寻求弥补的办法。依照四季情况生产财物，巩固农业这个根本，而后用财。努力耕作，抓紧农时，则财物丰足。

厉行节约。篇中说："用不可不节也。""食不足则反之用。""自养俭。""其用之节也。"即用项节省。粮食不够用，就返回到节用，从节约开支上寻求弥补的办法。

备战备荒。篇中说："故仓无备粟，不可以待凶饥。库无备兵，虽有义不能征无义。城郭不备全，不可以自守。心无备虑，不可以应卒。""故备者国之重也，食者国之宝也，兵者国之爪也，城者所以自守也：此三者，国之具也。""国罹寇敌则伤，民见凶饥则亡：此皆备不具之罪也。"

即仓库没有储备的粮食，就不可以应付凶年饥荒。武器库里没有储备的兵器，正义之师就不能征伐不义之国。城郭不修筑完善，就不能以自卫。思想没有周密的考虑，就不可能应付突然的事变。防备是国家的重要大事，粮食是国家的宝贝，武装是保卫国家的利器，城池是用来自我防御的。这都是治国的重要方面。反之，国家遭遇敌寇则伤，人民遭遇灾荒则亡，这都是不考虑备战备荒的罪过。

严词批评统治者的骄奢淫逸、肆意浪费。篇中说："虚其府库，以备车马衣裘奇怪。苦其役徒，以治宫室观乐。死又厚为棺椁，多为衣裘。生时治台榭，死又修坟墓。故民苦于外，府库殚于内。上不厌其乐，下不堪其苦。故国罹寇敌则伤，民见凶饥则亡。此皆备不具之罪也。"

即用尽府库钱财，添置车马衣裘、奇珍异宝。役使百姓劳苦不休，修建宫殿楼阁供观赏娱乐。国君死，做厚实棺椁，用很多衣裘陪葬。活着造台榭，死后修坟墓。人民受苦于荒野，府库空虚于宫廷。君主寻欢作乐，人民痛苦不堪。

这里语言运用，也颇为精彩。如说："生时治台榭，死又修坟墓。故民苦于外，府库殚于内。上不厌其乐，下不堪其苦。故国罹寇敌则伤，民见凶饥则亡。"其中生死、内外、上下、苦乐、国民、伤亡等，相反对称，对照鲜明，言简意赅，铿锵有力，极富感染力和说服力。"前事不忘，后事之师"，本篇论述治理国家七种祸患的方针，至今仍具有积极意义，值得借鉴深思。

六、俭节则昌淫佚亡

曹耀湘《墨子笺·辞过》注说："此篇专言节用之道。其目有五。大指为人君言，亦士大夫有家者所宜谨也。篇名

《辞过》者,节之为言,本以制事之太过也。《墨子》之书教勤,教俭,二者乃其大要。勤于己,而不欲费于人,且能济人之所急。俭于己,而不欲损于人,且能敬天之休。虽云用夏之道,实修己,治人,事天之大道也。"

《辞过》篇名,表达此篇宗旨。辞,推辞,不受,告别。过,过分,过失,过错,错误,指衣食住行等方面的过分与过失。文末说,在这些方面,"圣人之所俭节也,小人之所淫佚也。俭节则昌,淫佚则亡,此五者不可不节。夫妇节而天地和,风雨节而五谷孰,衣服节而肌肤和"。文中区分这些方面必要和过分消费的特征。

从穿衣方面来说,必要消费的特征是:"故圣人之为衣服,适身体、和肌肤而足矣,非荣耳目而观愚民也。"过分消费的特征是:"当今之主,其为衣服,则与此异矣。冬则轻暖,夏则轻凊,皆已具矣。必厚作敛于百姓,暴夺民衣食之财,以为锦绣文采靡曼之衣,铸金以为钩,珠玉以为佩,女工作文采,男工作刻镂,以为身服,此非云益暖凊也,殚财劳力,毕归之于无用也。以此观之,其为衣服,非为身体,皆为观好,是以其民淫僻而难治,其君奢侈而难谏也。夫以奢侈之君,御好淫僻之民,欲国无乱,不可得也。"

从吃饭方面来说,必要消费的特征是:"故圣人作,诲男耕稼树艺,以为民食。其为食也,足以增气充虚,强体适腹而已矣。故其用财节,其自养俭,民富国治。"过分消费的特征是:"今则不然,厚作敛于百姓,以为美食刍豢,蒸炙鱼鳖,大国累百器,小国累十器,前方丈,目不能遍视,手不能遍操,口不能遍味,冬则冻冰,夏则饰饐。人君为饮食如此，故左右象之，是以富贵者奢侈，孤寡者冻馁，虽欲无乱，不可得也。"

从居住方面来说，必要消费的特征是："室高足以避润湿，边足以御风寒，上足以待雪霜雨露，宫墙之高，足以别男女之礼。"过分消费的特征是："当今之主，其为宫室则与此异矣，必厚作敛于百姓，暴夺民衣食之财，以为宫室台榭曲直之望，青黄刻镂之饰。""是以其财不足以待凶饥，赈孤寡，故国贫而民难治也。"

从交通方面来说，必要消费的特征是："故圣王作为舟车，以便民之事。其为舟车也，全固轻利，可以任重致远。其为用财少，而为利多，是以民乐而利之。法令不急而行，民不劳而上足用，故民归之。"过分消费的特征是："当今之主，其为舟车与此异矣。全固轻利皆已具，必厚作敛于百姓，以饰舟车。饰车以文采，饰舟以刻镂。女子废其纺织而修文采，故民寒；男子离其耕稼而修刻镂，故民饥。人君为舟车若此，故左右象之，是以其民饥寒并至。"

衣食住行等方面的必要消费，都是基于人情和人性的需要。文中说："凡回于天地之间，包于四海之内，天壤之情，阴阳之和，莫不有也，虽至圣不能更也。何以知其然？圣人有传：天地也，则曰上下；四时也，则曰阴阳；人情也，则曰男女；禽兽也，则曰牝牡雄雌也，真天壤之情，虽有先王不能更也。"

衣食住行等方面的消费，要适当节制，注意分寸，不能过分。这是辩证法"适度"的观念。其批判矛头直指"当今之主"，"必厚作敛于百姓，暴夺民衣食之财"，导致"国贫而民难治"，体现墨学的强烈批判性和浓厚人民性。

七、墨子辩论露缺失

本篇在程繁和墨子反复问答的质疑争辩中，程繁说："昔诸侯倦于听治，息于钟鼓之乐。士大夫倦于听治，息于竽瑟之乐。农夫春耕夏耘，秋敛冬藏，息于瓴缶之乐。今夫子曰，圣王不为乐，此譬之犹马驾而不脱，弓张而不弛，无乃有血气者之所不能至邪？"

即诸侯处理政事疲倦了，就演奏钟鼓之乐来休息。士大夫处理政事疲倦了，就演奏竽瑟之乐来休息。农民春天耕种，夏天除草，秋天收获，冬天储藏，就敲打瓶盆来休息。现在您却说，圣王不听音乐，这就像只让马拉车，却总不让马卸套，只把弓拉紧，却总不松开，这是有血肉之躯的人所不能办到的。

这表明程繁在事理上处于优势，而墨子却处于劣势。在逻辑上，墨子说"圣王不为乐"，"圣王无乐"，这相当于全称否定命题"所有 S 不是 P"，但是却又说："昔者尧舜有茅茨者，且以为礼，且以为乐。汤放桀于大水，环天下自立为王，事成功立，无大后患，因先王之乐，又自作乐，命曰《护》，又修《九韶》。武王胜殷杀纣，环天下自立以为王，事成功立，无大后患，因先王之乐，又自作乐，命曰《象》。周成王因先王之乐，又自作乐，命曰《驺虞》。"

这等于承认"有些圣王为乐"。"有些圣王有乐"，相当于特称肯定命题"有 S 是 P"，这跟前面说"圣王不为乐"，"圣王无乐"（所有 S 不是 P）是矛盾关系，同时肯定二者，是自相矛盾、不合逻辑。所以程繁说："子曰，圣王无乐，此亦乐已，若之何其谓圣王无乐也？"一语中的，击中要害，表明程繁在此辩论的逻辑上处于优势，而墨子却显得处于劣势，左右为难，进退维谷。

辩论的最后，墨子说："圣王之命也，多者寡之。食之利也，以知饥而食之者智也，因为无智矣。今圣有乐而少，此亦无也。"即圣王的辞命是，事情过度了就减少。吃饭对于人是有利的，但知道饿了就吃这一点智慧，可以不算智慧。现在说圣王虽有音乐，但却很少，这就等于没有音乐。

墨子"少乐无乐"的论点，跟公孙龙"白马非马"的辩论相似，是强词夺理的诡辩和谬误。在中国古代的辩论中，墨子总体上处于优势，是中国逻辑学的奠基人和先驱者。墨子在辩论的多数场合充当正面的教师。而在本篇中，墨子扮演了一次反面角色。墨子在辩论内容、方法和气势上，处于劣势，难以自圆其说，辩技笨拙。相反，论敌程繁的辩技，略胜一筹，在辩论内容、方法和气势上，处于优势，逻辑畅达，论证有力。这表明墨子学术性格的复杂、多样与矛盾，是当时辩论状况的真实写照，显得生动有趣，启人心智。人无完人，瑕不掩瑜，圣人也容有些许瑕疵。

（本章主要内容曾发表于包头《职大学报》2011年第1期。）

第八章　墨家的和谐世界观

本章探析墨家和谐世界观的内容、特点、意义与现代转型。墨家和谐世界观的内容，是对立和谐与整体兼容。其特点是理论与实际相结合。其理论意义是为哲学和人文学贡献原创性的学说。其历史意义是蔚为中华民族传统和谐观的重镇，是绽放在人类和谐精神家园的奇葩。其现实意义是为当代和谐世界建构的实践提供启示借鉴。其现代转型是创造性诠释，去粗取精，批判继承，把墨家的和谐世界观由传统旧形态改造为现代新形态，使之成为现代和谐观的重要成分，为现代和谐世界建设服务。

一、内容意义

墨家和谐世界观的内容，是对立和谐与整体兼容。其特点，是理论与实际相结合。从理论规定的侧面说，墨家定义和谐世界观的基本范畴"和"与"兼"，即对立和谐与整体兼容，形成系统学说。

墨子说"阴阳之和"，即对立和谐，"真天壤之情"，是天地万物的属性。《墨经》第2条定义"兼"的范畴，是由"体"，即部分、元素、子集合，组成有机整体、大集合。如元素"一"构成集合"二","点"集合为"线"。其间关系,是"体分于兼",兼包容体。

范畴在《墨经》中叫"达名","达"是普遍、全面。"达名"是哲学与科学的基本概念,是外延较大的类概念、普遍概念,反映事物的普遍本质,是认识世界的普遍工具。列宁说,范畴"是帮助我们认识和掌握自然现象之网的网上纽结"[①]。"和"与"兼"范畴,是墨家和谐世界观的纽结、枢纽、关节和焦点。墨家的和谐世界观,是以"和"与"兼"范畴为主轴,展开为理论体系。

墨家借助"和"与"兼"的范畴,解决社会问题,提出"天下和"、"上下和"、"兼之为道"和"兼王之道"等概念与命题。"兼之为道"是运用"兼",即整体兼容的范畴,作为治理天下的根本指导思想,促进世界整体和谐。墨子《亲士》定义"兼王之道",倡导开放兼容精神。

墨家的和谐世界观,有重要理论、历史与现实意义。理论意义是为哲学和人文科学贡献原创性的学说,有科学性和真理性。历史意义是蔚为中华民族传统和谐观的重镇,是绽放在人类和谐精神家园的奇葩。现实意义是为当代和谐世界建构的实践,提供重要启示与借鉴。

这里借鉴傅伟勋的创造性诠释学方法,阐发墨家"和"与"兼"范畴的理论规定和实际运用,创造性诠释墨家对立和谐与整体兼容的和谐世界观,去粗取精,批判继承,把墨家的和谐世界观由传统旧形态改造为现代新形态,使

---

① 列宁:《哲学笔记》,人民出版社 1960 年版,第 90 页。

之成为现代和谐观的重要成分,为现代和谐世界建设服务,促进实现墨子建构和谐世界的理想。

二、理论创新

(一)对立和谐:"和"范畴的理论规定

阴阳之和天壤情:对立和谐的提出。《墨子·辞过》说:"凡回于天地之间,包于四海之内,天壤之情,阴阳之和,莫不有也,虽至圣不能更也。何以知其然?圣人有传,天地也则曰上下,四时也则曰阴阳,人情也则曰男女,禽兽也则曰牡牝雄雌也:真天壤之情,虽有先王不能更也。"

即所有包容于天地、四海的事物,天地的属性,都存在阴阳的对立和谐,即使是最圣明的人也不能改变。怎么知道是如此呢?圣人解释说:天地叫上下,四季叫阴阳,人叫男女,禽兽叫牝牡雌雄,这的确是天地万物的属性,即使是古代圣王也不能改变。墨子的议论,包含以下理论思维的元素和闪光点。

全称量词的使用。墨子所谓"凡回于天地之间,包于四海之内,天壤之情,阴阳之和,莫不有也",两次使用全称量词,对"和"范畴进行思维综合与哲学概括。第一次用"凡",即"凡是",表示概括。《说文》:"凡,最括也。"如《诗·小雅·常棣》:"凡今之人,莫如兄弟。"《孟子·告子上》:"凡同类者,举相似也。"第二次用"莫不",相当于"无不是"、"没有不是",等值于"所有都是"、"全都是"(数学上双重否定等值于肯定,逻辑上否定特称否定命题,等值于全称肯定命题)。

世界宇宙的概念。墨子所谓"凡回于天地之间，包于四海之内"，与"世界"、"宇宙"的概念等价。《经上》说："宇，弥异所也。"《经说上》举例解释说："东、西、南、北。"即空间概念是一切不同处所的概括，例如东、西、南、北。"宇"指空间概念。《淮南子·齐俗训》："四方上下谓之宇。""弥"，指包容，概括，即墨子所说"回于天地之间，包于四海之内"。《经上》说："久，弥异时也。"《经说上》举例解释说："古、今、旦、暮。"即时间概念是一切不同时段的概括，例如古、今、旦、暮。"久"指时间概念。"久"、"宙"古通。《淮南子·齐俗训》："往古来今谓之宙。"

对立和谐的概念。墨子所谓"阴阳之和"，即对立和谐。"阴阳"是中国古代哲学的基本范畴，借以代表对立面的哲学概念。古代哲学家把万事万物概括为"阴阳"的对立面。《易·系辞上》说："一阴一阳之谓道。"即对立统一构成事物运动的法则。墨子所谓"天地"、"上下"、"男女"、"牡牝"和"雄雌"等，都归入"阴阳"的对立面。上列"天地"等5个词组，前者为"阳"，后者为"阴"。"和"即和谐，统一，平衡，安定，依赖，依存，合作双赢。

《经说上》第89条把墨子所谓"阴阳之和"，对立和谐，对立统一，概括为"同异交得"。例如："价宜，贵贱也。"即经济贸易中合宜、合适的价格，是"贵贱"两个对立面的和谐，统一，平衡，依赖，依存。对卖方够"贵"，对买方够"贱"，双方才能议妥价格，交易成功，心安理得，合作双赢。

《经上》第84条说："合，正、宜、必。"《经说上》举例解释说："臧之为，宜也。"奴仆臧的行为合宜，合适、节制，有分寸，臧与主人的主仆关系，才能取得和谐、和合、合作的效果。行为的合宜，合适、节制，有分寸，是取得人际和谐、和合、合作效果的因素、条件或途径。《经说下》第152条说："宜，犹是也。"行为的合宜、合适、节制、有分寸，就是正确、合标准。

对立和谐的普遍性。墨子所谓"天壤之情，阴阳之和"，"天地也则曰上下，四时也则曰阴阳，人情也则曰男女，禽兽也则曰牡牝雄雌"，即整个世界"天地"、"四时"、"禽兽"和"人情"等万事万物，包括自然界和人类，都普遍存在"阴阳和"，即对立和谐的属性。

对立和谐的客观性。墨子所谓"虽至圣不能更也"，"真天壤之情，虽有先王不能更也"，即对立和谐的性质，有客观性，不依人的主观意志为转移，即使是"至圣"、"先王"，都不能变更。以上诸点，是墨子议论中理论思维的元素和闪光点，值得关注与发挥。《淮南子·修务训》说："天之所覆，地之所载，包于六合之内，托于宇宙之间，阴阳之所生。""其情一也，虽所好恶，其与人无以异。"与墨子观点相似，是对墨子议论的发挥。

和谐范畴的渊源：从音乐升华。墨子论声之和调。《非乐上》载墨子说："老与迟者，耳目不聪明，股肱不毕强，声不和调，音不转变。将必使当年，因其耳目之聪明，股肱之毕强，声之和调，音之转变。"即老人和迟钝者，耳不聪，目不明，手脚不敏捷有力，乐声不和谐，音调无变化。必定要用年轻人，因为年轻人耳聪目明，手脚敏捷有力，乐声和谐，音调有变化。"声之和调",即音乐声调的和谐,是"和"范畴的渊源。

和谐汉字与音乐。古汉字"和谐"与"和谐"意义,都源于音乐,与音乐有不解之缘。"和",原是一种乐器的名称。"和谐"一词的原义,指音调和谐。《康熙字典》说:"和古文咊、龢。"《说文》:"龢:调也。从龠,禾声。读与和同。龤:乐和龤也。从龠,皆声。"《说文》引《书·舜典》(虞书)"八音克谐"之"谐",作"龤"。

不同音调的调和、和谐,构成美妙音乐,使人达到和乐之境,都与"和"字有关。《书·舜典》说:"律和声,八音克谐,无相夺伦,神人以和。"孔传:"声谓五声宫商角徵羽,律谓六律六吕,言当依声律以和乐。伦,理也。八音能谐理,不错夺,则神人咸和。"即律吕调和宫商角徵羽各种音调,金石丝竹匏土革木各种乐器发声,和谐有序,能达到神人和乐的佳境。《吕氏春秋·大乐》说:"凡乐,天地之和。""声出于和。"《孝行》说:"和五声。"

和谐英文与音乐。与中文"和"字对应的英文单词harmony,除包含和谐、协调、调和的一般意义外,也特指跟音乐有关的"和声"。同词根的 harmonica 指口琴,由一系列半圆形玻璃键组成的琴,或一种打击乐器。harmonicon 指一种结构复杂的手摇风琴。与中文"和"字的情况相似,西方和谐、协调、调和的一般和抽象意义,也由与乐器、音乐相关的特殊和具体意义引申、扩展、升华。

哲学抽象与音乐和谐:希腊哲学家的概括。古希腊辩证法的奠基人赫拉克利特(Herakleitos),从音乐现象的对立和谐出发，概括辩证法对立和谐的范畴。他说："如果没有高音和低音的存在，就不会有和声。""不同的音调造成最美的和谐。""音乐混合不同音调的高音和低音、长音和短音，从而造成一个和谐的曲调。"即和谐、美妙的曲调，由高低、长短不同的音调构成。这是音乐现象的和谐。赫拉克利特从这一现象出发，做出概括："相反的力量造成和谐，就像弓与琴一样。"①

"相反的力量造成和谐，就像弓与琴一样"这一表达的语言结构，用逻辑的术语说，叫譬喻论证。其中，"相反的力量造成和谐"，是譬喻论证的本体，是赫拉克利特辩证法哲学的理论性语言。"就像弓与琴一样"，是譬喻论证的喻体，是赫拉克利特概括辩证法哲学理论的实际素材。其中"琴"是乐器。中国有"琴瑟和谐"的成语，比喻夫妻和谐。

赫拉克利特所谓"相反的力量造成和谐"，与墨子"凡回于天地之间，包于四海之内，天壤之情，阴阳之和，莫不有也"的意涵一致。可见，中外哲人都从音乐和谐的具体形象，升华为对立和谐的哲学抽象。

（二）整体兼容："兼"范畴的理论规定

体分于兼：范畴定义。"兼"是表达"整体"意义的哲学范畴。《经上》第2条说："体，分于兼也。"《经说上》说："若二之一、尺之端也。"即"体"（部分）是从"兼"（整体）中分出来的。如数学集合"二"中的元素"一"，线段中的

---

① 《古希腊罗马哲学》，商务印书馆1961年版，第19页。苗力田主编：《古希腊哲学》，中国人民大学出版社1989年版，第40、44页。

点。数学集合"二",是"兼",即整体,它兼有其中的元素"一"。线段是点的集合,是"兼",即整体,它兼有其中点的元素。

《经上》的内容和功能,是定义各门科学范畴。第1条定义"故"即原因范畴,第2条定义"兼"范畴,说明墨家对"兼"范畴的重视和"兼"范畴在整个墨学体系中的重要地位。《墨经》定义的"兼",是世界观(宇宙观、本体论、存在论、形上学)和方法论的基本范畴。墨家对"兼"范畴的理论性规定,自觉运用于处理哲学逻辑和政治伦理问题。

《经下》第113条说:"区物一体也,说在俱一、惟是。"《经说下》说:"俱一若牛马四足。惟是当牛马。数牛数马则牛马二,数牛马则牛马一。若数指,指五而五一。"即划分事物为不同整体,会遇到集合与元素两方面的性质,论证的理由在于,解释"俱一"和"惟是"的不同含义。

"俱一"是从元素方面说,"每一个都是一个"的性质。"惟是"是从集合方面说,"仅仅这一个"的性质,即集合具有不能分配于其元素的作为整体的性质。解释"俱一"的例子,如说"牛马四足",这是指"牛"、"马"两个元素"每一个都是一个"的意义,即"牛"与"马"的子集合,分别都是"四足"动物。解释"惟是"的例子,如说"牛马"这一集合,作为整体"仅仅这一个"的性质。从元素方面说,数"牛"数"马"子集合,有"牛"、"马"两个元素。从集合方面说,数"牛马",只有"牛马"一个集合。又如数指头,从元素方面说,一只手指头有五个。从集合方面说,一只手"五指"的集合,有一个。

"区",即区划、划分。"一",统一。体:部分。《经上》:"体,分于兼也。""一体",即把不同的部分统一起来,构成整体。"一体"即整体,即《经上》说的"兼"。《庄子·天下》载惠施"历物之意"第十事说:"泛爱万物,天地一体也。""一体"谓整体。"俱一",《墨经》基本概念,指集合中的元素"每一个都是一个"的性质。如"牛马"是一个集合,其中的元素"牛"、"马""每一个都是一个"。"五指"是一个集合,其中元素每一个指头都是一个。"惟是",《墨经》基本概念,指集合所具有的,不能分配于其元素的整体性质,字面意思是"仅仅这一个",即仅是集合整体具有的性质。如"牛马"、"五指"作为集合的性质。

《经说上》第46条说:"偏也者,兼之体也。""偏"指一个整体中的部分,与"体"等义可互训。《经上》第87条列举"同"有"重、体、合、类"4种,其中第二种"体同"的定义是:"不外于兼,体同也。"即不在一个整体之外,而在一个整体之内各部分的相同,叫"体同"。孙诒让注:"亦与《经》云'体,分于兼'义同,分体统含于兼体之内,故云'不外于兼'。"《经下》第167条:"牛马之非牛与可之同,说在兼。""牛马"是"兼名"(集合概念),其中的"牛"和"马",相对而言,是"体名"(元素概念)。沈有鼎解释"体同""是某物(某一全体)的两个构成部分,如树根和树干"。

《墨经》对"兼"和"体"范畴的规定,有广泛影响。《荀子·正名》说:"有时而欲遍举之,故谓之物。""有时而欲偏举之,故谓之鸟兽。"《天论》说:"万物为道一偏。"《资治通鉴·唐太宗贞观二年》载魏徵说："兼听则明，偏听则暗。""遍"即"兼"，是整体。"偏"即"体"，是部分。

举例说，"中华民族"是"兼"（整体、集合），分处于大陆、港澳台和海外各地的华人，是"兼"中分出的"体"（部分、分子）。2008年5月12日四川发生里氏八级地震，台湾朋友捐款说自己是"中华民族一分子"。

2008年6月8日，笔者受邀在台湾参加族群与多元文化学会全体会议，作题为《民族文化与多元包容》的演讲说："中华民族是境内所有民族汉满蒙回藏长期融合的结果，是多元包容的统一民族。在民族大团结的旗帜下，中国所有族群都自认是统一的中华民族一员。"受到与会学者的肯定。

兼持二禾：范畴渊源。"兼持二禾"的含义，是墨家"兼"范畴的渊源。《康熙字典》引《说文》："兼，并也。从手、禾。兼，持二禾也。"

"兼"字中间的"又"像"手"。两边的"禾"像两颗谷子，谷子的根干叶穗俱全。墨家的"兼"范畴，是"兼持二禾"汉字意象的抽象理论，体现中华民族用形象文字表达理论思维的智慧。

"兼"在《四库全书》出现223197次。如《孟子·告子上》说："鱼我所欲也，熊掌我所欲也，二者不可得兼。"《荀子·君道》说："兼听齐明。"墨家把"兼"和"体"相对，提炼哲学范畴，表示整体与部分的抽象意涵，做出理论规定，自觉运用于分析哲学逻辑和政治伦理问题，是墨家原创性的独特贡献。抽象来源于具体，哲学范畴来源于实际生活。

三、实际运用

（一）"天下和"与"上下调和"："和"范畴的运用

贤人治理天下和。《尚贤下》说："昔者尧有舜，舜有禹，禹有皋陶，汤有小臣，武王有闳夭、泰颠、南宫括、散宜生，而天下和。"即过去尧有舜，舜有禹，禹有皋陶，汤有奴隶伊尹，武王有闳夭、泰颠、南宫括、散宜生等贤人辅佐，所以使天下和谐。墨子认为天下和谐，是用贤人治理的结果。

仁人理想天下和。《非攻下》说："古之仁人有天下者，必反大国攻伐之说，一天下之和，总四海之内。"即古时仁人管理天下，必定一反大国攻战之说，使整个天下走向和谐，总括四海成为一家。"一天下之和，总四海之内"这一对偶句，被墨子假托为"古之仁人"的理想，实际是墨子建构和谐世界的理想。

上下调和立国本。《节葬下》说："凡大国之所以不攻小国者，积委多，城郭修，上下调和，是故大国不嗜攻之。无积委，城郭不修，上下不调和，是故大国嗜攻之。"即凡大国不攻打小国，是因为小国物资储备多，城墙修整牢固，上下和谐，所以大国就不想攻伐。没有物资储备，城墙没有修整牢固，上下不和谐，大国就想攻伐。"积委多，城郭修"，是国家的硬实力和物质因素，"上下调和"即和谐，是国家的软实力和精神因素，二者同为立国处世的根本条件。

（二）"兼之为道"与"兼王之道"："兼"范畴的运用

"兼之为道以义正"：兼爱之道以义为准。《天志下》说："兼之为道也义正，别之为道也力正。""兼之为道也义正"，就是"兼之为道以义正",即把兼爱(整体之爱,平等之爱)的学说,作为治天下的指导思想,是用仁义作为治理的标准。"别之为道也力正",就是"别之为道以力正",即用别爱(部分之爱,差别之爱)的学说,作为治天下的指导思想,是用暴力作为治理的标准。

《天志下》又说:"义正者何若?曰:大不攻小也,强不侮弱也,众不贼寡也,诈不欺愚也,贵不傲贱也,富不骄贫也,壮不夺老也。是以天下之庶国,莫以水火毒药兵刃以相害也。""故凡从事此者,圣知也,仁义也,忠惠也,慈孝也,是故聚敛天下之善名而加之。""力正者何若?曰:大则攻小也,强则侮弱也,众则贼寡也,诈则欺愚也,贵则傲贱也,富则骄贫也,壮则夺老也。是以天下之庶国,方以水火毒药兵刃以相贼害也。""故凡从事此者,寇乱也,盗贼也,不仁不义,不忠不惠,不慈不孝,是故聚敛天下之恶名而加之。"

即"用仁义作为治理的标准",是怎么回事呢?是大者不攻伐小者,强者不侮辱弱者,众者不危害寡者,诡诈者不欺负愚钝者,尊贵者不傲视卑贱者,富者不鄙视贫者,壮者不强夺老者。因此天下各国,不用水火毒药兵刃互相危害。所以凡是这样行事人,就是圣哲智慧的,实行仁义的,忠诚互惠的,仁慈孝顺的,因此收集天下的美名来赞誉。"用暴力作为治理的标准",是怎么回事呢?是大者攻伐小者,强者侮辱弱者,众者危害寡者,诡诈者欺负愚钝者,尊贵者傲视卑贱者,富者鄙视贫者,壮者强夺老者。因此天下各国,用水火毒药兵刃互相危害。所以凡是这样行事人,就是为寇作乱的,当盗贼的,不仁义的,不忠诚互惠的,不仁慈孝顺的,因此收集天下的恶名来批判。

《耕柱》载,儒家信徒巫马子与墨子,有一场关于兼、别之爱的生动辩论。巫马子说:"我与子异,我不能兼爱。我爱邹人于越人,爱鲁人于邹人,爱我乡人于鲁人,爱我家人于乡人,爱我亲人于我家人,爱我身于吾亲,以为近我也。击我则疾,击彼则不疾于我,我何故疾者之不拂,而不疾者之拂?故有我有杀彼以我,无杀我以利。"

墨子反驳说:"一人说子,一人欲杀子以利己;十人说子,十人欲杀子以利己;天下说子,天下欲杀子以利己。一人不说子,一人欲杀子,以子为施不祥言者也;十人不说子,十人欲杀子,以子为施不祥言者也;天下不说子,天下欲杀子,以子为施不祥言者也。说子亦欲杀子,不说子亦欲杀子,是所谓经者口也,杀常之身者也。"

即巫马子对墨子说:"我和你不同。我不能做到兼爱,我爱邹国人超过越国人,爱鲁国人超过邹国人,爱家乡人超过鲁国人,爱家族人超过家乡人,爱我双亲超过家族其他人,爱自己超过双亲,这是因为更切近自身的缘故。打我,我就会感到疼痛;打他人,则不会痛到我身上。为什么使我疼痛的不去防卫,不痛的倒去防卫呢?因此只会杀他人以利于我,而不会杀我以利他人。"

墨子反驳说:"如果一个人相信你的说法,就有一个人想杀你来利于自己;十个人相信你的说法,就有十个人想杀你来利于自己;天下人都相信你的说法,天下人都想杀你来利于自己。有一个人不相信你的说法,就会有一个人想杀死你,认为你是散布不祥之言的人;十个人不相信你的说法,就会有十个人想杀你，认为你是散布不祥之言的人；天下人都不相信你的说法，天下人就会都想杀你，认为你是散布不祥之言的人。喜欢你的想杀你，不喜欢你的也想杀你，这就是所谓说坏话殃及自身啊！"

巫马子的爱人观，是儒家别爱说的具体诠释，是极端利己主义世界观的生动写照。墨子用二难推理对巫马子的反驳，说明儒家别爱说，对人际和谐，无益而有害。"兼"字在《墨子》中共使用146次。"兼"跟"爱"结合，构成"兼爱"（10次）、"兼相爱"（11次）、"兼而爱之"（3次）。墨子常用"兼"代表"兼爱"，"兼"变为"兼爱"的略语（50次）。

《兼爱下》说："兼以易别。"即用兼爱说，取代儒家别爱说。"兼"代表兼爱说，即普遍平等地爱人。"别"代表别爱说，即有区别地爱部分人。"兼"与"别"，相当于《墨经》定义的"兼"（整体）与"体"（部分）。兼爱是超越血缘亲疏，等级贵贱，人我彼此等差等的普遍平等之爱。儒家的别爱，即体爱，偏爱，部分之爱，是"亲亲有别"的差等之爱，只爱贵族和社会上层的一部分人。

墨家主张把爱推广到人外延的全部，称之为"尽爱"、"周爱"。《经下》、《经说下》论证宇宙和人的无穷、不知道人口数量和不知道人的处所等，都不妨害兼爱。《大取》论证爱众世和寡世的人相等，爱上世、今世和后世的人相等，兼爱不可分割，爱人包括爱自己等论点。《小取》论证爱人须周遍，爱奴隶臧获是爱人等论点。

《天志》载墨子说，实行"兼之为道也义正"的治理原则，是"善政"，即好的政治。在这种"善政"之下，"处大国不攻小国，处大家不篡小家，强者不劫弱，贵者不傲贱，多诈者不欺愚"，人际间"有力相营，有道相教，有财相分"，最终达到"刑政治，万民和，国家富，财用足，百姓皆得暖衣饱食，便宁无忧"的和谐境界。这是墨子的理想和愿望，有合理意义与借鉴价值。

墨子概括"兼王之道"的范畴，提倡开放兼容精神，针对战国时期诸侯割据的社会现实，高瞻远瞩，表达建构和谐世界的理想，对中国文化有深远影响。《庄子·天下》说："百家众技也，皆有所长，时有所用。"《吕氏春秋·用众》说："善学者假人之长，以补其短。""天下无粹白之狐，而有粹白之裘，取之众白也。"

《淮南子·泛论训》说："百川异源，而皆归于海。"《齐俗训》说："百家之言指奏相反，其合道一体也，譬若丝竹金石之会乐同也。"司马谈《论六家要旨》认为，诸子百家各有长短，应予批判综合。班固《汉书·艺文志》说，诸子百家"言虽殊，譬犹水火，相灭亦相生也"，"相反而皆相成也"。

由墨子的"兼王之道"，到庄子、吕不韦、刘安、司马谈与班固的论述，一脉相承，如江河奔腾，一泻千里，使墨子"兼王之道"的开放兼容精神得以挥洒流淌。兼容并包，兼容并蓄，兼收博采等成语，广泛流传，深入人心，使开放兼容精神，成为中华文化的固有内涵与优良传统。从中国的历史发展来看，也可以得出这样的结论：只有开放兼容，国家才能富强。这是中国数千年历史经验的总结。

当今，大力弘扬墨家对立和谐与整体兼容的和谐世界观，有助于国家富强与和谐世界的建构。对墨子原创的"兼王之道"，需要进行创造性诠释，去粗取精，批判继承，把它改造转型为当今建构和谐世界的理论元素和思想因子。

有数千年文明史的中华民族，应对世界做出更大的贡献，永远需要弘扬墨子"和兼之道"的开放兼容精神。所谓"和兼之道"，即以墨家"和"与"兼"范畴为"纽结"的和谐世界观。

（本章主要内容曾发表于《重庆工学院学报》2008年第11期。）

第九章 墨学的持续发展和比较研究

墨学的持续发展，有赖于古今研究范式的转型。墨学的比较研究，可促进中西思想文化的合璧。古今中外融会贯通，是现代墨学研究的前沿课题，是完善墨学研究方法，明确墨学研究方向的合理期待。

一、古今转型：持续发展

美国科学哲学家库恩（Kuhn）认为科学革命的实质，是研究范式转换的过程，范式转换，导致理论方法的变革，标志着发展的不同阶段。范式有公认性、纲领性和可持续性，是共同体团结一致、协同探索的纽带，研究开拓的平台，预示发展的方向。

借鉴库恩范式转换论的观点方法，分析墨学研究历程，可知在清代以前的古代，在20世纪以前的近现代，呈现两种不同的研究范式。虽都称为墨学研究，但在主体、主题、成果、形态、语言、层次、方法等方面，有不同的元性质。

从公元前5世纪墨学产生，到20世纪初孙诒让《墨子间诂》刊行，共2400多年的墨学研究，归入古墨学、旧墨学阶段。20世纪初近现代以来，由梁启超、胡适领军的墨学研究，呈现崭新的范式，用现代语言和科学方法，古今中外融会贯通，在继续提高《墨子》文献整理水平的基础上，阐发墨学深层义理。把这一时期的墨学研究，归入今墨学、新墨学阶段。在新墨学中，有一部分属于研究方法论的建构，具有新墨学灵魂和统率的功能，称为元墨学。

新旧墨学的分水岭和里程碑，旧墨学的终结和新墨学的起点，是梁启超1903年在日本创办的《新民丛报》上发表的《子墨子学说》和《墨子之论理学》（后汇刻为《墨学微》）。台湾学者严灵峰《墨子集成·序》说："清末新会梁启超，所著《墨学微》一书，泛论墨子学说，蹊径独辟，别开生面，为墨学研究创历史之新页。从兹各方探究之成绩乃渐可观，梁氏倡导之力也。后之学者，倘能继往开来，吸取西方科学方法，融会贯通，使百尺竿头更进一步，发挥而光大之，则墨学之昌明与中华民族文化之复兴岂有既乎！企予望之！祝而祷之！"恰当说明梁启超墨学研究的关键历史作用。

严灵峰编《墨子集成》46册，台北成文出版社1975年版，以梁启超为界，古墨学论著占17册35种，今墨学论著占29册56种。任继愈、李广星主编《墨子大全》100册，2004年北京图书馆出版社版，汇集古今墨学论著，以梁启超为界，古墨学论著占25册48种，今墨学论著占75册161种，古今墨学论著之比，是一比三，今超古三倍，呈加速度变化之势。

海峡两岸两套古今墨学荟萃的巨型丛书，反映同一墨学现代化的历史进程。墨学现代化是客观的历史现象。墨学的现代性改变，贯穿墨学现代化的全过程。在当今世界全球化的新时代，墨学研究必然发生现代性的变化，这一趋势全然一贯，不会改变。

墨学现代化趋势的理论渊源（内因、根据和直接因素），是墨学自身的生命活力。墨学是中国传统学术中富有科学和人文精神的优秀文化遗产。墨学以自身的生命活力，遇到合适的土壤和气候条件，必然抽芽生长，开花结果。

墨学现代化趋势的历史渊源（外因、条件和间接因素），是全球化时代、世界地球村意识的冲击，中华民族弘扬传统文化的精神驱动。墨学现代化的趋势，是墨学内在生命活力和时代外在需要的综合作用。现代学者面对新时代的科学难题，从墨学中借鉴丰富的哲理资源，汲取深湛的思想智慧。

墨学的元研究，是现代学者对墨学的超越和整体研究。把理论区分为"对象"和"元"两个不同层次的观点，有普遍的方法论意义，是墨学元研究的方法论依据。墨学元研究的目的、结果，是创立元墨学。元墨学的理论层次，高于墨学本身，揭示墨学的元性质，是新墨学的中枢、灵魂、主导和统帅。

墨学元研究，是现代学者的共同实践。台湾大学李贤中《墨学——理论与方法》（台北扬智出版社2003年版），台湾云林科技大学吴进安《墨家哲学》（台北五南出版社2003年版），拙著《墨学通论》（辽宁教育出版社1993年版）等，是推进墨学现代化、创建新墨学的点滴尝试。

为揭示墨学现代化和墨学元研究的机理，创建新墨学和元墨学，推动墨学现代化和墨学元研究的进展，需从超越、整体角度，揭示古今墨学研究主体、主题、成果、形态、语言、层次、方法等元性质，见表5。

表5 古今墨学元性质

墨学元性质	古墨学元性质	今墨学元性质
主体	先秦墨家	现代学者
主题	战国课题的墨学应对	现代课题的墨学借鉴
成果	战国课题的墨学答案	现代课题的墨学镜鉴
形态	古墨学论著	今墨学论著
语言	古代语言	现代语言
层次	第一层次元研究	第二层次元研究
方法	古代哲学方法	现代哲学方法

（一）古今墨学研究的主体

古墨学研究的主体是先秦墨家。古墨学是先秦墨家的一家之言，适应战国时代的需要，代表从手工业者上升知识分子的利益，有派别和时代的局限，亟待今日学人批判继承、发挥发展和总体超越。

今墨学研究的主体是现代学者。梁启超代表20世纪中国传统文化前进的方向，以弘扬中华学术为己任，倡导民族文化的复兴、再兴和振兴，在《子墨子学说》中说，今欲救中国，"厥惟墨学"，"学真墨"，列举"假言命题"例句："假使今日中国有墨子，则中国可救。"他顺应中华民族发扬传统文化，适应世界进步潮流的全局需要，揭开墨学现代研究的序幕。

胡适受梁氏影响，激发墨学现代研究的兴趣，用英文撰写博士论文，认为：中国哲学的未来，大有赖于和绝对需要复兴伟大的非儒学派，从中可望找到移植西方哲学和科学最佳成果的合适土壤。

所谓复兴伟大的非儒学派，首指墨家。胡适称赞墨翟，是在中国出现过的最伟大人物。真正有价值的唯一著作，是名为《墨子》的53篇论文集。墨者是伟大的科学家、逻辑学家和哲学家，是一种高度发展的和科学的方法的创始人，对演绎和归纳具有相当时髦的概念，是发展归纳和演绎方法的科学逻辑的唯一的中国思想学派，在整个中国思想史上，为中国贡献了逻辑方法的最系统的发达学说。胡适借用西方逻辑概念，创造性诠释墨家的"故、理、类"范畴和"譬、侔、援、推"等论辩方法，与梁启超同为墨学现代研究的开拓者。

（二）古今墨学研究的主题和成果

古墨学研究的主题是战国课题的墨学应对，成果是战国课题的墨学答案。《鲁问》载门徒问墨子："看到四方君主，您先说什么？"墨子脱口而出："凡入国，必择务而从事焉。国家昏乱，则语之尚贤、尚同；国家贫，则语之节用、节葬；国家憙音湛湎，则语之非乐、非命；国家淫僻无礼，则语之尊天事鬼；国家务夺侵凌，即语之兼爱、非攻。"

从"国家昏乱"到"务夺侵凌"，是墨子面临的战国课题，是当时社会政治伦理和宇宙人生的重要难题、当务之急。墨子选择从"国家昏乱"到"务夺侵凌"十大难题，急务，要务和实践，认识趋向的目标，作为墨学研究的主题，提出从《尚贤》到《非攻》十大论题的论证，表现墨学产生的深刻历史根源，文化传承和强烈人文精神。

墨家各派通过俱诵、訾应、论说、传承的复杂机制，推出奇书《墨经》。《经》和《经说》183条，对当时哲学社会科学和自然科学难题给出简明答案和简要论证。《大取》是渗透伦理逻辑精义的墨学札记。《小取》是首尾相贯，概括浓缩的逻辑专论。《墨经》是先秦诸子百家争鸣辩论和朴素科学认识成果的荟萃检阅，是墨家丰厚科学精神的体现。

《墨经》是一部浓缩的古代科学人文元典，给未来学人留下说明发挥的广袤空间，是有开端、无终点，有预想、待完善的中华科学化逻辑化的理想蓝图。以《墨经》为对象，以现代科学为工具性元理论的现代诠释发挥和发展，是更有价值，更具吸引力和启发性的墨学现代化要务，是创立新墨学、元墨学的重要使命和目标。

今墨学研究的主题，是现代课题的墨学借鉴；研究成果，是现代课题的墨学镜鉴。今墨学研究的机理，是以墨学为研究对象，以现代科学理论为工具性元理论，把墨学和时代需要相结合，实现创立新墨学的目的、结果、宗旨、动机和理想，就像用画笔、色彩和画技的完美结合，产生最新最美的图画。

（三）古今墨学研究的形态

古墨学研究的形态是古墨学论著，用古汉语表达，是今墨学研究的对象、资料，它就像是冶金的矿料。今墨学研究的形态是今墨学论著，用现代语表达，是今墨学研究的成品结果，犹如用冶金矿料熔铸为最新最美的产品。

（四）古今墨学研究的元语言工具

古墨学研究的元语言工具是古汉语。古汉语文字简略，惯用缺省，《墨经》则更为凝炼浓缩。《墨经》命题缺乏系词，肯定联结词和全称量词常省略。语句、命题常简化、浓缩为语词、词组。说明、论证常简化、浓缩为"论题＋说在＋例证理由"的提示语。经审慎研究，结合语境，准确理解其浓缩、缺省的文字，适当添加语词元素，才能实现创造性的诠释转换，表达为通顺流畅、通俗易懂的现代语。

《墨经》是用先秦古汉语书写，不适合当代广大读者阅读理解和应用。孙诒让说，《墨子》在先秦诸子中最难读，《墨经》在《墨子》中最难读，"几于九译乃通"，"学者之罕能尽逮也"。

《墨经》第98条《说》"黑人"二字，是"所有人都是黑的"句意的浓缩。其上下文义说："以'人之有黑者'、'有不黑者也'止'黑人'。"（用"有人是黑的"、"有人不是黑的"命题制止、反驳对方所说的"所有人都是黑的"。）

"爱人"二字是"所有人应该爱所有人"句意的浓缩。"所有人应该爱所有人"是广义模态逻辑（道义逻辑）的"必须肯定命题"。此句意的一义性，由《经》第98条"法异则观其宜"和《经说》"取此择彼，问故观宜，以'人之有黑者'、'有不黑者也'，止'黑人'；与以'有爱于人'、'有不爱于人'，止'爱人'，是孰宜"的上下文义和全部墨学及广义模态逻辑（道义逻辑）的语境所决定。语境有决定语义、修补完善局部语义不确定性和不完整性的功能。

今墨学研究的元语言工具是渗透现今人类共同知识的现代语。现代学人的使命是在审慎研究、理解原文的基础上，把古墨学所用的古汉语创造性地转化为渗透现今人类共同知识的现代语，让现代广大读者能读懂并应用。

（五）古今墨学研究的层次

古墨学研究的层次是第一层次的元研究。墨学是墨家从战国时代课题升华概括的元理论成果。针对当时社会普遍不相爱导致的乱象，概括"兼爱"的道德、义务、理想的模态概念、命题。"兼爱"是墨家依靠集体智慧，费时二百年提纯、升华、概括的第一层次元墨学概念、命题，至今仍有重要的认识、理论和实践价值。

今墨学研究的层次是第二层次的元研究。以广义模态逻辑为工具性元理论，对墨学"兼爱"说进行超越、总体研究。从概念说，"兼爱"指普遍、平等、无差别地施爱于一切人；施及过去、现在、未来人；不分民族、阶级、阶层、等级、关系亲疏、居住地；包括别人和自己；奴隶、仆人也在内：只要是人，都普遍施爱。

墨家"兼爱"等同"尽爱"、"周爱"，贯穿普遍人文精神。《说文》："兼，持二禾。""兼"本意是一手持二禾，有兼顾、兼及意。墨家将"兼"语义提纯、升华为表示整体、集合的哲学、逻辑概念、范畴。

从命题说，"兼爱"是"所有人应该爱所有人"句义的浓缩。其中"应该"是道义（道德、义务、理想、规范）概念，加进"所有人爱所有人"的真值命题，构成广义模态逻辑（道义逻辑）的"必须肯定命题"。这种阐释，是依据全部墨学和广义模态逻辑语境的理解，创造性诠释的结果，与墨学"兼爱"说全部话语的语义协调一致，切中墨学肯綮，有助于墨学的现代发展和创造性转化。

今墨学是以古墨学为研究对象，以现代科学为工具性元理论的第二层次元研究,是对古墨学的超越和总体发展。层次高于古墨学的新墨学和元墨学。

(六)古今墨学的研究方法

古墨学的研究方法是古代哲学方法。方法是方向、途径、手段、工具和程序的统称。广义研究方法,包括研究方向(主题、目的、宗旨,研究什么,解决什么问题)。狭义研究方法,指理论建构的途径、手段、工具和程序(怎样研究)。

墨家有明确的方法论思想。墨子把"依规矩成方圆"的工匠经验,上升为自觉的方法论概念。工匠用矩尺量度制作方物,《天志下》载墨子问:"此其故何?则方法明也。""方法"原义是"为方之法",后被普遍化为一般方法。

《法仪》载墨子把"为方以矩"的工匠经验,概括为"天下从事,皆有法"的普遍方法论原则。《非命上》载墨子制定立言"三表"法(建构理论的三条普遍方法):"上本之于古者圣王之事;下原察百姓耳目之实;发以为刑政,观其中国家百姓人民之利。"从逻辑看,这是寻求立论的根据,有演绎、归纳论证和观察、实验萌芽。从认识论看,"三表"法概括理论的历史、现实根源和以应用价值为检验标准三要素的本质。

墨子十大论题的论证,普遍应用"三表"法和《小取》总结的譬、援、推法(类比证明和归谬反驳)。《墨经》概括的理论建构方法辩、名、辞、说、或、假、效、辟、侔、援、推、止等,需用现代方法进行创造性诠释转换,才有助于当今广大读者理解应用。

今墨学的研究方法是现代哲学方法。以现代科学为工具性元理论的超越、总体研究。现代科学是墨学研究的得利工具。发达的现代科学，是开启墨学之锁的合用钥匙，是剖析古墨学的最佳方法。

二、中西合璧：比较研究

今日的新墨学研究，在方法论上最重要的特点，是比较研究。中外合璧探真义，只有通过认真深刻和实事求是的比较研究，才能正确把握墨学的真实意义和深层意蕴。合璧，指把不同东西放在一起，配合得宜，对比参照。

表面看，这似乎是一个悖论：墨学研究，为什么一定要通过跟别的学说比较，才能把握墨学的本质？常言说，不怕不识货，就怕货比货。从哲学上说，只有把此一事物，跟彼一事物加以比较，才能认识此一事物本质的规定性、范围和界限：本质正在关系中显现，在比较中认知。

现代新墨学研究的开拓者梁启超说："凡天下事，必比较然后见其真。无比较则非惟不能知己之所短，并不能知己之所长。"[1] 致力于中西哲学比较研究的胡适说："只有那些在比较研究中（例如在比较语言学中）有类似经验的人，才能真正领会西方哲学在帮助我解释中国古代思想体系时的价值。"预测他对墨学比较研究的成果，"可能对于这方面的未来研究者有帮助"[2]。

毕生致力于中西哲学比较研究的贺麟说："我们不但可以

---

[1] 梁启超：《论中国学术思想变迁之大势》，《饮冰室合集》第1册，文集之7，中华书局1989年版，第2页。

[2] 胡适：《先秦名学史》，学林出版社1983年版，第2页。

以中释西，以西释中，互相比较而增了解，而且于使西方哲学中国化以收融会贯通之效，亦不无小补。"[①]孔子说："工欲善其事，必先利其器。"（《论语·卫灵公》）《诗·小雅·鹤鸣》说："他山之石，可以攻玉。"苏轼《题西林壁》说："不识庐山真面目，只缘身在此山中。"杜甫《望岳》诗说："会当凌绝顶，一览众山小。"这些都可用来形容墨学比较研究的意境。

比较是确定事物同异关系的思维过程和方法。正确运用比较研究法，不等于比附。比附，是拿不能相比的东西勉强相比。这与科学的比较研究，不能混同。百年来比较研究方法的运用，是由低级到高级，由简单到复杂，由抽象到具体的认识发展过程，个中经验教训、成绩缺点，应实事求是分析，正确总结，不能因噎废食，以偏概全，否定一切，走向极端。

墨学现代化，从方法论说，是古今中外哲学互为工具、互相解释的比较研究进程。古今中外哲学的比较研究，有助于全球化时代，人类不同思想文化传统的对话交流、和谐相处。

以现代科学为工具性元理论，对墨学进行超越、总体研究，是墨学现代化和墨学元研究的最佳方法论选择。古今墨学研究的主体、主题、成果、形态、语言、层次、方法等元性质，是墨学研究范式转换的标志，由量变到质变的关节点。

把古今墨学元性质的认识，转化为促进墨学现代化，墨学元研究，创建新墨学和元墨学的实际行动，将推动墨学现

---

① 贺麟：《哲学与哲学史论文集》，商务印书馆1990年版，第269页。

代化和墨学元研究的进展，促进墨学现代化目标的实现。墨学现代化是现代学者的共同使命，需海内外学者通力合作。墨学现代化的趋势，进入更为波澜壮阔的新高潮，古墨学将质变转型，成为适应现时代需要、更为强劲有力的新墨学。

回顾墨学研究的过去，审视其现在，展望其未来，可知墨学研究的持续发展，有赖于古今研究范式的转型。墨学的比较研究，可促进中西思想文化的合璧。古今中外融会贯通，是现代墨学研究的前沿课题，是完善墨学研究方法，明确墨学研究方向的合理性期待。

（本章主要内容曾发表于包头《职大学报》2011年第4期。）

第十章　墨子鲁班的综合研究

墨子鲁班的综合研究，具有重要历史、理论和现实意义。墨子是手工业技艺升华为科学理论的启蒙者，表现先哲崇尚科学、以人为本的理想精神。鲁班是古代手工业技艺和发明创造的典范，表现中国劳动者积极进取、勇于创新的精神品格。

墨子和鲁班是古代手工业技术和理论的智慧共同体。墨子鲁班的创新和科学精神，是中国传统文化中的闪光点，对中华民族的精神品格有深远持久的影响，是实现科教兴国和民族复兴的历史借鉴与精神动力。

一、智慧群体

美国科学哲学家库恩提出科学共同体的概念，认为科学是一定科学共同体按照共有范式进行的社会活动。范式是科学共同体共有的信念。科学革命的实质是范式变革，范式变革引起科学体系和世界观、认识论、方法论的变革。英文community，意为群体、团体、共同体、整体、集体、集团、集合、学派和类族。在中文翻译和不同论述语境中，可视情况选取用词。在一定意义上，墨子和鲁班是古代手工业技术和理论的智慧群体、共同体。

智慧有从经验、技术到理论的不同层次。亚里士多德《形而上学》说:"有经验的人,较之有些官感的人,为富于智慧。技术家又较之经验家,大匠师又较之工匠,为富于智慧。而理论部门的知识,比之生产部门,更应是较高的智慧。这样,明显地,智慧就是有关某些原理与原因的知识。"①亚氏这里列举智慧的层次:

有官感的人→有经验的人、经验家、工匠→技术家、大匠师→理论家

鲁班兼工匠、大匠师、技术家、发明家于一身;墨子兼通工匠技巧,是古代哲学和科学理论的代表。

《经上》第2条,论整体和部分的范畴说:"体,分于兼也。"《经说上》举例解释说:"若二之一、尺之端也。"部分从整体中分出来,如"二"(整体、集合)由两个"一"(部分、分子)构成。鲁班墨子二者,是古代手工业技术和理论智慧的"兼"(整体),鲁班墨子分别是这一"兼"(整体、集合)中的"体"(部分、分子)。

墨子有"群"(群体、集合)的概念。《节用中》说:"凡天下群百工,轮车鞼匏,陶冶梓匠,使各从事其所能。"鲁班和墨子是当时"天下群百工"的代表。鲁班和墨子二者,是相对于当时"天下群百工"这一大群体中的小群体。《墨经》定义"类"的概念说:"有以同,类同也。""类"即事物在某些方面属性相同。鲁班和墨子是一"类",同时代,同里籍,

---

① 〔古希腊〕亚里士多德:《形而上学》,商务印书馆1959年版,第3页;苗力田主编:《亚里士多德全集》第7卷,《形而上学》,第29页。

同技巧，同智慧。

同时代，同里籍。鲁班和墨子同时代，同里籍。鲁迅《故事新编·非攻》中说，墨子对其门生耕柱子称"我们的老乡公输般"。公输般即鲁班。可见鲁迅认为鲁班和墨子同时代，同里籍[①]。任继愈先生据《墨子》和先秦各家记载，考证说："墨子和公输般同时，年纪比公输般略小。""公输般生于公元前489年"，"墨子约生于公元前480年，约死于公元前420年"。[②]考定鲁班墨子故里在滕州，1991年为滕州题"墨子故里"，1999年题"鲁班故里"。

同技巧，同智慧。古有"同巧相胜"的成语，见《黄石公素书》，北宋张商英注说："公输子九攻，墨子九拒是也。"[③]"同巧相胜"，意谓鲁班和墨子有相同的技术和智慧，旗鼓相当。"公输子九攻，墨子九拒"典故，出自《公输》："子墨子解带为城，以牒为械，公输盘九设攻城之机变，子墨子九距之。公输盘之攻械尽，子墨子之守御有余，公输盘屈。"

《吕氏春秋·慎大览》说："墨子为守攻，公输般服。"东汉高诱注说："公输般九攻之，墨子九却之。又令公输般守备，墨子九下之。"这酷似今日的沙盘军事推演，意谓墨子交替演示守城和攻城两类军事器械与技巧，最后把鲁班比输。

---

①　鲁迅：《鲁迅杂文小说散文全集·小说卷·故事新编·非攻》，第五卷，中国致公出版社2001年版，第1695页。

②　任继愈：《墨子与墨家》，商务印书馆1998年版，第11—12页。

③　纪昀等：《四库全书》子部，兵家类，北宋张商英注《黄石公素书》；子部，兵家类，元陶宗仪《说郛》卷七下黄石公《素书·安体章第六》。上海人民出版社、迪志文化有限公司《文渊阁四库全书电子版》全文网络版，1999年。

这是鲁班墨子互比技巧的第一个典型事例。

《鲁问》说:"公输子削竹木以为鹊,鹊成而飞之,三日不下。公输子自以为至巧,子墨子谓公输子曰:'子之为鹊也,不如翟之为车辖,须臾斫三寸之木,而任五十石之重。故所为功,利于人谓之巧,不利于人谓之拙。'"

《淮南子·齐俗训》说:"鲁般、墨子以木为鸢而飞之,三日不集。"《论衡·儒增篇》说:"鲁般、墨子之巧,刻木为鸢,飞之三日而不集。"明陈禹谟《骈志》卷十有对偶句:"墨子为鸢一日而败,公输为鹊三日不下。"

鲁班用竹木做成喜鹊形状,使之飞上天。鲁班自认为最巧,墨子对鲁班说:"你做喜鹊,不如我做车辖(车轴制动关键),一会儿砍削三寸木头,能承重六千斤。所谓功效,有利于人民叫作巧,不利于人民叫作拙。"墨子对巧拙的定义,贯穿以人民利益为标准的价值观,最终说服鲁班接受这种价值观。这是鲁班和墨子互比技巧的第二个典型事例。

"巧"即技巧、技艺、技术和智慧。《孟子·离娄上》说:"公输子之巧。"《荀子·荣辱》说:"百工以巧尽械器。"《周礼·冬官·考工记》说:"工有巧。"《说文》说:"巧,技也。"《增韵》说:"巧,拙之反。"《广韵》说:"巧,能也,善也。"《韵会》说:"巧,机巧也,黠慧也。"

鲁班墨子这一古代手工业技术和理论的智慧共同体,包含技术和理论两个层面。鲁班作为工匠、大匠师、经验家和技术家,是技术层面的代表。墨子作为由工匠上升的理论家和哲学家,超越经验和技术层面,攀登古代科学高峰,是理论层面的代表。

二、鲁班精神

鲁班是古代手工业技艺和发明创造的典范，表现出中国劳动者积极进取、勇于创新的精神品格。毛泽东《中国革命和中国共产党》一文说："在中华民族的开化史上，有素称发达的农业和手工业，有许多伟大的思想家、科学家、发明家、政治家、军事家、文学家和艺术家，有丰富的文化典籍。"鲁班以手工操作为职分，钻研技巧，精益求精，是中华民族开化史上伟大的发明家。

鲁班发明创造的故事，世代相传，光耀千古。《公输》说，鲁班"造云梯之械"。《鲁问》说，鲁班"作为钩拒之备"，"削竹木以为鹊，成而飞"。《礼记·檀弓》说，"季康子之母死"，鲁班请用机械下棺。

晋葛洪《抱朴子内篇·辩问》说："世人以人所尤长，众所不及者，便谓之圣"，鲁班是"机械之圣"。宋卫湜《礼记集说》卷三十四说："奇技奇器，总谓般也。"我国传统奇巧技术和器械的总代表是鲁班。明许相卿《云村集》卷六说："公输子圣于巧。"鲁班是发明创造巧妙器械的圣人。明徐元太《喻林》卷六十六说："材木委积，非鲁班则不能别其好丑。"

汉史游《急就篇》卷三说："鲁班作磨。"清《授时通考》说："公输般作磨，凿石，上下合研米麦为粉。"鲁班发明磨，把杵臼的上下间歇运动，变为平面的连续旋转运动，减轻劳动强度，提高生产效率。

鲁班发明刨、钻、隐括、铲等工具。明董斯张《广博物志》卷三十九说："般作刨、钻、隐括。"《事物绀珠》说："刨，平木器，鲁般作。"《物原》说："般作钻。"隐括是矫正弯曲竹木，平直成型的工具。

清陈元龙《格致镜原》卷四十八说："公输般作铲。"《论语·卫灵公》说："工欲善其事，必先利其器。"工匠做好工作，一定要先有锋利的工具。鲁班发明工具，使工匠普遍受益。清胡彦升《乐律表微》说，"营造尺，即木匠曲尺"，"此名鲁班尺"。鲁班所制定的标准尺度，为后世沿用。

鲁班是手工、建筑、制造业的著名工匠、大匠师、经验家、技术家和发明家。唐赵蕤《长短经》卷一说："公输子能因人主之材木，以构宫室台榭。"宋末元初吴自牧《梦粱录·园囿》说："庆乐园，旧名南园，隶赐福邸园，内有十样亭榭，工巧无二，俗云鲁班造者。"

南宋范成大《吴郡志》卷三说，俗传昌门鲁班所造。宋李昉《太平御览》卷七五二说："鲁班刻石为禹九州岛图，今在格城石室山东北岩中。"卷九五八说："七里洲中有鲁班刻木兰为舟，至今在洲中。"

元释念常《历代通载》卷二说："鲁班造舟车。"明章潢《图书编》卷六十说："唐大中十年（856）七月所建唐殿，其制与今绝异，相传鲁公输子所构。"明董斯张《广博物志》卷四四引《述异记》传说："天姥山南峰，昔鲁班刻木为鹤，一飞七百里，后放于北山西峰上。汉武帝使人往取之，遂飞上南峰。往往天将雨，则奋翅动摇，若将飞奋。"这是对鲁班手工技艺的神化。

古有"班门弄斧"的成语，即谓在鲁班门前摆弄斧头，在行家面前卖弄技巧，不自量力。宋欧阳修《文忠集·与梅圣俞》说："昨在真定，有诗七八首，今录去，班门弄斧。"

明陈应芳《敬止集·与游州守》说："以凤阳粮稿草创呈览"，"不班门弄斧耶？"明唐元竑《杜诗捃》卷四说："寄诗自后人观之，未免班门弄斧。"清雍正皇帝《谕旨·朱批齐苏勒奏折》说："此段河工，朕未获亲履其地，今向卿等论方略，可谓班门弄斧。"时在雍正六年（1728）二月八日，齐苏勒任治黄总督河道。清王琦《李太白集注》卷三十六说，采石江头李白墓，往来诗人遍题诗，其中一首说：

采石江头一抔土，李白诗名耀千古。
来的去的写两行，鲁班门前掉大斧！

"公输之巧"、"巧如鲁班"的成语，即谓鲁班是技术巧妙的代表。《孟子·离娄上》说："公输子之巧。"东汉赵岐注说："公输子，鲁班，鲁之巧人也。"唐瞿昙悉达《唐开元占经》卷六十六说："巧如鲁班。"北宋洪刍《香谱·梁昭明太子铜博山香炉赋》说：秉至精之纯质，产灵岳之幽深。探般之妙旨，运公输之巧心。

南宋章如愚《群书考索续集》卷九说："有公输之巧。"宋赵顺孙《孟子纂疏》卷七说，鲁班"天下之巧工"。清康熙皇帝《文集·以德为卫解》说："城郭之固足恃乎？公输之巧可仰而攻也。"即谓城墙坚固，不足依赖；鲁班技巧，可以攻破。

历史上技术过人、巧妙绝伦的发明创造，常托名鲁班。

唐段成式《酉阳杂俎续集》卷四说："今人每睹栋宇巧丽，必强谓鲁般奇工也，至两都寺中，亦往往托为鲁般所造。"明王祎《王忠文集》卷八说："云桥鲁班造，盖谓坚致壮奇，惟般乃能造耳，非谓真造于般也。"

河北赵县赵州桥，我国现存著名古代大石拱桥，隋开皇大业年间（590—608）李春设计建造，设计和工艺之新，为石拱桥的卓越典范，跨度之大是当时创举，反映古代劳动者的智慧才能，却也传说为鲁班造。

清陈元龙《格致镜原》卷九说："赵州石桥为鲁班手造，极为坚固，意谓今古无第二桥矣。有张神乘驴过桥，动欲倾，鲁班在下以两手托定，而坚如初。至今桥上有张神乘驴痕，桥下有鲁班两手托迹。"

此类事例屡见不鲜，说明鲁班成为中华民族勤劳智慧和创造精神的代表、标志与符号。

综观历史资料可谓：鲁班足迹，遍布中华大地。故事传说，充满先哲载籍。化为成语，千古传扬不息。蔚为典故，万世称颂不已。《四库全书》和《四部丛刊》两部特大型丛书中鲁班资料，见表6。

表6 《四库全书》和《四部丛刊》中鲁班资料

序号	词语	《四库全书》	《四部丛刊》
1	鲁班	423	54
2	鲁班之巧	5	0
3	巧如鲁班	1	0
4	班门弄斧	4	1

续表

序号	词语	《四库全书》	《四部丛刊》
5	鲁班造	9	1
6	鲁班手造	1	0
7	鲁班所造	8	0
8	鲁班修	1	0
9	鲁班所修	4	0
10	鲁班遗迹	1	0
11	鲁班尺	1	0
12	鲁班天子	1	0
13	公输	1030	174
14	公输子	157	44
15	公输般	172	34
16	公输班	65	2
17	公输子之巧	35	7
18	公输之巧	29	5
19	公输子建	2	0
20	公输般遗迹	1	0
	合计	1950	322

长期以来，在中国人民心目中，鲁班是技巧的同义语、标志和象征。鲁班精神的实质，是积极进取，勇于创新。鲁班是古代能工巧匠和发明家的典范，是中华民族勤劳智慧和自主创新的榜样，对中华民族的精神品格有深刻持久的影响。

三、墨子精神

墨子是手工业技艺升华为科学理论的启蒙者，表现中华先哲崇尚科学、以人为本的理想精神。以墨子为代表的墨家学团，是古代科学传统中一个相对稳定的学术共同体，活动盛期从公元前5世纪到前3世纪秦统一中国时止。墨家学术共同体科学成就的结晶是《墨经》，即《墨子》中的《经》、《经说》上下和《大取》、《小取》六篇。墨家学术共同体的社会成分，是手工业工匠转化来的士人知识分子。

以墨子为代表的墨家和鲁班一样，是古代科学技术的化身。如现存《墨子·备城门》十一篇军事著作，史家归入"兵技巧"类。东汉班固《汉书·艺文志》根据刘向《别录》和刘歆《七略》，在"兵书"项中，分"兵技巧"类，班固自注："省《墨子》，重。"即"兵技巧"类本有《墨子》，因其与"诸子"类重而被省略。班固对"兵技巧"的定义是："技巧者，习手足，便器械，积机关，以立攻守之胜者也。"

"习手足"是训练体能，配合智力，熟悉军技。墨者在当时特定历史条件下，由贵义任侠而学军救守，结成带军事性的学术团体。墨子教门徒"能谈辩者谈辩，能说书者说书，能从事者从事"，"从事"包括学习和从事防御战争。墨子教育有"学射"等军事科目。《公孟》说："二三子有复于子墨子学射者。"把古代手工业技艺升华为科学知识的《墨经》，以射箭为例说："矢至侯中，志功正也。"即射箭想射中靶心，结果真的射中，是动机和效果的正好符合。

"便器械"是制造方便有效的军事器械。墨子指挥门徒，把所熟悉的木工、造车、制陶、皮革、冶金、建筑等百工技艺，应用于军事，制造各种方便有效的军事器械，如窑灶鼓橐、转射机、连弩车等。

窑灶鼓橐是利用风力传播烟雾熏敌的守城战具，是采矿、冶金、制陶等技术在军事上的运用。转射机（简称射机、掷车、技机、奇器等）是利用杠杆原理，制造抛掷机械，用于抛掷石弹、利剑、炭火筒、蒺藜球等杀伤物。

《备高临》记述墨家制造重兵器连弩车，发射机关"连弩机郭用铜"达"一石三十斤"。产生弹力的弓弦有多层："以弦钩弦，至于大弦。"引张弓弦不是靠手足力量完成，而是靠滑轮轮轴之类的简单机械。"引弦辘轳收。""十人主此车。""矢长十尺"，"如弋射，以辘轳卷收"。"用矢无数，出入六十枚。"墨家为防御强国侵凌弱国的不义战争，利用手工技术优势，设计制造有强大杀伤力的兵器。

"积机关"是在军事工程中设置机巧关节。"机关"本指弩箭上的发动设施，引申为一切机巧关节。《备城门》记述"引机发梁"的机关："去城门五步大堑之，高地丈五尺，下地至泉，三尺而止，施栈其中，上为发梁而技巧之，比傅薪土，使可道行，旁有沟垒，毋可逾越，而出挑且败，敌人遂入，引机发梁，敌人可擒，敌人恐惧，而有疑心，因而离。"

精心伪装用机械牵引的活动吊桥，加上"兵不厌诈"的诱敌谋略，达到擒敌的目的，是工匠技艺和兵家谋略的结合。《备穴》记述"罂听"，利用声的传播原理制造简单测声仪，是工匠技艺和科学知识的结合。这都是墨子"立攻守之胜"的各种因素和必要条件。

崇尚科学，以人为本，是墨子理论智慧的特色。《经上》第96条说："巧传则求其故。"《经说上》第97条说："法取同，观巧传。"对世代相传，以鲁班为代表的手工业技巧，要寻求其缘故，知其然，知其所以然，从中概括普遍规律，由经验上升为理论。

狭义《墨经》4篇,列举283条定义、定律、命题和论证,总结手工业技艺,取得丰硕理论成果。《经下》、《经说下》第127至130条,总结杠杆、滑轮、车梯、建筑中的力学规律,是以鲁班为代表的手工业技巧和简单机械运用经验的升华、提高。

《鲁问》载墨子对鲁班说,木制能飞天的鸟鹊,不如我墨翟做车辖。"须臾斫竖三寸之木,而任五十石之重。故所为功,利于人谓之巧,不利于人谓之拙。"墨子主张,手工技巧要以有利于人民生产和生活为目的,阐明以人为本的技术价值观,说服鲁班。班墨结交,感情笃厚。

鲁班墨子技术和理论的智慧群体,是发明家和哲学家的结合,催生《墨经》丰富、深刻的科学知识,是当代经验和理论、技术和哲学相结合的历史借鉴。鲁班积极进取、勇于创新和墨子崇尚科学、以人为本的精神,是实现科教兴国和中华民族伟大复兴的精神动力,值得认真研究继承,发扬光大。

(本章主要内容曾发表于《南通大学学报》2009年第1期。)

第十一章　墨家运用概念的艺术

墨家有丰富的概念论和运用概念的艺术，对概念的性质和作用有独到见解，对概念从外延、内涵做出种类划分，建立中国古代逻辑、哲学和科学的范畴体系，有重要的启发借鉴意义。德国哲学家黑格尔说："中国人是笨拙到不能创造一个历法的，他们自己好像是不能运用概念来思维的。"[①]这种说法是荒谬的。

从道理上说，人类和动物有别，人类能运用概念思维，动物则不能。概念是抽象的理性思维形式，作用是概括事物本质，用第二信号系统的语词表达，人类才有；动物没有以语词为单位的第二信号系统（语言信号刺激），只有与摄食等生存本能联系的第一信号系统（声、光、电、味、触等感官信号刺激）。中国人是人类大家庭的成员，"不能运用概念来思维"，岂非怪事？真是荒谬无理之甚。

从事实上说，有数千年灿烂文明历史的中华民族，自古有发达的物质和精神文明，从古到今有与农业季节相适应的

---

① 〔德〕黑格尔：《哲学史讲演录》第二卷，生活·读书·新知三联书店1957年版，第275页。

合用历法，拥有浩如烟海的丰富文化典籍。中国人同西方人一样，"能运用概念来思维"。

墨家运用概念的艺术和概念论，是对中国和世界逻辑学的重要贡献。我们的宗旨，是用现代语言和人类共同的逻辑工具，诠释墨家的概念论和运用概念的艺术。恩格斯说，"如果自然科学不忘记：那些把它的经验概括起来的结论是一些概念，而运用这些概念的艺术不是天生的"，需学会"掌握二千五百年来的哲学发展所达到的成果"。[①]理解墨家的概念论和运用概念的艺术，对现代人的思维表达大有裨益。

一、概念的性质和作用

《小取》说："以名举实。"《经上》第31、32条说："举，拟实也。言，出举也。"《经说上》解释说："告以之名举彼实也。故言也者，诸口能之，出名者也。名若画虎也。言，谓也。言由名致也。"名（语词、概念）的实质，是举实、拟实，列举和摹拟事物。"以名举实"，是用语词、概念列举实物。"举"的定义，是"摹拟"，用摹拟事物性质、状态的语句、短语或摹状词，反映事物。如说："人有理性、有知识、会说话、能劳动。"起到"举实"、"拟实"的作用。"举实"、"拟实"，表示语词（词项）的指谓、表意和认识功能。用语句"举实"、"拟实"，构成概念的内涵和外延。"之名"即"此名"，"以此名举彼实"，表明名与实的相对性。

名对实的反映作用，通过语句实现。从结构上说，语句

---

① 恩格斯：《反杜林论》，人民出版社1970年版，第12页。

由名联结而成。从认识作用上说，名对实的反映，靠语句对事物的列举、指谓来实现。利用名（语词、概念）和言（语句），认识事物，表达感情，进行交际，指导行动，是人类特有的智能。

名的作用，是列举事物。列举是模拟，"摹略"即反映、抽象、概括。列举、模拟、摹略，是人类对事物的认识作用。列举、模拟、摹略，是概念、范畴的抽象、概括作用，通过语言实现。表达概念、范畴的名（语词），用口说出。用"模拟"定义"列举"，拿图画比喻概念、范畴对事物的反映作用，表明墨家概念论的哲学基础，是唯物主义反映论。

《大取》说："名，实名。实不必名。"名称标志实体，有实体不一定有名称，这是唯物主义观点。告诉你这个名称，列举那个事实，语言是用口说出名称，表明名称、语言的交际作用。指谓和交际，是语言的两大功能。墨家从事物、语言和意义三者关系，说明名的性质和作用。名称（语词、概念）是语言的构成元素，逻辑研究从概念论开始。

《经说上》第79条说："声出口，俱有名。若姓字丽。"声即言，言为心声。黑格尔说："当一个人说话时，在他的话里就有一个概念。"[①] 列宁把这句话翻译为："人只要一开口说话，在他的话中就包含着概念"，并评论说："非常正确而且重——恩格斯用比较通俗的形式重复的正是这一点，他这样写道：自然科学家应当知道，自然科学的成果是概念，但巧

---

① 〔德〕黑格尔：《哲学史讲演录》第一卷，生活·读书·新知三联书店1956年版，第310—311页。

妙地运用概念却不是天生就会的,而是自然科学和哲学两千年发展的结果。"①人注定要跟语词、概念打交道,语词、概念为人所普遍运用。"名"、"言"与事物的关系,犹如有一个姓名,后面就跟着一个人一样,姓名附属、联结于人。

《墨经》讨论名称的指谓作用。《经上》第80条说:"谓:命、举、加。"《经说上》解释说:"谓犬'狗',命也。'狗,犬。'举也。叱:'狗!'加也。"列举指谓的三种含义:命名、列举和附加感情因素。把犬叫作"狗",是命名。用"狗"名作主项构成命题,说:"狗是犬。"是用名称列举事物。对狗叱责说:"狗!"是附加感情因素。

《墨经》还跟"指"相比较,进一步阐述"名"的抽象、概括作用。"指"这种认识形式,是用指头指着事物说,相当于"实指定义"。一个人不认识鹤,指着鹤说:"这是鹤。"《经说下》第153条说:"或以名示人,或以实示人。举友富商也,是以名示人也。指是鹤也,是以实示人也。"

我的朋友某某不在眼前,我用概念说:"我的朋友某某是富商。"这是给"我的朋友某某"的主项,加上"富商"的谓项,用一般概念使人了解。指着面前的鸟说:"这是鹤。""名"是脱离事物的一般概念,"指"是不脱离事物的感性直观。

《经下》第140条说:"所知而弗能指,说在春也、逃臣、狗犬、遗者。"《经说下》解释说:"春也,其死固不可指也。逃臣,不知其处。狗犬,不知其名也。遗者,巧弗能两也。"

---

① 列宁:《哲学笔记》,人民出版社1960年版,第290—291页。

有些知识，只能用概念表达，不能用手指着说。名叫"春"的女仆，因病死了，不在人间，无法指着说。逃亡的奴仆，不知他现在在哪里，无法指着说。小孩子不知道狗、犬的名称，必须分别解释，仅用手指指着实物，区分不出这两个名称。遗失的东西，不能指着说，即使能工巧匠，也难以造出与原物同样的个体。

《墨经》认为科学概念，通过心智抽象、概括。《经下》第146条说："知而不以五路，说在久。"《经说下》解释说："以五路知久，不当以目见。若以火见。"有些知识获得，不是直接通过五种感官（眼耳鼻舌身），要通过心智的抽象、概括。五种感官提供经验，是形成抽象知识的条件。

"时间"概念的获得，通过概括。五种感官经验，是认识时间概念的条件，犹如光线是见物条件，不是见物器官，见物的器官是眼睛。"以五路知久"，不相当于"以目见"的"以"，相当于"以火见"的"以"，"五路"（五种感官）是认识时间概念的条件，心智是认识时间概念的器官。

《经上》第40条对"久"（时间）的定义，是"弥异时"，概括各种不同的具体时间"古、今、旦、暮"。感官只能感知个别时间，思维抽象一切时间的共同性质、普遍本质，用语词"久"概括，成为"时间"的哲学范畴。《墨经》上百科学范畴，是运用心智理性概括。

中国古代没有概念（concept）一词。严复1905年出版的《穆勒名学》和1909年出版的《名学浅说》称"名"，不称概念。日本学者稍早用汉字把西语concept译为"概念"，中国学者沿用，终至普及。1921年梁启超出版《墨子学案》把

《墨子·小取》所谓"以名举实"对应于"概念"（concept）。中国古代没有"概念"这一术语的事实，并不意味中国古代没有概念和概念论。但用现代汉语对古汉语文献的正确诠释，完全可以恰当认识、理解中国古代的概念和概念论。说中国古代没有概念和概念论，是黑格尔的谬论。

墨家的概念论，涉及名（语词、概念）的性质、作用和种类等问题，《墨经》列举并解释上百个科学范畴的定义和分类，对概念的理论和应用，有杰出贡献。

二、概念的种类

（一）范畴、普遍和单独概念

《经上》第79条说："名：达、类、私。"《经说上》解释说："物，达也，有实必待之名也命之。马，类也，若实也者，必以是名也命之。臧，私也，是名也止于是实也。""名"（语词、概念）从外延上分为三种：达名、类名和私名。

达名是外延最大的普遍概念（最高类概念），相当于范畴。如"物"（物质）是一个哲学范畴，它同"实"（实体、实际事物）的范围一样大。凡是存在着（"有"，即存在）的实体，都一定等待着"物"这个名来称谓。

类名是一般的普遍概念（类概念，属或种概念）。类名可以根据其外延大小，构成一定序列，如"兽"、"马"、"白马"等。就"马"而言，凡具有如此这般性质的实体（"若实也者"）都一定用这个名来称谓。

私名是外延最小的单独概念，反映特定的个体，又叫专有名词（专名）。如"臧"作为一个人的名字。达名、类名和私名，对应于一般、特殊、个别三类实体。《墨经》以这种分类层次为基础，制定囊括各门科学的范畴体系。《墨经》从外延上，把概念划分为"达、类、私"，即范畴、普遍和单独概念三种，准确精到，与西方逻辑学著作本质一致。

（二）实体、属性和关系概念

《大取》概念分类，涉及实体、属性和关系概念："以形貌命者，必知是之某也，焉知某也。诸以形貌命者，若山、丘、室、庙者皆是也。长人之与短人也同，其貌同者也，故同。指之人也与首之人也异，人之体非一貌者也，故异。将剑与挺剑异，剑以形貌命者也，其形不一，故异。"

"不可以形貌命者，虽不知是之某也，知某可也。苟是石也白，败是石也，尽与白同。诸非以举量数命者，败之尽是也。是石也虽大，不与大同，是有使谓焉也。""诸以居运命者，苟人于其中者，皆是也，去之因非也。诸以居运命者，若乡、里、齐、荆者皆是。"

"以形貌命者"，以事物的形态、状貌命名，指实体概念（具体概念）。如山、丘、室、庙等。其特点，是一定要知道它指谓哪种对象（实体），才能了解它。高身材和短身材的人，都是"人"，因为其形态、状貌相同。人指和人首不同，它们是人体的不同部分。用于威仪装饰的"将剑"，和用于刺杀敌人的"挺剑"不同，因为其形态、状貌不同。

"不可以形貌命者"，是指属性、关系概念（抽象概念），它不是以事物的形态、状貌命名，是指谓事物的属性和关系。对这种概念，虽不知道它是指称哪种对象（实体），也可以了解它。这里又可分为属性和关系两种情况。

属性概念带有绝对性，它不依赖于跟别的事物相比较，而本身就是如此。说这块石头"白"，这"白"不依赖于跟别的事物相比较，本身就是"白"。"白"的性质，渗透在石头的每一颗粒。把这块石头打碎，它的每一颗粒都"白"。

"诸非以举量数命者"，指属性概念。所谓"败之尽是也"，对于机械物体的一部分性质，才是如此。一块坚硬的石头打碎，每一小块仍是坚硬的。若把这一点普遍化，会带来谬误。一架连弩车，可以一次射箭数十只，若把连弩车拆散，其每一部分就不具有这种性质。一只活狗会吠，解剖而死，不会吠。不能说属性概念都有"败之尽是"的特点。

关系概念带有相对性，它依赖于跟别的事物相比较，才是如此。说这块石头"大"，这是由于有小石头作为参照物，才可以这样说（"是有使谓焉也"）。把这块石头打碎，不能说每一部分仍"大"。所谓"举量数命者"，是指"大"、"小"、"多"、"少"数量方面的关系概念。

《大取》还从"不可以形貌命者"中，分出一种"以居运命者"，反映空间范围的概念，如乡、里、齐、楚。这指人在一个空间范围内居住和运动，一旦离开了那里，不再属于那个空间范围。某人生于齐，长于齐，是齐人，举家离齐，居楚，服务楚，称楚人，不再是齐人。《大取》关于概念分类的理论，从概念内涵的角度着眼，大部分与现代科学的理解相合。

（三）集合和元素概念

集合和元素概念的层次关系，在古代曾引起困惑和惊异。战国时期辩者对这个问题有所思考，他们不想合理地解决这个问题，故意利用这个问题进行诡辩。辩者首领公孙龙，从年轻时到晚年，都对这个问题感兴趣。《庄子·天下》载，辩者用"鸡三足"、"黄马骊牛三"之类辩题，"与惠施相应（对辩），终身无穷"。公孙龙等辩者，精于这类诡辩。

惠施是战国中期人，当时公孙龙是翩翩少年，辩者后起之秀。《吕氏春秋·淫辞》和《孔丛子·公孙龙篇》载，公孙龙到晚年，跟孔穿辩论"臧三耳"。《公孙龙子·通变论》保存有"鸡三足"和"牛羊足五"辩题的论证。

"鸡三足"之类诡辩的成因，是故意混淆集合和元素概念的层次关系：鸡足的元素是二，鸡足的集合是一，加起来说是三。"黄马"的元素是一，"骊牛"的元素是一，加上"黄马骊牛"的集合，说是三。臧的耳朵，从元素说是二，从集合说是一，加起来说是三。牛、羊足，从元素说是四，从集合说是一，加起来说是五。

当把集合和元素概念的不同层次关系加以区分时，不应产生诡辩，当把二者加以混淆时，就产生纠缠不清的诡辩。在这些诡辩的刺激下，出于清理这类诡辩的需要，《墨经》区分兼名和体名，指出集合和元素概念的不同性质，为廓清辩者的诡辩提供有力武器。

《墨经》把集合概念，叫作"兼名"。《经下》第167条说："牛马之非牛，与可之同，说在兼。""牛马"是一个"兼名"（集合概念）。《经上》第2条说："体，分于兼也。"《经说上》解释说："若二之一、尺之端也。""兼"：整体。"体"：部分。集合概念，叫作"兼名"。相对而言，元素概念，叫"体名"。"牛马"是"兼名"，"牛"、"马"是体名。"二"是兼名，其中的"一"，是体名。直线是"兼名"，其中的点是

"体名"。

《经下》第113条说："区物一体也，说在俱一、惟是。"《经说下》解释说："俱一若牛马四足，惟是当牛马。数牛数马则牛马二，数牛马则牛马一。若数指，指五而五一。"区分事物为不同的集合，都具有两方面的性质，即元素的各个独立性和集合的唯一整体性。"俱一"和"惟是"是墨者独创的两个范畴。"一体"解为一个集合，是把许多不同的"体"（部分、元素）统一、整合，而得到高一层次的集合。这个集合，在集和子集的序列中，可解为整体，亦可解为部分。如对"兽"而言，"牛马"为一子集，一部分。对"牛"、"马"而言，"牛马"为一集合，一整体。《墨经》对概念的划分，有相对和辩证的观点。

"俱一"指每个元素的各个独立性，字面意思是"每一个都是独立的一个"。"俱"在《墨经》是全称量词。《经上》第43条定义"尽，莫不然也"，举例是"俱止、动"，"俱"与"尽"同义。《经说上》第39条说"二人而俱见是楹也。"《经说上》第103条说"俱一不俱二"。《经下》第105条说"俱一与二"为"不可偏去而二"的一个例子。"俱一"是墨家惯用词语。"惟是"指集合的唯一整体性、不可分配性，字面意思是"仅仅这一个"。"惟"是独、仅仅，"是"即这一个。

《墨经》常以"牛马"为例。"俱一"如说"牛马四足"，指的是牛四足，马四足。"四足"的性质，不是从"牛马"这一集合的意义上说的，而是从非集合即类的意义上说的："四足"的性质，可以同等地分配给"牛"和"马"两个元素（或子集合）。

"惟是"如说"牛马"的集合。数起元素来,"牛马"有"牛"和"马"两个,而数起集合来,"牛马"只是一个。《经说下》第167条说:"牛不二,马不二,而牛马二。则牛不非牛,马不非马,而牛马非牛非马。"

　　这是从另一角度说集合和元素的不同。即"牛"不是两样元素,"马"也不是两样元素,而"牛马"则有"牛"和"马"两样元素。可用形式逻辑同一律说,牛是牛,马是马,牛马是牛马。

　　在《经说下》第168条,被概括为"彼止于彼"、"此止于此"、"彼此止于彼此"的规律。这是用汉字表达的元素和集合的同一律。用字母来表达,即:A = A,B = B,AB = AB。由此可见《墨经》逻辑的合理性。

　　《墨经》还常以"数指"为例:"若数指,指五而五一。"在讲解集合和元素这种抽象的逻辑理论时,数手指是方便、形象的教学手段。设老师问学生:"右手有几个手指头?"学生回答:"有五个。"这是从手指集合的元素角度说的(即"俱一")。这就是"指五"的意思。老师再问学生:"右手五指的集合有几个?"学生回答:"有一个。"这是从手指集合的角度说的(即"惟是")。这就是"五一"的意思。左手情况相同。

　　老师问学生:"两只手有几个指头?"学生回答:"有十个。"这是从元素即"俱一"角度说。老师问:"两只手五指的集合有几个?"学生答:"两个。"这是从"惟是"角度说。于是《经说下》第159条总结说:"五有一焉,一有五焉。十,二焉。""五有一焉",即五指的集合有一个。"一有五焉"即一指的元素有五个。"十，二焉"，即十指中"五指"的集合有两个。

在这个基础上，《经下》第159条总结说："一少于二，而多于五，说在建、住。""一少于二"从元素角度说，一指少于二指，更少于五指、十指。"一多于五"从元素跟集合的关系说，因为从一只手说，一指的元素有五个，而"五指"的集合只有一个。从两只手说，一指的元素有十个，而"五指"的集合只有两个。

"建、住"提示元素和集合（俱一和惟是）两个角度。"建"指建立集合。如在一只手上建立一个"五指"的集合，在两只手上建立两个"五指"的集合。"住"指在集合中住进（放进）元素或子集。如在一个"五指"的集合中住进五个一指的元素，在两个"五指"的集合中住进十个一指的元素。

从住进元素的数目说，住一少于住二、住五、住十。从住进元素的数目和建立集合的数目相比较来说，住一多于建五。如从一只手或两只手的情况说，住进一指元素的数目，多于建立五指集合的数目。这就是"一少于二，而多于五"趣味数学命题的奥妙、谜底所在。《墨经》从清理古代辩者诡辩的需要出发，表述集合和元素概念的理论，讨论集合和元素概念的区分与联系，为古代逻辑和数学理论增添异彩。

（四）范畴体系

黑格尔在《哲学史讲演录》第一卷《中国哲学》部分说，中国哲学"没有能力给思维创造一个范畴［规定］的王国"。"中文里面的规定［或概念］停留在无规定［或无确定性］之中。"在《逻辑学》上卷《第二版序言》中说,中国语言"简直没有,或很少达到""对思维规律本身有专门的和独特的词汇"的地步。这种说法不符合事实,他对《墨经》的范畴一无所知。

范畴是大概念,即《墨经》的"达名"(外延最广的概念)。《墨经》六篇,定义上百个各门科学范畴。《经上》从"故"至"正"共100条,或用定义,或用分类,从内涵或外延上规定上百个科学范畴,俨然一个范畴王国。这些范畴各有专门和独特的规定,至今仍不失其科学价值。

(本章主要内容曾发表于《南通大学学报》2006年第3期。)

第十二章　墨家运用命题的技巧

墨家逻辑有独特的命题论和运用命题的技巧。其中对实然、或然和必然等模态命题，祈使句的主观或然模态和客观必然模态的区分，全称特称命题，假言命题，以及命题的评价标准等，都有独到的论述和巧妙的运用。这对今日的逻辑研究和今人的思维表达都有重要的启示和借鉴意义。

一、命题、语句和判断

命题是表达判断的语句，有断定和真假可言。断定是对事物的认知，真假是对认知是否符合实际的评价。语句是表达完整意思的基本语言单位。南朝梁刘勰《文心雕龙·章句》说："句者，局也。局言者，联字以分疆。""夫人之立言，因字而生句，积句而成章，积章而成篇。篇之彪炳，章无疵也。章之明靡，句无玷也。"

意即：语句是语言的区划，联缀字词，构成各自分别的单位。人们说话写文章，用字造句，积句成章，积章成篇。全篇光彩，是因为每章没有瑕疵。章节明丽，是因为每句没有毛病。语句优美，是因为每字都不乱用。"局"即局限，分界，区划。命题语句是语言的细胞单位。命题、语句和判断恰当，才能构造合乎逻辑的篇章。作品由字而句，由句而章，积章成篇。要有条不紊，写成结构严密的文章，就要一句不苟，一字不妄。这说明语句篇章的本末主从关系，语句是构成文章的基础。

古人说"辞"，相当于语句命题。其语言形式是语句，认知内容是命题。墨家逻辑专论《小取》说："以辞抒意。"即用语句表达判断命题。"意"是心中的意思，指判断命题。《吕氏春秋·离谓》说："辞者，意之表也"；"言者，以谕意也"。"抒"、"表"、"谕"，即抒发、表达和说明。"言"即"辞"，狭义指语句。后世构成双声词"言辞"或"言词"。先秦一般说"辞"，汉以后逐渐以"词"代"辞"。言辞今一般多作言词。

"辞"这个简体字，对应的繁体字是"辭"，原意是讼辞，口供，理乱，理辠，治理狱讼案件的结论和法官的判词。《周礼·秋官·乡士》说："听其狱讼，察其辞。"《说文》："辞，讼也。""犹理辠也。""辠，罪也。"引申为一般意义的言辞、语句、判断、命题。

与中国古代的"辞"相当，英文 judge 作为及物动词，指审判、审理、判决、裁判、评定、裁决、判断、断定、鉴定、识别、评价；作为不及物动词，指下判断，做裁判，作评价。judgement 作为名词，指审判、判决、裁判、判断、鉴定、评价。

日本学者用汉字"判断"翻译英文 judge、judgement，贴切准确。《说文》："判，分也。从刀，半声。"它是形声兼会意字。清段玉裁注："古辨、判、别三字意同也。""判"字右半边"竖刀"是意符，"半"是音符，表示分辨、分别，指用刀切开、分开，引申为判断。《说文》："断，截也。"斷是会意字。右半边"斤"，是"斫木斧"（砍木头用的斧子），左半边是古文"绝"字，是用斧子切丝意，引申为断绝、裁决、决断、断定。

古今中外语词的对应，有时有神奇般的相合，若合符契，引人深思，韵味无穷。这种字词形义，渊源流变的辞源学和比较语言学考证，对如今逻辑教材的编写，教师的授课，学科术语的厘定，都大有参考价值。

二、模态命题

《庄子·天下》载诡辩家有"孤驹未尝有母"的诡辩。意即"孤驹从来就没有母亲"。这是借口孤驹"现在无母"，诡辩说"孤驹从来无母"，把现在时态夸大为全时态（所有时态）。《列子·仲尼》说公孙龙子用"负类反伦"（违背事实，违反常理）的诡辩，欺骗魏王，其中就有"孤犊未尝有母"的诡辩。其论证是："孤犊未尝有母，有母非孤犊也。"这种诡辩，歪曲利用模态命题。墨家为了澄清这类诡辩，精心研究关于命题的理论，特别是关于时间模态的理论。

（一）实然命题

"实然"即确实如此。实然命题，反映确实发生的事实。用过去时间模态词"已"（已经）、"已然"（已经如此）或"尝然"（曾经如此），表达确实发生的事实，即实然命题。《墨经》讨论用过去时模态词"已"表示的实然命题。《经上》第77条说："已：成；无。"《经说上》解释说："为衣，成也。治病，无也。"

"已"（已经）是表示过去时、完成式的时间模态词。模态是英文mode的音译，是一种特殊的命题形式，表示断定的程度、样式、方式。《墨经》研究古汉语中模态词的性质和用法。过去时模态词"已"的用法有两种：一种是表示建设性的，如说："已经制成一件衣服。"一种是表示破坏性的，如说："已经找到病源，消除病根。"

《墨经》仔细研究过去时的实然性质。《经下》第161条说："可无也，有之而不可去，说在尝然。"《经说下》说："已然，则尝然，不可无也。"《经下》第149条说："无不必待有，说在所谓。"《经说下》解释说："若无马，则有之而后无。无天陷，则无之而无。"一件事情可以是"无"（从来没有），但是一旦有了（发生了），就不能把它从历史上抹掉（有之而不可去），因为它确实曾经发生过。

所谓"已然"（已经如此）就是"曾经发生过"（尝然），就不能说"没有发生过"（不可无也）。"无"不以"有"为必要条件，这里就看你说的是哪种"无"。如说："我现在无马。"这是指过去曾经有马，而后来无马（有之而后无）。又如说："没有天陷（天塌下来）这回事。"这是指从来就没有（无之而无）。"杞人忧天"，是怕天塌陷下来。李白诗句："杞国无事忧天倾。"杞国本无事，庸人自扰之。怕天塌陷，是多余的顾虑。

"孤驹未尝有母"诡辩的谬误，是很明显的。说是"孤驹"，就是说"现在无母"。而"现在无母"，不等于"过去无母"。既然说是"驹"，就是说它"曾经有母"，而不能由"现在无母"推出"未尝有母"（未曾有母，从来无母）。这正是"有之而不可去"，"已然则尝然，不可无也"的一例。辩者"孤驹未尝有母"诡辩的成因，是故意混淆时间模态，即以"现在无母"的事实抹煞"过去曾经有母"的事实，使用偷换概念的诡辩手法。

《墨经》定义时间模态词"且"。《经上》第33条说："且，言然也。"《经说上》解释说："自前曰且，自后曰已，方然亦且。""且"是表述事物存在状况和样式（"然"）的。且有两种基本用法，一是在事物发生之前说"且"，相当于现代汉语"将"、"将要"，表将来时态，是或然命题（可能命题）。二是在事物发生过程中说"且"，相当于现代汉语"正在"、"刚刚"，表现在时态，是实然命题。"已"（"已然"、"尝然"），相当于现代汉语"已经"、"曾经"，表过去时态，也是实然命题。在一事物过程已经完成之后来表述它，使用过去时间模态词"已"（"自后曰已"）。

在一事物发生过程中表述它，可以使用现在时间模态词"方"或"且"，即《经说上》所谓"方然亦且"。"方"即"开始"、"正在"。"方兴未艾"（方兴未已），可以说"且兴未艾"。"来日方长"，可以说"来日且长"。"国家方危"，可以说"国家且危"。"日方中方睨，物方生方死"，可以说"日且中且睨，物且生且死"。既然现在时语句，表示一种事实开始发生、正在发生，从模态上说，是实然命题。

辩者"卵有毛"诡辩的成因，是混淆可能性和现实性的不同模态。西晋司马彪解释说："胎卵之生，必有毛羽。""毛气成毛，羽气成羽。虽胎卵未生，而毛羽之性已着矣。故曰卵有毛也。"这是从"卵有毛"的可能性，而说"卵有毛"已成现实性，是混淆可能性和现实性的谬误论证。可能性是事物现象出现之前所具有的某种发展趋势，用或然命题（可能命题）表示。现实性是可能性已实现，为既成事实，存在的现实，用实然命题表示。这是两种不同的模态，不能混淆。《墨经》逻辑对此明确区分。"卵有毛"的可能性，不等于"卵有毛"的现实性。其公式是：

$$可能 P \neq P$$

"可能P"和"P"两个命题的关系，是从属（差等）关系，"可能P"真，"P"命题真假不定，其间不是等值关系。

（二）或然命题

在事物过程发生之前，断定它有可能发生，用将来时模态词"且"（将、将要），即《经说上》所说的"自前曰且"。这相当于或然命题（可能命题）。《小取》有如下辩论：

> 且入井，非入井也；止且入井，止入井也。且出门，非出门也；止且出门，止出门也。若若是：且夭，非夭也；寿且夭，寿夭也。有命，非命也；非执有命，非命也。无难矣。此与彼同类，世有彼而不自非也，墨者有此而非之，无他故焉：所谓内胶外闭，与心无空乎内，胶而不解也。此乃不是而然者也。

其中有如下三组模态命题推论式：

1. 且入井，非入井也。止且入井，止入井也。（意即："将要入井"可能性，不等于"入井"事实；阻止"将要入井"可能性发生，却等于阻止"入井"事实发生。）

2. 且出门，非出门也。止且出门，止出门也。（意即："将要出门"可能性，不等于"出门"事实；阻止"将要出门"可能性发生，却等于阻止"出门"事实发生。）

3. 且夭，非夭也。寿且夭，寿夭也。（意即："将要夭折"可能性，不等于"夭折"事实；阻止"将要夭折"可能性，却等于阻止"夭折"事实发生。即采取措施，使"将要夭折"人长寿，却真就是使"夭折"人长寿。）

在推论式1中，"且入井"（将要入井），表示"入井"可能性（或然性，或然命题），不等于"入井"事实（现实性，实然命题）。但是，采取措施，阻止"且入井"可能性发生（如拉住将要入井的人，或盖住井口），则"入井"事实也不会出现。

同理，在推论式2中，"且出门"（将要出门）可能性，不等于"出门"事实。但采取措施，阻止"且出门"可能性发生（如拉住将要出门的人，或把门关上），则"出门"事实也不会出现。

在推论式3中，"且夭"（将要夭折），不等于"夭"（夭折）。但采取措施，阻止"且夭"可能性发生（如治好将要夭折人的病，改善营养状况和卫生条件），使"且夭"人有"寿"（"寿且夭"），就等于"寿夭"（使夭折人有寿）。

墨家出于批判儒家宿命论的需要，特设这一类型的推论式。《论语·颜渊》载，子夏说："死生有命，富贵在天。"墨子在跟儒家信徒公孟子辩论时，公孟子说，贫富寿夭，全然在天，不可损益。墨家反对儒家这种消极的命定论思想，主张强力而为，有病主张医治，改善营养，益人寿命。例1和2

是为例3提供类比论证的前提和论据。墨家在这样做的时候，自然也就发展了古典逻辑的理论。这里3个推理式，从模态逻辑的形式规律看，是正确合理的。

令一事实（如"入井"、"出门"、"夭"）为P，这P就是一个实然命题。而可能P，则为一个或然命题。实然命题P，比或然命题"可能P"断定得多，所以在模态命题的对当关系中P处于上位，"可能P"处于下位。根据模态命题对当关系的规律，断定下位命题真，则上位命题真假不定。可能P真，则P真假不定。可能P，不等于P。于是，"且入井，非入井"、"且出门，非出门"和"且夭，非夭"成立。而断定下位命题假，则可断定相应的上位命题假，即如下公式成立：

$$\neg \Diamond P \rightarrow \neg P$$

读作：如果并非可能P，则并非P。于是，"止且入井，止入井也"、"止且出门，止出门也"和"寿且夭，寿夭也"成立。墨家有关时间模态逻辑的推论，是科学合理的。

《小取》用古汉语工具，概括这一类型推论式的元逻辑公式为："不是而然。"其模型解释为：前一命题否定，后一命题肯定。从其所举例来看，其元逻辑公式可转换为如下符号表达式：$A \neq B$，并且$CA = CB$。如："将要入井"不等于"入井"；阻止"将要入井"等于阻止"入井"。"将要出门"不等于"出门"；阻止"将要出门"却等于阻止"出门"。

如果是这样的话，那么我们说，将要夭折不等于夭折；阻止将要夭折，等于阻止夭折（采取措施，使将夭折人有寿，却真把夭折人转变为长寿)。儒家主张有命论，不等于真有命存在；墨家非难儒家执有命，等于非命(墨家反对儒家坚持有命，等于否定命存在)，就也应该是没有困难的。后者和前者是属于同类，世人赞成前者，而不自以为不对，墨家人主张后者，却要反对，没有其他原因：这就是所说的内心胶结，对外封闭，听不进不同意见，与心里没有留下一点空隙，胶结而解不开的缘故。墨家的不是而然推论式，见表7。

表7 不是而然推论式

元逻辑公式	不是而然
解释	前一命题否定，后一命题肯定
符号表达式	$A \neq B$，并且 $CA = CB$
1 原文	且入井，非入井也；止且入井，止入井也
1 解释	将要入井，不等于入井；阻止将要入井，等于阻止入井
2 原文	且出门，非出门也；止且出门，止出门也
2 解释	将要出门，不等于出门；阻止将要出门，等于阻止出门
3 原文	且夭，非夭也；寿且夭，寿夭也
3 解释	将要夭折，不等于夭折；阻止将要夭折，等于阻止夭折
4 原文	有命，非命也；非执有命，非命也
4 解释	儒家主张有命论，不等于真有命；墨家非难儒家执有命，等于否定命

(三) 必然命题

《经下》第132条说："无说而惧，说在弗必。"《经说下》解释说："子在军，不必其死生。闻战，亦不必其死生。前也不惧，今也惧。"如下推论不成立："所有军人都必死，所以，所有军人都死，所以并非有军人不死。"如下推论成立："有军人不死，所以，并非所有军人都死，所以，并非所有军人都必死。"

墨家用这种负必然命题及其推论，对参加防御战争的军人父母做工作，希望他们不要为参军和参战的儿子担心恐惧，认为这种担心恐惧是没有根据的。《小取》说："以说出故。""说"即有根据的推论。这是因不具有全称性而得出负必然命题的例子。

必然命题的否定（负必然命题），叫作"不必"、"非必"或"弗必"。对一类事物而言，如果不具有全称的意义或全时间性的意义，那就不能说是"必"，就是"不必"、"非必"或"弗必"。

必然命题带有必然模态词"必"。《墨经》指出，必然命题的论域，如果涉及一类事物，则带有全称性和全时间性（贯穿于过去、现在和将来三个时态）。《经上》第52条说："必，不已也。"《经说上》解释说："谓一执者也。若弟兄。一然者，一不然者，必不必也，是非必也。"当必然命题涉及一类事物时，"必然"蕴涵着"尽然"（所有个体都是如此，即全称）。如果是"一然者，一不然者"（有是这样的，有不是这样的），即"不尽然"，那就一定不是"必然"，而是"非必然"。下列两公式成立：

所有S必然是P→所有S是P→并非有S不是P
有S不是P→并非所有S是P→并非所有S必然是P

"必然"除了具有"尽然"即全称性以外，还具有全时间性，即作为一种永不停止的趋势而贯穿于过去、现在和将来三种时态。"不已"，即不停止。"一执"，即维持一种趋势，永不改变。如说："有弟必有兄。"这对所有场合，都是如此（全称性），并且对任何时刻，都是如此（全时间性）。《经说上》第88条说："二必异。"（只要是两个事物，必然相异）《经说下》第164条说："行者必先近而后远。"走路的人，必然是先近后远。"民行修必以久。"人走一定长度的路，必然要用时间。这些都是对任何场合和时间都适用的必然命题。

同样，如不具有全时间性，也会得出负必然命题。已知过去和现在"凡人都有死"，假如将来有一天，可以研究出一种办法，使自己不死，那么"凡人必有死"这种必然性，也就可以推翻。根据科学原理，可以断言，将来任何时刻，也不会做到长生不老。所以"凡人必有死"，是既有全称性又有全时间性的正确必然命题。

（四）祈使句主观或然模态和客观必然模态

《墨经》区分祈使句主观或然模态和客观必然模态。《经上》第78条说："使：谓；故。"《经说上》解释说："令、谓，谓也，不必成。湿，故也，必待所为之成也。""使"有两种含义。一种含义是指使，即甲用一个祈使句命令或指谓乙去干某件事，仅仅由于这种主观指使，乙"不必成"，即不必然成功。如甲命令乙："你必须把丙杀死！"这种祈使句中的"必"实际上只表达甲主观上的杀人意图，并不构成乙杀死丙的充分条件。即尽管甲有这种主观上的杀人意图，乙也可能由于主观或客观原因,而没有把丙杀死。所以,不能仅仅用甲的这一祈使句,给乙定杀人罪。第二种含义是原因,相当于充分条件,即如果 P 必然 Q。如天下雨,必然使地湿。所以说:"湿,故也,必待所为之成也。"

祈使句的主观或然模态,是"不必成",即为负必然命题"不必"。在模态命题的等值关系中,"不必然 P"等值于"可能不 P"。如"乙不必然杀死丙",等值于"乙可能没有杀死丙"。客观必然模态是"必成",即如果 P 必然 Q。如果天下雨,则地必然湿。祈使句主观或然模态和客观必然模态有原则区别,墨家对这种区别有明确认识,说明在现代逻辑中作为一个重要分支而存在的模态逻辑,在《墨经》中初见端倪。

三、全称特称

在墨家的语境中,"尽"、"俱"表全称命题。"或"、"有"表特称命题。墨家通过一些实例,列举几种直言命题(性质命题),正确理解它们之间的等值关系。《经上》第 43 条说:"尽,莫不然也。"《经说上》举例说:"俱止、动。""尽"、"俱"是全称量词。在一个论域中,没有不是如此的(并非有 S 不是 P),等值于全都如此(所有 S 是 P)。例如就一个整体而言,所有部分都停止,或所有部分都运动。

《小取》说:"或也者,不尽也。""或"是特称量词。它的定义是"不尽",即不是全部。《经说上》75 举例说,针对同一动物,甲说:"这是牛。"乙说:"这不是牛。"这两个命题的真值,是"不俱当,必或不当"。"不俱当"(即"不尽当",并非所有都恰当),等值于"或不当"(有的不恰当)。《经说上》第 98 条说:"以人之有不黑者也,止黑人。"即用"有人不是黑的",驳倒"所有人是黑的"。一般来说,用"有 S 不是 P",可以驳倒"所有 S 是 P"。即下式成立:

$$SOP \rightarrow \neg SAP$$

读作:有 S 不是 P,所以,并非所有 S 是 P。

《经说上》说:"尺与尺俱不尽,端与端俱尽,尺与端或尽或不尽。"这是《经上》第 68 条"撄,相得也"的几个例子,意即两根直线相交,二者都不完全重合(全称否定命题)。两个点相交,二者都完全重合(全称肯定命题)。一直线与一点相交,从点这一方面说是完全重合,从直线这一方面说是不完全重合。"或尽或不尽"即"有的是完全重合"(特称肯定命题)、"有的不是完全重合"(特称否定命题)。

四、假言命题

《鲁问》载墨子与彭轻生子辩论的故事:

彭轻生子曰:"往者可知,来者不可知。"子墨子曰:"借设尔亲在百里之外,则遇难焉,期以一日也,及之则生,不及则死。今有固车良马于此,又有驽马四隅之轮于此,使子择焉,子将何乘?"对曰:"乘良马固车可以速至。"子墨子曰:"焉在不知来?"

意即:彭轻生子说:"过去的事情可以知道,未来的事情不能知道。"墨子说:"假如你的父母在百里以外,遇到危难,只容一天的时间,你能赶到,他们就能活,不能赶到,他们就会死。现在有坚固的车和好的马,也有劣马和四方轮子的车,让你选择,你将乘哪一种?"彭轻生子回答说:"用坚固的车和好的马,可以迅速赶到。"墨子说:"既然这样,怎么能说不能知道未来呢?"

这是从假设的前提出发,进行推论,批评彭轻生子"未来不可预知"(来者不可知)的论点,证明墨子"未来可预知"(来者可知)的论点。"借",指凭借、假借、假设、假使、假定。"假"可以指虚假,即跟事实相反,也就是"是非"的"非",就是错误;也可以指假设,即虚拟的联系、条理、道理。论证是讲道理,《大取》说:"辞以理长。"从正确的假设出发,可以进行演绎推理,引出正确结论。

"假"是古代逻辑术语,相当于假言命题、假说。《小取》说:"假者,今不然也。"假设是假定、设想,并非表示当前的事实。从假设的前提或条件出发,引出一定的结论或结果,断定前提和结论或条件和结果的关系,是假言推论或命题。引出一定的结论或结果的前件,称为原因、理由、根据,古代逻辑术语叫"故"。"故",从事物、存在和本体方面说,叫原因;从思维、表达和逻辑上说,叫理由、根据。《墨经》说:

故,所得而后成也。(《经上》)

小故：有之不必然，无之必不然。体也，若尺有端。
大故：有之必然，无之必不然。若见之成见也。(《经说上》)

"故"即原因的存在，能导致一定的结果。"小故"（原因中的部分要素，即必要条件）的定义是：有它不一定有某一结果，没有它一定没有某一结果。"小故"是形成某一结果的部分原因，如端（点）是形成尺（线）的小故（必要条件）。"大故"（形成某一结果的原因，相当于充分必要条件）的定义是：有它一定有某一结果，没有它一定没有某一结果。如"见物"的原因（条件）具备，则"见物"就变为事实。

"小故"，是"无之必不然"，"非彼必不有"(《经说上》84条)，即"没有前件，一定没有后件"（没有P，一定没有Q）。这里，"之"、"彼"代表前件，"然"、"有"代表后件。其公式是：

$$\neg P \to \neg Q$$

读作：非P则非Q。"有之不必然"，相当于非充分条件，即"有前件，不一定有后件"（"有P，不一定有Q"）。其公式是：

$$P \wedge \neg Q$$

读作：P并且非Q。墨家把"小故"叫"体因"，即部分原因。

《经说上》举例说:"若(尺)有端"。尺是直线,端是点。即有点,不一定有直线;没有点,一定没有直线。"小故"即必要条件假言命题,在现代汉语中常用联结词,是"只有,才"。必要条件假言命题,见表8。

表8 必要条件假言命题

名称	小故,原因的部分要素,必要条件,体因	
定义	有之不必然	无之必不然
		非彼必不有
解释	有前件不一定有后件	没有前件一定没有后件
	有P不一定有Q	没有P一定没有Q
	并非如果P则Q ≡ P并且非Q	非P则非Q
	$\neg(P \to Q) \equiv P \wedge \neg Q$	$\neg P \to \neg Q$
举例	并非如果有点则有线≡有点并且没有线	没有点则没有线

"大故",是"有之必然,无之必不然"。即有前件,一定有后件;没有前件,一定没有后件。或者说,有P,一定有Q;没有P,一定没有Q。这相当于充分且必要条件。它是所有必要条件的集合,可以叫充分且必要条件,简称充要条件。相对于必要且非充分条件被叫作"体因"来说,可以把"大故"这种充分且必要条件,叫作"兼因"。

在《墨经》中,"体"是与"兼"相对的范畴。有健全视力、一定光线、被看对象以及对象同眼睛一定距离等必要条件的集合,可构成"见物"的充分且必要条件。"大故",即充分必要条件假言命题,在现代汉语中的联结词是"当且仅当",等于"如果,那么"和"只有,才"二者的合并。充分条件假言命题,见表9。

表9 充分条件假言命题

名称	大故,原因,充分必要条件,兼因	
定义	有之必然	无之必不然
解释	有前件一定有后件	没有前件一定没有后件
	有P一定有Q	没有P一定没有Q
	如果P则Q	如果非P则非Q
	P→Q	¬P→¬Q
举例	见物条件齐备,见物结果产生	见物条件不齐备,见物结果不产生

五、言意实评价范畴

言意实(语言、意义和实际,或语言、思维和对象)的关系及其评价范畴,墨家有精细讨论。墨家倡导"言合于意","以辞抒意","循所闻而得其意","执所言而意得见"。《经上》第14条说:"信,言合于意也。"《经说上》解释说:"不以其言之当也。使人视城得金。"意即:信,是说出的"言",合乎心里的"意"。信不以言论的恰当(符合实际)为必要条件。有时,言论虽与思想不符合(即不信),但却偶然跟事实符合(即当)。如某人故意骗别人说:"城门内藏有金!"别人去一看,果然得到金。这是言论不信,但却偶然恰当的事例。

"当",即恰当,也说真实、正确、是、对,即言论思想符合实际。言合于意，意合于实，言合于实，言就既"信"且当。言合于意，意不合于实，言不合于实，言就"信"而不当。所以说"信，不以其言之当也"。意合于实，言不合于意，说诳的结果，言不合于实，言就既不"信"，又不当。意不合于实，言不合于意，言不合于实，言就不当，又不"信"。但有时，言虽不合于意，却偶然合于实。如甲骗乙说："城门内藏有金！"乙去一看，果然有金，实际上甲并不知道（没有意），只是信口胡说，以便欺骗捉弄乙。这是言不"信"而当的特例。《墨经》对"信"的定义、说明和举例，十分精到准确。

墨家讨论言意实（语言、思维和对象）三者关系和评价范畴，属于逻辑哲学的学术领域。其定义、辨析和举例，颇具经典意涵。语句符合思维（言合于意），怎么想就怎么说，心口如一，就叫作"信"（信实）。思维符合对象（意合于实。实：实际，实体），就叫作"当"（恰当，真实，正确，是，对）。

对"信"（信实）的要求，只是语句符合思维（言合于意），怎么想就怎么说，心口如一，并不要求"言当"，即思维、语句符合对象（意、言合于实）。所以说："（信）不以其言之当也。"墨家论述"信"、"当"的范畴，跟同时代诸子百家，如荀子、韩非子和吕不韦等的论述，若合符节，融通一致。由此可见《墨经》论述的经典意涵。言意实（语言、思维和对象）关系和评价范畴，见表10。

表10　言意实关系评价范畴

序号	实意言关系	评价范畴
1	言合于意，意合于实，言合于实	言信而当
2	言合于意，意不合于实，言不合于实	言信而不当
3	意合于实，言不合于意，言不合于实	言不信且不当
4	意不合于实，言不合于意，言不合于实	言不信且不当
5	言不合于意，言偶然合于实。例：使人视城得金	言不信而偶然当

"信"和"当"有不同的定义和标准。"信"的定义，是"言合于意"，即口里说的"言"（语句）符合心里想的"意"（判断），怎么想就怎么说，心口如一，语言和思维一致。"信"是语言准确表达思维，这是发挥语言表意功能、交际功能的目的和标准。

《淮南子·说山训》说："得万人之兵，不如闻一言之当。""当"的定义是"意合于实"，即心里想的"意"（判断）符合客观存在的"实"（实际），事实是什么就怎么想，思维和实际一致。"当"是判断和语句符合实际，这是认识的目的和标准。"当"、"是"、"正"、"真"的含义一致，指语言和思维符合事实。"信"不以语句的"当"为必要条件。

《小取》说："以辞抒意。"即用语句、命题抒发、表达意义、判断。"辞"即言，是语言、语句、命题。唐欧阳询《艺文类聚·人部·言语》："《释名》曰：'言，宣也，宣彼此之意也。语，叙也，叙己所欲说述也。'《说文》曰：'直言曰言，论议曰语。'""抒"，指抒发、表达。《楚辞·九章》说："发愤以抒情。""意"，即意义。

《荀子·正名》:"天官之意物。"古注:"意,从心、从音。意不可见,因言以会意也。""意"字由"心"和"音"合成,"意"为"心音","意"即思维、意义,是"心里的声音",常说"言为心声",即语言是心里发出的声音,使用语言,可以表达心中的意义。王充《论衡·书解》说:"出口为言。"扬雄《法言·问神》说:"言,心声也。"宋俞琰《周易集说》卷二十三说:"在心为志(意)。出口为言。言,心声也。"清龚自珍说:"言为心声。"

《经上》第90至93条说:"闻,耳之聪也。循所闻而得其意,心之察也。言,口之利也。执所言而意得见,心之辩也。"这是"循闻察意"、"执言辩意"的方法。言是语句,由说者用"利口"说出,听者用"聪耳"听到。"意"是心智的判断,借助说出的语句,可以察知,辨别语句所表达的判断。

俗话说:"听话听声,锣鼓听音。"语句的说出,凭借人的健全发音器官。语句的接受,通过人的健全听觉器官。把握语句中的判断,要依靠心智思维的辨察分析作用。墨家论言意实关系及其评价范畴,是墨家逻辑哲学思想的重要成果,为当时诸子百家所接受,对今人也有启发意义。

第十三章 墨家论言词交际的规律

墨家论言词交际的规律,有相当于同一律、矛盾律、排中律和充足理由律的论述,与西方逻辑有一致性。墨家用先秦古汉语,为元语言工具,亟须用现代逻辑和语言工具,为之新诠、发挥和转型,使之继续为今人的思维表达服务。

一、彼止于彼,此止于此:同一律

《尹文子》载,郑国人把未经整理的玉石,叫"璞"。周国人把没有经腌制的鼠肉,也叫"璞"。一次在市场上,一位周国人怀揣鼠肉问郑国商人说:"想买璞吗?"郑国商人一心想做玉石生意,以为这位周国人说的"璞"是玉石,于是脱口而出:"想买!"周国人从怀中掏出鼠肉,递给郑国商人说:"给你!"

郑国商人只想做玉石生意,并不想经营鼠肉,所以非常尴尬,无奈只好向周国人道歉说:"对不起,谢谢您,我想买玉石,不想买鼠肉。"同一个"璞"字,既指玉石,又指鼠肉,这种一词多义的现象,司空见惯,无可非议,但在语言交际中,对话双方应该注意明确语词含义的所指,保持交际活动中思想的明确性,概念的确定性,避免概念混淆,实现成功交际。

为解决语言交际中的困难问题，墨家提出"通意后对"（弄通对方意思再回答）的原则。《经下》第142条说："通意后对，说在不知其孰谓也。"《经说下》解释说："问者曰：'子知羁乎？'应之曰：'羁何谓也？'彼曰：'羁旅。'则知之。若不问'羁何谓'，径应以弗知，则过。且应必应问之时而应焉，应有深浅、大小，当在其人焉。"

即在对话、辩论中，应该先弄通对方意思再回答。论证的理由在于，如果不先弄通对方意思再回答，就不知道对方究竟说的是什么。同一个"羁"字，既指旅客，也指马笼头。发话一方问："你知道羁吗？"听话一方应问："你说的'羁'是什么意思？"否则匆忙回答不知道，是不合适的。对方给你解释他说的"羁"是指旅客，你也许知道。应对应该及时，应对答案深浅、多寡，应该适合对象，因人而异。

墨家对"通意后对"交际原则的解释，涉及语言的多义性。事物和生活的复杂性、多样性，带来语言的复杂性、多义性。在对话、辩论中不先"通意"，会出现"答非所问"的现象，导致无谓纷争，给诡辩论者钻空子。当时常见利用语言多义性玩弄诡辩的现象，所以墨家提出"通意后对"原则矫正。

刘向《别录》载邹衍说："辩者别殊类使不相害，序异端使不相乱，抒意通指，明其所谓，使人与知焉，不务相迷也。"认为"引入声（言词语句）使不得及其意"的偷换概念诡辩现象，有害"大道"，是"缴言纷争"的根源。

《尹文子》载，齐国黄先生把自己两个漂亮女儿，叫丑八怪，到处宣扬，致使女儿耽误青春，拖到大龄，遍齐国无人敢娶。针对这种胡乱使用称谓的现象，《经下》第104条说："谓而固是也，说在因。"《经说下》解释说："有之实也，而后谓之。无之实也，则无谓也。不若假。举美谓是，则是固美也，谓也。则是非美，无谓，则假也。"

即称谓要保持固定所指，称谓因对象为转移。有这样的对象，才这样称谓。没有这样的对象，不这样称谓。这不像说假话。列举"美"的名称，述说这种状况，是这种状况本来"美"，这叫称谓。这种状况本来不"美"，不能这样称谓，这样称谓是假。保持概念确定性的规律，是逻辑同一律。黄先生不故意把"美"说成"丑"，不至于误了女儿的青春。

"通意后对"（弄通对方意思再回答）和"谓而固是"（称谓应该保持确定性）的原则，是形式逻辑同一律的应用。墨家把同一律的规定，叫作"正名"（正确运用概念的规律）。"正名"，本来是孔子提出的语言表达规律，经过战国时期诸子百家的长期争论，墨家用古汉语代词作为变项，把它表述为元逻辑的规律："彼止于彼"，"此止于此"，"彼此止于彼此"。这种用古汉语代词作变项所表达的同一律，相当于用英文字母作变项表达的同一律：A=A，B=B，AB=AB。二者在逻辑上是等值的。其实例是"牛=牛，马=马，牛马=牛马"。

又说："彼此不可彼且此也。"相当于用英文字母说："AB≠A，AB≠B。"其实例是"牛马≠牛，牛马≠马"。又说："若是而彼此也，则彼亦且此此也。"相当于说："若C=AB，则A=BB。"其实例是"若羊=牛马，则牛=马马"。

这是用归谬法证明同一律的正确性。墨家把同一律概括为"正名",即正确运用概念的规律。《公孙龙子·名实论》说:"彼彼止于彼,此此止于此,可。彼此而彼且此,此彼而此且彼,不可。"是与《墨经》一致的规定。墨家逻辑同一律,见表11。

表 11 墨家逻辑同一律

汉字表达	彼止于彼	此止于此	彼此止于彼此	彼此不可彼且此
符号表达	A=A	B=B	AB=AB	AB≠A, AB≠B
实例	牛=牛	马=马	牛马=牛马	牛马≠牛, 牛马≠马

从对照可知,墨家逻辑同一律思想的正确性、合理性和普遍真理性。

《大取》谈到"迁"即转移论题、偷换概念的逻辑错误。如公孙龙子说,由于白马中不包含黄马、黑马,马可见白马异于马。既然白马异于马,可见白马非马。这是把"异于"(有不同,有差别)偷换为"非"(不是,全异,完全不同)。"非"的意思除了包含"异于"之外,还包含"不是、全异、完全不同"的意思。这是玩弄偷换概念的把戏。而把"白马异于马"变成"白马非马",则是偷换论题。这种错误,是由于违反同一律而造成的。

二、不俱当必或不当: 矛盾律

(一)《墨经》对矛盾律的元逻辑概括

《经上》第 75 条说:"辩,争彼也。"《经说上》举例解释说:"或谓之牛,谓之非牛,是争彼也。是不俱当。不俱当,必或不当。"即辩论是针对同一个对象（彼）所发生的一对矛盾命题的争论。如一人说："这个动物是牛。"一人说："这个动物不是牛。"这是针对同一个对象（彼）所发生的一对矛盾命题的争论。辩论就是"争彼"，即争论一对矛盾命题的是非。

《墨经》用元语言的语法概念（否定词"不"，全称量词"俱"，特称量词"或"，模态词或必然推出关系"必"）和语义概念（"当"、"不当"，相当于真、假），对逻辑矛盾律做出理论概括。这是《墨经》用古汉语的元语言工具，对墨子运用矛盾律的议论，进行第一层次的元理论概括。

把"这个动物是牛"和"这个动物不是牛"两命题，分别表示为P和$\neg P$（读为：P和非P），则"不俱当，必或不当"可表示为：$\neg(P \wedge \neg P) \rightarrow (P \vee \neg P)$。读为：并非"P"和"非P"同真，则或"P"真，或"非P"真，即"P"或"非P"中必有一假。这是用现代科学语言，对墨家逻辑进行第二层次的元理论分析。

《墨经》用"这个动物是牛"和"这个动物不是牛"两命题"不俱当，必或不当"这种方式，所表示的矛盾律，同亚里士多德逻辑在本质上是一致的。亚氏认为，矛盾律是"一切原理中最确实的原理"，"一切原理中最无可争议的原理"，是"不证自明"的"真理"。他把矛盾律表述为："对立的陈述不能同时为真。""相反论断不能同时为真。""这个动物是牛"和"这个动物不是牛"，就是亚里士多德所说的"对立的陈述"、"相反论断"。"不俱当"，就是亚里士多德所说的"不能同时为真"。

不同的是,《墨经》通过实例分析,把矛盾律理解为两个矛盾命题、判断或语句的关系,亚氏除了有时理解为两个"相反的叙述"或"互相矛盾的判断"的关系,即思维、认识、表达的规律之外,在更多场合,主要是或首先是把矛盾律理解为事物规律,即本体论、存在论规律,导致把逻辑的具体科学规律,与哲学世界观的普遍规律混为一谈。墨家对矛盾律的概括,没有这种误解。

矛盾命题"a是牛"和"a不是牛"(="a是非牛")的谓项"牛"和"非牛",是其邻近属概念"动物"下属的一对矛盾概念,它们内涵不同,外延互相排斥,一动物a"是牛",就不能又"是非牛","是非牛",就不能又"是牛"。矛盾命题"a是牛"和"a是非牛"(="a不是牛")的真值规律,必然是不能同真。

矛盾律也适用于反对命题,反对命题的真值规律也是不能同真,同时肯定一对反对命题,也违反矛盾律。如《经说下》第136条说:"或谓之牛,其或谓之马也,俱无胜。"反对命题"a是牛"和"a是马"的谓项"牛"和"马",是其邻近属概念"动物"下属的一对反对概念,它们内涵不同,外延互相排斥,一动物a"是牛",就不能同时又"是马";"是马",就不能同时又"是牛"。反对命题"a是牛"和"a是马"的真值规律,必然是不能同真。

不同的是,矛盾命题是必有一假,反对命题是至少有一假,也可以同假。"俱无胜"指可以同假,如事实上动物a是狗,则说"a是牛"和"a是马"同假。矛盾律也适用于反对命题的另外一个理由,是从反对命题中也可引申出矛盾命题,例如说"a是马",等于说"a不是牛",与"a是牛"构成矛盾;说"a是牛"等于说"a不是马",与"a是马"构成矛盾。

(二)墨子用比喻,说明议论的自相矛盾

1."命人包而去其冠。"《公孟》载,儒家信徒公孟子说:"人的贫富寿夭完全由天命决定,人为努力一点也不能加以改变。"同时又说:"君子一定要学习。"墨子反驳说:"教人学而执有命,是犹命人包而去其冠也。"教人学习,又坚持有命论观点,就像叫人包裹头发,又叫人把包裹头发的帽子去掉,自相矛盾。教人学,意味着承认通过学习这种人为努力,可以改变自身的境况地位。坚持有命论,意味着自身的境况地位完全由天命决定,人为努力完全不起作用。这是既承认人为努力的作用,又不承认人为努力的作用,自相矛盾。

2."无客而学客礼,无鱼而为鱼罟。"公孟子说:"鬼神是不存在的。"又说:"君子一定要学习祭祀鬼神的礼节。"墨子反驳说:"执无鬼而学祭礼,是犹无客而学客礼也,无鱼而为鱼罟也。"坚持鬼神不存在的论点,又提倡学习祭祀祭鬼神的礼节,就像没有客人,却学习待客之礼,没有鱼,却制造渔网,自相矛盾。

3."禁耕求获。"《节葬下》载,墨子说,厚葬把许多财富埋在地下,长久服丧禁止做事。"以此求富,此譬犹禁耕而求获也。"用禁耕与求获的矛盾,比喻厚葬久丧与求富的矛盾。

4."负剑求寿。"《节葬下》载,墨子说,统治者以"久丧""败男女之交"的办法,求得人口众多,就像用把利剑放在脖子上的办法,求得长寿,意谓矛盾、荒谬。

5."掩目祝视。"《耕柱》载,季孙绍与孟伯常治鲁国之政,互不信任,闹矛盾,不从建立信任入手,解决矛盾,却跑到丛林神祠祷告说:"愿神灵保佑我们和好!"墨子说,这就像把眼睛掩盖,祷告神灵说:"请保佑我什么都看得见!"意谓矛盾、荒谬。

6."少见黑曰黑,多见黑曰白。少尝苦曰苦,多尝苦曰甘。"《非攻上》载,墨子批评天下君子把偷抢视为"不义",把攻掠叫义,就像"少见黑曰黑,多见黑曰白,少尝苦曰苦,多尝苦曰甘"一样矛盾、荒谬。

墨子的比喻,与韩非的"矛盾之说",有异曲同工之妙,有启发逻辑思维、避免谬误的功效。

(三)墨子用悖概念,进行归谬反驳

墨子在辩论中,用"悖"概念,表示对方自相矛盾,进行归谬反驳。《耕柱》载,墨子说:"世俗之君子,贫而谓之富则怒,无义而谓之有义则喜,岂不悖哉?"贫而谓之富,无义而谓之有义,都是过誉,而对方一则以喜,一则以怒(不喜),包含矛盾。《贵义》载,墨子说:"世之君子,使之为一犬一彘之宰,不能则辞之;使之为一国相,不能而为之,岂不悖哉?"对同样属"不能"的两件事,对方一则以"辞",一则以"为"(不辞),包含矛盾。

"悖"从言或从心,指思维、表达中的矛盾。《说文》:"悖,乱也。"《玉篇》:"悖,逆也。"《集韵》、《韵会》:"悖,音背意同。"背、北通。北,古背字。《说文》:"北,乖也,从二人相背。"徐曰:"乖者相背违也。"《集韵》:"北,违也。"

段注："乖者戾也，此于其形得其义也。""悖"本意是矛盾。

（四）《墨经》用悖概念，进行归谬反驳

1. 驳"言尽悖"悖论。这类似庄子的观点。《庄子·齐物论》说："是非之途，樊然淆乱，吾恶能知其辩？"又说："其所言者特未定也。"《至乐》说："天下是非果未可定也。"这种观点导致相对主义和不可知论。《经下》第172条说："以言为尽悖，悖，说在其言。"即"一切言论是虚假的"自相矛盾，论证的理由在于"一切言论是虚假的"本身是言论。《经说下》说："悖，不可也。之人之言可，是不悖，则是有可也。之人之言不可，以当必不当。"虚假就是不成立。如果这个人这个言论成立，就是有并不虚假的言论，有成立的言论。如果这个人这个言论不成立，认为它恰当必然不恰当。《墨经》指出论证的关键是"说在其言"，即"一切言论是虚假的"中"言论"、"虚假"的概念，涉及自身，自我相关。这是对悖论成因的深刻理解，颇有启发。墨家强求知识，苦寻真理，"论求群言之比"，博采各家言论精髓，反对格调消极的"言尽悖"论，这是用归谬法，巧妙揭示论敌议论中的逻辑矛盾。

玄奘译印度陈那《因明正理门论》论自语相违似宗（自相矛盾错误论题）的举例，是"一切言皆是妄"，与"言尽悖"酷似。

亚里士多德也有与《墨经》相似的反驳。亚氏在《形而上学》中说："说一切为假的人就使自己也成为虚假的。""从一切断语都是假的这一主张，也会得出，这话本身也不是真的"。甲说"一切命题都是假的"（前提1），而"甲说的这句话本身是命题"（前提2），把前提2代入前提1，利用三段论推理，从逻辑上可必然推出结论"甲说的这句话本身是假的"。

古希腊有"说谎者"悖论。克里特岛人爱庇门德说："所有克里特岛人说的话都是谎话。"如果这句话真，由于它也是克里特岛人说的话，则这句话本身也是谎话，即假。如果这句话假，能推出其矛盾命题"有克里特岛人说的话不是谎话"，不能推出这句话真。这是一种不典型的语义悖论，后把"说谎者"悖论表述为"我说的这句话假"，是典型的语义悖论：由真推假，由假推真。《墨经》批评的"言尽悖"论，同爱庇门德的"说谎者"悖论相似。

悖论是自相矛盾的恒假命题。语义悖论是涉及语言的意义、断定和真假等概念的悖论。中、印、西不同逻辑传统，具有某些相同思考的事实，是对人类思维规律一致性的证明。

2. 驳"非诽"悖论。《经下》第180条说："非诽者悖，说在（非）弗非。"《经说下》解释说："非诽，非己之诽也。不非诽，非可非也。（非）不可非也，是不非诽也。""诽"是批评缺点、错误。《经上》说："诽，明恶也。""非诽"，即反对一切批评。墨家认为提出这一论点的人，陷入逻辑矛盾。因为提出"反对一切批评"，就连自己"反对一切批评"这一批评也反对了。如果不反对一切批评，那么有错误就可以批评了。如果有错误不能批评，这本身也导致对"反对一切批评"论点的否定。因为对方正是把批评，视为错误来反对的。墨家主张批评，在战国时期的百家争鸣中，积极运用批评武器，揭发错误，弘扬真理，这里也机智地运用归谬法，揭示"反对一切批评"论点的逻辑矛盾。

儒家主张"为尊者讳，为亲者讳，为贤者讳"(《公羊传·闵公元年》)，孔子提倡"父为子隐，子为父隐"。(《论语·子路》)《经说上》批评儒家主张的"圣人有非而不非"(圣人见人有非，不非其非，即不批评其错误)。墨家认为批评是正常的，应积极提倡。《经上》第30条定义说："诽，明恶也。""诽"，是非人之非（批评别人错误）。《经下》第179条说"诽之可否"，"说在可非"，《经说下》解释说"论诽之可不可以理"，即讨论批评的可否，以是否合乎道理为标准。庄子否定百家言辩，自己又积极言辩，自相矛盾。在这种背景下，《墨经》揭示"非诽"论的自相矛盾，进行归谬反驳。

3. 驳"学无益"悖论。《经下》第178条说："学之益也，说在诽者。"《经说下》解释说："以为不知学之无益也，故告之也，是使知学之无益也，是教也。以学为无益也教，悖。"即学习是有益的，因为反对这一论点的人，必然陷入逻辑矛盾。对方认为人们不知道"学无益"的论点，所以告诉别人，教别人，这等于否定"学无益"，而承认学有益。墨家肯定教育的功能和学习的益处，所以反对"学无益"论，这里是运用归谬法，揭示"学无益"论的逻辑矛盾。

4. 驳"知知之否之足用"悖论。《老子》说："知不知，上；不知知，病。"《庄子·齐物论》说："知止其所不知，至矣。"孔子说："知之为知之，不知为不知，是知也。"(《论语·为政》)这就是《墨经》批评的"知知之否之足用"（知道自己是知道，还是不知道，就够用了）的论点。墨家主张积极探求知识（特别是自然知识），反对道、儒两家对待知识的消极态度，用归谬法反驳其"知知之否之足用"论。《经下》

第135条说："知知之否之足用也悖，说在无以也。"《经说下》解释说："论之非知无以也。"即"知道自己是知道，还是不知道，就够用了"的论点，是自相矛盾的。因为讨论它，是想让人知道它，别人若是仅宣称自己不知道它，你肯定会认为不够用。这是运用归谬法，揭示论敌的逻辑矛盾。

在逻辑学史上，归谬法的广泛应用，极大地刺激和促进了系统逻辑学的产生。古希腊的芝诺、苏格拉底、柏拉图，都善于应用归谬法，为亚氏逻辑的产生准备条件。古希腊所谓论辩术，一译辩证法（dialectic），本来指归谬法的具体论辩方式，后被作为整个论辩术的总称，长期兼作逻辑学的总称。墨家用矛盾律，进行归谬反驳，在中国古代逻辑学中占据核心地位。

三、或是或非当者胜：排中律

《经说下》第136条说："辩也者，或谓之是，或谓之非，当者胜也。"违反矛盾律的逻辑错误，是自相矛盾，或叫矛盾"两可"。《经说下》第168条说"牛马非牛也可"和"牛马中也可"，是矛盾"两可"（自相矛盾）的逻辑错误。而说"牛马非牛也未可，牛马牛也未可"这种矛盾"两不可"，是违反排中律的逻辑错误。所以说："而曰牛马非牛也未可，牛马牛也未可，亦不可。"这就是否定矛盾"两不可"，而坚持排中律的规定。

墨家认为合乎逻辑的结论，应该是"或可或不可"。由于这里只涉及"牛马非牛"和"牛马牛也"这两个矛盾命题，所以只能是"一可一不可"。按照墨家"集合不等于元素"的逻辑公式，"牛马非牛"是正确的，而"牛马牛也"是不正确的。这是在反驳中，成功运用矛盾律和排中律，分析问题的实例。

《经说下》第136条说："俱无胜，是不辩也。"即辩论必须是双方针对同一主项，一方说它是什么，另一方说它不是什么，其中正确的一方是胜方，不正确的一方是败方。如果争论的论题都不成立，"俱无胜"，这不叫作辩论。如"或谓之牛，其或谓之马也"，甲说"a是牛"，乙说"a是马"，这是关于同一主项的反对命题之争，"牛"和"马"是同一概念"动物"下属的一对反对概念，二者没有穷尽"动物"概念的外延，在反对概念"牛"和"马"之外，还有其他许多中间可能。

排中律的规定是，对两个互相矛盾的思想，不能同时都否定，必须肯定其中之一。就简单的直言命题而言，排中律的"排中"，即排除对同一主项肯定和否定之外的任何中间可能。亚里士多德说："在两个互相矛盾的谓项之间，没有第三者，我们必须或者肯定或者否定某个主项有某个谓项。"

如"或谓之牛，谓之非牛"关于同一主项的矛盾命题，不能同时都否定，必须肯定其中之一。针对同一动物a，甲说"a是牛"，乙说"a不是牛"（＝a是非牛），"牛"和"非牛"是同一概念"动物"下属的一对矛盾概念，二者穷尽了"动物"概念的外延，a不在"牛"中，就在"非牛"中，不在"非牛"中，就在"牛"中，排除矛盾概念"牛"和"非牛"之外的任何中间可能。

排中律和矛盾律,是同一件事情的两面,可以互相导出。矛盾律是断定矛盾命题不能同真,必有一假。排中律是断定矛盾命题不能同假,必有一真。墨家在发现矛盾命题"不俱当,必或不当"(矛盾律)的同时,也发现矛盾命题"不可两不可",必有一"当"的真值规律,这是排中律的规定。

四、三物必具足以生:充足理由律

《大取》说:"语经:三物必具,然后足以生。夫辞以故生,以理长,以类行也者。立辞而不明于其所生,妄也。今人非道无所行,虽有强股肱,而不明于道,其困也,可立而待也。夫辞以类行者也。立辞而不明于其类,则必困矣。"

"语经",即思维表达的基本规律。孙诒让说:"语经者,言语之常经也。"语经是语言表达的恒常规律。"辞以故生,以理长,以类行",三者必备,结论、论题才能必然推出,这相当于西方传统逻辑的充足理由律,是推论的基本规律。

(一)辞以故生

"辞以故生",即一个结论或论题(辞),凭借充足理由而产生。建立一个结论或论题,如果不明确充分理由,叫作虚妄。

作为充分条件的"故",具有必然推出一个结论或论题的性质。《经说上》第78条说:"湿,故也,必待所为之成也。"如说:"因为天下雨了,所以地湿了。""天下雨"的原因和条件,可以必然推出"地湿"的结果。

作为充分必要条件的"故"(兼因),具有"有之必然,无之必不然"的必然性。如说:"由于不具备见物的各种条件，所以不能见物。"而作为必要条件的"故"（体因），就"无之必不然"，或"非彼必不有"说，也具有必然性。如"只有对象在眼前，才能看见它"，可以改说为："因为对象没有在眼前，所以我不能看见它。"这是把必要条件的表达式，改写为充分条件的表达式，其必然性很显然。

分析事物的条件和因果关系，列出一个结论或论题之所以成立的充足理由，是推理论证的任务。如果能做到这一点，一个结论或论题的成立，就具有必然性，毋庸置疑。所以《经说上》第84条说，"非彼必不有"，"必也者可勿疑"。

《经说上》第98条说："取此择彼，问故观宜。"这是指给一个结论或论题，提供充足理由。提供充分的理由，使之能够推出一个结论或论题，则推论成立。提供的理由，不能必然推出一个结论或论题，则推论不成立。如说："因为有人不是黑的，所以，并非所有人是黑的。"这个推论成立。因为"有人不是黑的"，是一个符合事实的特称否定命题（O命题）。根据命题对当关系的规律，O命题与A命题是矛盾关系，O命题真，则A命题假。"有人不是黑的"真，则"所有人是黑的"（全称肯定命题，A命题）假。

又如说："因为听到战斗的消息，所以我的儿子一定死。"这个推论不成立。因为从"发生战斗"的前提，不能必然推出"所有参加战斗者都死"的结论。所以《经下》说这是"无说而惧，说在弗必"，即没有经过充分论证而恐惧，是没有道理的，论证的理由在于，其结论没有必然性。

（二）辞以理长

"辞以理长"，即结论得出过程顺理成章，推理形式正确。推论过程不顺理成章，会犯"推不出"的逻辑错误。形式有效，即推论形式正确，推论过程符合已经证明为真的形式、法式、方法、方式。《大取》用"道"（人走的路）来比喻"理"，说："今人非道无所行，虽有强股肱，而不明于道，其困也，可立而待也。"人走路，不知道在哪里，途经哪里可以达到目的地，那么即使腿脚强劲，也无济于事，会立刻碰到困难。今人以"道理"连用，表示条理、规律之意。

《墨经》中，道理、方法、法则、效法等词，可以互相解释。《大取》以"故、理、类"三范畴相提并论，《小取》以"故、方、类"三概念相提并论，说明"理"（道理）与"方"（方法）可以互相替换。《经上》第71条说："法，所若而然也。"

法则是遵循着它，就可以得到一个预期结果的东西。如用"圆，一中同长也"的法则，用"规写交"（用圆规画闭曲线）的方式，可以画出标准的圆形。《小取》说："效者，为之法也。所效者，所以为之法也。故中效则是也，不中效则非也。此效也。"

"效"就是提供标准的法式、形式、方法、方式，以作为效法、模仿的对象。这种效法、模仿，即通常所谓"套公式"。在数学计算和逻辑推演中，"套公式"是正常的、基本的操作。正确"套公式"，就是进行正确的演绎推理。

《经说下》第168条所说"彼止于彼"、"此止于此"和"彼此止于彼此"，就是一组公式，它们表示任意的元素概念和集合概念的同一律。套用这组公式于具体场合，如"牛"、"马"和"牛马"，就得到"牛止于牛"、"马止于马"、"牛马止于牛马"（即牛是牛、马是马、牛马是牛马）的正确结果。把这个套公式的过程，用推理形式表达出来，即：

元素概念和集合概念都是分别等于自身的。
牛、马和牛马是元素概念和集合概念。
所以，牛、马和牛马都是分别等于自身的。

这一推论符合《经说下》第101条所说的"以此其然也，说是其然也"，即从一般前提演绎出个别结论，相当于"所有M是P，所有S是M，所以，所有S是P"的推理形式。所以符合《大取》说的"辞以理长"，符合《小取》说的"中效"，即形式有效。

但是，如果据以套用的公式本身有错误，那么所得的结果就是可疑的。这时套公式的过程，即演绎推理的形式，就是非有效（不中效）的。如《大取》说："知是室之有盗也，不尽恶是室也。知其一人之盗，不尽恶是二人。虽其一人之盗，苟不知其所在，尽恶其非也。"

以"这个房子里的人"为论域，做以下推理："有人是可憎恶的强盗，所以，所有人是可憎恶的强盗。"这显然是非有效的。因为可以说"体，分于兼也"，不能倒过来说"兼分于体也"，即可以说"部分从整体分出"，不能倒过来说"整体从部分分出"。

《经下》第157条说："荆之大，其沈浅也，说在有。"《经说下》解释说："沈，荆之有也。则沈浅非荆浅也。若易五之一。"相比较而言，楚国大，为楚国所领有的沈县小。若从

"沈县小"的前提，推出"楚国小"的结论，是非有效的。因为其所遵循的道理、方法、法式，是从对部分的断定，推出对全体的断定，所以是不能成立的。这就像用 1 元钱，去交换 5 元钱一样，是荒谬、悖理的。

《大取》谈到"强"（牵强论证，强词夺理）的逻辑错误。如公孙龙子说，见物需要依靠眼睛和光线，而光线并不是见物的器官，所以眼睛也不是见物的器官，于是由此推出"目不见"的论题。这是推不出来而强推，不合乎"辞以理长"的推论原则，即不合乎充足理由律，推论形式非有效。

（三）辞以类行

"辞以类行"，即结论得出过程符合事物类别关系。推论过程不符合事物类别关系，也会犯"推不出"的逻辑错误。

类是由事物性质所决定的同和异的界限与范围。《经说上》第87条说："有以同，类同也。"第88条说："不有同，不类也。"墨家所谓"辞以类行"，即指同类才能相推的规则。认为建立结论或论题，如果混淆事物类别，会立即碰到困难（立辞而不明于其类，则必困矣）。《小取》提出"以类取，以类予"，即寻找例证进行证明、反驳，要符合事物同异的类别。

据《非攻上》、《天志下》和《鲁问》篇记载，墨子用盗窃行为的不义，类比大国掠夺小国的行为不义，因为这两种行为同类，有共同点，都是不劳而获（"不以其劳获其实，以非其所有而取"），应该受到谴责。

当时的好攻伐之君，用"昔者禹征有苗、汤伐桀、武王伐纣，此皆立为圣王"的事例，为自己的攻伐掠夺行为辩护，墨子认为这是混淆事物类别，不符合同类相推的规则，所以批评对方说："子未察吾言之类，未明其故也，彼非所谓攻，谓诛（诛讨）也。"

关于譬式推论，墨家认为用来类比的他物，必须跟被比的此物有较大程度的相似性，否则为不伦不类。如《兼爱下》记载，当时"天下之士君子"批评墨子说："您的兼爱论好是好，就是实行不了。实行兼爱，就像挈泰山越河济一样难。"墨子反驳说："是非其譬也。夫挈泰山而越河济，可谓毕强有力矣，自古及今未有能之者也。况乎兼相爱、交相利，则与此异，古者圣王行之。"即指出对方譬喻不当，违反同类相推的规律。

墨家规定"异类不比"的原则。《经下》第107条说："异类不比，说在量。"《经说下》解释说："木与夜孰长？智与粟孰多？爵、亲、行、价四者孰贵？"如果把本质不同的事物，硬要根据某种表面的相似，而进行类比，就像提出这样的问题：木头和夜间哪一个更长？智慧和粮食哪一个更多？爵位、亲属、德行、价格哪一个更贵？这些问题显然是荒谬的。

《小取》论譬、侔、援、推的谬误说："夫物有以同，而不率遂同。辞之侔也，有所至而正。其然也，有所以然也。其然也同，其所以然不必同。其取之也，有所以取之。其取之也同，其所以取之不必同。是故譬、侔、援、推之辞，行而异，转而诡，远而失，流而离本，则不可不审也，不可常用也。故言多方、殊类、异故，则不可偏观也。"

即事物有相同之处，并不因此就完全相同。词句的类似比较（侔），在一定范围内是正确的。事物的现象或结果，有其所以形成的原因。其现象或结果相同，其所以形成的原因不一定相同。赞成某一论点，有其所以赞成的理由。双方都赞成某一论点，他们赞成的理由不一定相同。所以，"譬"、"侔"、"援"、"推"的词句，无类比附会混淆差异，辗转列举会发生诡辩，生拉硬扯会失去本义，牵强推论会离开根据，于是就不能不慎重，也不能到处搬用。所以对言论多方面的道理、特殊的类别和不同的缘故，不能片面观察。

有一次，楚王带随从去云梦泽打猎，丢失名贵的弓，左右的人要替他寻找。楚王说："不要找了，楚人丢了弓，楚人拾到了，还找什么呢？"孔子听到说："楚王仁义的胸怀还不够大，应该说人丢了弓，人拾到了，为什么一定要说楚人呢？"公孙龙子在跟孔子六世孙孔穿辩论时，从字面上抓住孔子曾说过"楚人异于人"的话，作为根据，类比论证自己"白马异于马"的论点，把孔穿驳得无言以对。其实，照《小取》的说法，这正是："其然也同，其所以然不必同。""其取之也同，其所以取之不必同。"

孔子取"楚人异于人"的论点，是说"人"的外延比"楚人"大，应该放眼于"人"，不应该只是胸怀"楚人"。公孙龙子取"白马异于马"的论点，是为了将其偷换为"白马非马"的诡辩论题。而孔子并没有论证"楚人非人"的企图。公孙龙子在"援"和"推"的论式中，违反同类相推的规则，犯了异类相推的逻辑错误。

在"止"式推论中，《墨经》规定了"类以行之"的规则，这是同类相推规则在"止"式推论中的应用。《墨经》主张，在推理中分清类的界限和范围，并且要举出正确的根据来论证类的区别，否则即为"狂举"（胡乱列举）。《经下》第102条说："推类之难，说在之大小、物尽、同名。"《经说下》解释说："谓四足，兽与？并鸟与？物尽与？大小也。此然是必然，则俱是麋：同名。"

明确类的界限和范围，是保证推论有效性的关键。而类关系的混淆，则导致推论的谬误。例如仅仅根据"四足"的性质或类，还不能立即断定是"兽"。因为两鸟并立，也是"四足"。一说"四足"，就立即说是"兽"，这也是"兽"，那也是"兽"，天下动物都成了"兽"，甚至都成了"麋"（麋鹿，又称四不像，中国特产动物，《墨经》中常以麋为例），或者万事万物都用一个"麋"称呼，"麋"成了"达名"，岂非荒谬？《墨经》用归谬法，说明在推论中掌握类与性质关系的复杂、繁难，以及谬误和诡辩产生的根源。

《经下》第167条说："狂举不可以知异，说在有不可。"《经说下》解释说："牛与马虽异，以牛有齿、马有尾，说牛之非马也，不可。是俱有，不偏有偏无有。曰'牛与马不类'，用牛有角、马无角，以是为类之不同也。若不举牛有角、马无角，以是为类之不同也，是狂举也，犹牛有齿、马有尾。"

《经下》第177条说："仁义之为内外也，悖，说在悟颜。"《经说下》解释说："仁，爱也。义，利也。爱利，此也。所爱所利，彼也。爱、利不相为内外，所爱、所利亦不相为外内。其谓'仁，内也。义，外也'。举爱与所利也，是狂举也。若左目出、右目入。"

在分析事物类的关系时，应该找到事物的特有属性或本质属性，即这一类事物都有（偏有）、别一类事物都没有的性质（偏无有），而不能胡乱地列举足以混淆事物类别的性质。要把牛和马区别开来，说牛是有角类，马是无角类，因为牛确实都有角，而马都无角，这能够表明牛、马类的不同。以"牛有牙齿"和"马有尾巴"为根据，论证牛与马不同类，是"狂举"（乱举）。因为牙齿和尾巴，是牛和马共有（俱有），不是一有一无（偏有偏无有）。

告子立一个论题："仁是主观的，义是客观的。"这是"狂举"、悖谬。仁、义都既有主观一面，又有客观一面。告子是乱举仁的主观一面和义的客观一面，加以比较，分出"内外"，这是逻辑混乱，犹如说"左眼睛管输出形象，右眼睛管输入形象"一样荒谬。

遵守"辞以故生，以理长，以类行"的推论基本规律，即充足理由律，结论、论题才能必然推出。从"儿子在军队上"和"听到战斗的消息"，推不出"儿子必死"。从"室外之物的颜色是白的"和"室内之物的颜色是室外之物的颜色"，可必然推出"室内之物的颜色是白的"。

（本章主要内容曾发表于《南通大学学报》2006年第6期。）

第十四章　墨家论证说服的技艺

墨家在百家争鸣辩论中，有独到的论证说服技艺和杰出的运用。"止"是包含归纳、演绎的综合性类推。"譬、侔、援、推"是几种特殊的类推。类推是包含演绎、归纳、类比多种推理形式，没有明确分化的综合性推论方式。精研为争鸣辩论服务的论证说服技艺，是墨家辩学的特色。

《墨经》总结论证说服的技艺，在争鸣辩论中，为占据优势。所谓"辩"即论证，包括证明和反驳，是各种推理形式的综合运用。墨家把推理论证，合并简称推论，统称为"说"。"说"的本意，是说明解说。《经上》第73条说："说，所以明也。"在中国古代逻辑学中，"说"是专业名词，指广义的推论，包括推理、证明和反驳。

辩论中求胜的方法，是摆事实，讲道理，以理服人。《非儒》载墨家说："仁人以其取舍是非之理相告，无故从有故也，弗知从有知也，无辞必服，见善必迁。"即讲究仁义的人，用赞成或不赞成的是非道理，互相告诉。没有根据，服从有根据。没有知识，服从有知识。在辩论中被反驳，无话可讲，一定要服从对方。对方比自己好，一定仿效。在辩论中，求真纠谬，是理性智慧的标准。从善如流，是伦理道德的标准。求真的智慧学、认识论,与向善的伦理学、道德观,并行不悖,共同作用于辩论实践。

《公输》载墨子游说公输般,设计说:"北方有人侮辱我,请你帮我把他杀掉。"公输般说:"我讲仁义从来不杀人。"墨子说,你造云梯,准备打宋国,杀许多老百姓,说"讲仁义不杀一个人",却杀许多人,叫"不知类"。即不知事物类别性质,自相矛盾。于是"公输般服",楚王说:"善哉!"墨子巧妙运用论证技艺,成功说服公输般和楚王,完成止楚攻宋的壮举,传为千古佳话。墨子巧用归谬法,是中国总结运用归谬法的鼻祖。

《小取》说:"以说出故。""说"的实质,是揭示"辞"(推理的结论,论证的论题)成立的理由根据。《经下》和《经说下》表达的结构,是"以说出放"形式的运用。它一般是在《经下》先列出论题,然后以"说在某某"的形式,简明地标出论题之所以成立的理由(事实或道理),而《经说下》则予以解说展开。整篇《经下》和《经说下》,由论题、论据和论证组成,是表达"说知"(推论之知)的典范。

一、演绎、归纳和类比

(一)演绎推论

根据由论据推出论题的推理形式,可分为演绎、归纳和类比论证方式。演绎推论是由一般性前提,推出特殊性结论。这种推论的特点,是用讲道理的方法进行论证,以达到说服的目的。

《经下》第170条说:"闻所不知若所知,则两知之,说在告。"《经说下》解释说:"在外者,所知也。在室者,所不知也。或曰:'在室者之色若是其色。'是所不知若所知也。犹白若黑也,孰胜?是若其色也,若白者必白。今也知其色之若白也,故知其白也。夫名(用广义:概念推论)以所明正所不知,不以所不知疑所明。若以尺度所不知长。外,亲知也。室中,说知(推论之知)也。"

意即:听到别人说自己所不知道的东西与所知道的东西一样,则不知和知两方面就都知道了,论证的理由在于,这是以别人告诉的知识作为中间环节而推论出来的知识。在室外的东西是自己所知道的,在室内的东西是自己所不知道的,有人告诉说:"在室内的东西的颜色与在室外的东西的颜色是一样的。"这就是所不知道的东西与所知道的东西一样。

"若"(像)字的意思就是一样,假如一个思想混乱的人说:"白若黑。"那究竟是"像白",还是"像黑"呢?所谓"这个颜色像那个颜色",如果像白,那就必然是白。现在知道了它的颜色像白,所以就推论出来一定是白的。所谓概念和推论,是以所已经明白的知识为标准,衡量还不知道的东西,而不能以还不知道的东西为根据,怀疑所已经明白的东西。这就像用尺子(已知其长度为1尺)量度还不知道的东西的长度。在上例中,室外的东西是亲知,室内的东西是推论出来的知识。这里,墨家推论事例,见表12。

表 12　墨家推论事例

推论素材	推论形式	
（亲知）室外之物颜色是白的	所有 M 是 P	MAP
<u>（闻知）室内之物颜色是室外之物颜色</u>	<u>所有 S 是 M</u>	<u>SAM</u>
（说知）室内之物颜色是白的	所有 S 是 P	SAP

从中抽引出推理形式，用汉字"所有"、"是"表示逻辑常项（量项和联项），用拉丁字母 S、M、P 表示逻辑变项。或进一步把汉字"所有"、"是"表示的逻辑常项（量项和联项），代换为拉丁字母 A（表全称肯定）。

这种推论形式的实质，是亚里士多德三段论推理的演绎推论。但墨家只是列举具体推论事例，用古汉语自然语言进行理论说明，没有如西方那样，使用人工语言符号，代表逻辑常项（上式中 A 表全称肯定）和变项（上式中 S、M、P 分别代表小项"室内之物颜色"，中项"室外之物颜色"和大项"白的"），从而概括出推论的一般形式。

墨家也曾用古汉语特殊词汇和特殊构词构句方法，表示逻辑变项和逻辑常项。《经说下》第 101 条说："以此其然也，说是其然也。"用我们现在熟悉的表达方式加以翻译，即："根据'所有 M 是 P'，推论出'所有 S 是 P'。""此其然"，理解为"一类事物全体都是如此"。

《经说上》第 99 条说："彼举然者，以为此其然也。"对方列举一些如此这般的正面事例，推论出"一类事物全体都是如此"（所有 M 是 P），要"举不然者而问之"，列举"有 M 不是 P"反驳。"说"：推论。"是"：这个。由"此其然"到"是其然"的推论过程，是由一般到特殊和个别的演绎推论。

这是墨家对演绎推论第一层次的元语言、元逻辑研究。我们上述的分析,是对墨家逻辑的第二次元研究。《墨经》用古汉语表达的逻辑知识,不易为熟悉西方逻辑的现代人读懂。弘扬《墨经》逻辑精华,必须用现代科学和语言,进行解释发挥和转型,这是现代学者第二层次元研究的操作和使命。

(二)归纳推论

归纳推论是由特殊性前提,推出一般性结论。这种推论的特点,是用摆事实的方法,进行论证,以达到说服目的。《经下》第151条说:"擢虑不疑,说在有无。"《经说下》解释说:"疑无谓也。臧也今死,而春也得之,之死也可。"

《说文》:"擢,引也。"擢即从个别事例中,抽出一般规律的思考,这相当于典型分析式的归纳推论。抽出的一般规律,是否令人坚信不疑,关键就在于这事例中,是否确实存在此种必然联系。《经说上》第84条说:"必也者可勿疑。"必然性是事物不能不如此的趋势,怀疑是没有根据的。如在当时条件下,臧得某种病死了,而春感染了这病,则她也会死的结论就可以做出。

典型分析式的归纳推论,可以用"S是P,其类在S1"的形式来表示。《大取》说:"凡兴利,除害也,其类在漏壅。"凡兴办对人民有利的事,必然包含着除害的因素,如筑堤防、兴修水利,即包含革除水患、堵河水之溃漏。"S是P"为一般命题,"其类在某某"是列举出其所由以引出的典型事例。所谓"类",是代表本质或一般情况的个别事例,即典型。"S是P,其类在S1"的表达式,跟因明中的"所有制造出来的东西都是非永恒的,如瓶"、"凡有烟处必有火,如厨房"相似。

《大取》的"S 是 P，其类在 S1"，到《经下》则一律被规范化为"S 是 P，说在 S1"之类的形式。"S 是 P"代表一般定律，S1 代表这一定律所由以抽出的典型事例。其中"说在"字样，意谓着一般定律的事实证明、事实证据。

《经下》第 129 条说："倚者不可正，说在梯。"斜面的特点，是与地面不垂直，典型事例是车梯（带轮子的梯子，可搬运重物或登梯爬高）。《墨经》这类表达，展示其科学思想的产生，一般规律的概括，肇端于对典型事例的观察、分析。在认识个别事例必然联系的基础上，可以正确地引出一般知识。这是典型分析式的归纳推理。《墨经》普遍应用典型分析式的归纳推理。

（三）类比推论

类比推论是由特殊性前提，推出特殊性结论。这种推论的特点，用以小证大、以易喻难、以具体比抽象的方法，进行论证，达到说服目的。这种推论方式的优点，是形象生动，感染力强，有较强的说服力。

《大取》说："不为己之可学也，其类在猎走。"即忘我为天下的精神，是可以学到的，犹如竞走是可以学到的一样。这是列举相似事例，作为论据，以证明一般论点，是属于类比推理。《大取》列举的推论例题，多是广义类比推理。类比推理的性质，近于归纳，是简单、初步的归纳推理。

二、止：综合类推

《经上》第 99 条说："止，因以别道。"《经说上》说：

"彼举然者，以为此其然也，则举不然者而问之。若'圣人有非而不非'。"《经下》101说："止，类以行之，说在同。"《经说下》说："彼此此其然也，说是其然也。我以此其不然也，疑是其然也。"《经上》第98条说"法异则观其宜。"《经说上》说："取此择彼，问故观宜。以人之有黑者、有不黑者也，止黑人，与以有爱于人、有不爱于人，止爱人，是孰宜？"

"止"是用反面事例，驳斥全称命题的推论。"止"在物理学意义上指停止，在逻辑学意义上指反驳（止住、不许他那样说）。"因以"即用来，"别"指分别、限制，"道"指一般性道理，通常用全称命题表示。

对方列举一些正面事例（彼举然者），想当然地推出不正确的全称命题（以为此其然也，轻率概括），这时我列举反面事例，加以反驳（则举不然者而问之）。例如儒家列举若干个别事例，得出"所有圣人都不批评别人错误"（圣人有非而不非），我就列举反面事例（如墨子是圣人，并且墨子批评别人错误，所以有圣人批评别人错误），进而推出"并非所有圣人都不批评别人错误"。

"止"的规则，是同类相推（类以行之）。因为我所举反例必须跟对方命题确属同类，才能针锋相对，驳倒对方。如对方列举若干正面事例，说甲是黑的，乙是黑的，而甲、乙是人，所以所有人都是黑的。我则举出反例说，丙是白的，丁是白的，而丙、丁是人，所以有人是白的（即有人不是黑的），进而推出"并非所有人都是黑的"。这里，拿"有人不是黑的"作为"止"式推论的前提（论据，即"故"），反驳

"所有人都是黑的"是合适（宜）的、有效的。因为这前提（论据、故）和被反驳的论题，都是关于同类事物（即关于人的皮肤颜色的）。

不同类不能相推（异类不比）。如墨家主张"兼爱"，即一切人应该爱一切人。这是墨家最高的道德理想，并不是立刻要在现实生活中一个不漏地爱每一个人。有的人（如侵略者，强盗等"暴人"）就不能被爱，而应该讨厌（恶），为了正当防卫，可以诛杀。所以不能用"现实有人不被人爱"（有不爱于人），作"止"式推论的前提（论据，即"故"），反驳"一切人应该爱一切人"的最高理想。如果这样来构造"止"式推论，是不合适的、无效的。

用"有人不是黑的"，反驳"所有人是黑的"，跟用"有人不被人爱"（现实）来反驳"一切人应该爱一切人"（理想），这两个"止"式推论的形式不同（法异），所以就有一合适（宜）、一不合适，即一"中效"（有效）、一"不中效"（非有效）的不同。从推论规则和思维规律来看，前一个"止"符合同类相推的规则和同一律，后一个"止"则不符合。

《墨经》关于"止"式推论的规定，跟西方逻辑学所讲的道理是一致的。《经说下》所谓"彼以此其然也，说是其然也。我以此其不然也，疑是其然也"的说法，跟西方逻辑学的思想也很合拍。"彼以此其然也，说是其然也"，是指对方根据其已归纳出的全称命题，演绎推论出个别结论（是其然），我则用反例的概括（此其不然），来怀疑对方的个别结论。

如对方推论说："因为所有人是黑的，而张某是人，所以，张某是黑的。"我则用"并非所有人是黑的"（即有人不是黑的），怀疑"张某是黑的"。这里"疑"字用得很准确。因为当演绎推理的大前提不真时，结论并非必然假，而是可能假、可能真的。一个"疑"字，道出了对方推论的或然性、非必然性、可疑性，即对方推论非有效。

当时的阴阳五行家，用简单枚举归纳推理，从日常观察中列举若干正面事例，得出"火克金、金克木、木克土、土克水、水克火"等所谓"五行常胜"的形而上学公式。《墨经》列举反例，证明可以有"金克火"等相反情况，从而归纳出"五行无常胜"的辩证公式，并具体分析了一种元素之所以能克胜另一种元素，并不是由某种先验的公式决定，而是由它在某种具体情况下占了优势的缘故。

如《经说下》第144条说："火铄金，火多也；金靡炭，金多也。"在某种情况下，火焰之所以能销烁金属，是由于火焰占优势。在另一种情况下，金属之所以能压灭炭火，是由于金属占优势。一切以环境和条件为转移，"若识麋与鱼之数惟所利"，犹如某山麋鹿多，某渊鱼鳖盛，都是由于环境和条件对其有利的缘故。

《论语·里仁》记载，孔子主张"以礼让为国"。《论语·学而》记载，他的学生子贡说："夫子温良恭俭让以得之。"人生处事，必要的礼让是对的。但若把这一点夸大，说"所有事情都是要让的"，墨家认为"不可"。

如宴请宾客，喝酒可以让，但酤酒（买酒）让人，却于理不合，所以《经下》137说："无不让也，不可，说在酤。"《经说下》说："让者酒，未让酤也，不可让也，若酤于城门与于臧也（如果要到城门内买酒，则指派家中仆人去，不能让宾客去）。"

"止"式推论结合归纳和演绎两种方法，用反例驳斥对方全称命题的方式，相当于西方逻辑中以 I 命题真，证 E 命题假，或以 O 命题真，证 A 命题假的对当关系直接推论。这是有力的论证工具，墨家在百家争鸣中用"止"式推论驳斥论敌，证明自己学说，取得很大成功。

三、几种特殊类推

（一）譬：譬喻类推

《小取》对"譬"的定义是"举他物而以明之也"，即列举另一事物来说明这一事物。这相当于类比推论。《小取》定义了"譬"式推论的联结词："是犹谓也者，同也。""吾岂谓也者，异也。""是犹谓"（或"譬"、"若"），是论证两个事物的相同、相似，意谓着譬式推论的建立。"吾岂谓"（或"不若"），是论证两个事物的不同，意谓着对譬式推论的反驳。

"譬"兼有修辞学上的譬喻（比喻）和逻辑上的类比两种功能。诸子百家都极善于用"譬"说话。刘向《说苑·善说》篇记载魏惠王的相、著名辩者惠施"善譬"的故事。有人为魏王设计策，叫惠施讨论问题时，不要用譬喻，惠施回答时，偏偏用一个譬喻，说明不用譬喻就不能说话，并且对譬喻下了一个很好的定义："夫说者固以其所知，喻其所不知，而使人知之。"（即说话的人，本来就应该用已经知道的，来譬喻还不知道的，而使人知道。）于是魏王不得不答应以后惠施仍然可以用譬喻说话。这典型地表现辩者善用譬式推论辩论的技巧。其他如孟子、庄子、尹文子、公孙龙子、荀子、韩非子和吕不韦等，都擅长于使用譬式推论。而开设譬风气之先的，是战国初期的墨子。

墨子几乎言必有譬，如《非攻下》载墨子说："今天下之诸侯，多攻伐并兼，则是有誉义之名，而不察其实也。此譬犹盲者之与人，同命白黑之名，而不能分其物也。""此譬犹"（"譬犹"）、"是犹"，是譬喻推论的联结词。

这些议论，可分为两部分：从修辞学上说，有本体和喻体。从推理上说，有前提和结论。从论证上说，有论据和论题。这些譬式推论，收到了举此明彼，以浅喻深，以易喻难，由已知到未知的论证、表达作用。这是属于"是犹谓"式的譬式推论的建立。

"吾岂谓"式的对譬式推论反驳的事例，有一次，墨子讲了许多关于"兼爱"好处的话，其论敌"天下之士君子"说："您的兼爱说好是好，就是实行不了。譬若挈泰山越河济（黄河、济水）实行不了一样。"墨子说："您这是譬喻不当（是非其譬也），兼爱说古代的圣王曾经实行过。而挈泰山越河济，却从来没有人实行过。"墨子可以说："吾谓兼爱之说能行，吾岂谓挈泰山越河济之说能行乎？"通过"吾岂谓"式的反驳，将对方譬喻中前提与结论（或论据与论题、喻体与本体）两者之间的不同之处，揭示出来，证明对方的譬喻不伦不类，驳倒对方。

《墨经》擅长说理（讲道理），也常以"若"、"犹"等联结词，携带譬喻。其中少量为修辞学上的比喻，更多的除比喻的修辞意义外，还兼有类比推论的意义。《经说下》第177条批评论敌（告子一派）"仁内义外"的论点说："其谓'仁，内也。义，外也'，举爱与所利也，是狂举也。若左目出、右目入。"

其中"若左目出、右目入"是修辞学上的比喻。《经说下》第171条说："夫名以所明正所不知，不以所不知疑所明。若以尺度所不知长。"这里"若以尺度所不知长"，是修辞学上的比喻，也是逻辑学上的类比。

《墨经》中许多以"若"、"犹"所联结的事项，已丧失了比喻或类比的意义，而只是一般命题（定义、定律）的典型事例。典型事例同一般命题之间的关系，是归纳的关系。即从个别事例中，引出一般命题。

如《经说上》第1条原因概念以"若见之成见"为例。《墨经》有重事实、重归纳的科学精神，是墨子譬喻（类比）思想的发展，有"举他物而以明之"的譬式推论，会扩展为"举事而明理"的归纳推理。

（二）侔：比词类推

《小取》说："侔也者，比辞而俱行也。"孙诒让注说："侔，齐等也。谓辞义齐等，比而同之。"《庄子·大宗师》旧注说，"侔者，等也，同也"，"亦从也"。从"侔"的本义和"比辞而俱行"的定义看来，"侔"是比词类推。《小取》所提供的据以为推的语言表达式，有"是而然"、"是而不然"、"不是而然"、"一周而一不周"和"一是而一非"五种，同时还列举大量同类事例，作为推论示范。

1. "是而然"（前提肯定，结论也肯定）的比词类推：

"白马，马也；乘白马，乘马也。骊马，马也；乘骊马，乘马也。获，人也；爱获，爱人也。臧，人也；爱臧，爱人也。此乃是而然者也。"白马是马，乘白马是乘马。骊马是马，乘骊马是乘马。获是人，爱获是爱人。臧是人，爱臧是爱人。这是属于"是而然"（前提肯定，结论也肯定）的情况。

"是而然"的"侔"，是在肯定前提主、谓项前，各加一个表示关系的动词，从而得到一个肯定的结论。其公式是：

$$A=B$$
$$CA=CB$$

如：

黑马是马。
乘黑马是乘马。

又如：

获是人。
爱获是爱人。

这是由一般到个别的演绎推理，推理形式有必然性。前提中肯定黑马是马，结论中必然可以肯定乘黑马是乘马。前提中肯定获是人，结论中必然可以肯定爱获是爱人。史籍传说公孙龙乘白马过关，向守关人诡辩说，因为他乘的是白马，所以乘的不是马，意思不是说"白马"和"马"两个概念不同，而是说"白马"特殊类，不具有"马"一般类的实质和性质，这自然是谬论。

2. 是而不然（前提肯定，结论否定）的比词类推："获之亲，人也；获事其亲，非事人也。其娣（指妹妹），美人也；爱娣，非爱美人也。车，木也；乘车，非乘木也。船，木也；入船，非入木也。盗，人也；多盗，非多人也；无盗，非无人也。奚以明之？恶多盗，非恶多人也；欲无盗，非欲无人也。世相与共是之。若若是，则虽'盗，人也；爱盗，非爱人也；不爱盗，非不爱人也；杀盗，非杀人也'，无难矣。此与彼同类，世有彼而不自非也，墨者有此而非之，无他故焉，所谓'内胶外闭'，与'心毋空乎内，胶而不解'也。此乃是而不然者也。"

获的父母是人，获事奉她的父母不能说是"事奉人"（指作别人的奴仆）。她的妹妹是美人，她爱妹妹不能说是"爱美人"（指爱美色）。车是木头做的，乘车不能说是"乘木头"（指乘一根未加工的木头）。船是木头做的，入船不能说是"入木"（指进入木头）。强盗是人，但某地强盗多，不能简单地说"某地人多"；某地没有强盗，也不能简单地说"某地没有人"。怎么知道这一点呢？讨厌某地强盗多，并不是讨厌某地人多；想让某地没有强盗，并不是想让某地没有人。世上的人大家都赞成这一些。如果是这样的话，那么我们说"强盗是人，爱强盗却不能说是'爱人'，不爱强盗不能说是'不爱人'，杀强盗也不能简单地说是'杀人'（指杀好人，犯杀人罪）"，就也应该是没有困难的。后者和前者是属于同类，世人赞成前者而不自以为不对，墨家的人主张后者却要加以反对，没有其他的原因：这就是所说的"内心胶结，对外封闭，听不进不同意见"，与"心里边没有留下一点空隙，胶结而解不开"的缘故。这是属于"是而不然"（前提肯定，结论否定）的情况。

"是而不然"的"侔"，是在肯定前提主、谓项前，各加同样的词项后构成的结论，却是否定的。这是由于在前提主、谓项前，各加同样词项后，组成的新词项，转化为不同的意义，发生了"行而异，转而诡，远而失，流而离本"的问题。如车是木，乘车不能说是乘木（乘未加工的原木）。船是木，入船不能说是入木（进棺材）。获的父母是人，获事奉父母，不能说是"事人"（做别人的奴仆）。获的妹妹是美人，获爱妹妹，不能说是"爱美人"（好色）。爱妹妹与爱美人是两种不同的感情。其公式是：

$$A=B$$
$$CA \neq CB$$

如：

盗是人。

多盗不是多人。

无盗不是无人。

恶多盗（讨厌强盗多）不是"恶多人"（讨厌人多）。

欲无盗（采取措施想让没有强盗）不是"欲无人"

（想让没有人）。

爱盗不是"爱人"（爱好人）。

不爱盗不是"不爱人"（不爱好人）。

杀盗（正当防卫，杀无恶不赦的强盗）不是"杀人"（杀好人，犯杀人罪）。

墨家"杀盗非杀人"的命题，是在特定意义上说的。在正当防卫的条件下，杀无恶不赦的强盗，不是通常意义下的"杀人"（杀好人，犯杀人罪）。这是通过大量同类事例，合理类推的结论。这是墨家用心总结"是而不然"的"侔"式推论的政治用意。在生理意义上，杀强盗是杀了作为强盗的人，不能说是杀了除人之外的其他动物。在这种意义上，荀子批评墨家"杀盗非杀人"是"惑于用名以乱名"（用杀强盗这种特殊的人，来搞乱杀一般人的概念）的错误，有一定道理。荀子只从生理意义上批评墨家"杀盗非杀人"的辩论是诡辩，不谈墨家议论中政治伦理的特殊含义，是从一个极端反对另一个极端，没有反映全面真理。

3. 不是而然（前提否定，结论肯定）的比词类推："读书，非书也；好读书，好书也。斗鸡，非鸡也；好斗鸡，好鸡也。且入井，非入井也；止且入井，止入井也。且出门，非出门也；止且出门，止出门也。若若是："且夭，非夭也；寿且夭，寿夭也。'有命'，非'命'也；非'执有命'，'非命'也。无难矣。此与彼同类，世有彼而不自非也，墨者有此而非之，无他故焉：所谓'内胶外闭'，与'心毋空乎内，胶而不解'也。此乃不是而然者也。"

"读书"不等于"书","好读书"却等于"好书"。"斗鸡"不等于"鸡","好斗鸡"却等于"好鸡"。"将要入井"不等于"入井",阻止"将要入井"却等于阻止"入井"。"将要出门"不等于"出门",阻止"将要出门"却等于阻止"出门"。如果是这样的话,那么我们说"'将要夭折'不等于'夭折',阻止'将要夭折'却等于阻止'夭折'(即采取措施使'将要夭折'的人有寿,却是真的把'夭折'的人转变为长寿)。儒家主张'有命'论,不等于真的有'命'这东西存在;墨家'非执有命',却等于'非命'(即墨家反对儒家坚持有命的论点,却等于实实在在地否定'命'的存在)"就也应该是没有困难的。后者和前者是属于同类,世人赞成前者而不自以为不对,墨家的人主张后者却要加以反对,没有其他的原因:这就是所说的"内心胶结,对外封闭,听不进不同意见",与"心里边没有留下一点空隙,胶结而解不开"的缘故。这是属于"不是而然"(前提否定,而结论肯定)的情况。

"不是而然"的"侔",是在一个词组中,减去一个成分不成立,而在增加一个成分的情况下,再减去这个成分却成立。其前提是否定的,结论是肯定的,所以叫"不是而然"。其公式是:

$$A \neq B$$
$$CA = CB$$

如：

"读书"不是"书"。"好读书"是"好书";

"斗鸡"不是"鸡"。"好斗鸡"是"好鸡";

"将要入井"不是"入井"。阻止"将要入井"是阻止"入井";

"将要出门"不是"出门"。阻止"将要出门"是阻止"出门";

"将要夭折"不是"夭折"。阻止"将要夭折"是阻止"夭折";

"有命"不是"命"。"非执有命"是"非命"。

最后一例的意思是,儒家宣扬"有命"论,不等于真的有"命"存在。墨家反对儒家坚持"有命"论,则是确实否定"命"的存在(《墨子》有《非命》一篇,论证"非命",即否定命的存在的命题)。墨家用大量日常生活中的事例,类比说明当时百家争鸣中的争论问题,论证自己学说,驳斥论敌言论。墨家总结"不是而然"的"侔",其政治用意,是反对儒家的宿命论,解决当时学派争论的问题。百家争鸣促进中国古代逻辑学诞生。中国古代逻辑学诞生,促进百家争鸣中提出问题的解决。

4. 一周而一不周(一种说法周遍,一种说法不周遍)的比词类推:"爱人,待周爱人而后为爱人;不爱人,不待周不爱人。失周爱,因为不爱人矣。乘马,不待周乘马,然后为乘马也。有乘于马,因为乘马矣。逮至不乘马,待周不乘马,而后为不乘马。此一周而一不周者也。"

说"爱人",必须周遍地爱所有的人才可以说是"爱人";说"不爱人",不依赖于周遍地不爱所有的人。没有做到周遍地爱所有的人,因此就可以说是"不爱人"了。说"乘马",不依赖于周遍地乘过所有的马,才算是"乘马"。至少乘过一匹马,就可以说是"乘马"了。但是说到"不乘马",依赖于周遍地不乘所有的马,然后才可以说是"不乘马"。这是属于"一周而一不周"(一种说法周遍,一种说法不周遍)的情况。

"一周而一不周",是分析一个语言构造 AB,有时 A(动作或关系)周遍于 B 的各个分子,有时则不然。墨家列举以下四个例子:

第一,"爱人"一词"周"。即"爱"要求周遍所有的人,即必须"爱"所有的人,连一个人也不遗漏。这是阐述墨家最终的政治伦理理想的标准,与有些人(如强盗)不可爱的现实状况无关。

第二,"不爱人"一词"不周"。即"不爱人"不要求周遍地不爱所有的人,才算是"不爱人"。只要不爱任意一个人,就算是"不爱人"。

第三,"乘马"一词"不周"。即"乘马"不要求周遍地乘了所有的马,才算是"乘马"。只要乘了任意一匹马,就算是"乘马"。

第四,"不乘马"一词"周"。即"不乘马"要求不乘任何一匹马,才算是"不乘马"。

这里的"周",就"乘马"和"不乘马"这种日常生活的例子而言，约略地相当于形式逻辑所说的"周延"。按照形式逻辑的规则，"我是乘马的"，"乘马的"一词不周延，只要乘了一匹马，就可以说"我是乘马的"。而"我不是乘马的"，"乘马的"一词周延，即必须周遍地不乘所有的马，才可以说"我不是乘马的"。

这里的"周"，就"爱人"和"不爱人"这种涉及墨家特殊政治伦理理想的例子而言，不相当于形式逻辑所说的"周延"。按照形式逻辑的规则，"我是爱人的"，"爱人的"一词不周延，只要爱一个人，就可以说"我是爱人的"。而"我不是爱人的"，"爱人的"一词周延，即必须周遍地不爱所有的人，才可以说"我不是爱人的"。而这正好与墨家的说法相反。

这种矛盾情况，从逻辑的最新发展来看，可以有一种解释，即逻辑有不同的分支，不同的领域。通常形式逻辑所讲的领域，是事实、现实、真值的领域。而墨家说的"爱人要求周遍"、"不爱人不要求周遍"，说的是政治伦理理想、道德义务（简称道义）的领域，与事实、现实、真值的领域无关。

5. 一是而一非（一种说法成立，一种说法不成立）的比词类推："居于国，则为居国；有一宅于国，而不为有国。桃之实，桃也；棘之实，非棘也。问人之病，问人也；恶人之病，非恶人也。之马之目眇，则为'之马眇'；之马之目大，而不谓'之马大'。之牛之毛黄，则谓'之牛黄'；之牛之毛众，而不谓'之牛众'。一马，马也。二马，马也。'马四足'者，一马而四足也，非两马而四足也。一马，马也。二马，马也。'马或白'者，二马而或白也，非一马而或白。此乃一是而一非也。"

居住在某一国内，可以简称为"居国"；有一住宅在某一国内，却不能简称为"有国"。桃树的果实称为"桃"，棘树的果实却不称为"棘"（称为枣）。探问别人的疾病可以简称为"探问人"，讨厌别人的疾病却不能简称为"讨厌人"。人的鬼魂不等于人，兄的鬼魂在某些特殊情况下可以权且代表兄。祭人的鬼魂不等于祭人，祭兄的鬼魂可以权且说是祭兄。这个马的眼睛瞎，可以简称为"这马瞎"；这个马的眼睛大，却不能简称为"这马大"。这个牛的毛黄，可以简称为"这牛黄"；这个牛的毛众（指牛毛长得茂密），却不能简称为"这牛众"（牛众是指牛的个数多）。一匹马是马，两匹马是马，说"马四足"，是指一匹马四足，不是指两匹马四足；但是说"马或白"（指有的马是白的），却是在至少有两匹马的情况下才可以这样说，如果在只有一匹马的情况下就不能这样说。这是属于"一是而一非"（一种说法成立，一种说法不成立）的情况。

"一是而一非"，是说有两个语句结构 f(x) 和 g(x)，当用 A 代入其中的 x 时，二者等值。当用 B 代入其中的 x 时，二者不等值。即：

$$f(A)=g(A)$$
$$f(B)\neq g(B)$$

如"居于国"，可以简称为"居国"（居住在一个国家里）。而"有一宅于国"，却不能简称为"有国"（领有一个国家）。桃树的果实叫"桃"，棘（酸枣）树的果实却不叫"棘"。

"问人之病"是"问人","恶人之病"却不是"恶人"(讨厌人)。这个马的眼睛瞎,可以叫"这马瞎"。这个马的眼睛大,却不能叫"这马大"。这个牛的毛黄,可以叫"这牛黄"。这个牛的毛众(浓密),却不能叫"这牛众"(个数多)。"马四足"中的马,指一匹马。"马或白"(有马白)中的马,指两匹以上。五种比词类推公式,见表13。

表13 比词类推公式

序号	侔式推论	公式
1	是而然	A = B,CA = CB
2	是而不然	A = B,CA ≠ CB
3	不是而然	A ≠ B,CA = CB
4	一周而一不周	AB 一语,有时 A 遍及 B 各分子,有时则否
5	一是而一非	$f(A) = g(A), f(B) \neq g(B)$

《小取》要求注意事物和语言的复杂性、多样性,准确地使用概念、判断进行推论,不然会出现谬误和诡辩。墨家逻辑是百家争鸣的武器和辩论的工具,《小取》用较多篇幅讨论谬误问题,表现墨家逻辑的应用性、实践性和批判性。

(三)援:援例类推

《小取》定义说:"援也者,曰:'子然,我奚独不可以然也?'"援是援引对方主张,作为类比推论的前提,以引申出自己同样的主张,叫援例类推。如在上文"是而不然"和"不是而然"两种比词类推中,墨家都说了这样的话:"此与彼同类,世有彼而不自非也,墨者有此而非之。"这是援例类推的运用。就"是而不然"的比词类推说，有下列两种主张：

"彼"：盗，人也；爱盗，非爱人也。
"此"：盗，人也；杀盗，非杀人也。

这里"此与彼同类"，对方赞同"彼"，却不赞同"此"，这不符合"以类取"和"有诸己不非诸人"的原则，所以可以援引对方的主张"爱盗非爱人"作前提（论据），来类比论证自己同类的主张"杀盗非杀人"。因为"爱人"中的"人"是指"盗"之外的人，"杀人"中的"人"也指"盗"之外的人，根据"以类取"和"有诸己不非诸人"的原则（即同一律、矛盾律），对方就不应该反对我这样推论，并且应该接受我的结论。

同样，就"是而不然"的侔式推论说，有下列两种主张：

"彼"：且入井，非入井也；止且入井，止入井也。
"此"：且夭，非夭也；寿且夭，寿夭也。

你若赞成"彼"，我就可以援引你所赞成的"彼"，来类比论证我所赞成的"此"。因为这也是根据"此与彼同类"。你可以赞成"彼"，我为什么不可以赞成"此"呢？这就是"援"的定义中所说的："你可以那样，我为什么偏偏不能那样呢？"

"援"是以同一律、矛盾律为根据的很有用的辩论方式。它也曾经为当时其他学派的思想家所广泛采用。公孙龙子在辩论中，对援例类推运用娴熟。宗奉孔子的儒者孔穿（孔子六世孙）受众人委托，专程到赵国跟公孙龙子辩论，公孙龙子援引孔子赞同的"楚人异于人"的命题，类比论证自己"白马异于马"的命题，驳得孔穿"无以应"。这就是由于公孙龙子巧妙运用援例类推进行辩论的结果。

（四）推：归谬类推

归谬类推，即墨子在论辩中常用的归谬式类比推理。墨子总结出"不知类"、"知小不知大"、"明小不明大"等惯用语，表示对方议论中的自相矛盾。《墨经》进一步给出总结和运用。《小取》说："此与彼同类，世有彼而不自非也，墨者有此而非之。"这是揭示对方自相矛盾，运用归谬式类比推理。

《小取》给出归谬式类比推理的定义："推也者，以其所不取之，同于其所取者，予之也。"对方赞成"彼"命题，不赞成"此"命题，我则向对方证明"此与彼同类"，如果对方仍不赞成"此"命题，则陷于自相矛盾，从而用逻辑的力量，迫使对方赞成"此"命题。其规则是："以类取，以类予"和"有诸己不非诸人，无诸己不求诸人"。体现形式逻辑的同一律、矛盾律。中外逻辑在本质上可贯通。这种论辩方式，是归谬法和类比推理的结合，含有演绎和归纳的成分，有必然性和很强的说服力，生动形象，富有感染力，是百家争鸣的得力工具，行之有效，故为各家各派所喜用常用。

墨家辩学是当时百家争鸣、辩论的工具。古汉语表达尚简，量词和联项常省略，不利于分析命题和推理的形式结构，对用于论证说服的类推方式，研究甚详。类推是包含演绎、归纳和类比多种推理形式,没有明确分化的综合性推论方式。精研为争鸣辩论服务的论证说服技艺,是墨家辩学的特色。

(本章主要内容曾发表于《南通大学学报》2008年第1期。)

第十五章　传统推论范畴

标志中国传统推论整体性质的一级范畴，有"推"（广义）、"推类"、"类推"、"推理"和"推故"等。标志中国传统推论个别方式的二级范畴，有"止"、"譬"、"侔"、"援"和"推"（狭义）等。

中华民族实现伟大复兴，图谋和平发展，正确的逻辑策略，是磨制锐利的思维工具，汲取西方逻辑学先进成就，借鉴西方逻辑学观点方法，对中国传统逻辑学进行现代式元研究，给予创造性新诠释，建立有中国特色，与国际接轨，融合西方逻辑和中国传统逻辑现代转型的创新体系。

一、一级范畴

"推"（广义）、"推类"、"类推"、"推理"和"推故"，是标志中国传统推论整体性质的一级范畴。

（一）推（广义）

《墨经》有泛指推论意义的"推"范畴。《经下》第117条说："察诸其所然、未然者，说在于是推之。"[①]《经说下》举

[①] 原文"察"旧作"在"。《尔雅·释诂》："在，察也。""所然"是"所以然"的略语，即"任一物之所以 P"的原因。"所未然"是"所以不然"略语的变形，即"任一物之所以不 P"的原因。

例解释说:"'尧善治',自今察诸古也。自古察之今,则尧不能治也。"

即审察任一事物之所以如此,以及之所以不如此的原因,可以从"尧善治"这一命题适于古,而不适于今的事例,类推而知。"尧善治"这一命题的得出,是从今天的情况出发,考察古代的情况。"尧善治"命题的意义,指"尧善于治理古代"。假如从古代的情况出发,考察今天的情况,就不能说"尧善治",应该说:"尧不能治。"

认为"尧善治古,不善治今",蕴含历史发展观念,意谓"尧善治"的命题,有具体性和相对性。《墨经》认为"以已为然","过而以已为然"是错误推论。"已然"是"过去如此",如"过去尧善治"。"然"是"现在如此",如"现在尧善治"。由前者不能必然推出后者。《大取》说:"昔者之虑也,非今日之虑也。"历史是发展的,对历史的思考论断,有具体性和相对性。

"于是推之"的"是",作指示代词,即这,这个,这样。这里"是",指代《经说》"尧善治"命题"适于古,不适于今"的典型案例。杨树达《词诠》"是"第三义项:"指示代名词,此也。"[①]

"于是推之"一语,先秦至宋代典籍没有出现,明清出现八次,意同《墨经》。"于是推之",后发展为"以此类推"和"依此类推"。"以此类推"用例,先秦至唐代典籍没有出现,宋至清代出现四十二次。"依此类推"用例,先秦至元代

---

① 杨树达:《词诠》,中华书局1954年版,第224页。

典籍没有出现，明清出现三次。"以此类推"与"依此类推"义同。"以"，即用，按照。"依"，即依照、按照。

南宋周辉《清波杂志》卷八说："宣和间，宗室围炉次，索炭，既至，诃斥左右云：'炭色红，今黑，非是。'""盖常供熟火也，以此类推之，岂识世事艰难？"即北宋末年，皇帝家族的人，围炉烤火，命令取炭，炭拿来，却被训斥说："炭是红色的，现在拿来是黑的，不是炭。"因为平时供给熟火（有人事先把炭火点着），所以认为炭是红色的，误认黑的不是炭。以此类推，皇帝家族的人，怎么认识世事艰难？

这是由个别案例，推论一般情况的归纳推论。从《墨经》和《四库全书》出现"于是推之"、"以此类推"和"依此类推"四十六次的语境和案例分析，其推论性质，是从一个典型案例出发，推论一般情况，即由个别推知一般，是属于典型案例分析式的科学归纳推论。

"于是推之"（以此类推，依此类推），可用于由个别推知个别的类比推论。如："尧善治"是今天说的话，反映的实际内容是处于古代，所以有具体性和相对性。于是推之（以此类推，依此类推）："尧之义"（尧是仁义的）是今天说的话，反映的实际内容是处于古代，所以也有具体性和相对性。

（二）推类

《墨经》有泛指推论意义的"推类"范畴。《经下》第102条说："推类之难，说在之大小、物尽、同名、二与斗、爱、食与招、白与视、丽与暴、夫与屦。"《经说下》举例解释说:"谓四足,兽与?并鸟与?物尽与?大小也。此然是必然,则俱为麋:同名。俱斗不俱二:二与斗也。包肝肺子:爱也。掘茅:食与招也。白马多白,视马不多视:白与视也。为丽不必丽,为暴必暴:丽与暴也。为非以人,是不为非,若为夫勇,不为夫;为屦以买衣,为屦:夫与屦也。"

即类推存在困难和导致谬误的可能,论证这一点,可以列举"大小、物尽、同名、二与斗、爱、食与招、白与视、丽与暴、夫与屦"等事例。例如说到"四足",能够断定是"兽"呢?还是"两鸟并立"呢?甚至于说"万物尽是如此"呢?这就牵涉到"四足"概念范围大小的问题。

如果见到"甲四足是麋","乙四足是麋",就说"所有四足都是麋",而"丙是四足",就说"丙是麋",甚至于说"万物尽是(俱是)麋",把"麋"变成万物的共同名称,岂不荒谬?

"甲与乙斗殴"可以说"甲与乙俱(都)在斗殴",但"甲与乙二人",不能说"甲与乙俱是二人",只能说"甲与乙俱是一人"。"肝肺"的本义是内脏器官,又可引申指对儿子的爱怜之情(心肝)。

看见一个人"挖掘茅草",不能断定他是用来"吃",还是用来"招神祭祀"。说"白马",指马身上白的地方多,但说"视马",并不需要多看上几眼。人为地打扮美丽,结果不一定是美丽,但人为地残暴,结果一定是残暴。

因别人原因,被迫犯错误,不等于主观上想犯错误,就像表现武夫之勇,不等于做丈夫;做鞋子以用来交换衣服,却是做鞋子。

《墨经》使用"推类"概念，列举大量用例，说明"推类"容易发生谬误。本条"此然是必然"，是《经上》99条"彼举然者，以为此其然也"和《经下》102条"彼以此其然也，说是其然也"的略语。此然是必然解释，见表14。

表14 此然是必然解释

略语	此然是必然			
推论	简单枚举归纳推论		演绎推论	
展开	彼举然者，以为此其然也		彼以此其然也，说是其然也	
实例	甲四足者是麋 乙四足者是麋 故凡四足者都是麋	M1是P M2是P …… 所有M是P	凡四足者都是麋 丙是四足者 故丙是麋	所有M是P [所有S是M] ∴所有S是P
谬误	仓促概括		虚假论证	

本条"俱为麋"，是用归谬法，说明犯仓促概括和虚假论证的谬误，会把万物都说成麋。"俱"是全称量词。"俱斗"，甲与乙斗，可以说甲与乙俱斗，二人合起来才能斗殴。"不俱二"，甲与乙二，不能说甲与乙俱二，只能说甲与乙俱一，因为尽管甲与乙合起来是二，但分开说还都是一。

这涉及概念的集合与非集合意义。"俱一"是《墨经》惯用语和基本概念，见《经说下》"俱一与二"，《经下》"说在俱一、惟是"，《经说下》"俱一，若牛、马四足"。"肝肺"，本义指内脏器官，引申指对儿子的爱怜之情，如说儿子是自己的"心肝"宝贝。"食与招"，茅草可食，可用于招神祭祀。《周礼》："旁招以茅。"郑注："招四方之所望祭者。"

本条《墨经》列举"大小、物尽、同名、二与斗、爱、食与招、白与视、丽与暴、夫与屦"九个实例,论述类推存在困难和导致谬误的可能,可知其"推类"范畴,是泛指推论意义,是类比、归纳、演绎各种推论形式原始、初步、简单和朴素的结合,没有把3种推论形式明确区划开来,分门别类研究。

在《墨经》之后,历代有许多学者讨论"推类"。东汉王充《论衡·实知篇》说:"凡圣人见祸福也,亦揆端推类,原始见终,从间巷论朝堂,由昭昭察冥冥。""揆端"即度量事物的端绪,"推类"即类推。又说:"妇人之知,尚能推类以见方来,况圣人君子,才高智明者乎!"认为推类有根据以往,预见未来的认识作用。

曹魏嵇康《嵇中散集》卷五说:"推类辨物,当先求之自然之理。"认为"推类"应先求理,说明推类和推理的联系。宋朱熹《四书或问》卷二说,"可以推类而通其余矣","万物各具一理,而万理同出一原,此所以可推而无不通也"。推类而通,即推理而通。陈襄《至诚尽人物之性赋》说:"推类而知类。"赵顺孙《大学纂疏》说:"推类以尽其余。"张栻《论语解》卷四说:"若不以三隅反,则是未能因吾言而推类。"

明朱朝瑛《读诗略记》卷三说:"有伦有类可推也,有脊有理可循也。""则推类而极之,循理而穷之。"认为推类和循理相联系。清卢文弨《抱经堂文集》卷十说:"可以推类,而自求之矣。"秦蕙田《五礼通考》卷八十五说:"推类而求,寻其脉络，析其条理。"认为推类和析理相联系。

（三）类推

"推类"，后世许多学者变通地说成"类推"。北宋苏辙《栾城集》卷四十一说："举此一事，则其余可以类推矣。"南宋陈经《尚书详解》卷二十四说："其他可以类推，故不尽言也。"明《阳明先生集要理学编》卷三说："其余数端，皆可类推。"归有光《震川先生集》卷二十说："古书亡，不能尽见，可类推也。"

清方苞《望溪先生集外文》卷五说："凡事可以类推。"卢文弨《抱经堂文集》卷二十一说："吾所言十之一二而已，然可类推也。"戴震《戴东原集》卷三说："智者依类推之。"卷九说："余皆可类推。"傅以渐、曹本荣《易经通注》卷七说："举此则彼可类推。"朱彝尊《经义考》卷二六九说"自象而推理"，"可以类推而通者也"。认为推理和类推相通，推理、类推和推类概念一致。

（四）推理

"推理"概念，亦为中华先哲所原创。"推理"术语《四库全书》出现近三百次。西汉刘安《淮南子》卷十五说："推理而行。"南宋章如愚《群书考索别集》卷二十二说："推理论之。"程大昌《考古编》卷四说："推理以辨。"元苏天爵《滋溪文稿》卷二十七说："用心推理。"明朱载堉《乐律全书》卷二十一说："推理而论。"

许多学者肯定推理有必然性、可信度和认知作用。南宋宋林岊《毛诗讲义》卷五说："推理之必然。"北宋欧阳修《诗本义》卷七说："说有可据，而推理为得，从之可矣。"清方苞《望溪先生全集》卷六说："循数推理，而知其必然。"

（五）推故

"推类"、"类推"、"推理"的概念，衍生出"推故"概念。南宋朱熹《朱子语类》卷二十七说："若学者则须推故明道。"道即理，《大取》以"道"喻"理"。"推故明道"，即推故明理。明胡广等《性理大全书》卷四十八说："天下之物，必有所以然之故，与其所当然之则，所谓理也。"事物的"所以然之故"，与其所当然的法则，即所谓"理"概念一致贯通。

《荀子·正名》说："推类而不悖，听则合文，辩则尽故。""文"即理。唐杨倞"听则合文"注："谓听他人之说，则取其合文理者。"推类要"合理"（合乎道理，条理），要"尽故"（穷尽理由、论据），一语道出"推类"、"推理"和"推故"的联系。

《经说上》有例说："湿，故也，必待所为之成也。"即"地湿"必有其"所以然之故"，一定要等待这"所以然之故"起作用才能构成"地湿"的结果。借此素材，可构成推论："如果天下雨，则地湿。现在天下雨，故地湿。"

这里，第一，因"天下雨"是"地湿"的"所以然之故"（原因、理由、根据），所以是"推故"。第二，因"天下雨"（天上云层水分下降到地面）与"地湿"（地面沾水含水多）同类，所以是"推类"。第三，因"如果天下雨，则地湿"是正确推理的大前提，其前后件关系，符合"有之必然"的因果联系、充分条件之"理"，所以是"推理"。

"推故"与"推理"、"推类"三范畴，与《大取》"辞以故生，以理长，以类行"三原理恰相对应，是后者的衍生和运用。"辞以故生",即"推故"。"辞以理长",即"推理"。"辞以类行",即"推类"。"故理类"相联,"推故"、"推理"和"推类"互通。"故、理、类"三范畴的必然联系,决定"推故"、"推理"和"推类"三术语的互通一致。其中深层的逻辑哲学意涵值得仔细玩味、说明和发挥。《四库全书》与《四部丛刊》"推类"、"类推"和"推理"用例次数,见表15。

表15 《四库全书》与《四部丛刊》"推类"、"类推"和"推理"用例次数

相关术语 \ 次数 \ 文献名	《四库全书》	《四部丛刊》
推类	509	18
类推	1372	26
推理	299	54
合计	2180	98

从《四库全书》和《四部丛刊》"推类"、"类推"和"推理"两千多次用例可知,其内涵一致互通。《墨经》原创的"推类"范畴,即"类推",狭义指类比推论,广义指推论,是类比、归纳和演绎的朴素结合。

日本《新汉和辞典》"类"字部,有"类推"和"类比"词条,其释文用互训法,互文见义:"类推:根据不同事物的相似点,做出推测。类比推理。""类比:比较,对照,类比推理,类推。""类推"义等同"类比"。[①]

---

① 〔日〕诸桥辙次:《新汉和辞典》,日本大修馆书店1966年版,第922页。

英文名词 analogy，即类似、相似、比拟、类推、类推法。形容词 analogic，即相似的、比拟的、类推的。抽象名词 analogism，即类比推理、类比法。"类推"是"类比推理"的省称。

二、二级范畴

"止"、"譬"、"侔"、"援"和"推"（狭义），是标志中国传统推论个别方式的二级范畴。

（一）止

《经说上》第99条说："彼举然者，以为此其然也，则举不然者而问之。"即对方列举若干正面事例，"M1是P"，"M2是P"等，推论出全称命题"所有M都是P"，这是简单枚举归纳推理。这时，我就用反例"有M不是P"反驳，推论性质是演绎，是对当关系的直接推论。如对方说："甲是黑的"，"乙是黑的"等，所以，"所有人是黑的"。我就用"有人不是黑的"反驳。

《经说下》第101条说："彼以此其然也，说是其然也。我以此其不然也，疑是其然也。"即对方用不正确的全称命题"所有M都是P"，演绎推论出个别结论"所有S是P"，我则从否定对方大前提入手，说"并非所有M是P"，说"所有S是P"可疑，驳倒对方演绎的个别结论。如对方说："所有人是黑的，所以，所有墨者是黑的。"我就说："并非所有人是黑的，所以，所有墨者是黑的可疑。""止"是归纳和演绎的综合推论。

（二）譬

"譬"是譬喻论证。刘向《说苑·善说》载惠施说："夫说者，固以其所知，谕其所不知，而使人知之。"《小取》说："譬也者，举他物而以明之也。"二者定义相似。如《经说下》第171条说："夫名以所明正所不知，不以所不知疑所明。若以尺度所不知长。"这是用"若"作联结词的譬式论证。

（三）侔

"侔"是比词论证。《小取》说："侔也者，比辞而俱行也。"《说文》："侔，齐等也。"晋司马彪注："侔，等也，亦从也。"唐成玄英疏："侔者，等也，同也。"孙诒让注："谓辞义齐等，比而同之。""侔"是相等，等同，跟从，跟随。《小取》列举多种侔式论证的实例。

（四）援

"援"是援例论证。《小取》说："援也者，曰：'子然，我奚独不可以然也？'"即援引对方论点作类比论证前提，以证明自己论点，是以同一律、矛盾律为根据的辩论方式。《小取》说："此与彼同类，世有彼而不自非也，墨者有此而非之。"这包含援式论证。

（五）推（狭义）

推（狭义），指归谬类推。《小取》说："推也者，以其所不取之，同于其所取者，予之也。"即我提出一个论证，证明对方所不赞成的论点，跟对方所赞成的论点，是属于同类，把这个论证给予对方，如果对方把不赞成改为赞成，对方就被我说服。如果对方仍坚持不赞成，就陷于自相矛盾、荒谬和悖理。

墨子和诸子百家归谬类推用例极多，如批评鲁班"义不杀少而杀众，不可谓知类"；批评王公大人"杀牛羊，制衣裳，治疲马，张危弓等小事，知道尚贤使能，而治国大事，却不知尚贤使能"。根据强调重点的不同，"推"简称为归谬类推，即归谬式类比推论，或简称归谬类比，或称类比式归谬推论，简称类比归谬。

"推"是归谬法（演绎推论）与类比推论的结合。其中归谬法，是从对方论点推出荒谬，驳倒对方，是讲道理，是以同一律、矛盾律为根据的演绎推论。其中类比推论，是列举类似案例，进行比较论证，摆事实的初步归纳。

三、传统推论特质

中国传统推论的特质，是类比、归纳和演绎不同形式的综合论证与朴素结合。由于类比推论，可视为以个别事例为论据的简单归纳，归入归纳一类，所以，中国传统推论的特质，可简单概括为归纳和演绎的综合论证与朴素结合。

"止"是最明显的归纳和演绎朴素结合的综合论证。"譬"、"侔"、"援"、"推"（狭义），是各有特点的类比论证，是以类比推论为主，辅之以分析和讲道理的演绎成分。这里，第一，强调运用规则"以类取，以类予"和"有诸己不非诸人，无诸己不求诸人"。相当于遵守同一律和矛盾律，是其中分析和讲道理的演绎成分。第二，强调防止谬误。"夫物有以同，而不率遂同。辞之侔也，有所至而正。其然也，有所以然也；其然也同，其所以然不必同。其取之也，有所以取之；其取之也同，其所以取之不必同。是故辟、侔、援、推之辞，行而异，转而诡，远而失，流而离本，则不可不审也，不可常用也。故言多方、殊类、异故，则不可偏观也。"也是其中分析和讲道理的演绎成分。这些分析和讲道理的演绎成分，是最大限度发挥"譬"、"侔"、"援"、"推"（狭义）论证效能的可靠保证。中国传统推论，见表16。

表16　中国传统推论

层级	推论范畴	推论特质
一级	推（广义），推类，类推，推理，推故	类比、归纳和演绎的综合论证
二级	止	归纳和演绎的综合论证
二级	譬	譬喻式类比推论，含演绎成分（以类取）
二级	侔	比词式类比推论，含演绎成分（以类取）
二级	援	援例式类比推论，含演绎成分（以类取）
二级	推（狭义）	归谬式类比推论，含演绎成分（以类予）

中国传统逻辑学，在没有与西方逻辑学交流、渗透的情况下，没有把类比、归纳和演绎不同推论形式明确区划开来，分门别类研究。中国传统逻辑学，从先秦至清，没有超越用古汉语表达的古代素朴形态蜕变为近现代科学体系，落后于发达完善的西方逻辑学。西方逻辑学在人类知识系统中，拥有基础性和工具性的地位，是全人类的思维工具和世界性的同一逻辑。

"工欲善其事，必先利其器。"在当今全球化、世界一体化的新时代，中华民族实现伟大复兴，图谋和平发展，正确的逻辑策略，是磨制锐利的思维工具，汲取西方逻辑学先进成就，借鉴西方逻辑观点方法，对中国传统逻辑学进行现代式元研究，给予创造性新诠释，建立有中国特色、与国际接轨、融合西方逻辑学和中国传统逻辑学现代转型的创新体系。

（本章主要内容曾发表于《重庆工学院学报》2009年第5期。）

第十六章　墨家归谬法

一、中外归谬法

墨子所创墨家,是中国古代诸子百家中的重要一家。他们始终重视谈辩。墨子教弟子"能谈辩者谈辩"。谈辩是墨子墨家的教学必修课。由墨子萌芽,经二百多年发展过程,到战国后期的墨家,写出辩学经典《墨经》。

狭义《墨经》四篇(《经》和《经说》上下),西晋鲁胜《墨辩注》称为《墨辩》、《辩经》,就是因为它是辩论、辩学之经。《墨经》多数条目和整体精神,是专研辩论术。广义《墨经》中的《小取》,是辩论术专论,墨家辩学简明教学大纲。其中,从概论到分论,从辩学的功能定义,到具体的思维形式论,思维规律论、谬误论,一应俱全。

这里把墨家归谬法,作为中国逻辑学史的一个典型案例,从其广泛运用,到总结推广,分析归谬法、辩论术和逻辑学三者的内在紧密联系,探索逻辑学理论产生发展的机制原理。归谬法是揭露对方矛盾,以战胜对方的方法。辩论术是辩论的技巧方术。逻辑学是归谬法辩论术的理论升华。

无独有偶,古希腊哲学家像中国古代诸子百家一样,都极善运用归谬法。古希腊辩论术(一译辩证法)dialectic 的本意，就是归谬法。辩论术（辩证法）在西方逻辑学史上，从古代到近代，长期兼作逻辑学的总称。明末西方传教士葡萄牙人傅泛际（P. F. Furtado，1621年来华）和李之藻合译首部西方逻辑学著作《名理探》。在中西逻辑学产生发展前期，归谬法在辩论术和逻辑学中居于核心地位。

归谬法，是从对方论点出发，引出荒谬（包含逻辑矛盾，或同已知事实和真理矛盾），从而驳倒对方论点的方法。其公式是：（P→（Q∧¬Q））→¬P。读为：如果P（对方论点），那么Q并且非Q（矛盾），那么非P（否定对方论点）。用古汉语表达的中国名辩，没有使用这样的公式，但也有自身独特的表达方式。

《小取》定义归谬法说："推也者，以其所不取之，同于其所取者，予之也。"意即："推"这种归谬法的要点，是我做出的一个证明，证明对方所不赞成的论点，跟对方所赞成的论点，是属于同类，我把这一证明给对方，看对方怎么办。这实际上是揭露对方议论的矛盾，由此驳倒对方的论点。这就是归谬法。

《小取》给归谬法制定规则说："以类取，以类予。有诸己不非诸人，无诸己不求诸人。"意即：证明反驳都要根据同类相推的原则。自己赞同的论点，不能非难别人赞同。自己不赞同的论点，不能要求别人赞同。

墨子在辩论中常用归谬法，给归谬法起了一些别名，如"明小不明大"、"知小不知大"、"不知类"、"悖"等。或者用生动浅显的比喻，来比方对方的矛盾、悖理和荒谬。墨子在战国初期，广泛运用归谬法之后，经由战国中期孟子、惠施、庄子和尹文子等人的沿用提倡,在战国末期完全普及了,为诸子百家所常用,成为争鸣辩论的有效工具。这就为《小取》给归谬法下定义、定规则准备了充分的条件。这种归谬法,影响极其深远,对今人的思维表达,也大有裨益。中外归谬法,见表17。

表17 中外归谬法

类型	名称	定义规则	别称
墨辩	推	定义:以其所不取之,同于其所取者,予之也 规则:以类取,以类予。有诸己不非诸人,无诸己不求诸人	明小不明大,知小不知大,不知类
逻辑	辩论术 Dialectic	定义:揭露对方矛盾,以战胜对方的方术 规则:对立陈述不能同真;$\neg (Q \wedge \neg Q)$	辩证法,归谬法,归于不可能

二、墨子归谬法

(一) 明小不明大

《尚贤》、《鲁问》和《非攻上》等篇,有应用归谬法的第一种形式,即批评辩论对方"明小不明大","知小不知大"。《尚贤中》说:"何则?皆以明小物,而不明大物也。今王公大人有一衣裳不能制也,必借良工。有一牛羊不能杀也,必借良宰。故当若之二物者,王公大人未尝不知以尚贤使能为政也。逮至其国家之乱,社稷之危,则不知尚贤使能以治之,亲戚则使之,无故富贵、面目姣好则使之。夫无故富贵,面目姣好则使之,岂必智且有慧哉?若使之治国家，则此使不智慧者治国家也。国家之乱，既可得而知已。"

意即：为什么呢？都因为只明白小事，而不明白大事。如今王公大人，有一件衣裳不能制作，必定凭借好工匠。有一牛羊不能杀，必定凭借好屠夫。对这两件事，王公大人未尝不知尚贤使能。一旦遇到国家丧乱，社稷倾危，却不知道尚贤使能，而任用亲戚，无故富贵者，面目美好者。难道无故富贵者，面目美好者，一定有智慧吗？如果使他们治理国家，那就是使用不聪明的人治理国家，国家的混乱，就可想而知了。

《尚贤下》说："而今天下之君子，居处言语皆尚贤，逮至其临众发政而治民，莫知尚贤而使能，我以此知天下之士君子，明于小而不明于大也。何以知其然乎？今王公大人有一牛羊之财不能杀，必索良宰。有一衣裳之财不能制，必索良工。当王公大人之于此也，虽有骨肉之亲，无故富贵，面目美好者，实知其不能也，不使之也。是何故？恐其败财也。当王公大人之于此也，则不失尚贤而使能。王公大人有一疲马不能治，必索良医。有一危弓不能张，必索良工。当王公大人之于此也，虽有骨肉之亲，无故富贵，面目美好者，实知其不能也，必不使。是何故？恐其败财也。当王公大人之于此也，则不失尚贤而使能。逮至其国家则不然，王公大人骨肉之亲，无故富贵，面目美好者，则举之，则王公大人之亲其国家也，不若亲其一危弓、疲马、衣裳、牛羊之财与？我以此知天下之士君子，皆明于小而不明于大也。此譬犹喑者而使为行人，聋者而使为乐师。"

意即：今天下的士君子，居处言谈都知尚贤，一旦面对民众，发布政令，治理人民，就不知尚贤使能，我由此知道，天下的士君子，都是只明白小道理，而不明白大道理。怎么知道这样呢？如今的王公大人，有一头牛羊不会杀，一定找好屠夫。有一件衣裳不会做，一定找好工匠。王公大人在这时，虽然有骨肉之亲，和无故富贵，面貌美好的人，确实知道他们无能，就不会使用。为什么呢？担心他们败坏财产。王公大人在这时，不会失去尚贤使能。王公大人有一匹病马不能治，一定要找好兽医。有一张难张的弓张不开，一定要找好工匠。王公大人在这时，虽然有骨肉之亲，和无故富贵，面貌美好的人，确实知道他们无能，就不会使用。为什么呢？担心他们败坏财产。王公大人在这时，不会失去尚贤使能。但一到其治理国家，就不这样了。王公大人的骨肉之亲，无故富贵者，面貌美丽的人，就举荐。则王公大人的爱国，还不如爱一张坏弓，一匹病马，一件衣裳、一头牛羊。我因此知道，天下的士君子，只明白小道理，而不明白大道理。这就好比派哑巴去充当外交官，派聋子去充当乐队指挥。

以上墨子对归谬法的运用，素材是揭露王公大人在任用人才问题上的自相矛盾。墨子对归谬法的理论总结，则是给辩论对方的逻辑谬误，起一个有理论意义的名称"明小不明大"或"知小不知大"。"明小不明大"或"知小不知大"的意思，是形容对方议论的自相矛盾、荒谬和悖理。

《鲁问》载墨子对鲁阳文君说："世俗之君子，皆知小物，而不知大物。今有人于此，窃一犬一彘则谓之不仁。窃一国一都，则以为义。譬犹小视白谓之曰，大视白则谓之黑。是故世俗之君子，知小物而不知大物者，此若言之谓也。"这里在批评对方"知小不知大"的同时又比喻说"譬犹小视白谓之曰，大视白则谓之黑"，也是在形容对方的自相矛盾、荒谬和悖理。

《小取》对归谬法的定义和规则，依现代逻辑学研究方法论术语说，叫作元逻辑、元语言，而《尚贤》对归谬法的运用，叫作对象逻辑（应用逻辑）、对象语言，相当于逻辑理论和逻辑应用，逻辑总结和逻辑素材的分别。《小取》元逻辑与《尚贤》对象逻辑对照，见表18。

表18 《小取》元逻辑与《尚贤》对象逻辑对照

《小取》元逻辑	定义：推也者，以其所不取之，同于其所取者，予之也 规则：以类取，以类予。有诸己不非诸人，无诸己不求诸人
《尚贤》对象逻辑：其所取（Q）	居处言语知尚贤（牛羊不能杀必索良宰；衣裳不能制必索良工；疲马不能治必索良医；危弓不能张必索良工）
《尚贤》对象逻辑：其所不取（¬Q）	治国不知尚贤（使不智慧者治国，喑者而使为行人，聋者而使为乐师）
结论：(Q ∧ ¬Q)	天下君子陷于自相矛盾，荒谬和悖理

《非攻上》对归谬法的运用。《非攻上》的原文是：

今有一人，入人园圃，窃其桃李，众闻则非之，上为政者得则罚之。此何也？以亏人自利也。至攘人犬豕鸡豚者，其不义，又甚入人园圃窃桃李。是何故？以亏人愈多，其不仁滋甚，罪益厚。至入人栏厩，取人马牛者，其不仁义，又甚攘人犬豕鸡豚。此何故也？以其亏人愈多。苟亏人愈多，其不仁滋甚，罪益厚。至杀不辜人也，拖其衣裘，取戈剑者，其不义，又甚入人栏厩取人马牛。此何故也？以其亏人愈多。苟亏人愈多，其不仁滋甚矣，罪益厚。当此，天下之君子皆知而非之，谓之不义。今至大为不义攻国，则弗知非，从而誉之，谓之义。此可谓知义与不义之别乎？

杀一人，谓之不义，必有一死罪矣。若以此说往：杀十人，十重不义，必有十死罪矣。杀百人，百重不义，必有百死罪矣。当此，天下之君子皆知而非之，谓之不义。今至大为不义攻国，则弗知非，从而誉之，谓之义。诚不知其不义也，故书其言，以遗后世。若知其不义也，夫奚说书其不义以遗后世哉？

今有人于此，少见黑曰黑，多见黑曰白，则必以此人为不知白黑之辩矣；少尝苦曰苦，多尝苦曰甘，则必以此人为不知甘苦之辩矣。今小为非，则知而非之。大为非攻国，则不知非，从而誉之，谓之义，此可谓知义与不义之辩乎？是以知天下之君子也，辩义与不义之乱也。

《非攻上》的译文是：今有一人，进人果园，偷窃桃李，众人听说会谴责，上级执政者发现会处罚。这是什么原因？因为他损人利己。

至于偷窃人家鸡狗猪，其不义又超过进人果园偷桃李。这是什么原因？因为害人越多，不仁更甚，罪更大。

至于进人牛栏马厩，强取马牛，其不仁义，又超过偷人鸡狗猪。这是什么原因？因为害人越多。如果害人越多，其不仁更甚，罪更大。

至于妄杀无辜，抢夺衣裘，夺取戈剑，其不义，又超过进人牛栏马厩，强取马牛。这是什么原因？因为害人越多。如果害人越多，其不仁更甚，罪更大。

对此，天下君子，都知道非难，叫作不义。现在大行不义，攻伐别国，则不知非难，反而赞誉，叫作义举。难道这可说是知道义和不义的区别吗？

杀一人，叫作不义，必有一死罪。依此类推：杀十人，十重不义，必有十死罪。杀百人，百重不义，必有百重死罪。对此，天下君子，都知道非难，叫作不义。现在大行不义，攻伐别国，则不知非难，反而赞誉，叫作义举。这实在是不知其不义，所以记下他的言论，传遗后世。如果真的知道这是不义的，难道说要书写这些不义（害人丢人）之事，以留传后世吗？

现在有人在此，看见一点黑，说是黑，看见很多黑，反而说是白，一定认为这人是黑白不分。少尝一点苦，说是苦，尝很多苦，反而说是甜，一定认为这人是甘苦不辨。如今，对犯小过失，则知而非之。对犯大罪过，攻伐别国，则不知非，反而赞誉，叫作义举，这难道说是知道义与不义的区别吗？由此可见，天下君子，区别义与不义的混乱。

对应于《小取》归谬法"推"的元逻辑表述，《非攻上》是对象逻辑的资料素材。前者为理论，概括，抽象。后者为应用，实践，材料。《非攻上》归谬法对象逻辑的要点，见表19。

表19 《非攻上》归谬法对象逻辑的要点

序号	其所取（对方赞成）	其所不取（对方不赞成）
1	窃桃李、攘犬豕鸡豚、取马牛、杀不辜、拖衣裘、取戈剑：知而非之，谓之不义	大不义攻国：不知非，谓之义：不知义与不义之别
2	杀一人不义，一死罪。杀十人不义，十死罪。杀百人不义，百死罪：知而非之，谓之不义	大不义攻国：不知非，谓之义：不知义与不义之别
3	小为非：知而非之，谓之不义	大为非攻国：不知非，谓之义：不知义与不义之辩，辩义与不义之乱
4	少见黑：曰黑	多见黑：曰白：不知白黑之辩
5	少尝苦：曰苦	多尝苦：曰甘：不知甘苦之辩
结论	Q	¬Q
	(Q ∧ ¬Q) 自相矛盾，荒谬和悖理	

（二）不知类

墨子运用归谬法的第二种形式，是指出辩论对方"不知类"。《公输》载鲁班为楚国造云梯，准备攻打宋国，墨子见鲁班说："北方有人侮辱我，想请您帮我把他杀掉。"鲁班说："吾义固不杀人。"即我讲仁义，从来不杀人。墨子说："义不杀少而杀众，不可谓知类。"讲仁义不杀少，更应不杀众。"杀少"和"杀众"同属"不仁义"一类。"义不杀少而杀众"，违反同一律和矛盾律，"不知类"即荒谬悖理。

（三）悖概念

墨子运用归谬法的第三种形式，是指出辩论对方"悖"。"悖"是元语言的语义概念，意即自相矛盾、荒谬和悖理。《耕柱》载墨子说："世俗之君子，贫而谓之富则怒，无义而谓之有义则喜。岂不悖哉！"贫穷说"富有"就愤怒，无义说"有义"却喜欢，这是自相矛盾，荒谬悖理。

《贵义》载墨子说："世之君子，使之为一犬一彘之宰，不能则辞之；使为一国之相，不能而为之。岂不悖哉！"屠宰猪狗，不会就推辞。做宰相，不会却不推辞。这也是自相矛盾，荒谬悖理。

"不知类"和"悖"是墨子对归谬法的元逻辑的概括，《公输》、《耕柱》和《贵义》载墨子的辩论说辞，是应用归谬法的对象逻辑素材。"不知类"与"悖"的元逻辑和对象逻辑，见表20。

表20 "不知类"与"悖"的元逻辑和对象逻辑

元逻辑	不知类	悖	
对象逻辑	义不杀少而杀众	贫而谓之富则怒，无义而谓之有义则喜	使之为一犬一彘之宰，不能则辞之。使为一国之相，不能而为之

（四）概念命题矛盾

墨子运用归谬法的第四种形式，是指出辩论对方论点中有概念和命题的矛盾。如《非儒》说儒家主张"君子必古服古言然后仁"。墨家的反驳是："所谓古之言服者，皆尝新矣。而古人言之服之，则非君子也。然则必服非君子之服，言非君子之言，而后仁乎？"即儒家论点，包含概念和命题的自相矛盾。从概念说，古人穿古服，说古言，在当时都曾经是新的，按照儒家的逻辑，古人就都成了非君子。从命题说，儒家的主张就成为：一定要穿非君子的服装，说非君子的语言，才成为君子，符合仁义标准。这是自相矛盾、荒谬和悖理。

又如《非儒》说，儒家主张"君子循而不作"。《论语·述而》载孔子说："述而不作，信而好古。""循"即"述"。儒家认为君子只遵循古人，叙述传承，而不创作创新。墨家的反驳是："古者羿作弓，伃作甲，奚仲作车，巧垂作舟，然则今之鞄函、车匠，皆君子也，而羿、伃、奚仲、巧垂，皆小人邪？且其所循，人必或作之。然其所循，皆小人道也。"即古代羿、伃、奚仲和巧垂，发明弓箭、铠甲、车子和舟船，现在的皮、车等工匠，因为传承古代工匠的技术，没有创造，就都成了君子，而古代羿、伃、奚仲和巧垂等发明家，却都成了小人。并且现代工匠所遵循传承的技术，一定要先有人创作出来，按照儒家的逻辑，这些创造者都成了小人，现代工匠所遵循传承的，也都成了小人的道理。这是自相矛盾，荒谬悖理。墨子运用归谬法的第四种形式，指出儒者概念和命题的矛盾，见表21。

表21 儒者概念和命题矛盾

儒者	墨者
君子必古服古言然后仁	所谓古之言服者，皆尝新矣。而古人言之服之，则非君子也。然则必服非君子之服，言非君子之言，而后仁乎？
君子循而不作	古者羿作弓，伃作甲，奚仲作车，巧垂作舟，然则今之鞄函、车匠，皆君子也，而羿、伃、奚仲、巧垂，皆小人邪？且其所循，人必或作之，然其所循，皆小人道也

（五）比喻自相矛盾

墨子运用归谬法的第五种形式，是创造性地使用各种比喻，具体、形象、生动形容论敌自相矛盾的荒谬悖理。

1. 命人包而去其冠。《公孟》载儒者公孟子说："贫富寿夭，全然在天，不可损益。"又说："君子必学。"这是既否认人的主观能动作用，又承认人的主观能动作用，自相矛盾。墨子反驳说："教人学而执有命，是犹命人包而去其冠也。"即教人学习，又坚持命定论，就像既叫人戴帽子包裹头发，又叫人把包裹头发的帽子去掉，荒谬悖理。

2. 无客而学客礼，无鱼而为鱼罟。《公孟》载儒者公孟子说："无鬼神。"又说："君子必学祭祀。"墨子说："执无鬼而学祭礼，是犹无客而学客礼，无鱼而为鱼罟也。"即既认为鬼神不存在，又主张君子一定要学习祭祀鬼神的礼节，就像无客却学客礼，无鱼却做渔网，自相矛盾。

3. 禁耕求获。《节葬下》载墨子说，统治者厚葬，财富埋地下，长久服丧。"以此求富，此譬犹禁耕而求获也。"用禁耕求获，比喻厚葬久丧与求富的矛盾。

4. 负剑求寿。《节葬下》载墨子说，统治者以长久服丧，败男女之交，求得人口众多，就像"负剑求寿"，荒谬悖理。

5. 掩目祝视。《耕柱》载鲁国贵族季孙绍与孟伯常治政，互不信任，闹矛盾，不从建立信任入手，解决矛盾，却到丛林神祠祷告说："愿神灵保佑我们和好！"就像遮住眼睛，祷告神灵说"保佑我什么都看得见"，荒谬悖理。

6. 少见黑曰黑，多见黑曰白。少尝苦曰苦，多尝苦曰甘。《非攻上》批评天下君子，把小偷抢叫"不义"，却把大偷抢

（攻伐掠夺）叫"义"，就像"少见黑曰黑，多见黑曰白，少尝苦曰苦，多尝苦曰甘"，荒谬悖理。

墨子的比喻，与韩非的"矛盾之说"，异曲同工，有启发逻辑思维，避免矛盾谬误的功效。墨子比喻自相矛盾，见表22。

表22 墨子比喻自相矛盾

序号	本体	喻体
1	教人学而执有命	犹命人包去其冠
2	执无鬼而学祭礼	犹无客学客礼，无鱼为鱼罟
3	以厚葬久丧求富	譬犹禁耕求获
4	以久丧求众	譬犹负剑求寿
5	互不信任祷告神灵保佑和好	譬犹掩目祝视
6	小偷抢叫不义，大偷抢攻国叫义	少见黑曰黑多见黑曰白，少尝苦曰苦多尝苦曰甘

三、《墨经》归谬法

（一）归谬法运用

《小取》两次批评论敌说："此与彼同类，世有彼而不自非也，墨者有此而非之，无他故焉：所谓内胶外闭，与心无空乎内，胶而不解也。"A1与A2两种议论同类，世人赞成A1，不以为非，墨者赞成A2，却以为非，构成矛盾、荒谬和悖理。《墨经》运用归谬法，见表23。

表23 《墨经》运用归谬法

概括：荒谬程度	内胶外闭，与心无空乎内，胶而不解
对象：自相矛盾	此与彼同类，世有彼而不自非也，墨者有此而非之

（二）归谬法总结

墨子首创自觉辩术，如归谬法，是战国前期初具规模、自成体系的应用逻辑，为后期墨家《墨经》总结系统辩学的丰富素材。借鉴希尔伯特、塔尔斯基、罗素等把理论、科学、语言和研究分为对象和元（后设）不同层次的观点，把墨子的辩术和应用逻辑，称为对象逻辑，把后期墨家的系统辩学，称为中国古代逻辑学理论，是用古汉语作为元语言工具，表达第一层次的元逻辑。现代学者加工改制，创造转化的中国古代逻辑学体系，是用现代语言为工具，表达第二层次的元逻辑。

墨子的辩术、应用逻辑和对象逻辑，包含中国古代元逻辑的理论因素，是墨辩逻辑质变过程的量变积累和局部质变，如提出"明小不明大"、"知小不知大"、"不知类"、"悖"概念等。《墨经》用古汉语作为元语言工具，对墨子辩术的应用逻辑、对象逻辑，进行元研究，概括系统理论，建构辩学的元逻辑。其对归谬法的概括，舍弃当时争鸣辩论的具体内容，呈现用古汉语表达的纯理论形态。

1.定义。"推"是墨家对归谬法的命名。《小取》说："推也者，以其所不取之，同于其所取者，予之也。""推"这种论辩方式的程序步骤和特点，是提供一个证明，论证对方所不赞成的 A2 论点，跟对方所赞成的 A1 论点，属于同类，把这个证明给予对方。如果对方对不赞成的论点，改为赞成，那么对方就被我说服。如果对方对不赞成的论点，坚持不赞成，则对方就陷于自相矛盾，荒谬和悖理。

"推"是墨家对归谬法的命名。墨家"推"的概念,比现代"推理"或"推论"概念的外延小。现代"推理"或"推论"概念的外延,包括演绎、归纳和类比等形式。墨家"推"的概念,除分析对方论点概念命题的矛盾(纯演绎推理)外,在多数情况下,是归谬法(演绎法)与类比推理的结合。根据强调重点不同,可称归谬式类比推理(简称归谬类比),或类比式归谬推理(简称类比归谬)。

"推"这种论辩方式的根据,是"其所不取之"与"其所取者"两组命题类同程度的比较。"其"指辩论对方。"取"指赞成。"其所不取之",指对方所不赞成的命题。"其所取者",指对方所赞成的命题。如在墨子鲁班辩论的开始,鲁班赞成"义不杀少",不赞成"义不杀众",墨子论证"义不杀众"与"义不杀少"同类,批评鲁班"义不杀少而杀众,不可谓知类",鲁班于是被墨子说服。

归谬法是运用矛盾律的反驳论证方式。在西方逻辑学史上,归谬法的广泛应用,极大地刺激和促进系统逻辑学的诞生。古希腊芝诺、苏格拉底、柏拉图,都极善运用归谬法,为亚氏逻辑的创立创造了条件。

在百家争鸣中,墨子率先运用和总结贯穿矛盾律的归谬反驳方式。《墨经》对"推"这种归谬法定义和规则的总结,言简意赅。"推"的论证方式,有归谬法的演绎必然性和逻辑性,又有类比推理的生动形象性,富有说服力、感染力,是争鸣辩论的得力工具,行之有效,所以为诸子百家所喜用和常用。

2.规则。"以类取，以类予"和"有诸己不非诸人，无诸己不求诸人"。《小取》总结归谬法的规则，是"以类取，以类予"和"有诸己不非诸人，无诸己不求诸人"。"以类取，以类予"规则的含义是：处于思维交际中的各方，对某一命题的证明和反驳，都应根据事物类同类异的原则。《经说上》对类同类异的定义是："有以同，类同也。""不有同，不类也。"即事物在某方面有共同性，叫作类同。事物在某方面没有共同性，叫作"不类"（"类异"）。如墨子在说服鲁班时，论证"杀众"和"杀少"，同属"不义"之类，批评鲁班赞成"杀少为不义"的命题，不赞成"杀众为不义"的命题，陷于"不知类"的逻辑混乱。墨子在说服楚王时，论证楚国"攻宋"，与富人有窃疾"同类"。

"以类取，以类予"的规则，坚持在证明反驳中，对同类命题，采取同一肯定和否定的断定，相当于遵守逻辑同一律的要求。《荀子·正名》说："凡同类同情者，其天官之意物也同。"即凡同是人类，具有同样的性质，其天生认识器官对事物形成的认识，也相同。同理，凡同类事物，具有同样性质，处于思维交际中的各方，对反映该事物的命题肯定和否定的断定，应该相同。如鲁班肯定"杀一人是不义"，就应该肯定"杀多人更不义"，因为"杀一人"和"杀多人"，同属"杀人不义"一类。这是思维交际中，保持概念命题逻辑同一性的本体论认识论根据。

"有诸己不非诸人，无诸己不求诸人"规则的含义是：A2与A1命题同类，对方肯定A1，就不能非难我方肯定A2；对方不否定A1，就不能要求我方否定A2。如"杀一人是不义"和"杀多人是不义"的命题同类,鲁班肯定"杀一人是不义",就不能非难墨子肯定"杀多人是不义"。鲁班不否定"杀一人是不义",就不能要求墨子否定"杀多人是不义"。

"有诸己不非诸人,无诸己不求诸人"的规则,表明处于思维交际中的各方,对于同类命题,具有同等肯定和否定的权利和义务。在真理和逻辑面前人人平等。"有诸己不非诸人,无诸己不求诸人"规则的含义,相当于遵守矛盾律的要求。鲁班肯定"杀一人是不义",而非难墨子肯定"杀多人是不义"。不否定"杀一人是不义",却要求墨子否定"杀多人是不义",必然陷于矛盾,违反矛盾律。

坚持"以类取,以类予"和"有诸己不非诸人,无诸己不求诸人"的规则,是坚持同一律、矛盾律的要求,以保持议论的一致性、一贯性,避免逻辑矛盾和混乱,是正确思维和成功交际的必要条件。《墨经》总结归谬法,见表24。

表24 《墨经》总结归谬法

定义	推也者,以其所不取之,同于其所取者,予之也
规则	以类取,以类予。有诸己不非诸人,无诸己不求诸人

(三)矛盾律

《经上》说:"辩,争彼也。"《经说上》举例解释说:"或谓之牛,谓之非牛,是争彼也。是不俱当。不俱当,必或不当。"辩论是有关同一对象(彼)的矛盾命题之争。一人说:"这个动物是牛。"一人说:"这个动物不是牛。"这是有关同一对象（彼）的矛盾命题之争。辩论是"争彼"，即争论矛盾命题的是非。

《墨经》用元语言的语法概念（否定词"不"，全称量词"俱"，特称量词"或"，模态词、必然推出关系"必"）和语义概念（"当"、"不当"，相当于真、假），对矛盾律的理论概括。这是《墨经》用古汉语的元语言工具，对墨子运用矛盾律的议论，进行第一层次的元理论概括。"不俱当"用符号表示为：$\neg(P \wedge \neg P)$。并非"P"和"非P"同真，即矛盾律。这是用现代逻辑和科学语言，对墨辩进行第二层次的元理论分析。墨家对矛盾律做出理论概括，指出像"这个动物是牛"和"这个动物不是牛"两命题的真假值规律，是"不俱当，必或不当"，即不能同真，必有一假。

《墨经》用"这个动物是牛"和"这个动物不是牛"两命题"不俱当，必或不当"这种方式，表示矛盾律，同亚里士多德逻辑本质一致。亚氏说："对立的陈述不能同时为真。""相反论断不能同时为真。"不同的是，《墨经》通过实例分析，把矛盾律理解为两个矛盾命题、判断或语句的关系，亚氏除了有时理解为两个"相反的叙述"或"互相矛盾的判断"的关系，即思维、认识、表达的规律之外，在更多场合，则主要是或首先是把矛盾律理解为事物的规律，即本体论、存在论规律，这容易导致把逻辑规律与世界观的规律混为一谈。《墨经》的表达不会出现这种误解。这是《墨经》对矛盾律理论概括的特点。《墨经》矛盾律，见表25。

表25 《墨经》矛盾律

案例	真值规律	亚里士多德
谓之牛，谓之非牛：争彼	不俱当	对立陈述不能同真
解释	不能同真	
符号	¬（P∧¬P）	

（四）悖论

1.言尽悖。《经下》说："以言为尽悖，悖，说在其言。"即"一切言论是虚假的"自相矛盾，论证的理由在于"一切言论是虚假的"本身是言论。《经说下》说："悖，不可也。之人之言可，是不悖，则是有可也。之人之言不可，以当必不当。"即虚假就是不成立。如果这个人这个言论成立，就是有并不虚假的言论，有成立的言论。如果这个人这个言论不成立，认为它恰当必然不恰当。

《墨经》指出论证的关键是"说在其言"，即"一切言论是虚假的"中"言论"、"虚假"的概念，涉及自身，自我相关。这是对悖论成因的深刻理解，用归谬法巧妙揭示论敌议论中的逻辑矛盾。

玄奘译印度陈那《因明正理门论》论自语相违似宗（自相矛盾的错误论题）的举例，是"一切言皆是妄"，与"言尽悖"论同。亚氏在《形而上学》中说："说一切为假的人就使自己也成为虚假的。""从一切断语都是假的这一主张，也会得出，这话本身也不是真的。"

古希腊有"说谎者"悖论。克里特岛人爱庇门德说："所有克里特岛人说的话都是谎话。"如果这句话真，由于它也是克里特岛人说的话，则这句话本身也是谎话，即假。如果这句话假，能推出其矛盾命题"有克里特岛人说的话不是谎话"，不能推出这句话真。这是一种不典型的语义悖论，后把"说谎者"悖论表述为"我说的这句话假"，是典型的语义悖论：由真推假，由假推真。《墨经》批评的"言尽悖"论，同爱庇门德的"说谎者"悖论相似。悖论是自相矛盾的恒假命题。语义悖论是涉及语言的意义、断定和真假等概念的悖论。语义悖论，见表26。

表26 语义悖论

传统	语义悖论
墨辩	言尽悖
因明	一切言皆妄
逻辑	一切命题是假的；所有克里特岛人说的话都是谎话；我正在说的这句话是假的

2.非诽。《经下》说："非诽者悖，说在（非）弗非。"《经说下》说："非诽，非己之诽也。不非诽，非可非也。（非）不可非也，是不非诽也。""诽"是批评缺点、错误。"非诽"，即反对一切批评。墨家认为提出这一论点的人，陷入自相矛盾。因为提出"反对一切批评"，就连自己"反对一切批评"这一批评也反对了。如果不反对一切批评，那么有错误就可以批评了。如果有错误不能批评，这本身也导致对"反对一切批评"论点的否定。因为对方正是把批评，视为错误来反对的。墨家用归谬法揭示"反对一切批评"论点的自相矛盾。

儒家主张"为尊者讳，为亲者讳，为贤者讳"(《公羊传·闵公元年》),孔子提倡"父为子隐,子为父隐"。(《论语·子路》)《经说上》批评儒家主张的"圣人有非而不非"(圣人见人有非,不非其非,即不批评其错误)。墨家认为批评是正常的。《经上》定义说:"诽,明恶也。"诽即非人之非(批评别人错误)。《经下》说"诽之可否","说在可非",《经说下》说"论诽之可不可以理",即讨论批评的可否,以是否合乎道理为标准。

3.学无益。《经下》说:"学之益也,说在诽者。"《经说下》说:"以为不知学之无益也,故告之也,是使知学之无益也,是教也。以学为无益也教,悖。"即学习是有益的,因为反对这一论点的人,必然陷入自相矛盾。对方认为人们不知道"学无益"的论点,所以告诉别人,教别人,这等于否定"学无益",而承认学有益。墨家用归谬法,揭示"学无益"论的自相矛盾。

4.知之否之足用。《经下》说:"知知之否之足用也悖,说在无以也。"《经说下》说:"论之非知无以也。"即"知道自己是知道,还是不知道,就够用了"的论点,是自相矛盾的。因为讨论它,是想让人知道它,别人若是仅宣称自己不知道它,你肯定会认为不够用。这是用归谬法,揭示论敌的自相矛盾。

《论语·为政》说:"知之为知之,不知为不知,是知也。"《老子》七十一章说:"知不知,上。不知知,病。夫唯病病,是以不病。圣人不病,以其病病,是以不病。"这就是《墨经》批评的"知知之否之足用"(知道自己是知道,还是不知道,就够用了)的论点。墨家主张积极求知(特别是自然知识），反对道儒两家对知识的消极态度。《墨经》对悖论的归谬反驳，与古印度、西方逻辑学相通，说明东西方人类思维规律的一致性。

四、推广

（一）孟子

西晋鲁胜《墨辩注序》说："孟子非墨子，其辩言正辞则与墨同。"孟子与墨子学术观点不同，攻击墨子兼爱是"无父"，是"禽兽"，但在辩论方式上，孟子熟练运用墨子首创的归谬法。逻辑本来并不是某个学派的私有财产，而是超越学派的人类普遍思维工具。

《孟子·告子上》说："今有无名之指，屈而不伸，非疾痛害事也，如有能伸之者，则不远秦楚之路，为指之不若人也。指不若人，则知恶之，心不若人，则不知恶，此之谓不知类。"即有人无名指弯曲不直，就到处医治，即使走到秦国、楚国都不嫌远。无名指不如别人，知道厌恶，心性道德不如别人，却不知道厌恶，这叫"不知类"。"不知类"，是墨子应用归谬法的代名词，惯用语，曾用来说服鲁班，止楚攻宋，被孟子继承，发扬光大。

《孟子·梁惠王上》说："吾力足以举百钧，而不足以举一羽；明足以察秋毫之末，而不见舆薪。"即我的气力能举起三千的重量，却拿不起一根羽毛。我的眼睛明亮，足以看清秋天鸟兽新生毫毛的末端，却看不见一车柴。孟子的归谬说词，用"明察秋毫，不见舆薪"的比喻，成为众所周知的成语，普遍效法的思维表达范例。

（二）庄子

《庄子·胠箧》说："窃钩者诛，窃国者为诸侯。"即窃一腰带钩，要杀头；窃一国，却做诸侯。司马迁《史记·游侠列传》更简化为："窃钩者诛，窃国者侯。"这是极简明的运用归谬法的范例。

（三）公孙龙

《公孙龙子·迹府》载，公孙龙反驳孔子六世孙孔穿说："夫是仲尼异楚人于所谓人，而非龙异白马于所谓马，悖。"即孔子把"楚人"和"人"区别开来，却非难公孙龙把"白马"和"马"区别开来，自相矛盾。这是归谬法的运用。

（四）吕不韦

《吕氏春秋·听言》说："今人曰：'某氏多货，其室培湿，守狗死，其势可穴也。'则必非之矣。曰：'某国饥，其城郭卑，其守具寡，可袭而篡之。'则不非之：乃不知类矣。"即现在有人说，某氏富有，屋后墙潮湿，守门狗死，可以挖洞偷他。这一定会遭到非议，但假如说，某国遭遇饥荒，城墙低矮，守城器具少，可以偷袭而篡夺之。则不被非议。这是归谬法的运用。

（五）刘安

《淮南子·泰族训》说："夫指之拘也，莫不事伸也；心之塞也，莫知务通也：不明于类也。"即手指弯曲，都会设法伸直，但心思堵塞不通，却不知道设法打通，这是"不明于类"，即"不知类"的错误，是归谬法的运用。

（六）王充

《论衡·祭意篇》说："知祭地无神，犹谓诸祀有鬼：不知类也。"以墨子的"不知类"为说,揭露论敌自相矛盾,这是归谬法的运用。

(七)现实运用

墨家所运用和总结的归谬法,通过诸子百家的普遍运用,深深地渗透于后人的思维方式和表达习惯。加拿大人朗宁1893年生于湖北襄阳,父母是美籍传教士。朗宁喝中国奶妈的乳汁长大,不料他30岁回加拿大竞选省议员时,反对派的人竟诽谤他说:"你是喝中国人的奶长大的,你身上一定有中国血统。"朗宁针锋相对地反驳他们说:"据权威人士透露,你们是喝牛奶长大的,你们身上一定有牛的血统。"[1]这说明归谬法的运用,极富论证性和说服力,是重要的辩论工具。

(本章主要内容曾演讲于台湾东吴大学、台湾辅仁大学、台湾元智大学、台湾云林科技大学、清华大学、中国政法大学、北京逻辑学会和武汉大学。作为2008年5月30日—6月1日海峡两岸逻辑教学学术会议论文,收入林正弘主编《逻辑与哲学》,台湾学富文化出版社2009年版,第545—564页。)

---

[1]《北京晚报》1984年8月11日。

第十七章 《墨子·经上》和《经说上》的逻辑

《墨经》是天下奇书。其表达形式,简练出奇。其表达内容,长于逻辑科学。这是中国传统文化一大奇迹。《经上》和《经说上》的科学概念、逻辑学、范畴论、方法论和止式论证等理论,是国学和中国传统文化中的精华,特别值得关注、继承和弘扬。

一、天下奇书

《墨经》是天下奇书。胡适说:"《墨子》的《经》上下、《经说》上下、《大取》、《小取》六篇,从鲁胜以后,几乎无人研究。""到了今日,这几篇二千年没人过问的书,竟成了中国古代的第一部奇书了!"[①]

之所以说《墨经》是天下奇书,第一是表达形式奇,第二是表达内容奇。从表达形式说,《墨经》文本,简练出奇。《经上》100个条目,只有524字,平均五个字一条。条目最短的,只有三个字。如第8条说:"义,利也。"意即道义,就是给人以实际利益。条目最长的,只有十一个

---

① 胡适:《中国哲学史大纲》卷上,商务印书馆1987年版,第31页。

字。如第93条说："执所言而意得见，心之辩也。"即根据所听到的言论，把握对方说话的意思，这是理智的辨别分析作用。

从表达内容说，《墨经》是中国传统文化的一大奇迹。人们常说，中国传统文化长于政治和伦理，短于科学与逻辑。但是，《墨经》的情况，恰恰相反。《墨经》的长处，它所关注的焦点，正在于科学与逻辑。《墨经》跟其他中国古籍最大的不同处，是用最精炼的古汉语文字，概括哲学社会科学和自然科学各科知识，是中国古代一部微型的百科全书。

拿《经上》来说，100个条目中，78条用定义方法，11条用分类方法，或是分类与定义相结合的方法，规定古代逻辑与科学范畴。另有11个条目，运用这些范畴，表达古代逻辑与科学命题。

把《经上》100个条目的内容，纳入现代科学知识的分类系统，可以清晰地看出墨家学者的真知睿智，领略墨家逻辑和科学的深湛义理，认知《墨经》的崇高学术价值。

《经上》100个条目的内容属于自然科学知识的有20条。属于哲学社会科学知识的有80条。再往下细分，在自然科学知识中，属于数学15条，力学1条，心理学4条。在哲学社会科学知识中，属于世界观14条，认识论7条，逻辑学30条，方法论8条，政治学6条，伦理学15条。《经上》分科，见表27。

表27 经上分科

一级分科	序号	二级分科	条目数
哲学社会科学	1	逻辑学	30
	2	世界观	14
	3	认识论	7
	4	方法论	8
	5	政治学	6
	6	伦理学	15
	小计		80
自然科学	7	数学	15
	8	力学、物理学、简单机械学	1
	9	心理学	4
	小计		20
合计			100

二、科学概念

《墨经》数学，主要是几何学，有数学名词的定义，讨论方、圆、直线的性质，点、线、面、体的关系，相交、相切、相离问题。《墨经》和西方欧几里得《几何原本》在一些概念、理论上相符。

点线面体，是几何图形的元素。点是《墨经》的几何学概念。《经上》说："端，体之无厚而最前者也。"这是"端"（点）的定义。《墨经》的"端"含义有两种：第一，相当于欧几里得几何学中的点。在欧氏几何中，点被定义为"不可分"。第二，没有厚度，也没有长度和宽度，是物体的最前部分。

《墨经》的"端",是没有长、宽、高三维,无穷小的物质微粒。这种物质结构论,相当于古希腊自然哲学家的原子论。原子论,或物质微粒说,是人类认识物质的一个阶段,里程碑,再进一步,人类探讨原子论,或物质微粒的深层结构,提出物质无限可分说。物质结构是可分和不可分的结合,是可分的阶段性、有限性和进展性、无穷性的统一。

《经上》说:"体,分于兼也。"《经说上》举例解释说:"若二之一,尺之端也。"点和线的关系,是部分和整体的关系,这是对"体"所下的关系定义。"体"是部分、元素,"兼"是整体、集合。"尺"相当于几何学的"线","端"相当于"点"。"线"是无数"点"的集合、整体,"点"是"线"的部分、元素。这相当于欧几里得几何中"全体大于部分"的公理。《墨经》证明点是线的必要条件,线是点的充分条件。

《经上》说:"故,所得而后成也。"《经说上》举例解释说:"小故:有之不必然,无之必不然。体也。若有端。大故:有之必然,无之必不然。若见之成见也。""故"指原因,"后成"指结果。"故"分"小故"和"大故"。"小故"相当于必要条件,特征是"有之不必然,无之必不然"。即有点不一定有线,而无点一定无线,点为线的必要和非充分条件。反过来,可以说线为点的充分条件,即有线一定有点,而无线不一定没有点,线是点的充分和非必要条件。设 p 为 q 的必要和非充分条件,则 q 为 p 的充分和非必要条件。

《经上》说:"撄,相得也。"《经说上》举例解释说:"尺与尺俱不尽。端与端俱尽。尺与端或尽或不尽。""撄"的含

义,是"相交"、"相遇"、"接触"。分三方面考察:

其一,"尺与尺俱不尽":线和线相交,双方都不完全重合,因为线是无数点的集合,线和线相交,只交于一点。

其二,"端与端俱尽":点和点相交,完全重合,完全占有对方,没有空隙,因为点没有长、宽、高。

其三,"尺与端或尽或不尽":点和线相交,从点方面说,是完全重合(尽),从线方面说,是不完全重合(不尽)。

《经上》说:"比,有以相撄,有不相撄也。"《经说上》解释说:"两有端而后可。"这是几何学中图形比较的方法。同类的图形,可相互比较。如两条线,两个角,两个圆,两个矩形等。可用叠置法比较。

《经上》说:"次,无间而不相撄也。"《经说上》解释说:"无厚而后可。""次":序次、排列、相切。"相切":两个图形的共同点只有一个。"无间"是两个图形之间没有空隙。"不相撄"是不相交,相交是有两个共同点,"相切"是有一个共同点。

墨家认为,两个图形相离的时候,中间有空隙。《经上》说:"有间,中也。"《经说上》解释说:"谓夹之者也。"《经上》说:"间,不及旁也。"《经说上》解释说:"谓夹者也,尺前于区而后于端,不夹于端与区内。及,非齐及之及也。"《经上》说:"离,间虚也。"《经说上》解释说:"虚也者,两木之间,谓其无木者也。"

这是说图形相离。如一座建筑两根立柱间的空隙,可计算。"间,不及旁也",说明"及"不是"齐及"(相等),而是"包含"。"尺前于区",相当于欧几里得几何学中的定义

"面的界限是线"。"后于端"，相当于欧几里得几何学中的定义"线的界限是点"。面夹于周边之间，线夹于点之间，不能说线夹于点和面之间。

有穷、无穷概念，是近代数学史中的重要概念。《经上》说："穷，或有前不容尺也。"《经说上》解释说："或不容尺有穷，莫不容尺无穷也。""或"：有时。"尺"：线。"前"：一个区域的最前面。一个空间是有穷的，在度量的时候，前面不能容纳一线，这就是"或不容尺有穷"。一个空间是无穷的，在度量的时候，前面永远可以容纳一线，这就是"莫不容尺无穷也"。

方圆定义。《经上》说："方，柱、隅四权也。"《经说上》举例解释说："矩写交也。""柱"：边。"隅"：角。"方"的定义，是四边、四角相等。"方"是用矩尺做出的四边相等，四角为直角的平面图形。墨家知道"矩"这种工具的性质和作用。工匠没有矩，寸步难行。这个定义既科学，又实用，反映用矩尺做方的生产技术。

《经上》说："圆，一中同长也。"《经说上》解释说："规写交也。"圆有一个中心，从中心到周边有同样长度。"规"是画圆工具，"写"即"画"。用圆规一脚抵住中心，用另外一脚画出圆周的轨迹。《经上》说："同长，以正相尽也。"《经说上》举例解释说："楗与框之同长也。"《经上》说："中，同长也。"《经说上》解释说："心，自是往相若也。""同长"：比较2个物体同样长度，如门楗和门框有同样长度。"中"是圆心，从圆心到圆周都有同样长度，距离相等。现代科学发达，但画圆仍是如此。

直线和圆。《法仪》载墨子说："直以绳。"墨子在木工的生产实践中总结出画直线的方法。中国木工用墨斗工具画直线的实践，从理论上接近于欧几里得几何学的思想。其一，从每一点到另一点可引一直线；其二，通过不同两点的直线必定存在；其三，通过不同两点的直线至多有一条；其四，推论：任意两个不同的点，确定唯一的通过它们的直线。

《经上》说："直，参也。"《经说上》说："圆无直。""直"：直线。"参"：第三个东西加入两个东西中间。《广雅·释言》："参，三也。"直线是有一点，恰好介于另外两点之间。在一直线上的三点，有一点恰好介于其余两点之间。希尔伯特《几何基础》整理欧几里得几何公理学公理体系的顺序公理：

公理一：设有A、B、C三点，若B介于A和C之间，则A、B、C是一直线上三个不同的点，并且B也介于C和A之间。公理二：对于任何不同的A和B两点，在直线AB上至少有一点C，使得B介于A和C之间。公理三：在一直线上任何不同的三点中，至多有一点，介于其余两点之间。

希尔伯特公理和《墨经》直线概念的内容相通。《墨经》在分别定义圆和直线后，确认圆和直线关系的定理"圆无直"，即圆周上无直线；一圆周上任何三点，都不在一直线上；没有一圆，能通过同一直线上的三点。《墨经》认为，这条定理，可以通过科学方法证明。《经说上》说："有说，过五诺，若'圆无直'。""说"：论证。"五诺"：论证科学知识的五种问答法。

加倍和还原。《经上》说："倍，为二也。"《经说上》说：

"二尺与尺但去一。""倍"是乘以二。二尺和一尺之差，是一尺；从二尺中减去一尺，剩余一尺。二尺是一尺的二倍。这是"倍"的定义和还原算法。

《墨经》有许多数学概念，和欧几里得《几何原本》吻合。《墨经》是中国数学史上的宝贵文献，其中记述的数学知识，与中国工匠几千年实际运用的生产技术密切结合，变为尽人皆知、耳熟能详的基础性理论。

《墨经》有丰富的物理学知识。对时间和空间、运动和静止等概念，从生活经验出发，运用推理能力和高度想象，进行深刻论证。

时间和空间这两个概念，在中国古代很早就形成了，古籍中常"宇宙"二字并举。"宇"：空间概念。"宙"：时间概念。《经上》说："久，弥异时也。"《经说上》举例解释说："古、今、旦、暮。"《经上》说："宇，弥异所也。"《经说上》举例解释说："东、西、南、北。"这是时间和空间的定义。"久"指时间概念。尸佼《尸子》："天地四方曰宇，古往今来曰宙。"《淮南子·齐俗训》："往古来今谓之宙，四方上下谓之宇。""久"与"宙"古音相通，"久"就是"宙"。

《经上》说："始，当时也。"《经说上》说："时或有久，或无久。始当无久。""始"指开始、开端。所有物体运动变化都有"始"。"始"是物体运动恰当开端之时，是属于无穷小的时间（一刹那）。

《墨经》对于力、重、运动之间的关系，有一定认识。《经上》说："力，形之所以奋也。"《经说上》说："重之谓，下举重，奋也。"这是"力"的定义。"力"是物体运动的原因。"举"是使物体上升，提起重物。

《经上》说："尽，莫不然也。"《经说上》说："俱止、动。"《经上》说："动，或徙也。"《经说上》说："偏际徙者，户枢、蛇、蚕。"《经说上》说："无久之不止，若矢过楹。有久之不止，若人过梁。"《经说上》说："蛇、蚓旋圆，去就也。"

这些物体运动的实例，是从实际生活中观察到的。"俱止"：全部静止。"俱动"：全部运动。门的运动，是绕轴作扇形旋转。蛇、蚕和蚯蚓的运动，是一部分动，一部分不动（偏际徙）。《墨经》分析瞬间运动和历时运动。"无久之不止"指瞬间运动，如飞行着的箭，经过一根柱子所占有的时间。"有久之不止"指历时运动，如人经过一座桥梁。

所谓"巧传则求其故"，表明《墨经》科学是代代相传手工业工匠技巧的升华提高和理性概括。《墨经》的科学，同现代和西方的科学可以互相解释。《经上》"力，形之所以奋也"的力学定义，可以和牛顿的力学理论挂钩。墨家认为，"力"是物体运动状态变化的原因，人体具有运动能量转移和变化的内在潜质。《墨经》的数学，尤其是几何定义，与欧几里得《几何原本》可互相参证。

"虑也者，以其知有求也。"墨家认识到思考的重要性，是求知的重要活动。这与当今对科学思维的重视的要求一致。《经说上》说："传受之，闻也。方不彰，说也。身观焉，亲也。"分析获得知识的不同途径，强调"亲知"，注意调动各种认识手段。生产和理论结合，感性和理性并重，是墨家科学成就的认识论根源。

三、逻辑学

在《经上》的条目归类中，纯逻辑学的条目，占全部条目的30%，并且逻辑学之外的其他条目，也全部都是《墨经》逻辑学理论的自觉运用。《墨经》的全部内容、精神和框架，都是逻辑学式的。细分之，一部分是在自觉讲解逻辑学，一部分是在自觉运用逻辑学。

西晋鲁胜洞见《墨经》的这一真谛，率先把《墨经》直接称为《墨辩》和《辩经》，即谓《墨经》是墨家辩学之经，辩论之经，是诸子百家争鸣辩论形式原理的总结概括。用现代跟国际接轨的术语或话语系统说，即中国古代逻辑学。

第1条规定的"故"范畴，从世界观（宇宙观、本体论、存在论、形上学）角度解释，即"原因"，在逻辑学上，可引申为推论的理由和根据，即论据。"有之必然"，是墨家用古汉语，对因果联系和推论式（正确的大前提以及前提和结论的必然联系）的元语言概括。相当于用现代语言说"如果P则Q"。在第1条定义"故"即原因范畴后，第96条运用这一范畴，列举简单命题说："巧传则求其故。"即对代代相传的手工业技巧，要求取其原因，道出《墨经》科学知识的形成机制。

第79条说："名：达、类、私。"《经说上》解释说："物，达也，有实必待之名也命之。马，类也，若实也者必以是名也命之。臧，私也，是名也止于是实也。声出口，俱有名。若姓字丽。"

即以语词表达的概念，分为外延最广的普遍概念、一般类概念和单独概念三种。如"物"（物质），是外延最广的普遍概念，凡是存在着的实体，一定都等待着用这一个概念来概括。"马"是类概念，凡如此这般，具有马属性的实体，一定都用这个概念来概括。"臧"是单独概念，这个概念只用来指称一个特定的实体。凡语言从人们口中说出来，里面都一定包含着语词概念。语词概念指称事物，就像一个姓名，都跟随着一个人的实体一样。

名的实质，是用语词表达概念。自从孔子在春秋末期提出"正名"的思辨课题之后，诸子百家都讲"正名"。《荀子·正名》和《墨经》细致研究关于"名"，即语词概念的理论，形成中国古代名学，即逻辑学的系统知识。

第79条说的"达名"，即外延最大的名，外延最广的普遍概念，最高类概念，就是各门科学的范畴。"达"是通达、周遍。

四、范畴论

范畴是反映事物普遍本质的基本概念、大概念、类概念。范畴是人类认识成果的概括和结晶，是进一步认识的方法与工具。黑格尔说："我们可以完全正确地掌握一种语言；可是如果没有文化，就不能善于说话。文化可以使精神具有各式各样的观点，使它即时想起这些观点，使它拥有一大批考察一个对象时所运用的范畴。因此，人们可以从智者们学得的技巧，就是顺利地掌握一大批这样的观点，以便依据这些观点即时地来考察对象。"①

黑格尔对古希腊智者派的论述，完全适用于分析《墨经》的语词、概念和范畴理论。黑格尔把世界和人类的认识，比喻成一面网，而范畴就是这面网上的牢固纽结。"这些纽结，是精神生活和意识的依据和趋向之点。"②

列宁解释发挥说："如何理解这一点呢？在人面前是自然现象之网。本能的人，即野蛮人没有把自己同自然界区分开来，自觉的人则区分开来了。范畴是区分过程中的一些小阶段，是帮助我们认识和掌握自然现象之网的网上纽结。"③

《经上》100条所包含的上百个逻辑和科学范畴，是中华民族认识和改造世界历史的里程碑，是"认识和掌握自然现象之网的网上纽结"。

黑格尔说："中国人是笨拙到不能创造一个历法的，他们自己好像是不能运用概念来思维的。"④黑格尔这样说，是海外奇谈。《墨经》正是"运用概念来思维"的典范，有丰富深刻的概念理论和范畴体系。《墨经》的概念论，涉及名（语词、概念）的性质、作用和种类等问题，列举并解释众多逻辑和科学范畴，是中国古代概念论的宝库。

第31和32条说："举，拟实也。言，出举也。"《经说上》

---

① 〔德〕黑格尔：《哲学史讲演录》第二卷，生活·读书·新知三联书店1957年版，第11页。

② 〔德〕黑格尔：《逻辑学》（第二版）"序言"，生活·读书·新知三联书店1966年版，第15页。

③ 列宁：《哲学笔记》，人民出版社1956年版，第90页。

④ 〔德〕黑格尔：《哲学史讲演录》第二卷，生活·读书·新知三联书店1957年版，第275页。

解释说："告以之名举彼实也。故言也者，诸口能之，出名者也。名若画虎也。言，谓也。言由名致也。"即名（语词、概念）的实质，是举实、拟实，列举和摹拟实际事物。用语词、概念列举实物，"举"的定义是"摹拟"，即用摹拟事物性质的语句、短语或摹状词反映事物。"举实"、"拟实"，表示语词（词项）的指谓、表意和认识功能。用语句来"举实"、"拟实"，构成概念的内涵和外延。

在名（语词、概念）和言（语句）关系上，墨家认为名对实的反映作用，是通过一系列语句来实现的。从结构上说，语句是由名联结而成的。从认识作用上说，名对实的反映，靠语句对事物的列举、指谓来实现。利用名（语词、概念）和言（语句），认识事物、表达感情、进行交际和指导行动，这是人类特有的性质。

名的作用是列举实际事物，列举是摹拟，即反映、抽象、概括。列举、摹拟、摹略，是人的意识对外界事物的认识作用。列举、摹拟、摹略，是概念、范畴的抽象、概括作用。这种抽象、概括作用，需要通过语言来实现。表达概念、范畴的"名"（语词），可以通过口说出来。用"摹拟"定义"列举"，拿图画比喻概念、范畴对事物的反映作用，表明墨家概念论以能动反映论的认识论为基础。

告诉你这个名称，列举那个事实，语言是人们用口说出名称，表明名称、语言的指谓和交际作用。指谓和交际，是语言的两大功能。墨家从事物、语言和意义（人的意识对事物列举、摹拟、摹略的结果）三者关系上，说明了名的性质和作用。而名称（语词、概念）是语言的构成元素，是推论说词的细胞,所以概念论是逻辑研究的重要内容。

第79条说:"声出口,俱有名。""声"即"言","言为心声"。这接近于黑格尔所谓"人只要一开口说话,在他的话中就包含着概念",说明人注定要跟语词、概念打交道,说明语词、概念运用的普遍性。

第80条讨论名称的指谓作用,列举指谓的三种含义:命名、列举和附加感情因素。把犬叫作"狗",是命名。用"狗"名做主项构成命题,说"狗是犬"。这是用名称列举事物。对着狗叱责说:"狗!"这是附加感情因素。

名(语词、概念)有抽象、概括作用。第40条对"久"(时间)的定义,是"弥异时",即概括各种不同的具体时间,如古、今、旦、暮等。感官只能感知个别的时间,思维才能抽象一切时间的共同性质(普遍本质),用语词"久"概括,成为"时间"的哲学范畴。《墨经》中上百个逻辑和科学范畴,是通过心智理性的抽象、概括而获得的。

黑格尔在《哲学史讲演录》第1卷《中国哲学》部分说,中国哲学"没有能力给思维创造一个范畴〔规定〕的王国"。"中文里面的规定〔或概念〕停留在无规定〔或无确定性〕之中。"[①]仅就《墨经》的范畴体系,就说明黑格尔在这方面的无知。范畴是大概念,即《墨经》说的"达名"(外延最广的概念)。《经上》从"故"至"正"共100条,用定义分类的方法,从内涵外延上规定众多逻辑和科学范畴。

---

① 〔德〕黑格尔:《哲学史讲演录》第一卷,生活·读书·新知三联书店1956年版,第132、128页。

关于世界观的范畴"物（物质）"、"实（实体）"。物（物质）是外延最广的哲学范畴，所有的实（实体）都用它来概括。时间范畴是概括一切不同的具体时间（如古代、现代、早上、晚上）。空间范畴是概括一切不同的具体空间（如东方、西方、南方、北方）。

用尺子量度一个空间，前面容不下一尺，这叫"有穷"。若前面永远、处处容下一尺，这叫"无穷"。变化、质变就是特征、性状改变。如蝌蚪变为青蛙，鹌鹑蛋变化为鹌鹑。增益是量的扩张，减损是量的缩小。法则（规律）是遵循着它，就可以取得一定结果的东西。如使用圆规，遵循"圆，一中同长也"的法则，可以制定一个标准的圆形。

关于认识论的范畴"虑"。虑即思考，是以认识能力求知的状态和活动。但仅有思虑求知的活动，不一定能取得知识，就像仅用眼睛斜视，不一定能看清楚对象一样。"知，材也"的"知"，指人的认识能力。材即才能、本能。墨家的认识论是可知论，充分相信人对世界的认识能力，认为凭借自身所具有的认识能力，再加上其他条件和过程，人就一定能取得知识。犹如人具有健全的视力，再加上其他条件，就一定能看见东西。

"知，接也"的"知"，指感性认识。"接"是接触事物。感性认识是用人的认识能力与物相接触，相过从，而能描摹出事物的相貌，犹如以健全的视觉能力接触事物，从而构成事物的视觉形象一样。

"知，明也"的"知"，指理性认识。"明"是清楚明白。理性认识是用人的认识能力整理分析事物，而能取得深切显明的认识,犹如用眼睛仔细看东西,看得清清楚楚,明明白白。

从来源说,知识分为闻知、说知和亲知;从内容说,知识分为名知、实知、合知和为知。《经上》把有意识的自觉的行为,也叫作知识。人在实践中追求的最高境界,是用正确理论、知识指导行动,按规律办事,达到预期目的,实现动机和效果的统一。

合:相合,符合。正:正合,指动机与效果正好符合。符合有正合、宜合和必合的不同。由于勤学苦练,把握规律,掌握技巧,射箭想射中靶心,果然射中,这就是动机和效果的正确结合。

"讹"指犯错误。错误的发生,是由于没有用理智去支配行动,而是受欲望盲目支配的结果。墨者主张人的行为应该受理智的支配。相反,不受理智支配,受欲望或不确定的意见(疑问)支配,就难免在行动中犯错误。这是对犯错误原因的认识论和心理学解释。

关于政治学的范畴"功、罪、赏、罚、诽(批评)、誉(表扬)"等。关于伦理学的范畴"仁、义、礼、忠、孝、任、勇、利、害"等。关于物理学的范畴"动(运动)、止(静止)、力"等。关于数学的范畴"方、圆、平、直、中、厚、倍"等。如此,《墨经》形成一个庞大的"范畴王国",对这些范畴各有专门的规定。

五、方法论

《经上》第89条说:"同异交得仿有无。"《经上》解释说:"同异交得:于富家良知,有无也。比度,多少也。蛇蚓旋圆,去就也。鸟折用桐，坚柔也。剑犹甲，死生也。处室子母，长少也。两色交胜，白黑也。中央，旁也。论行、行行、学实，是非也。鸡宿，成未也。兄弟，俱适也。身处志往，存亡也。霍，为姓故也。价宜，贵贱也。超城，运止也。"

即同一性和差异性是互相渗透的，可以同时把握，如"有"和"无"集于同一人之身。一个人有富家、无良知，或无富家、有良知，是"有"和"无"集于同一人之身。一数与不同的数相比，既多且少。蛇、蚯蚓旋转，既去（离开）且就（接近）。鸟儿筑窝折用的梧桐树枝，既兼且柔。用剑杀死敌人，同时就保存了自己的生命，所以剑这种杀伤性武器，也有如铠甲一样的防御作用，兼有死生两种性质。一个未出嫁女儿的母亲，既长（对于她的女儿来说）且少（对于她的母亲来说）。一物颜色比甲物淡，又比乙物浓，既白且黑。

一圆的中心可以是另一圆的周边，既是"中央"又是"旁"。言论与行动、行动与行动、学问与实践，既有是又有非。母鸡孵雏的某一时刻，幼雏既成又未成。兄弟三人中的老二，说他是兄和弟都合适。一个人的身体处在这里，而心志却跑往别处去了，是既存且亡。霍本指鹤，又因为霍兼做了人的姓氏的缘故，使"霍"这个字有了歧义。

买卖双方商议合适的价格，对卖方说是够贵的，他才肯卖，对买方说是够贱的，他才肯买，这是既贵且贱。以超越城墙为目标的竞技活动，既有运动，又有静止，这是"运动、静止"的统一。这里用十五个事例，论证"同异交得"的方法论命题。"同异交得"，即同一性和差异性互相渗透与同时把握，这是辩证法"对立统一"规律的别名。

第85条《经说上》说:"权者两而勿偏。"即权衡思考,要遵守两点论,全面性的原则,而不要犯片面性的错误。第83条说观察有部分和全面两种。只见一面,叫部分观察。看到两面,叫全面观察。

《经上》和《经说上》运用其所规定的同异、两偏等范畴,表达"同异交得"和"两而勿偏"的方法论命题,是杰出的辩证法世界观与思维方法论,有深刻的科学性,精到的真理性和超前的现代性。

六、止式论证

《经上》第99条说:"止,因以别道。"《经说上》解释说:"止:彼举然者,以为此其然也,则举不然者而问之,若'圣人有非而不非'。""止"用来区别和限制一般性道理,这是止式论证的功用定义。

《经说上》论止式论证的步骤说,对方列举若干正面事例,仓促概括出不正确的普遍结论,我则列举反面事例,予以反驳。用符号语言改写即:

$\because$ M1 是 P,M2 是 P

$\therefore$ 所有 M 是 P

但 $\because$ 有 M 不是 P

$\therefore$ 并非所有 M 是 P

《经说上》给出的例子是:"以人之有黑者、有不黑者也,止黑人。"即用"有人不是黑的",反驳"所有人是黑的"。

这是发现反例，驳正谬误的典范论式，普世有效，值得众人永学。继承创新，批判思维，不可须臾离。《墨经》总结的止式论证，跟现代和西方逻辑的推论式相通，表明古今中外全人类思维形式和规律的一致性，理当加入人类同一逻辑的知识宝库。

　　由以上分析，窥豹一斑，以小见大，可以领略《经上》和《经说上》元典的深湛义理，洞察墨家学者的真知灼见与超越学派和时代局限的普世价值，认知奇书《墨经》的重要理论、历史与现实意义。

（本章主要内容曾发表于《毕节学院学报》2011年第2期。）

第十八章 《墨子·经下》和《经说下》的逻辑

《墨经》是天下奇书，素称难读。在当今全球化的新时代，用人类先进的逻辑和科学知识工具，分析《经下》和《经说下》关于逻辑论证式、科学成就和科学精神，前人解读《墨经》的难题，可迎刃而解。《经下》和《经说下》是国学和中国传统文化的精华，值得继承弘扬。

一、奇书难读

《墨经》是奇书，也是难读的书。经几十年钻研，毕生致力于《墨子》文献整理的清末古文字学家孙诒让说："盖先秦诸子之讹舛不可读，未有甚于此书者。""此书最难读者，莫如《经》、《经说》四篇。"[1]

黄绍箕《墨子间诂·跋》说，《墨经》难读，因其"有专家习用之词"，"有名家（指逻辑学家）奥衍之旨"。"名家奥衍之旨"，"专家习用之词"，即指《墨经》所囊括深奥专门的逻辑与科学知识。

---

[1] 孙诒让：《墨子间诂》，"序"和"总目"，中华书局1954年版。

在当今全球化的新时代，用人类先进科学知识的工具，分析《墨经》的科学成就、逻辑论证和科学精神，前人解读《墨经》的难题，已可迎刃而解。把《墨经》的知识内容，跟全人类发展至今的知识系统融会贯通，不难解读其"名家奥衍之旨"和"专家习用之词"。

二、逻辑论证

《经下》和《经说下》内容、精神和框架最重要的特色，是逻辑论证。这不仅在于其纯逻辑的条目，占两篇文本的接近一半，还在于其全部文字，都是"以说出故"论证的典范运用。

《经下》的条目结构，是先列出一个比较复杂，需要特别论证的论题，然后用"说在"的字样，加上极少量的关键字，标出论证的理由，在《经说下》予以简要解释。"说在"是《经下》论证形式的格式化语言，意即"论证的理由在于"。

《经下》每条"说在"字样下所加少量关键字，如果是用一般概念表示的论证理由，则论证展开后的形式是演绎推理。如第1条紧接《经上》末尾，总结止式论证说："止，类以行之，说在同。""止，类以行之"，即"止"这种反驳方式，应该按照事物的类别来进行。这是一个比较复杂，需要特别论证的命题。

"说在同"，即"止"这种反驳方式，之所以应该按照事物的类别来进行，是因为我所要反驳的，与对方所要证明的，应该是同一个论题。本条在"说在"字样下所加关键字，只有一个"同"字，是用一般概念表示的论证理由，所以论证展开后的形式是演绎推理。用现代语言整理本条意涵，其演绎推理形式是：所有论证需遵守同一律，止式论证是论证，所以，止式论证需遵守同一律。

本条《经说下》总结止式论证的形式说："彼以此其然也，说是其然也。我以此其不然也，疑是其然也。"即对方从不正确的全称命题大前提出发，用演绎推理，推出个别性的结论，我则用跟对方大前提相反的命题，怀疑对方推出个别性结论的可靠性。用符号语言改写《经说下》用古汉语对止式论证形式的总结如下：

对方推理：
∵ 所有 M 是 P［而所有 S 是 M］
∴ 所有 S 是 P
我则反驳说：
∵ 并非所有 M 是 P［而所有 S 是 M］
∴ "所有 S 是 P"可疑

《经下》每条"说在"字样下所加少量关键字，如果是用具体事实表示的论证例证，则论证展开后的形式是典型分析式的归纳推理。如第 166 条说："一法者之相与也尽类，若方之相合也，说在方。"

即与一个共同标准相合的东西，都属于一类，这就像与标准的方形相合的东西都是属于方形一样，论证理由在于分析方形的事例。这是列出论证论题，用一个事实例证作为论证理由的典型分析式归纳论证。

《经说下》说："方尽类，俱有法而异，或木或石，不害其方之相合也。尽类犹方也，物俱然。"即所有方形的东西都是属于一类，它们都合乎方形的法则，而又有所不同，或者是木质的方，或者是石质的方，都不妨害其方形边角的相合。一切同类的事物都与方形的道理一样，所有的事物都是如此。这是典型分析式的归纳论证。

三、科学成就

把《经下》83个条目的内容，逐条分析，其中属于自然科学知识的16条。在自然科学知识中，属于光学8条，力学、物理学和简单机械学7条，数学1条。属于哲学社会科学知识的67条。在哲学社会科学知识中，属于逻辑学41条（占全部条目的近50%），方法论10条，世界观6条，认识论5条，历史观2条，经济学2条，政治学1条。《经下》分科，见表28。

表28 《经下》分科

一级分科	序号	二级分科	条目数
哲学社会科学	1	逻辑学	41
	2	世界观	6
	3	认识论	5
	4	方法论	10
	5	历史观	2
	6	经济学	2
	7	政治学	1
		小计	67

续表

一级分科	序号	二级分科	条目数
自然科学	8	数学	1
	9	力学、物理学、简单机械学	7
	10	光学	8
	小计		16
合计			83

科学在总结生产技术和经验的基础上发展，是人在改造自然的实践活动中，取得的对世界系统性、理论性的认识。墨家学派的科学活动，以亲身参加生产实践为基础。墨家的科学知识，有浓厚的实用性。墨家科学活动的出发点，是生产和生活。他们在生产和生活中，观察自然现象，进行科学实验，论证科学命题，体现为生产服务的实用科学观。

墨家接近手工业阶层，从事直接的生产和技术活动。墨子一身兼有经验家、技术家、工匠、大匠师和科学理论家的训练、教养、素质和品格。他是技术高明的工匠，熟悉各种手工业技术，特别是木工技巧，又把行业技术上升为科学理论。

墨子是学者、哲学家、理论家和科学家。他既能从实践中获得丰富的科学技术资料，又能对科学技术资料进行系统理论研究。墨家探索自然现象，思考生产实践中的科学问题，体现"摹略万物之然"的科学精神，正确描述事物现象之"然"，穷究其"所以然"，在专注分析世界万物的"然"和"所以然"中，排除主观和迷信因素。细查深究狭义《墨经》4篇5700余字的内容，通篇专论科学技术，绝无一字一句、一丝一毫诉诸迷信的迹象。

墨家有重要科学成就。《经》和《经说》记载墨家科学思想，如数学、物理学和光学，内容丰富。《墨经》科学知识，以生产和科学实验为根据。其中有自然科学知识的定义、划分和命题论证。在光学方面，记载小孔成像实验，论述光的直线传播原理，光的反射现象，光源和物影的关系。这些光学知识，在现代投影技术方面仍被广泛应用，电影机、摄像机、投影仪，都是根据这些投影知识设计、制造的。

《墨经》作者用一根有穷长的棍子，不管从一头往前取半，还是从两头往中间取半，每次取一半，最后不能再取半，这就是"端"，即不可分的点。《庄子·天下》说："一尺之捶，日取其半，万世不竭。"提出物质无限可分的论点。

《庄子》的论点是"不竭"，《墨经》的论点是"竭"，即存在"不能取半"、"不动"的"端"点。物质结构是可分和不可分的结合，是可分的阶段性、有限性、进展性和无穷性的统一。《墨经》"竭"和《庄子》"不竭"两种论点，都各有其局部的真理性，都有所见，有所不见。

《墨经》分析物体运动与时间、空间的关系。认为时间和空间是物体存在的形式，物体离开运动不可想象。物体在空间（宇）的运动（徙），必然关联到时间（久）的连续。从运动（徙）过程中的时间（久）先后，必然关联到空间（宇）的延长。

墨子从鲁国出发，先经过较近的宋国，后到达较远的楚国。《墨经》以人走路为例,论证运动、时间和空间的关系,是统一而不可分割的。没有物体的运动变化,就没有时间和空间。空间和时间具有的共通性,是"弥异",就是连续变化的运动性。

墨者从当时的生产、生活实践中,总结杠杆、斜面的力学知识。春秋末期,运用杠杆原理的桔槔简单机械,已在民间应用。《说苑·反质》说:"为机重其前,轻其后,命曰桥。"《庄子·天运》说:"且子独不见夫桔槔者乎?引之则俯,舍之则仰。"

《备城门》载:"以木为桔槔。""城上之备:桔槔。"《备穴》载:"以桔槔冲之。""为桔槔,必以坚材为夫,以利斧施之,命有力者三人用桔槔冲之。""桔槔为两夫而旁埋其植。"桔槔应用于生产、生活和军事。

墨家细述桔槔机的应用和杠杆原理。墨家以杠杆原理,分析桔槔机技术。其构造,是用一直木立于地,另一根横木,用绳交结于直木上。杠杆横木处于平衡状态,在一端加一个重量,这一端必然下垂。假如权和重物相等,杠杆的支点在横杆的中点,这时杠杆会出现平衡状态。

中国古代对杠杆原理的应用,除桔槔机外,又有称衡。桔槔是应用动力学原理的机械,称衡是应用静力学原理的机械。墨家的一大贡献,是有机统一技术和科学,科学是技术的升华,为技术服务。

《墨经》论述滑轮的工作原理。《经下》说:"挈与收反,说在权。"《经说下》解释说:"挈,长重者下,短轻者上。上者愈得,下者愈亡。绳直,权重相若,则止矣。收,上者愈丧，下者愈得。上者权重尽，则遂挈。"

滑轮工具被广泛应用于工程建设，可大为节省劳动力。"挈"是提升，"收"是收取，二者用力方向相反。"权"用于起平衡作用。提升重物时，长重的权向下拉引，短轻的重物会向上提举。重物越来越达到顶端，权会越来越达到地面。收是从地面收取上面的重物，权越来越上到顶端，下降的重物越来越达到地面。

桔槔和滑轮是形态上不同的两种工具，二者遵循的原理是相同的，即利用杠杆的力学原理。在应用杠杆原理以外，也应用斜面原理。《经下》说："倚者不可正，说在梯。"《经说下》给予解释。车梯是前后各有两个轮子的梯子，可以斜放做梯子搬运东西，也可以做车子牵引前行。

凡重物上面不拉，下面不引，旁边不推，就垂直下落。物体在斜面上运动，会受到斜面本身的限制。在斜面上流动的物体，不能垂直下落。放一块石头在平地上，它本身有重量，但由于受地面限制，不会垂直下落。它没有受从旁边来的作用力。用人力牵引绳子，使车梯往前走，就像在水中拉船往前走一样省力。用肩扛重物，支撑、牵引和投射都是斜面运动的例子。墨家从技术中概括科学原理，用以创造发明更多工具。墨家的创造发明，服务于劳动人民的生产和生活，有实际应用价值。

《墨经》论述科学比较法。《经下》说："异类不比，说在量。"《经下》举例解释说，不同类事物不能比较，论证的理由在于度量标准不同一。木长属于空间，夜长属于时间，无共同长度可比。智慧是精神财富，粟米是物质财富，无共同数量多少可比。爵位、亲属、操行、物价不同类，无共同价值贵贱可比。麋鹿走于地，仙鹤飞于天，无共同高度可比。"异类不比"的原则，对现代物理学同样适用。

《墨经》论述假说和想象。假说是对自然现象尝试性的说明。科学由假说演变而来。墨家提出大胆假说。《经下》说："发之绝否，说在所均。"《经下》解释说："发均，悬轻重。而发绝，不均也。均，其绝也莫绝。"

这是对公孙龙"发引千均，势至等也"论点的论证。"均"：均匀。"绝"：断绝。"均"是物质的理想均匀状态。"绝"是均匀状态的破坏，发生突变。如果真正"均"，状态不发生突变，就不会"绝"。

"发"纤细脆弱，用来悬轻物，也会断绝。墨家说，如果头发结构均匀，可悬挂或轻或重的物体，不断裂。头发断裂，是由于它结构不均匀。墨家的设想，在今日得到证明。金属线弹性形变的实验研究证明，金属线所受张力大到一定程度，不会断绝。但较纤细的部分，有伤损、裂痕的部分，含杂质的部分，会断绝。

墨家的科学思想，是建立在科学实验的基础上，把假说和想象看作认识的环节、阶段和过程。在认识论上，区别知识、智慧和猜测、想象。《大取》说："智与意异。""智"：知识、智慧，是关于事实和必然性的认识。"意"：猜测、想象，是有或然性、不确定的假说。科学需要假说和想象，但假说和想象不等于科学。假说和想象的证实，才变为科学。墨家对假说和想象的认识，与现代科学方法论一致，有合理意义。

《墨经》有8条论述光学的条文，从光的直线传播原理出发，论物影的定义和成因，说明影是光照不及所致。论本影和半影现象及其成因，指出在两个光源之下，物体有两个影。用小孔成像实验，说明光的直线传播原理。论光的反射，经反射后的日光，照到人体，投在地面的人影，必在日与人之间。论物影变化的规律，直立木杆，在光源照射之下，投在地面影子长度大小的变化规律。论平面镜、凹镜、凸镜成像规律，做出接近科学的说明。

《经下》和《经说下》说明光和影的关系，分析影子移徙的物理本质。物体影子本身不迁徙，影子迁徙是由物体与光源位置改变的结果。如果物体不动，光源移动，或者光源不动，物体移动，光照射到的地方，影子就消失。如果光源和物体都静止不动，这影子永久留在那里，而这是不可能的。

墨家论点和名家有一致性。《庄子·天下》载辩者辩论有"飞鸟之影未尝动也"。《列子·仲尼》有公孙龙论点"有影不移"。公孙牟子对公孙龙论题的解释是："影不移者，说在改也。"二者相比较，可见其间的相互影响。

《经下》和《经说下》解释重影现象及其原理，涉及本影和半影。在光学上，两个影子相互重叠的地区，叫作本影，而本影周围构成的影子，叫作半影。墨家解释形成重影的原因，是由于"二光"的存在。两个光源所造成的两个半影，夹着一个本影。

庄子以本影和半影现象表达自己的哲学观点，《齐物论》说"罔两问影"。一个物体，在两个以上光源照射下，形成影子。"影外之微阴"是罔两，两影重叠处较黑的部分是"影"。

现代光学分别称"本影"和"半影",即墨家说的"影"和"重影"。墨家通过实验观察,提出本影和半影的现象和原理,是一大贡献。

《经下》和《经说下》记载小孔成像实验,说明光的直线传播原理。在黑暗小屋朝阳的墙上开一小孔,人对着小孔站在屋外,在阳光照射下,屋里相对的墙上出现一倒立的影子。墨家说明光线的传播,像箭一样,是直线进行的。下面的光线照进暗室,射到墙上边。上面的光线射到下边。光线射进或远或近的屏上的小孔,就在墙上形成倒影。这是墨家的光学实验,结论正确。

《经下》和《经说下》说明光的反射现象。人影投在迎向太阳的一面,是因为阳光经过某一物体(平面反射镜)的反射,转变方向。阳光被反射后,照在人身上,影子形成在太阳与人之间。

《经下》和《经说下》说明影子形成的大小,决定于物体位置的斜正和光源的远近。木头斜放,影子短而大。大头正放,影子长而小。光源小于木头,影子大于木头。不仅光源小于木头,还与光源的远近有关。

《经下》和《经说下》分析在木头摆放的斜或正、光源比木头大或小、光源离木头远或近等不同情况下物影的变化。光学家用"斜正"试验叫"光度",即光体发光强弱之度,可由标准物的斜正来决定。用"远近"试验叫"照度",即物体受光浓淡之度,可由标准物的远近来决定。

《经下》和《经说下》说明各种球面镜、凹面镜和凸面镜成像的特点和一般规律。人正立在一个球面镜前面,影像的大小、状貌形态、明暗程度、影像的远近、倒和正都跟物体有所区别。假如在镜中成像，镜与像同时存在，物体和像接近或离开镜面的运动也同时发生，而物体和像的运动方向总是相反。物体的容貌在镜中都会有所反映。镜像的容貌多种多样，并且跟原物总有所区别。就磨制不均匀的镜面而言，在同一地方的物体，镜面不同部分，会形成不同的像。

《经下》和《经说下》说明凹镜成像规律。从凹镜的远处走向镜面，自焦点迎面而来，可以观察到自己小而倒立的像。走过焦点，再向镜面走去，在镜后面可以观察到大而正立的像。《经说》说明"中之内"和"中之外"情况。"中之内"是物体在焦点内的情况。接近焦点时，成像比较大。反之远离焦点时，成像比较小。成像都是正立的。

"中之外"是物体在焦点外的情况。接近焦点时，成像比较大。远离焦点时，成像比较小。成像都是倒立的。这正说明凹面镜成像的情况。平行光线经凹镜反射后聚焦于焦点，它的成像有以下五种：

其一，当物体在球心以外，得到倒立的实像，这是在球心和焦点之间比物体小的像。其二，当物体在球心处时，得到与物体一样大的、方向正相反的实像。其三，当物体在球心和焦点之间，得到比物体大的倒立实像。其四，当物体在焦点时，不成像。其五，当物体在焦点以内，得到比物体大的正立的虚像。

墨家没有说明物体在球心、焦点以及球心和焦点之间的成像情况。当时除眼睛以外，没有别的观察仪器。在这样的实验条件下，得到凹面镜成像的某些规律，已经难能可贵。《经下》和《经说下》说明凸面镜成像的实验。"鉴团"指凸面反射镜。物体在凸镜的前面，无论在什么位置，在镜面距离远近，都在镜后面构成正立的比物体小的虚像，这是凸面镜成像规律。

《经说》分析像大小的情况，非常奇妙。凸面镜只得到比物体小的像。但是当物体位置不同时，像的大小也不同。当物体接近镜面时像大，物体远离镜面时像小。物体无论在哪儿，成像都是正立的。墨家通过实验观察得到的这种科学知识，和现代关于凸面镜成像的理论是一致的。

从"影不徙，说在改为"到"鉴团影一"等8条，系统讨论几何光学知识。经现代自然科学家研究，在《中国大百科全书·物理学》有明确的论述和总结。《墨经》对桔槔机的结构和作用原理，有正面的描述总结。墨家通过实验，清楚说明光学的某些一般原理，在世界光学史上占有重要地位。

四、科学精神

墨家科学精神的要点，是求故明法重理性，求真务实重实证。《经下》第109条说："物之所以然，与所以知之，与所以使人知之，不必同，说在病。"《经说下》说："或伤之，然也。见之，知也。告之，使知也。"即事物之所以如此的原因，与人们之所以知道这原因的途径，与之所以使人知道的方式，不一定相同，例如某人生病。在某种情况下他受到伤害，这是他之所以生病的原因。我亲眼看到了他因受伤而生病，这是我之所以知道这原因的途径。我亲口告诉了别人，这是我之所以使人知道的方式。

万物之"然"和"所以然"，即结果和原因，是认知对象。"知之"，是认识的途径、方式、方法。"见"即观察，是一种认识的途径、方式、方法。"所以使人知之"，是思想交流、语言交际的媒介、手段。"告"即告诉，是一种交流、交际的媒介、手段。

《墨经》要求全面认识事物的"然"和"所以然"。知事物之"然"，即确认事实如何，用实然命题形式"P"表达。知事物之"所以然"，即确认原因、本质和规律如何，用必然命题形式"必然P"表达。

把"然"和"所以然"，即前件和后件，用语言表达出来，就构成标志事物因果规律的命题。《墨经》举例说："伤之，所以然也"，"湿，故也，必待所为之成也。"即"受伤必然生病"，"有雨必然使地湿"。

《经下》第109条说："假必悖，说在不然。"《经说下》说："假必非也，而后假。"这是对"假"这一概念的定义。"假"必然有悖于事实，违反事实。"说在不然"，即因为事实不是如此。"假"也就是"非"。真假是非须分清，是就是正，正确，恰当，非就是不正确，不恰当。这都是《墨经》的定义。它定义"假"是悖，是非。狗不是鹤，即使狗假扮成鹤，它仍然不是鹤。

《经下》和《经说下》用事实和道理，论证83个科学命题。《墨经》的体例，就是"求故明法重理性，求真务实重实证"的模范，始终贯穿求真务实、实事求是的科学精神。实证，就是实际的证明，拿真实的事实来证明。实是事实，证是论证。有论证才成为科学。

《经下》第158条说："以楹为抟，于'以为'无知也。说在意。"《经说下》说："楹之抟也，见之，其于意也不易，先知。意，相也。若楹轻于秋，其于意也洋然。""意"是多义字，"意"和知识、智慧相对比，是指臆测、猜测、假说和想象，是或然、可能。"假说"也是认识的形态，但真正的知识，即智慧，是真切确实的认识，跟"假说"这种臆测、猜测和想象，不是一回事。假如我猜想这房子的柱子是圆柱形的，这只是我的猜想，并没有亲自看见，这就是"意"，不算是知识。但若是我看见了圆柱形的柱子，而反映在脑子里，这是不会改变的，所以叫作"智"（知识、智慧）。

《经下》第151条说："擢虑不疑，说在有无。"《经说下》说："疑无谓也。"必然性知识毋庸置疑。《经说下》第111条说："知与？以已为然也与？过也。""知与"是问话，意思是："真正的知道吗？""以已为然也与"也是问话，意思是："能够仅仅因为过去已经如此，而推论现在也如此吗？"这是经验主义的错误逻辑。"已"是已经，是过去。"然"是如此，指现在。推论要有充分根据，不能仅仅根据过去已经怎样，就推论现在也怎样。猜测是可以的，但如果把猜测当作确实的知识，则是错误的。

墨家的科学精神，是贯穿在其自然知识中的观点和方法，是其自然知识的统帅与灵魂。《墨经》的科学知识，已被现代科学知识在新的基准上囊括覆盖和大为超越，其所包含的科学精神与方法仍值得仔细领略。《经下》和《经说下》的逻辑论证式，科学成就和科学精神，是国学和传统文化中的精品，值得继承弘扬。

（本章主要内容曾发表于《毕节学院学报》2011年第3期。）

第十九章 《墨子·大取》和《小取》的逻辑

墨家辩学，即中国古代逻辑学，是诸子百家争鸣辩论的利器，是中国古代的论证逻辑和语用逻辑，经过创造性诠释和改造转型，跟现实生活结合，可成为中华民族的思维工具。以古今中外逻辑思维的融会贯通，洋为中用，古为今用为宗旨，有助于构建适用于全人类的同一逻辑。其中若干成分，经过批判改造，转换形式，可作为适用于全人类同一逻辑知识宝库中的元素和构件。

一、《大取》赏析

（一）利害相权的逻辑

《大取》说："于所体之中而权轻重之谓权。权非为是也，亦非为非也。权，正也。断指以存腕。利之中取大，害之中取小也。害之中取小也，非取害也，取利也。其所取者，人之所执也。遇盗人，而断指以免身，利也。其遇盗人，害也。利之中取大，非不得已也；害之中取小，不得已也。于所未有而取焉，是利之中取大也；于所既有而弃焉，是害之中取小也。"即在所亲身经历的事情中，而权衡利害的轻重大小，叫作"权"。"权"，即权衡。"权"不等于"是"，也不等于"非"。"权"是提供一个衡量利害大小即是非的标准。

在不得已的情况下，宁肯断掉一根指头，也要争取保存手腕。在利中是取大的，在害中是取小的。所谓"害中取小"，在一定意义上可以说不是"取害"，而是"取利"。这里所谓"取"，是指人所把握采取。遇到强盗，被迫断掉一个指头以保住生命，就保住生命这一点来说是利，就遇到强盗被迫断掉一个指头来说是害。

在利中取大的，不是迫不得已的，而是自己主动从容争取的。在害中取小的，是迫不得已的。在利中取大的，是在尚未存在的事情中，去争取实现某一种。在害中取小的，是在已经存在的事情中，被迫舍弃某一种。

这段话突出体现墨家理论的长处，是从实践中总结概括正确的思维方法。这段话中理论思维的闪光，是从亲身经历的事情中，概括"利之中取大"和"害之中取小"的实践哲学原则，包含概念对立转化的辩证思维原则。

"害之中取小也，非取害也，取利也。"即按照害中取小的理论原则和前提，处理两害相权，取其小的实践课题时，"取害"的概念，在整体保存和发展的意义上，就转化为"取利"，得出逻辑结论"非取害也，取利也"，即不是"取害"，而是"取利"。"遇盗人"，谋财害命，是"害"。假如被迫"断指以免身"，在生命整体保存和发展的意义上，就转化为"利"。墨家从实践中概括权衡利害轻重，利中取大，害中取小的正确原则，《大取》篇名的立意，由此得以引申和确立。

（二）同异之辩的逻辑

《大取》说："重同，俱同，连同，同类之同，同名之同，丘同，附同，是之同，然之同，同根之同；有非之异，有不然之异。有其异也，为其同也；为其同也异。小圆之圆与大圆之圆同。不至尺之'不至'也，与不至钟之'不至'异。其'不至'同者，远近之谓也。长人之与短人也同，其貌同者也，故同。指之人也与首之人也异，人之体非一貌者也，故异。将剑与挺剑异，'剑'以形貌命者也，其形不一，故异。杨木之木与桃木之木也同。"

即两个名称指一个实体，叫"重同"。不同的人共同处于一个房间，叫"俱同"（合同）。不同部分在同一个整体之内互相联系，叫"连同"（体同）。不同事物在某一方面有共同性质，叫"同类之同"（类同）。不同事物使用同一名称，叫"同名之同"。不同事物共处同一区域，叫"丘同"。不同事物附属于同一整体，叫"附同"。

不同论点都符合实际（是真理），叫"是之同"。不同语句都说事物"是如此"，叫"然之同"。不同支脉有同一根源，叫"同根之同"。不符合实际（是错误）的不同论点，叫"非之异"。说事物"不是如此"的不同语句，叫"不然之异"。

小圆的圆与大圆的圆都是圆。不够一尺与不够一钟（容量单位）不同，因为一关远近，一关容量。但是不够一尺与不够一丈有相同的一面，因为都是关于远近的。高个子的人与矮个子的人，在都作为人这一点上是相同的，这是由于他们的状貌性质相同，因此才相同。

以指头为代表的人与以头部为代表的人，在用来作代表的部位上是不同的，这是由于人的身体有不同的部位，因此才不同。用于体现将军威仪的大剑与战士用来刺杀的小剑，是不同的，这是由于剑是以形体状貌来命名的，它们的形体状貌不一样，因此才不同。杨木的木头与桃木的木头，在都作为木头这一点上是相同的。

中国古代同异之辩，是有关辩证法世界观和方法论的重要课题，各家各派都卷入了争论，墨家仔细研究事物同异的各种表现，是准备用来参与争鸣的辩论素材。其中特别值得关注的精彩语句是："有其异也，为其同也；为其同也异。"这是讨论"异"这一概念，对"同"这一概念的依赖性。意即事物有其不同的一面，恰恰是因为有其相同的一面；这是在有相同一面基础上的不同一面。

世界上的事物千差万别，这是"异"；但这千差万别的事物，说到底都统一于"物质"，是同一物质的分化和不同表现；"异"为"同"所决定和制约，这跟《庄子·天下》所列惠施"万物毕同毕异"命题的意涵一致。

（三）概念分类

《大取》说："以形貌命者，必知是之某也，焉知某也。诸以形貌命者，若山、丘、室、庙者皆是也。不可以形貌命者，虽不知是之某也，知某可也。苟是石也白，败是石也，尽与白同。是石也虽大，不与大同：是有使谓焉也。"

即"以形貌命者"，是以事物的形体状貌来命名的语词概念，一定要知道这个事物是什么，才能了解它，指实体概念，具体概念，如山、丘、室、庙等。"不可以形貌命者"，即不能够以事物的形体状貌来命名的语词概念，虽然不知道这个事物是什么，也能了解它，指抽象概念，属性概念，如"白"等。

"不可以形貌命"的抽象概念，属性概念，又分两种情况。第一种情况，如"白"等，是绝对的性质概念，它反映渗透在物质中的绝对性质。假如一块石头是纯白的，把这块石头打碎，每一小块也都还是纯白的。

第二种情况，如"大"等，是相对的关系概念，它反映物质之间的相对关系。假如一块石头是大的，把它打碎了以后，每一小块却不一定都是大的，这是因为有使之称为"大"的另一参照物以供比较的缘故。这些关于概念分类的理论，十分精彩，现在看来，还是正确和有用的。

（四）推论原理

《大取》说："语经：三物必具，然后足以生。夫辞以故生，以理长，以类行者也。立辞而不明于其所生，妄也。今人非道无所行，虽有强股肱，而不明于道，其困也，可立而待也。夫辞以类行者也，立辞而不明于其类，则必困矣。"

"语经"就是说话思考一定要遵守的基本规律。推理论证要故、理、类三个方面都具备，然后一个论题才能必然成立。一个论题成立要有充足的理由，推论过程要符合道理和有条理，要根据事物的类别来进行。

建立一个论题，而不明白它所由以成立的充足理由，可能虚妄不实。所谓"推论过程要符合道理和有条理"，犹如我们没有道路无法行走，虽有强健的肢体，而不明白道路，其困难马上就会到来。论题要根据事物的类别关系推引出来，建立一个论题，而不明白它由以推引的类别关系，必然遇困。

"辞以故生，以理长，以类行"，是逻辑论证原理的经典性概括。"辞以故生，以理长"，与《荀子·非十二子》说"持之有故，言之成理"同义，相当于西方逻辑的充足理由律。用公式表示：

$$(P \wedge (P \rightarrow Q)) \rightarrow Q$$

读为：P真，并且如果P真，则推出Q真，所以，推出Q真。在论证中，要断定论题Q真，必须满足：第一，论据P真；第二，从论据P能推出论题Q。

"辞以类行"，即推论过程符合类同与类异的关系，相当于西方逻辑学的同一律和矛盾律。《经下》第1条，紧接《经上》末尾，总结止式论证说："止，类以行之，说在同。"即"止"这种反驳方式，应该按照事物的类别来进行。这是《大取》"三物必具"规律的应用。"说在同"，意味着"止，类以行之"所根据的大前提和根本道理，是同一律。辩论中立敌双方辩词对立矛盾，但推论过程要共同遵守"类以行之"的同一律和矛盾律。

（五）推论事例

《大取》所涉推论事例，有以下七组：

1."故浸淫之辞，其类在鼓栗。圣人也为天下也，其类在于追迷。或寿或卒，其利天下也相若，其类在誉名。一日而百万生，爱不加厚，其类在恶害。爱二世有厚薄，而爱二世相若，其类在蛇纹。爱之相若，择而杀其一人，其类在坑下之鼠。小仁与大仁行厚相若，其类在田。凡兴利，除害也，其类在漏壅。厚亲不称行而顾行，其类在江上井。不为己之可学也，其类在猎走。爱人非为誉也，其类在逆旅。爱人之亲，若爱其亲，其类在官苟。兼爱相若，一爱相若，一爱相若，其类在死蛇。"

2."一曰乃是而然，二曰乃是而不然，三曰迁，四曰强。"

3."以臧为其亲也而爱之，爱其亲也；以臧为其亲也而利之，非利其亲也。以乐为利其子而为其子欲之，爱其子也；以乐为利其子而为其子求之，非利其子也。"

4."知是世之有盗也，尽爱是世；知是室之有盗也，不尽恶是室也。知其一人之盗也，不尽恶是二人；虽其一人之盗，苟不知其所在，尽恶其非也。"

5."昔者之虑也，非今日之虑也。昔者之爱人也，非今之爱人也。爱获之爱人也，生于虑获之利。虑获之利，非虑臧之利也，而爱臧之爱人也，乃爱获之爱人也。昔之知穑，非今日之知穑也。"

6."爱人不外己，己在所爱之中。己在所爱，爱加于己。伦列之：〔己，人也；〕爱己，爱人也。"

7."友有于秦马，友有于马也。"

选录《大取》七组推论事例，是墨家逻辑赖以概括的辩论素材，从中可以窥测墨家思想发展的路径轨迹。其中第1组推论事例，最为引人注目。从思想内容来说，是墨家兼爱思想的继续发展。其中"爱"字用了10次，"爱人"2次，"兼爱"1次，"仁"2次，"圣人"、"为天下"、"利天下"、"兴利除害"各一次，并提出新的论证，如"兼爱相若，一爱相若，一爱相若，其类在死蛇"，是论证"兼爱"的关系命题的不可分割性。

从论证形式来说,第 1 组推论事例,13 次重复"其类在"的同一论证格式,即先列出一个一般命题,然后用一个同类的典型事例,或一个类似的事例,来加以证明。

用一个同类的典型事例来证明,整体构成一个典型分析式的科学归纳推理。用符号表示,即"所有 M 是 P,其类在 M1"。其中"所有 M 是 P",是一个一般命题;"其类在"的含义是:"用以论证的典型事例是"。"M1"则是所列举的典型事例。如"凡兴利,除害也,其类在漏壅",凡兴办对人民有利的事,都包含着革除对人民有害的事,用以论证的典型事例是:兴办水利,需革除堤坝溃漏的水害。

这类似印度逻辑学惯用事例:"所有人工制造出来的都是非永恒的,如瓶";"凡有烟处都有火,如厨房。"这种"其类在"的格式,在《经下》被概括为:所有 M 是 P,其类在 M1。如《经下》第 166 条说:"一法者之相与也尽类,说在方。"

用一个类似的事例来证明,整体构成一个类比推理。用符号表示,即"所有 M 是 P,其类在 M1"。其中"所有 M 是 P",是一个一般命题;"其类在"的含义是:"用以论证的类似事例是。""M1"则是所列举的类似事例。如"不为己之可学也,其类在猎走",其中"不为己之可学也",是待证的一般命题,意即"不为己"的忘我牺牲精神是可以学到的。"其类在猎走",是举出一个类似的事例,意即"这犹如竞走的技艺是可以学到的一样"。

第 2 组"乃是而然","乃是而不然",是概括两类比辞类推的模式，在《小取》被展开为有丰富事例的类推模式。而"迁"和"强"，则指出转移论题和牵强论证的逻辑谬误类型，是属于批判性思维的理论闪光。

第3至5组，从推论形式说，都是属于《小取》"一是一非"比辞类推的模式。从思想内容说，却都各有精微奥妙的意蕴内涵，耐人寻味。其中第3组"以臧为其亲也而爱之，爱其亲也；以臧为其亲也而利之，非利其亲也。以乐为利其子而为其子欲之，爱其子也；以乐为利其子而为其子求之，非利其子也。"把爱亲、爱子的感情，与物质利益实事求是地区分开来，是墨家思想从空想到更接近于实际的发展，并保留了墨子"非乐"论辩的余韵，体现了为人父母者担心儿子因沉溺音乐，玩物丧志的忧愁，很有现实感。

第4组，"知是世之有盗也，尽爱是世。知室之有盗也，不尽恶是室也。知其一人之盗也，不尽恶是二人。虽其一人之盗，苟不知其所在，尽恶其非也"。意即知道这个世界上有强盗，还是要尽力提倡"兼爱这个世界上所有的人"这一最高理想和目标。但是知道这个房间里有强盗，却不能提倡厌恶这个房间里所有的人。假定这个房间里有两个人，又确知其中有一人是强盗，也不能同时厌恶这两个人。虽然确知其中有一人是强盗，但不知道强盗究竟是这两人中的哪一个，同时厌恶这两个人也是不对的。

这是进一步指出，爱要尽量多，即使知道这个房间里有强盗，也还要"尽爱是世"。但是"恶"（厌恶），却要尽量少。即使知道这个房间里有一人是强盗，也要严格控制只"恶"（厌恶）这一个强盗，而绝对不能把"恶"（厌恶）扩大化，牵累扩及好人，彰明墨家力图兼爱众人的人道、人文关怀。

第5组，"昔者之虑也，非今日之虑也"，提倡思虑与时俱进，反映今昔变化，是狭义《墨经》进化论历史发展观的发挥。"昔者之爱人也，非今之爱人也"，寓意"爱人"要持之以恒，推陈出新，不断立新功。"爱获之爱人也，生于虑获之利"，寓意爱女仆人获的情感，根植于考虑获的物质利益。而考虑获的利益，不等于考虑臧的利益，要因人制宜。"而爱臧之爱人也，乃爱获之爱人也"，寓意"爱人"的普遍性，爱男仆人臧，也要爱女仆人获，不存在性别歧视。"昔之知穑，非今日之知穑也"，是说勤俭节约，要持之以恒，始终不渝。

第6组，"爱人不外己，己在所爱之中。己在所爱，爱加于己。伦列之：[己，人也；]爱己，爱人也"。从推论形式说，是属于《小取》"是而然"比辞类推的模式。从思想内容说，是回应荀子的批评。

荀子说："凡邪说辟言之离正道而擅作者，无不类于三惑者矣。"所谓"三惑"，即"用名以乱名"、"用实以乱名"和"用名以乱实"三种诡辩。"用名以乱名"的诡辩，用"所为有名"（制名目的）的原则反驳。荀子把"圣人不爱己"作为"惑于用名以乱名"谬误的典型。

"圣人不爱己"，颇似墨子观点。墨子提倡以古代圣人夏禹为榜样，自苦利人，"爱人"而"不爱己"。荀子认为，圣人爱人，圣人也是人，所以圣人爱人包括爱自己。说"爱人不爱己"，是把自己这个人，从"人"的普遍概念中排除，即用"不爱己"的概念，把"爱人"的概念搞乱，这不符合制名以辨别同异的原则。《大取》因为荀子的批评，修正了本派祖师墨子的观点，把墨子极端损己利人的片面性，拨正为"爱人包括爱自己"的常人常识观点，回归到普通逻辑。

第7组，"友有于秦马，友有于马也"，意即至少有一匹秦马为我的朋友所有，则至少有一匹马为我的朋友所有。这是用"个别寓有一般"这一辩证命题公式，回应公孙龙"白马非马"，即"个别排斥一般"这一诡辩命题公式，维护常人常识的观点。

（六）伦理的逻辑

《大取》说："爱众世与爱寡世相若，兼爱之又相若。爱上世与爱后世，一若今之世人也。'圣人有爱而无利'，儒者之言也，乃客之言也。天下无人，子墨子之言也犹在。志功为辩。志功不可以相从也。利人也，为其人也；'富人'，非为其人也；有为也以富人，富人也。"

所谓"爱众世与爱寡世相若，兼爱之又相若。爱上世与爱后世，一若今之世人也"。即对于人口多世代人们的爱，与对于人口少世代人们的爱是相等的，在兼爱他们这一点上是相等的。爱过去世代的人们，与爱未来世代的人们，和爱当今世代的人们，都是一样的。这是墨家对墨子兼爱学说的从新角度出发的再论证，是墨家人道人文思想的新发挥。

"'圣人有爱而无利'，儒者之言也，乃客之言也。"即说"圣人只给予爱而不考虑利益"，把爱利截然两分，这是儒者的言论，是论敌的言论。《论语·子罕》载孔子"罕言利"。《论语·里仁》载孔子说："君子喻于义、小人喻于利。"

《孟子·梁惠王上》说："何必言利，亦有义而已矣。"

《汉书·董仲舒传》载董仲舒说:"正其谊(义)不谋其利,明其道不计其功。"儒家讲"义利分裂",墨家讲"义利统一",是两家针锋相对的不同观点。墨家讲"义利"的对立统一,是合乎辩证法的合理思维。

"天下无人,子墨子之言也犹在。"即假定在将来的某一天,天下果真没有人了,我们老师墨子的言论,还会作为真理而永远存在着,这表明墨子后学对墨子思想的无比信任和崇拜心理。我们对墨子的思想,采取"取其精华,弃其糟粕"的辩证分析方法与科学态度。

"志功为辩。志功不可以相从也。"即动机与效果应该加以分辨。动机与效果不一定恰相一致(并非有什么动机紧跟着就有什么效果)。墨家讲"志功"即动机与效果的对立统一,也是合乎辩证法的合理思维。

"利人也,为其人也;'富人',非为其人也;有为也以富人,富人也。"即利人,就是为人考虑;单纯地从口头上称誉人的"富有",不等于为人考虑;采取实际措施,以便使人富有,才是真正的富人之举。这是"一是一非"的比辞推论模式。其中说"有为也以富人",即采取实际措施,以便使人富有,这话很有积极的现实意义。

二、《小取》赏析

《小取》是罕见的中国古代逻辑学专论,在中国和世界逻辑学史上占有重要地位,是墨辩即墨家逻辑学的简明读本和纲领。"纲"是网的总绳,"领"是衣服的领子。《小取》就像网的总绳,衣服的领子。常言说:"纲举目张。"《韩非子·外储说右下》说："善张网者引其纲。"郑玄《诗谱序》说："举一纲而万目张，解一卷而众篇明。"善解《小取》，就像举一纲而万目张，《墨经》众篇皆明。《荀子·劝学》说："若挈裘领，屈五指而顿之，顺者不可胜数也。"《小取》就像《墨经》的领子，屈指抖动，则《墨经》众毛皆顺。《小取》是理解墨辩即墨家逻辑精言妙道的钥匙、关键、门径和方法论启示。

《墨子》托名战国初期（公元前5世纪）墨翟撰，从内容看，《小取》是战国末期墨家后学撰。文中两次自称"墨者"，是墨家后学的口气。写作时间在公元前4世纪末至前3世纪初，与《公孙龙子·名实论》和《荀子·正名》在同一时代。

（一）辩学目的

《小取》开宗明义说："夫辩者，将以明是非之分，审治乱之纪，明同异之处，察名实之理，处利害，决嫌疑：焉摹略万物之然，论求群言之比。"即"辩"这门学问的目的，是用来判明真理与谬误的分别，审察治理和混乱的头绪，判明同一与差异的所在，考察概念和实际的原理，权衡处置利益与祸害，洞察决断迷惑和可疑的痕迹：于是能反映概括万事万物的面目与根源，讨论探求各种言论的利弊和得失。

这是墨辩的目的、宗旨，突出墨辩的工具性。古今中外逻辑学，都是思维工具。亚里士多德逻辑学著作叫《工具论》。培根逻辑学著作叫《新工具》。墨家逻辑学是中国古代百家争鸣辩论和朴素科学思维的工具。

（二）思维规律

《小取》说："以类取，以类予。有诸己不非诸人，无诸己不求诸人。"即根据事物的类别取例证明，根据事物的类别予例反驳。自己赞成的论点不能反对别人赞成，自己不赞成的论点不能要求别人赞成。

《尚贤下》载，墨子要成立"治国任贤能"的论点，就取"王公大人杀牛羊、制衣裳、治疲马和张危弓，都知道任贤能"的同类事例来论证，这是"以类取"。墨子批评王公大人不知"治国任贤能"的论点为荒谬，就取"王公大人杀牛羊、制衣裳、治疲马和张危弓，都知道任贤能"的同类事例来反驳，这是"以类予"。

因为"王公大人杀牛羊、制衣裳、治疲马和张危弓，都知道任贤能"，就不能非难墨子"治国任贤能"的论点，这是"有诸己不非诸人"。因为王公大人不放弃"杀牛羊、制衣裳、治疲马和张危弓任贤能"的论点，就不能要求墨子放弃"治国任贤能"的论点，这是"无诸己不求诸人"。这是表达同一律和矛盾律的思想，要求保持思维的一致性，避免自相矛盾，表明中外逻辑都遵守同一律和矛盾律。

（三）思维形式

《小取》说："以名举实，以辞抒意，以说出故。"即用语词概念反映事物实质，用语句命题表达思想意念，用推论说词揭示理由根据。这名辞说三者，恰与西方传统逻辑的概念论、命题论和推理论三部分相当。

《小取》说："或也者，不尽也。假者，今不然也。效者，为之法也，所效者，所以为之法也，故中效，则是也，不中效，则非也，此效也。譬也者，举他物而以明之也。侔也者，比辞而俱行也。援也者，曰：子然，我奚独不可以然也？推也者,以其所不取之,同于其所取者,予之也。是犹谓也者,同也。吾岂谓也者,异也。"

即"或"是表示一类事物中仅有一部分是如此,即并非全部都是如此。"假"是表示思想上的假定,并非表示现实就是如此。"效"是提供标准的辩论形式和法则,所"效"是被提供的标准辩论形式和法则,所以合乎这些标准辩论形式和法则的是正确的,不合乎这些标准辩论形式和法则的是不正确的,这就是"效"。

"或"是一个区别的特称量词。即在一类事物中,仅有部分是如此,并非全部是如此。如说:"马或白。"指在马类事物中,仅有部分马是白的,并非所有马是白的。公式是:S 或 P = 有 S 是 P,并非所有 S 是 P。

"假"是假定、假设、假想,而现实并非如此。如梁启超在《墨子之论理学》中说:"假使今日中国有墨子,则中国可救。"而"今日中国有墨子",只是假定,并非事实。公式是:假定 S 是 P。

"效"是建立公式(法式、标准、原则、模型、形式、格式)。"所效"是公式(法式、标准、原则、模型、公式、形式、格式)。"中效"是代入公式,符合公式者为是、对、正确;不符合公式者为非、错、不正确。如《经说上》说:"彼举然者,以为此其然也,则举不然者而问之","取此择彼,问故观宜。以人之有黑者、有不黑者也,止黑人。"即建立公式:∵ M_1 是 P,M_2 是 P,∴ 所有 M 都是 P,用"有 M 不是 P"反驳。如说张三是黑的,李四是黑的,所以,所有人是黑的,这时,我就可以用"有人不是黑的"来反驳。这便是代入公式，并且"中效"的正确推论。

"譬"是列举其他事物来说明这一事物，简称譬喻类推。"侔"是比较同类词句说明它们都是行得通的，简称比辞类推。"援"是说："你可以这样，我为什么偏偏不可以这样呢？"简称援例类推。"推"是我摆出一个证明给对方来反驳他，我这个证明是说明，对方所不赞成的与对方所赞成的本为同类，简称归谬类推。

"援"和"推"都是以同一律与矛盾律为根据的论证方式。"是犹谓"（这就好比说）的说法，是用来表示前后两种议论同类，是正类比的连接词。"吾岂谓"（我难道说）的说法，是用来表示前后两种议论不同类，是反类比的连接词。

《小取》论名、辞、说、辩等思维表达方式和或、假、效、譬、侔、援、推等论辩方式，从中国古代辩论实践中总结出来，又回到辩论实践中去，为墨家和诸子百家普遍运用，是墨辩和中国古典逻辑的范式，跟西方逻辑相比，有共性，也有个性。

就共性说，中外逻辑推论都遵守同一律和矛盾律。就个性说，《小取》特别重视类推，即广义的类比论证。其所总结的譬、侔、援、推等推论方式，有类比和归纳的或然性推论成分，也有归谬法的必然性推论成分。《小取》所列举推论方式的性质，是类比、归纳和演绎推论因素的朴素结合和综合运用，是古代论辩和论证的逻辑。

（四）思维谬误

《小取》说："夫物有以同，而不率遂同。辞之侔也，有所至而正。其然也，有所以然也；其然也同，其所以然不必同。其取之也，有所以取之；其取之也同，其所以取之不必同。是故譬、侔、援、推之辞，行而异，转而诡，远而失，流而离本，则不可不审也，不可常用也。故言多方、殊类、异故，则不可偏观也。"

即事物有相同之处，并不因此就完全相同。词句的同类比较（侔），在一定范围内是正确的。事物的现象或结果，有其所以形成的原因。其现象或结果相同，其所以形成的原因不一定相同。赞成某一论点，有其所以赞成的理由。双方都赞成某一论点，他们所以赞成的理由不一定相同。所以，"譬"、"侔"、"援"、"推"的词句，无类比附会混淆差异，辗转列举会发生诡辩，生拉硬扯会失去本义，牵强推论会离开根据，于是就不能不慎重，也不能到处搬用。所以对言论的多方面的道理、特殊的类别和不同的缘故，就不能片面的观察。

《小取》论譬、侔、援、推辩论方式的合理性界限和容易发生的谬误，跟事物、思维和语言的复杂性有关，跟认识论和批判性思维结合，是具体分析和讲道理的演绎成分，增强了古代论辩和论证的必然性与可靠性。

（五）比词类推

《小取》说："夫物或乃是而然，或是而不然，或不是而然，或一周而一不周，或一是而一非也。"这是列举五种典范的比词类推。其用古汉语元语言总结的"是而然，是而不然，不是而然，一周而一不周，一是而一非"等术语，使用排列组合，正反对照的修辞技巧，富有美感和欣赏价值，充分体现作者的深思熟虑和语言技巧。

1.是而然。"是而然",即前一命题肯定,后一命题肯定。从其所举例来看,其公式是:A = B,并且 CA = CB。如:"白马,马也;乘白马,乘马也。骊马,马也;乘骊马,乘马也。获,人也;爱获,爱人也。臧,人也;爱臧,爱人也。"即白马是马,乘白马是乘马。骊马是马,乘骊马是乘马。获是人,爱获是爱人。臧是人,爱臧是爱人。

2.是而不然。"是而不然",即前一命题肯定,后一命题否定。从其所举例来看,其公式是:A = B,并且 CA ≠ CB。如:"获之亲,人也;获事其亲,非事人也。其弟,美人也;爱弟,非爱美人也。车,木也;乘车,非乘木也。船,木也;入船,非入木也。盗,人也;多盗,非多人也;无盗,非无人也。奚以明之?恶多盗,非恶多人也;欲无盗,非欲无人也。世相与共是之,若若是,则虽'盗,人也;爱盗,非爱人也;不爱盗,非不爱人也;杀盗,非杀人也'无难矣。此与彼同类,世有彼而不自非也,墨者有此而非之,无他故焉;所谓'内胶外闭',与'心毋空乎内,胶而不解'也。"

即获的父母是人,获事奉她的父母不能说是"事奉人"(指作别人的奴仆)。她的妹妹是美人,她爱妹妹不能说是"爱美人"(指爱美色)。车是木头做的,乘车不能说是"乘木头"(指乘一根未加工的木头)。船是木头做的,入船不能说是"入木"(指进入木头)。强盗虽然是人,但某地强盗多,不能简单地说"某地人多";某地没有强盗,也不能简单地说"某地没有人"。怎么知道这一点呢?讨厌某地强盗多,并不是讨厌某地人多;想让某地没有强盗,并不是想让某地没有人。世上的人大家都赞成这一点。如果是这样的话,那么我们说"强盗虽然是人,爱强盗却不能说是'爱人',不爱强盗不能说是'不爱人',杀强盗也不能简单地说是'杀人'(指杀好人,犯杀人罪)",就也应该是没有困难的。后者和前者是属于同类,世人赞成前者而不自以为不对,墨家的人主张后者却要加以反对,没有其他的原因:这就是所说的"内心胶结,对外封闭,听不进不同意见",与"心里边没有留下一点空隙,胶结而解不开"的缘故。

3. 不是而然。"不是而然",即前一命题否定,后一命题肯定。从其所举例来看,其公式是:$A \neq B$,并且 $CA = CB$。如:"读书,非书也;好读书,好书也。斗鸡,非鸡也;好斗鸡,好鸡也。且入井,非入井也;止且入井,止入井也。且出门,非出门也;止且出门,止出门也。若若是:'且夭,非夭也;寿且夭,寿夭也。''有命',非'命'也;非'执有命','非命'也,无难矣。此与彼同类,世有彼而不自非也,墨者有此而非之,无他故焉:所谓'内胶外闭',与'心毋空乎内,胶而不解'也。"

即"读书"不等于"书","好读书"却等于"好书"。"斗鸡"不等于"鸡","好斗鸡"却等于"好鸡"。"将要入井"不等于"入井",阻止"将要入井"却等于阻止"入井"。"将要出门"不等于"出门",阻止"将要出门"却等于阻止"出门"。如果是这样的话,那么我们说"'将要夭折'不等于'夭折',阻止'将要夭折'却等于阻止'夭折'(即采取措施使'将要夭折'的人有寿,却是真的把'夭折'的人转变为长寿)。儒家主张'有命'论,不等于真的有'命'这东西存在;墨家'非执有命',却等于'非命'(即墨家反对儒家坚持有命的论点,却等于实实在在地否定'命'的存在)"就也应该是没有困难的。后者和前者是属于同类,世人赞成前者而不自以为不对,墨家的人主张后者却要加以反对,没有其他的原因:这就是所说的"内心胶结,对外封闭,听不进不同意见",与"心里边没有留下一点空隙,胶结而解不开"的缘故。

4. 一周而一不周。"一周而一不周",即一种说法周遍,而一种说法不周遍。从其所举例来看,其公式是:AB一语,A有时遍及于B的所有分子,有时不遍及于B的所有分子。如:"爱人,待周爱人而后谓爱人;不爱人,不待周不爱人:失周爱,因谓不爱人矣。乘马,不待周乘马,然后谓乘马也:有乘于马,因谓乘马矣。逮至不乘马,待周不乘马,而后谓不乘马。"

即说"爱人",必须周遍地爱所有的人才可以说是"爱人";说"不爱人",不依赖于周遍地不爱所有的人:没有做到周遍地爱所有的人,因此就可以说是"不爱人"了。说"乘马",不依赖于周遍地乘过所有的马,才算是"乘马":至少乘过一匹马,就可以说是"乘马"了。但是说到"不乘马",依赖于周遍地不乘所有的马,然后才可以说是"不乘马"。

5. 一是而一非。"一是而一非",即一种语句结构,代入一种内容成立,代入另一种内容不成立。从其所举例来看,其公式是:$F(A) = G(A)$,并且$F(B) \neq G(B)$。如:"居于国,则谓居国;有一宅于国,而不谓有国。桃之实,桃也;棘之实,非棘也。问人之病,问人也;恶人之病,非恶人也。人之鬼,非人也;兄之鬼,兄也。祭人之鬼,非祭人也;祭兄之鬼,乃祭兄也。之马之目眇,则谓之马眇;之马之目大,而不谓之马大。之牛之毛黄,则谓之牛黄;之牛之毛众，而不谓之牛众。一马马也，二马马也，马四足者，一马而四足也，非两马而四足也；马或白者，二马而或白也，非一马而或白。"

即居住在某一国内，可以简称为"居国"；有一住宅在某一国内，却不能简称为"有国"。桃树的果实称为"桃"，棘树的果实却不称为"棘"（称为枣）。探问别人的疾病可以简称为"探问人"，讨厌别人的疾病却不能简称为"讨厌人"。人的鬼魂不等于人，兄的鬼魂在某些特殊情况下可以权且代表兄。祭人的鬼魂不等于祭人，祭兄的鬼魂可以权且说是祭兄。（作者持有鬼论）这个马的眼睛瞎，可以简称为"这马瞎"；这个马的眼睛大，却不能简称为"这马大"。这个牛的毛黄，可以简称为"这牛黄"；这个牛的毛众（指牛毛长得茂密），却不能简称为"这牛众"（牛众是指牛的个数多）。一匹马是马，两匹马是马，说"马四足"，是指一匹马四足，不是指两匹马四足；但是说"马或白"（指有的马是白的），却是在至少有两匹马的情况下才可以这样说，如果在只有一匹马的情况下就不能这样说。

以上比词类推，有大批丰富的例证作为支撑，反映当时诸子百家争鸣辩论的主题内容和生动激烈状况。其对五种比词类推的总结，跟先秦古汉语的语法、语义和语用紧密联系，表明墨家辩学即逻辑学的概括，受中国古代民族语言特点的制约。

（本章主要内容曾发表于《毕节学院学报》2011年第1期。）

第二十章 《吕氏春秋》与墨辩

墨家总结战国百家争鸣的思维论辩方式,推出辩学元典《墨经》,是中国古代逻辑的典范样式。来自秦国内外的墨者,应秦国相国吕不韦征召,参编《吕氏春秋》,兼容发挥墨辩,发展墨家推理论和语义学,取得重要学术成就,谱写墨辩发展史精彩一页。

一、墨者入秦创新业

墨家自称墨者,是墨家学者省称。《小取》说:"此与彼同类,世有彼而不自非也,墨者有此而非之,无他故焉。"秦国是先秦墨者在西部活动的重要中心。墨者应秦相吕不韦征召,参编《吕氏春秋》,保存墨者活动重要资料。《吕氏春秋》中"墨者"出现频次,见表29。

表29 《吕氏春秋》中"墨者"出现频次

篇名	去私	去尤	首时	去宥	应言	上德	总计
次数	3	1	1	2	4	8	19

战国时,源出鲁国地区的墨家学派,游说各诸侯国,渐

居中国各地，足迹遍华夏，影响达九州。《孟子·滕文公下》惊呼："墨翟之言盈天下！"墨家四出宣传学说，各诸侯国接纳墨者，在神州大地逐渐形成三个墨者活动中心，即东方鲁国，南方鲁阳（属楚）和西方秦国。

《庄子·天下》说："相里勤之弟子，五侯之徒，南方之墨者，苦获、已齿、邓陵子之属。"相对于南方墨者苦获、已齿、邓陵子之属（即《韩非子·显学》所说邓陵氏之墨），则相里勤之弟子，五侯之徒（即《韩非子·显学》所说相里氏之墨），是北方墨者。从西方秦国说，北方墨者也称东方墨者，秦墨者即西方墨者。

《吕氏春秋·去宥》说："东方之墨者谢子，将西见秦惠王，惠王问秦之墨者唐姑果。"东方墨者谢子，从墨者活动中心鲁国出发，西行到秦，游说秦惠王（公元前337—前311年在位）。秦国本有土生土长的墨者，专有名词称"秦之墨者"。《去尤》简称"秦墨者"。秦墨者位近秦惠王，就近备询。秦惠王就是否接见东方墨者谢子，征询秦墨者唐姑果的意见。

除秦国土生土长的墨者外，有来自东方诸侯国的墨者，到秦活动，壮大秦墨阵容。墨者田鸠（田俅）来自齐国，研究墨子学术，有墨学专著。《汉书·艺文志》"墨家"著录"《田俅子》三篇"。田鸠是墨学的重要传人和有力宣传者。田鸠西行到秦，传播墨学。《吕氏春秋·首时》说：

墨者有田鸠，欲见秦惠王，留秦三年，而弗得见。客有言之于楚王者，往见楚王，楚王说之，与将军之节以如秦，至因见惠王。告人曰："之秦之道，乃之楚乎！"固有近之而远，远之而近者，时亦然。有汤武之贤，而无桀纣之时不成。有桀纣之时，而无汤武之贤亦不成。圣人之见时，若步之与影，不可离。

田鸠游说秦惠王，在秦等待三年，没有得到接见。他通过别人引荐，先游说楚王，获得信任，楚王派他带着将军符节①，出使秦国，惠王才接见他。田鸠对人说："我入秦之道，竟从楚国绕远而来！"②吕氏发挥说，事情本来有接近反而疏远，疏远反而接近的辩证法。把握时机，也是这样。有汤武的贤能，没有桀纣的时机不行。有桀纣的时机，没有汤武的贤能，也不行。圣人把握时机，就像走路与影子，不可分离。

《韩非子·问田》载，田鸠辩论，包括语气、用词和思想，喜欢模仿墨子说话的方式。田鸠和墨子，都有共同的口头语："此无他故异物（这不是由于其他原因和情况，而是由于）。"田鸠效法墨子，见表30。

表30　田鸠效法墨子

比较	谈辩	出处
田鸠	此无他故异物	《韩非子·问田》
墨子	无他故异物焉	《墨子·尚同中》

---

①　与秦惠王同时的楚王，有楚威王（公元前339—前329年在位）和楚怀王（公元前328—前298年在位）。

②　高诱注："留秦三年，不得见惠王，近之而远也。从楚来至，而得见，远之而近也。"

《外储说左上》载楚王问田鸠："墨子者，显学也，其身体则可，其言多不辩，何也？"田鸠回答：

> 昔秦伯嫁其女于晋公子，令晋为之饰装。从文衣之媵七十人。至晋，晋人爱其妾，而贱公女。此可谓善嫁妾，而未可谓善嫁女也。楚人有卖其珠于郑者，为木兰之柜，熏桂椒之椟，缀以珠玉，饰以玫瑰，辑以羽翠。郑人买其椟而还其珠。此可谓善卖椟矣，未可谓善鬻珠也。今世之谈也，皆道辩说文辞之言，人主览其文而忘其用。墨子之说，传先王之道，论圣人之言，以宣告人。若辩其辞，则恐人怀其文，忘其用，直以文害用也。此与楚人鬻珠、秦伯嫁女同类，故其言多不辩。

《鲁问》载，墨子对鲁国南方隐士吴虑说："翟以为不若诵先王之道，而求其说，通圣人之言，而察其辞，上说王公大人，次匹夫徒步之士。王公大人用吾言，国必治；匹夫徒步之士用吾言，行必修。"田鸠说："墨子之说，传先王之道，论圣人之言，以宣告人。"田鸠与墨子用词语气，见表31。

表31　田鸠与墨子用词语气

比较	用词语气
墨子	诵先王之道，通圣人之言，而察其辞
田鸠	传先王之道，论圣人之言，以宣告人

秦国墨者人多势众，需有墨家领袖人物常驻。《吕氏春秋·去私》说：

> 墨者有巨子腹䵍居秦，其子杀人。秦惠王曰："先生之年长矣，非有他子也，寡人已令吏弗诛矣，先生之以此听寡人也。"腹䵍对曰："墨者之法曰：'杀人者死，伤人者刑。'此所以禁杀伤人也，夫禁杀伤人者，天下之大义也，王虽为之赐，而令吏弗诛，腹䵍不可不行墨者之法。"不许惠王，而遂杀之。子，人之所私也，忍所私，以行大义，巨子可谓公矣。

"腹"是姓，"䵍"是名。腹䵍是墨者巨子，即墨家大师级人物，首领，领袖。《庄子·天下》说："以巨子为圣人。"墨家活动中心秦国，有墨家大师级人物，首领，领袖常驻，则他肯定不是孤身一人，而是率领着一群人，一个墨者团队。腹䵍的儿子犯了杀人罪。秦惠王怜悯腹䵍年长，只有一个儿子，命令司法官，饶他儿子一命，不判死刑。腹䵍拒绝惠王照顾，坚持按墨者之法"杀人者死，伤人者刑"规定，处死儿子。吕氏赞扬说，腹䵍"忍所私，以行大义"，是大义灭亲，出于公心。

沈有鼎依据相关史料推断，《经》和《经说》四篇，是学术文化发展水平较高的北（东）方墨者的著作，即相里勤之弟子，五侯之徒的著作。其论证论据的简括术语用"说在"。"南方之墨者"的著作《大取》，论证论据的简括术语用"其类在"，两种论证公式不同。《大取》在很多地方，跟《经》

和《经说》四篇，明显唱对台戏，学说比较原始，含义丰富，重形式的趋势较弱。韩非子说的相夫氏之墨，是西方墨者，不愿意参加以上两派争论，满足于《小取》完整简明，较晚出的辩学体系。[①] 依据沈氏这一假说，能较好地解释现存广义《墨经》六篇的歧异。

二、世传吕览有墨学

《史记·太史公自序》说："不韦迁蜀，世传《吕览》。"《吕览》是《吕氏春秋》的别称。《吕氏春秋》由《八览》、《六论》、《十二纪》构成。班固《汉书·艺文志》著录"杂家"《吕氏春秋》，自注"秦相吕不韦辑智略士作"。

吕不韦主编《吕氏春秋》，是杂家著作的代表，兼容发挥和发展墨辩。杂家思维方式的特色是兼容综合。班固《汉书·艺文志·诸子略》说"杂家者流"，"兼儒墨，合名法"，即兼容儒墨，综合名法。"兼"即兼容，"合"即综合。《隋书·经籍志》说："杂者，兼儒墨之道，通众家之意。"王尧臣《崇文总目·杂家类》说："杂家者流，取儒墨名法合而兼之，其言贯穿众说，无所不通。"

《吕氏春秋·用众》论述兼容综合思维方式的特征。篇名"用众"，即强调善于兼容综合众说。该篇开宗明义说："善学者，若齐王之食鸡也，必食其跖数千而后足。"即善于学习的人，就像齐王吃鸡，定要吃几千只鸡脚掌，才心满意足。

《用众》说："物固莫不有长，莫不有短。人亦然。故善

---

① 沈有鼎：《沈有鼎文集》，人民出版社1992年版，第393页。

学者，假人之长以补其短。"即事物本来没有毫无长处的，也没有毫无短处的。人也如此。所以善于学习的人，借鉴别人的长处，弥补自己的短处。即使为人所普遍厌恶的桀纣，也有令人敬畏和可取之处。

《用众》说："天下无粹白之狐，而有粹白之裘，取之众白也。"即天下没有纯白的狐狸，却有纯白的狐裘，这是由众多狐狸腋下一小块白皮，兼容综合而成。兼容众人勇敢，就不怕勇士孟贲。兼容众人力量，就不怕力士乌获。兼容众人眼力，就不怕明眼人离娄。兼容众人智慧，就不怕智人尧舜。极力提倡兼容综合的思维方式。

《墨子·亲士》说："江河不恶小谷之满己也，故能大。圣人者，事无辞也，物无违也，故能为天下器。是故江河之水，非一源之水也。千镒之裘，非一狐之白也。夫恶有同方不取，而取同己者乎？盖非兼王之道也。"

墨子概括"兼王之道"范畴，与杂家吕不韦兼容综合的思维方式一致。司马谈《论六家要旨》说，百家各有长短，应予批判综合。班固《汉书·艺文志》说，百家"言虽殊，譬犹水火，相灭亦相生也"，"相反而皆相成也"。兼容综合是中华文化的固有内涵和优良传统。从中国的历史发展来看，也可以得出这样的结论：只有开放兼容，国家才能富强。这是中国数千年历史经验的总结。

吕不韦，战国末卫国濮阳（今河南濮阳）人，原为阳翟（今河南禹州）的大商人，往来贱买贵卖，家累千金。吕氏在赵都邯郸做生意，遇到在赵作人质的秦公子异人（后改名子楚），认为"奇货可居"，出五百金给子楚，让他结交宾客，自己再用五百金，入秦游说华阳夫人，劝华阳夫人拥立子楚为太子。

公元前249年，子楚继位，即庄襄王，吕不韦被任命为丞相，封文信侯，食邑河南洛阳十万户。公元前247年，庄襄王卒，嬴政十三岁继位。吕不韦被尊为相国，号称"仲父"，又食邑蓝田十二县，并燕所献河间（今河北献县）十城作为封邑①。在秦活动的墨者，参与编写《吕氏春秋》。《史记·吕不韦传》说：

> 当是时，魏有信陵君，楚有春申君，赵有平原君，齐有孟尝君，皆下士喜宾客以相倾。吕不韦以秦之强，羞不如，亦招致士，厚遇之，至食客三千人，是时诸侯多辩士。如荀卿之徒，著书布天下。吕不韦乃使其客人人著所闻，集论以为八览，六论，十二纪，二十余万言，以为备天地万物古今之事，号曰《吕氏春秋》，布咸阳市门，悬千金其上，延诸侯游士宾客，有能增损一字者，予千金。

吕不韦招致食客撰书，其中有墨者辩士。《吕氏春秋·去宥》

---

① 嬴政名义上是秦庄襄王之子。据《史记·吕不韦传》："吕不韦取邯郸诸姬绝好善舞者与居，知有身。子楚从不韦饮，见而悦之，因起为寿，请之，吕不韦怒，念业已破家为子楚，欲以钓奇，乃遂献其姬，姬自匿有身，至大期时，生子政。"吕不韦是秦王政生父。秦王政十年（公元前237年，23岁），"免相国吕不韦"，十一年命吕氏出居封地河南，十二年命吕氏"与家属徙"迁蜀郡，吕氏"恐诛，乃饮鸩而死"。

说:"东方之墨者谢子。"又说:"谢子,东方之辩士也。"纪昀等《四库全书简明目录》卷十三说,《吕氏春秋》"实其宾客所集也",聚合群言,参以墨家之近理者。

卢文弨《抱经堂文集·书吕氏春秋后》说:"《吕氏春秋》一书,大约宗墨氏之学","其《重己》、《重生》、《节丧》、《安死》、《尊师》、《下贤》,皆墨道也","成之者非一人,其墨者多也"。

吕氏集合秦墨辩士之力,融墨学于杂家一炉,在《吕氏春秋》中兼容发展墨辩。吕氏命运多舛,后遭秦始皇忌恨,逼迫致死。吕氏兼容综合的思维方式,为司马谈、司马迁和班固等史学大家和杂家另一代表刘安等有识之士效法应用。

三、势所必然篇相似

吕氏集秦墨之力,融墨学于杂家一炉,则《吕氏春秋》势必有与《墨子》内容的相似处。《吕氏春秋·当染》有大部分文字,与《墨子·所染》雷同,仅在篇末,补充些许新意。清汪中《述学补遗·吕氏春秋序》说:"《当染》篇全取《墨子》。"《吕氏春秋·当染》与《墨子·所染》对照,见表32。

表 32 《吕氏春秋·当染》与《墨子·所染》对照

篇名	《吕氏春秋·当染》	《墨子·所染》
80%相似	墨子见染素丝者而叹曰,染于苍则苍,染于黄则黄,所以入者变,其色亦变,五入而以为五色矣,故染不可不慎也。非独染丝然也,国亦有染。舜染于许由、伯阳,禹染于皋陶、伯益,汤染于伊尹、仲虺,武王染于太公望、周公旦,此四王者所染当,故王天下,立为天子,功名蔽天地,举天下之仁义显人,必称此四王者。夏桀染于干辛、歧踵戎,殷纣染于崇侯、恶来,周厉王染于虢公长父、荣夷终,幽王染于虢公鼓、祭公敦,此四王者所染不当,故国残身死,为天下僇,举天下之不义辱人,必称此四王者。齐桓公染于管仲、鲍叔,晋文公染于咎犯、郄偃,荆庄王染于孙叔敖、沈尹蒸,吴王阖庐染于伍员、文之仪,越王句践染于范蠡、大夫种,此五君者所染当,故霸诸侯,功名传于后世。范吉射染于张柳朔、王生,中行寅染于黄藉秦、高强,吴王夫差染于王孙雄、太宰嚭,智伯瑶染于智国、张武,中山尚染于魏义、椻长,宋康王染于唐鞅、田不禋,此六君者所染不当,故国皆残亡,身或死辱,宗庙不血食,绝其后类,君臣离散,民人流亡,举天	子墨子见染丝者而叹曰:"染于苍则苍,染于黄则黄,所入者变,其色亦变,五入必,而已则为五色矣。故染不可不慎也。"非独染丝然也,国亦有染。舜染于许由、伯阳,禹染于皋陶、伯益,汤染于伊尹、仲虺,武王染于太公、周公。此四王者所染当,故王天下,立为天子,功名蔽天地。举天下之仁义显人,必称此四王者。夏桀染于干辛、推哆,殷纣染于崇侯、恶来,厉王染于厉公长父、荣夷终,幽王染于傅公夷、蔡公谷。此四王者,所染不当,故国残身死,为天下僇。举天下不义辱人,必称此四王者。齐桓染于管仲、鲍叔,晋文公染于舅犯、高偃,楚庄染于孙叔、沈尹,吴阖闾染于伍员、文义,越勾践染于范蠡、大夫种。此五君者所染当,故霸诸侯,功名传于后世。范吉射染于长柳朔、王胜,中行寅染于籍秦、高疆,吴夫差染于王孙雒、太宰嚭,知伯摇染于智国、张武,中山尚染于魏义、偃长,宋康染于唐鞅、佃不礼。此六君者所染不当,故国家残亡,身为刑戮,宗庙破灭,绝无后类,君臣离散,民人流亡。举天下之贪暴苛扰者,必称此六君也。凡君之所以

续表

篇名	《吕氏春秋·当染》	《墨子·所染》
80%相似	下之贪暴可羞人，必称此六君者。凡为君非为君而因荣也，非为君而因安也，以为行理也。行理生于当染，故古之善为君者，劳于论人，而佚于官事，得其经也。不能为君者，伤形费神，愁心劳耳目，国愈危，身愈辱，不知要故也。不知要故，则所染不当，所染不当，理奚由至？六君者是已。六君者，非不重其国、爱其身也，所染不当也。存亡故不独是也，帝王亦然。	安者，何也？以其行理也，行理性于染当。故善为君者，劳于论人，而佚于治官。不能为君者，伤形费神，愁心劳意，然国逾危，身逾辱。此六君者，非不重其国、爱其身也，以不知要故也。不知要者，所染不当也。
20%新意	非独国有染也。孔子学于老聃、孟苏夔、靖叔。鲁惠公使宰让请郊庙之礼于天子，桓王使史角往，惠公止之，其后在于鲁，墨子学焉。此二士者，无爵位以显人，无赏禄以利人，举天下之显荣者，必称此二士也。皆死久矣，从属弥众，弟子弥丰，充满天下，王公大人从而显之，有爱子弟者，随而学焉，无时不绝。子贡、子夏、曾子学于孔子，田子方学于子贡，段干木学于子夏，吴起学于曾子，禽滑厘学于墨子，许犯学于禽滑厘，田系学于许犯。孔墨之后学，显荣于天下者众矣，不可胜数，皆所染者得当也。	非独国有染也，士亦有染。其友皆好仁义，淳谨畏令，则家日益，身日安，名日荣，处官得其理矣，则段干木、禽子、傅说之徒是也。其友皆好矜奋，创作比周，则家日损，身日危，名日辱，处官失其理矣，则子西、易牙、竖刀之徒是也。《诗》曰："必择所堪，必谨所堪"者，此之谓也。

《吕氏春秋·当染》与《墨子·所染》前段大部分篇幅，论述墨子用工匠染丝的操作，比喻教育环境对人的熏染改造作用。教育是有意创造良好环境，使人性受到熏染感化，朝健康方向发展。人通过受良好教育，养成优秀德行，改变不良习惯。选择仁义朋友，熏染仁义品性。

《吕氏春秋·当染》后段补充些许新意，论述儒墨两家从属弟子众多，无数后学显荣天下。列举墨学传授谱系：墨子→禽滑厘→许犯→田系。吕氏补充墨子后学的新资料，可证《吕氏春秋·当染》的写作时间，在《墨子·所染》流传之后。《吕氏春秋·当染》，是战国后期入秦墨者的新作，兼容发挥《墨子·所染》的内容。

四、弘扬墨辩逻辑学

《吕氏春秋·应言》说：

> 司马喜难墨者师于中山王前以非攻，曰："先生之所术非攻夫？"墨者师曰："然。"曰："今王兴兵而攻燕，先生将非王乎？"墨者师对曰："然则相国是攻之乎？"司马喜曰："然。"墨者师曰："今赵兴兵而攻中山，相国将是之乎？"司马喜无以应。

司马喜是公元前5至前4世纪人，任中山武公（公元前414年继位）的相国。[①] 这是《吕氏春秋·应言》保存墨家人物

---

① 《韩非子·内储说下》："司马喜，中山君之臣也。"《战国策·中山策》："司马喜三相中山。"《史记·邹阳传》："司马喜膑脚于宋，卒相中山。"

活动的重要实证资料。这里出现墨者师的称呼,即墨家老师,墨学大师,有深厚的墨学造诣。

司马喜与墨者师的对话,表明墨者师始终坚持墨子非攻的观点,在逻辑上前后一致。司马喜作为中山武公的相国,一方面支持中山武公"兴兵而攻燕",一方面从内心反对"赵兴兵而攻中山",在逻辑上前后矛盾,陷于思维混乱的困境,所以在墨者师的一再追问下,"司马喜无以应",被驳得理屈词穷,无言应对。

墨者师的反驳方法,是墨家惯用的归谬法,即《小取》总结"推"的论辩方式,要点是"以其所不取者,同于其所取者,予之也"。逻辑是全人类共同的正确思维形式,运用逻辑的墨者师,自然在辩论中占上风,迫使司马喜甘拜下风。清汪中《述学补遗·吕氏春秋序》说:"《应言》篇司马喜事,则深重墨氏之学。"实际是深重墨辩,弘扬墨家逻辑学。

五、推类之难成篇章

逻辑学核心研究推理论。中国古籍常称推理为"推类",偶尔也称推理或推故。《墨经》条目论"推类之难",是中国古代逻辑推理论,对类推谬误研究的开端。《吕氏春秋·别类》把《墨经》"推类之难"条目意涵,演绎发挥为独立单篇,补充大量事例,给予充分的归纳论证。《吕氏春秋·别类》与《墨经》论类推谬误对照,见表33。

表33 《吕氏春秋·别类》与《墨经》论类推

《吕氏春秋·别类》	《墨经》
知不知上矣。过者之患,不知而自以为知。物多类然而不然,故亡国戮民无已。夫草有莘有藟,独食之则杀人,合而食之则益寿。万堇不杀。漆淖水淖,合两淖则为塞,湿之则为干。金柔锡柔,合两柔则为刚,燔之则为淖。或湿而干,或燔而淖,类固不必,可推知也。小方,大方之类也。小马,大马之类也。小智,非大智之类也。鲁人有公孙绰者,告人曰:"我能起死人。"人问其故。对曰:"我固能治偏枯。今吾倍所以为偏枯之药,则可以起死人矣。"物固有可以为小,不可以为大。可以为半,不可以为全者也。相剑者曰:"白所以为坚也,黄所以为韧也。黄白杂,则坚且韧,良剑也。"难者曰:"白所以为不韧也,黄所以为不坚也。黄白杂,则不坚且不韧也。又柔则卷,坚则折。剑折且卷,焉得为利剑?"剑之情未革,而或以为良,或以为恶,说使之也。故有以聪明听说,则妄说者止。无以聪明听说,则尧桀无别矣。此忠臣之所患也,贤者之所以废也。义,小为之,则小有福,大为之,则大有福。于祸则不然,小有之,不若其亡也。射招者,欲其中小也,射兽者,欲其中大也。物固不必,安可推也。高阳应将为室家,匠对曰:"未可也。木尚生,加涂其上,必将挠。以生为室,今虽善,后将必败。"高阳应曰:"缘子之言,则室不败矣。木益枯则劲,涂益干则轻,以益劲任益轻,则不败。"匠人无辞而对,受令而为之,室之始成也善,其后果败。高阳应好小察,而不通乎大理也。骥骜绿耳,背日而西走,至乎夕,则日在其前矣。目固有不见也,智固有不知也,数固有不及也。不知其说所以然而然。圣人因而兴制,不事心焉。	推类之难,说在之大小、物尽、同名、二与斗、爱、食与招、白与视、丽与暴、夫与屦。(《经下》)谓四足,兽与?并鸟与?物尽与?大小也。此然是必然,则俱为麋:同名。俱斗不俱二:二与斗也。包肝肺子:爱也。掘茅:食与招也。白马多白,视马不多视:白与视也。为丽不必丽,为暴必暴:丽与暴也。为非以人,是不为非,若为夫勇,不为夫。为屦以买衣,为屦:夫与屦也(《经说下》)

推类,即类推,狭义指类比推理。中国古籍说推类,或类推,多指广义,是归纳、演绎和类比三种推论形式的综合运用或未分化状态。《墨经》所说推类疑难,强调根据类的相

似性推理，结论有可能性，或然性，不确定性，不具有必然性，并列举九个例子，予以归纳论证。《吕氏春秋·别类》说"类固不必，可推知也"，发挥《墨经》类推结论无必然性的意涵。

鲁国人公孙绰说："我能起死回生。"推论说："因为我本来能治半身不遂，现在我把治半身不遂的药加倍，就能起死回生。"这是诡辩。事物的小大半全，不仅有量的不同，还有质的区别。会治小病，未必能治大病。得半身不遂的病人，毕竟还是活人，与死人有本质区别。所以能治半身不遂，把治半身不遂的药加倍，并不能起死回生。

这涉及类可推和不可推的两面性。类的可推，是以类的同一性为前提，即同类事物，有同样性质，可发挥类推的功能和作用。类的不可推，是以类的差异性为前提，即不同类事物，有不同性质，说明类推的界限、范围和发生谬误的可能。

这里着重讨论类的不可推，指出知人所不知，才是高级认识。不知而自以为知，是错误认识。事物在很多情况下是那样，而实际不是那样。莘和藟两种草，单吃能毒死人，合吃能延年益寿。被毒虫咬伤，涂另一种毒药，却能解毒。漆和水是液体，合起来却能凝固。这是意图变湿，而效果变干的事例。

铜和锡柔软，合炼则先变成液体（熔液），然后冷却变硬，这是火烧变流体的事例。或意图变湿，而效果变干，或火烧却变流体。事物的类别性质，不是永远不变，可依此类推。小方和大方是方类，小马和大马是马类，小智（小聪明）和大智（大智慧）却不是一类（爱耍小聪明的人，办大事显得愚蠢）。

在鉴定剑的质量时，认为是好剑的人说：白锡使剑坚硬，黄铜使剑柔韧。白锡、黄铜兼有，所以剑既坚硬又柔韧，是好剑。认为不是好剑的人说：白锡使剑不柔韧，黄铜使剑不坚硬。白锡、黄铜兼有，剑既不柔韧，又不坚硬，不是好剑。并且按照对方所说，黄铜使剑柔韧，但柔韧则卷刃；白锡使剑坚硬，但坚硬则折断。白锡、黄铜兼有，使剑既卷刃，又折断，不是好剑。双方推论，都运用正确的假言联言推论式，但结论却相反。相剑者推论，见表34。

表34 相剑者推论

相剑者推论	难者推论1	难者推论2	假言联言推论式	读为
白锡→坚硬 黄铜→柔韧 白锡∧黄铜 ∴坚硬∧柔韧	白锡→不柔韧 黄铜→不坚硬 白锡∧黄铜 ∴不柔韧∧不坚硬	柔韧→卷刃 坚硬→折断 柔韧∧坚硬 ∴卷刃∧折断	P→R Q→S P∧Q ∴R∧S	如果P则R 如果Q则S P并且Q ∴R并且S

这里三个推论综合运用，才能全面反映良剑整体的矛盾本性，一个单独推论式，只能反映剑的部分特征。关键是在制剑操作中，白锡、黄铜混合比例的大小，是否合乎制作良剑的需求。应对具体问题作具体分析，不是用一两个简单推理式，就能认清良剑的整体性。

好事小做小有益，大做大有益。坏事做一点，不如没有。射箭靶希望射中小的，射野兽希望射中大的。事情本来不是必然一样，可以此类推。高阳应想盖房，木匠对他说："现在还不行，木料没干透，往上糊泥，一定弯曲。拿未干透的木料盖房，眼前虽好，日后会塌。"

高阳应说："根据你的说法，则房不会塌。因为木头愈干愈有劲，泥土愈干则愈轻，用愈有劲的承担愈轻的，不会塌。木匠无话可说，按吩咐盖房，果然垮塌。高阳应玩弄小聪明，不懂大道理。实际上，没等湿木干透，湿泥早已把它压弯。"高阳应知其一不知其二，知小不知大，知部分不知整体，单靠一两个简单推理式，不能从整体上认清复杂具体问题。

千里马背着太阳向西跑，到傍晚太阳反而在马前。这是由于太阳比千里马跑得快。眼睛本来就有看不到的，智能本来就有达不到的，圣人因而定下规矩：不单凭心智臆断。

篇名"别类"，主旨要求区分事物类别。在肯定推知价值、功能的基础上，主要说明推理的局限和容易产生的谬误。《吕氏春秋·达郁》说："得其细，失其大，不知类耳。"对复杂具体问题，知其一不知其二，知小不知大，知部分不知整体，是不知事物类别所致。《吕氏春秋·听言》说：

今人曰："某氏多货，其室培湿，守狗死，其势可穴也。"则必非之矣。曰："某国饥，其城郭卑，其守具寡，可袭而篡之。"则不非之：乃不知类矣。

"不知类"，是墨子总结的元语言逻辑概念，用以形容论敌的自相矛盾。这是吕氏对墨家逻辑学的传承、推广和应用。

六、发展墨家语义学

吕氏和墨家语义学论述对照，见表35。

表35　吕氏和墨家语义学论述对照

《吕氏春秋》	《墨经》
《离谓》：言者以喻意也。言意相离，凶也。夫辞者，意之表也。鉴其表，而弃其意，悖。听言者，以言观意也。《精谕》：言者，谓之属也。《淫辞》：非辞无以相期。凡言者，以谕心也。《察传》：夫得言不可以不察。数传而白为黑，黑为白。凡闻言必熟论，其于人必验之以理。辞多类非而是，多类是而非。是非之经，不可不分。缘物之情，及人之情，以为所闻，则得之矣	《经上》：信，言合于意也。《经上》：闻，耳之聪也。循所闻而得其意，心之察也。言，口之利也。执所言而意得见，心之辩也

（一）墨家语义学

言意之辩，是中国哲学中亘古未决的争论。《易·系辞上》假托孔子说"书不尽言，言不尽意"。《庄子·天道》说："意之所随者，不可以言传也。"《知北游》说："道不可言，言而非也。"这是言意之辩中的反题"言不尽意"论，认为语言不能充分表达思维。

墨家在言意之辩中，最先论证其正题"言尽意论"，认为语言能充分表达思维。《经上》说："信，言合于意也。"《经说上》解释说："不以其言之当也。""信"和"当"有不同的定义和标准。

"信"的定义是"言合于意"，语言和思维一致。"信"是语言准确表达思维，发挥语言表意和交际功能的标准。"当"的定义是"意合于实"，思维和实际一致。"当"是判断和语句符合实际，是认识的功能和标准。"当"、"是"、"正"、"真"的含义一致，指语言和思维符合实际。

《小取》说："以辞抒意。"即用语句、命题抒发、表达意义、判断。"辞"即言,是语言、语句、命题。"抒":抒发、表达。"意":意义。"意"由"心音"合成,表示言为心声,即用语言表达思维。

《经上》说:"闻,耳之聪也。循所闻而得其意,心之察也。言,口之利也。执所言而意得见,心之辩也。"言是语句,由说者用"利口"说出,听者用"聪耳"听到。"意"是心智判断,借助说出的语句,可以察知、辨别语句所表达的判断。

语句说出,凭借人的健全发音器官。语句接受,通过人的健全听觉器官。把握语句中的判断,要依靠心智思维的辨察分析作用。这是墨家逻辑语义学的萌芽。

(二)吕氏的发展

《吕氏春秋·离谓》说,语言的功能是表达思维。语言和思维脱离,是不正常的。语言是思维的表达。只抓住语言的表面意义,抛弃其真实语义,会带来谬误。听人说话,是通过语言分析其意义。《精谕》说,语言从属于其所指谓的对象。篇名"离谓",即"言意相离",语言脱离意义。

《吕氏春秋·淫辞》说,没有言辞,无法相互交流。《说文》:"期,会也。"语言是思维的表达。篇名"淫辞",即诡辩。"淫":邪僻、惑乱。《孟子·公孙丑上》:"淫辞知其所陷。"语言的指谓性,是其交际性的基础。语言离开其所指谓的对象和确定的思维,会产生曲解语义的诡辩。

《吕氏春秋》列举诡辩事例之一:齐有事人者,所事有难,而弗死也,遇故人于途。故人曰:"固不死乎?"对曰:"然。凡事人,以为利也。死不利,故不死。"故人曰:"子尚可以见人乎?"对曰:"子以死为顾可以见人乎?"即老朋友乙说:"您这还有脸见人吗?"甲回答说:"您以为人死了,闭上眼睛了,反而可以看见人吗?"乙的提问,是伦理意义,甲的回答,是生理意义,是曲解语义的诡辩。

《吕氏春秋》列举诡辩事例之二:荆柱国庄伯令其父:"视日!"曰:"在天!""视其奚如?"曰:"正圆!""视其时!"曰:"当今!"令谒者:"驾!"曰:"无马!"令涓人:"取冠!""进上!"问:"马齿(几何)?"圉人曰:"齿十二与牙三十!"

即楚国的最高武官庄伯,叫父亲"看看太阳!"(看太阳位置,确定时间)父亲转移话题:"太阳在天上!"庄伯解释:"看看太阳怎么样了?"父亲转移话题:"太阳正圆着呢!"庄伯又解释:"看什么时候了?"父亲转移话题:"就是现在这个时候!"庄伯叫传令官通知车夫:"预备马车!"传令官转移话题:"我没有马呀!"庄伯叫侍臣把帽子从头上"取"下,侍臣却又"取"来一顶帽子"进上"。庄伯问养马人:"这匹马牙口怎样?(问马年龄多少岁)"养马人转移话题,回答马齿的数目:"十二颗齿(指门牙),三十颗牙!"

《察传》主张对语言传播,要仔细审察。语言数次传播,导致信息失真,黑白颠倒。语言交际,脱离语境,曲解语义的现象,是诡辩谬误的根源。联系语境,确定语义,才能克服诡辩谬误。《察传》列举典型的语义谬误实例,予以解说发挥。

语义谬误例一:鲁哀公读书,读到舜说"夔一足",不了解其语境,将其曲解为:"乐正夔这个人只有一足。"孔子告诉鲁哀公这句话的语境是:"昔者舜欲以乐传教于天下,乃令重黎举夔于草莽之中而进之,舜以为乐正(管音乐的官)。夔于是正六律，和五声，以通八风，而天下大服。重黎又欲益求人（想多找一些像夔这样的人），舜曰：'夫乐，天地之精也，得失之节也，故唯圣人为能和乐之本也，夔能和之，以平天下，若夔者一而足矣。'"即舜说"夔一足"，为特定语境制约的确切语义是："像夔这样的人有一个就足够了。"并非是如鲁哀公脱离语境，断章取义的曲解："乐正夔这个人只有一足。"

语义谬误例二：宋之丁氏，家无井而出溉汲，常一人居外。及其家穿井，告人曰："吾穿井得一人！"有闻而传之者曰："丁氏穿井得一人！"国人道之，闻之于宋君，宋君令人问之于丁氏，丁氏对曰："得一人之使，非得一人于井中也！"即"吾穿井得一人"，为特定语境所约束的确切语义是："我家里打井，节省了一个劳动力的使用。"并非如传话者脱离语境，断章取义的曲解："丁氏家里打井，从井里挖出一个活人！"

《吕氏春秋》探讨语言、语义、语境和语言使用者的关系，这在西方现代语言符号逻辑中，是属于逻辑语义学的范畴。《吕氏春秋》用精彩的理论概括和丰富的应用实例，发挥发展墨家的逻辑语义学思想，是中国古代语言逻辑学的胚胎萌芽，在当今批判的理论思维中，有重要的启发借鉴意义。

（本章主要内容曾发表于《毕节学院学报》2011年第9期。）

第二十一章　言意之辩的逻辑哲学意义

言意之辩，即语言能否充分表达思维意义的辩论，从春秋战国至今，已持续两千多年。辩论正方主张"言尽意"，反方主张"言不尽意"，涉及逻辑哲学和语言文学诸多领域。本章概论言意之辩长期历史进程的几个重要环节，阐发其逻辑哲学意义。

一、言不尽意论

（一）庄子的论点

《庄子·天道》载"轮扁斫轮"的寓言：齐桓公在堂上读书，轮扁在堂下做车轮，他放下手中的锥凿，上前问道："您读的书写什么？"桓公说："写圣人之言。"轮扁说："圣人还在吗？"桓公说："死了。"轮扁说："您读的书是古人的糟粕。"桓公说："我读书，你怎么妄加评论？说出道理可以，说不出道理治你死罪。"

轮扁说："我做车轮，榫眼对榫头，偏宽则甘滑易入而不牢。偏紧则苦涩难入而不成。不宽不紧，得心应手，无法用语言表达，却有技巧存在。我不能给儿子说清楚，儿子也不能不经琢磨，就得到传承。我年届七十，还得砍削车轮。古人和他们不可言传的意思,已经死去,我说您读的书是古人的糟粕。"南宋林希逸《庄子口义》卷五评论说,庄子的寓言极为精妙,妙就在于用比喻说明"言不尽意"的论点。

《庄子·天道》说:"世之所贵道者书也。书不过语,语有贵也。语之所贵者意也。意有所随。意之所随者,不可以言传也。"世人所看重称道的是书,书不过是记载的语言,语言自有其珍贵之处。语言可珍贵的是意义,意义有其所追随的道理。意义所追随的道理,不能用语言传达。

换言之,世人都说书最贵,语言比书更尊贵。贵于语言是意义,意义比语言更尊贵。贵于意义是道理,不可言传难描绘。这里的公式是:书籍→语言→意义→道理。唐成玄英解释:"道者言说,书者文字,世俗之人","因书以表意","以为贵重,不知无足可言也"。"所以致书,贵宣于语。所以宣语,贵表于意也。""随,从也。意之所出,从道而来。道既非色、非声,故不可以言传说。"认为抽象道理无色无声,不能用语言传达。

《庄子·秋水》说:"可以言论者,物之粗也。可以意致者,物之精也。言之所不能论,意之所不能察致者,不期精粗也。"认为有形事物的粗糙一面,能够用语言论说。无形事物的精微所在,能够用意念想象。抽象道理的精妙意义,语言不能论说,意念不能体察想象。

《庄子·知北游》说:"道不可闻,闻而非也。道不可见,见而非也。道不可言,言而非也。""所以论道,而非道也。"认为道理不能听、看和说,能听、看和说,不是真道理。

又说:"论则不至。"成玄英解释:"若论说之,则不至于道。"《庄子·则阳》说:"可言可意,言而愈疏。"成玄英解释:"可以言诠,可以意察者,去道弥远也。"认为能用言论解释和心意体察,离道理越远。

《庄子·天道》说:"智者不言,言者不智。"即真正有智慧的人不说话,说话的人未必有真正的智慧。《知北游》说:"至言去言。"即最高明的言论是取消言论。又说:"辩不若默。"即能言善辩不如沉默无语,主张去除言谈辩说,沦于荒谬。

(二)魏晋玄学的发挥

三国魏学者荀粲认为精微奥妙的道理,不能用语言表达。王弼《老子指略》说:"名必有所分,称必有所由。有分则有不兼,有由则有不尽。不兼则大殊其真,不尽则不可以名。""然则言之者失其常,名之者离其真。""是以圣人不以言为主,则不违其常。不以名为常,则不离其真。"即有名称就有分别,有分别就不能把握整体。名言不能把握整体真相。这是用语词、概念的相对性,论证"言不尽意"论,走上另一极端,认为不名不言,才不失常道和远离真相。蒋济、傅嘏和钟会的著作,都以"言不尽意"为立论根据。

"言不尽意"论,指出言词表达意义的局限,对文学创作有重大影响。语言是人类的创造,但用语言表达世界有不足一面。创作力求达意,诉诸言内,寄诸言外,运用启发联想,唤起读者体味言外的深意,以便收到"言有尽,意无穷"的效果。苏东坡说:"言有尽,而意无穷者,天下之至言也。"欧阳修说:"状难写之景,如在目前;含不尽之意,见于言外。"南朝钟嵘《诗品》说:"使味之者无极,闻之者心动,是诗之至也。"东晋陶渊明《饮酒》诗：

> 结庐在人境，而无车马喧。
> 问君何能尔，心远地自偏。
> 采菊东篱下，悠然见南山。
> 山气日夕佳，飞鸟相与还。
> 此中有真意，欲辩已忘言！

诗作既设法言说，以诗言志，又昭示言外有欲辩的真意，表达"言尽而意未尽"的境界。

"言不尽意"论强调语言的相对性，有反对绝对主义、独断论的合理一面。但真理向前多走半步，会陷于谬误。夸大语言的相对性，会走向相对主义、怀疑论和不可知论的极端。唐欧阳询《艺文类聚》卷十七载西晋张韩著《不用舌论》，说："留意于言，不如留意于不言。"把"言不尽意"论发挥到极致：既然"言不尽意"，不如"不用舌"说话。《春秋·谷梁传·僖公二十二年》说："人之所以为人者，言也。人而不能言，何以为人？"语言是人猿相揖别的标志性特征，人如果倒退到"不用舌"、不说话的地步，人将不成其为人。

古希腊有从辩证法走向诡辩论的案例。列宁说："辩证法曾不止一次地作过——在希腊哲学史上就有过这种情形——通向诡辩论的桥梁。"[①] 亚里士多德说："如那个闻名已久的赫拉克利特学派克拉底鲁执持的学说，可算其中最极端的代表，

---

① 《列宁全集》第22卷，人民出版社1958年版，第302—303页。

他认为事物既如此变动不已，瞬息已逝，吾人才一出言，便已事过境迁，失之幻消，所以他最后，凡意有所指，只能微扣手指，以示其踪迹而已；他评议赫拉克利特所云'人没有可能再度涉足同一条河流'一语说，在他看来，'人们就是涉足一次也未成功'。"①

列宁说："这一点质朴地绝妙地表现在赫拉克利特的一个著名公式（或格言）中：'不可能两次进入同一条河流'——其实（像克拉底鲁——赫拉克利特的学生早就说过的那样）连一次也不可能（因为当整个身体浸到水里的时候，水已经不是原来的了）。""这位克拉底鲁把赫拉克利特的辩证法弄成了诡辩"，"关于任何东西都不可能说出什么来"。克拉底鲁只"动了动手指头"，便回答了一切。② 这种"万物变动难言说，微扣手指示踪迹"的论调，同张韩的《不用舌论》，可谓异曲同工。

二、言尽意论

（一）墨辩的论点

针对"言意之辩"中反方的主张"言不尽意论"，正方的回应是"言尽意论"。墨家倡导"言合于意"，"以辞抒意"，"循所闻而得其意"，"执所言而意得见"，发挥"言尽意论"的命题。这是"言意之辩"中正方应对"言不尽意论"的第一次高潮。

---

① 〔古希腊〕亚里士多德：《形而上学》，商务印书馆1959年版，第74页。
② 列宁：《哲学笔记》，人民出版社1956年版，第390页。

《经上》第14条说:"信,言合于意也。"《经说上》解释说:"不以其言之当也。""信"和"当"有不同的定义和标准。"信"的定义是"言合于意",即口里说的"言"(语句),符合心里想的"意"(判断),怎么想就怎么说,心口如一,语言和思维一致。"信"是语言准确表达思维,这是发挥语言的表意功能、交际功能的目的和标准。

《淮南子·说山训》说:"得万人之兵,不若闻一言之当。""当"的定义是"意合于实",即心里想的"意"(判断),符合客观存在的"实"(实际),事实是什么就怎么想,思维和实际一致。"当"是判断和语句符合实际,这是认识的目的和标准。"当"、"是"、"正"、"真"的含义一致,指语言和思维符合现实。"信"不以语句的"当"为必要条件。言、意、实(语言、意义、实际)三者的对应,有以下情况:

第一,判断符合实际,语句符合判断,语句既当且信。

第二,判断不符合实际,语句符合判断,语句不当而信。

第三,判断符合实际,语句不符合判断,语句可能不信且不当,也可能偶然"当而不信"。

例子是:"使人视城得金。"即甲骗乙说:"城门内有金,你到那里能拾到金子。"乙去一看,碰巧拾到金子。这是判断符合实际,是"当"。实际上甲并不真的知道那里有金子,只是随口胡说,这是"语句不符合判断",是"不信"。

《小取》说:"以辞抒意。"即用语句、命题抒发、表达意义、判断。"辞"即言,是语言、语句、命题。"辞"本意是诉讼的供词。《说文》:"辞,讼也","犹理辜也"。《周礼·乡士》："听其狱讼，察其辞。""辞"又指言词、语句。《史记·魏公子传》："一言半辞。"唐欧阳询《艺文类聚·人部·言语》："《释名》曰：'言，宣也，宣彼此之意也。语，叙也，叙己所欲说述也。'《说文》曰：'直言曰言，论议曰语。'"

"抒"：抒发、表达。《楚辞·九章》说："发愤以抒情。""意"：意义。《荀子·正名》："天官之意物。"古注："意，从心、从音。意不可见，因言以会意也。""意"字由"心"和"音"合成，意为心音，言为心声，即用语言表达意义。

王充《论衡·书解篇》："出口为言。"扬雄《法言·问神》："言，心声也。"宋俞琰《周易集说》卷二十三："在心为志（意）。出口为言。言，心声也。"清龚自珍说："言为心声。"朱熹咏《意》诗："意乃情专所主时，志之所向定于斯。要须总验心情意，一发而俱性在兹。"

《经上》第90至93条说："闻，耳之聪也。循所闻而得其意，心之察也。言，口之利也。执所言而意得见，心之辩也。"这是"循闻察意"、"执言辩意"的方法。言是语句，由说者用"利口"说出，听者用"聪耳"听到。"意"是心智的判断，借助说出的语句，可以察知、辨别语句其所表达的判断。俗话说："听话听声，锣鼓听音。"语句的说出，凭借人的健全发音器官。语句的接受，通过人的健全听觉器官。把握语句中的判断，要依靠心智思维的辨察、分析作用。

（二）《吕氏春秋》的论点

《吕氏春秋》发挥"言尽意论"命题说："言者以喻

意。""辞者意之表。""以言观意。"这是"言意之辩"中正方迎辩反方"言不尽意论"的又一高潮。

《吕氏春秋·淫辞》说,有一天,庄伯叫父亲"看看太阳",意思是叫他去看看太阳的位置,确定时间早晚。父亲转移话题说:"太阳在天上!"庄伯进而解释:"看看太阳怎么样了?"意思是叫他去看看太阳的位置,父亲转移话题说:"太阳正圆着呢!"庄伯第三次解释:"去看看什么时候了。"父亲第三次转移话题说:"恰恰是现在这个时候。"庄伯叫传令官通知车夫"预备马车"。传令官转移话题说:"我没有马。"庄伯叫侍臣把帽子从头顶上"取"下来,侍臣却又"取"来一顶帽子说:"请戴上!"庄伯问养马人:"这马的牙口多少?"意思是问马的年龄,养马人转移话题说:"十二颗齿(门牙),三十颗牙。"

黑格尔说,"在柏拉图那里,我们也发现有这样的一些开玩笑的、双关的话,用来嘲弄智者们"。"他们成了宫廷里的弄臣。""曾被用在公共场所,也被用在国王们的宴席上作为游戏。""在国王们的宴席上,有哲学家们的聪明的谈话和聚会,他们在互相嘲弄和寻开心。希腊人异常喜爱找出语言中和日常观念中所发生的矛盾。"《吕氏春秋》把庄伯身边的诡辩故事放到《淫辞》篇,把其中每一问答方式(答非所问、转移话题)看成诡辩。

《吕氏春秋·离谓》说:"言者以喻意也。言意相离,凶也。""辞者意之表也。鉴其表而弃其意,悖。""听言者,以言观意也。听言而意不可知,其与桥言无择。"语言的功能,是表达意义。语言和意义相背离是不正常的。语言是表达意义的工具。只根据语言的表面意义,而抛弃其真实语义是荒谬的。听人说话是通过语言观察意义。听到语言如果意义混淆难知,就跟诡辩无异。"桥言"即"言意相离"(语言和意义背离),是用语句字面意思,架空偷换具体语境下确定语义的诡辩。

《吕氏春秋·离谓》说,齐国人某甲,受雇作别人的保镖,规定主人有危难,保镖应该以死相救。后来主人有危难,某甲没有以死相救,反而临阵脱逃。逃跑途中遇到老朋友。老朋友说:"主人有难,你怎么不以死相救呢?"某甲理直气壮地说:"是的。凡受雇于人,是为了自己的利益,以死相救,对自己不利,所以我要逃跑。"老朋友根据一般规定和通常的道德标准问他:"你这样做,还有脸见人吗?"某甲回答说:"你以为人死了,反而可以看见人吗?"前一"见人"是道德方面的含义(指没脸见人),后一"见人"是生理方面的含义(指人死了,眼睛闭上,不能用眼睛看人)。这是用偷换概念的手法进行诡辩。

《吕氏春秋·淫辞》说:"非辞无以相期。从辞则乱。辞之中又有辞焉。言者,心之谓也。言不欺心,则近之矣。凡言者以谕心也。言心相离,而上无以参之,则下多所言非所行也,所行非所言也。言行相诡,不祥莫大焉。"即没有言辞,无法相互交流。

《说文》:"期,会也。"仅听信言辞,会发生混乱。混乱的言辞,生出新的混乱,造成恶性循环。语言是思维的表达。语言不违背思维,就接近于理想,所有语言都是表达思维的。语言与思维背离,上者无法参考检验,下者语言和行为脱节,行为和语言脱节。语言和行为互相违反，是不希望出现的情况。这说明语言指谓事物、交流思想和引导行动的功能。

"淫辞"即诡辩。"淫"：邪僻、惑乱。《孟子·公孙丑上》："淫辞知其所陷。"语言之所以能作为交流工具，与其指谓对象、表达思想的功能相关。语言的指谓性是交际性的基础。语言离开其所指谓的对象和确定的思想内容，会引起语义混乱，产生偷换概念、转移论题的诡辩。

《吕氏春秋》把语言离开其所指谓的对象和所表达的思想叫"离谓"，即"言意相离"。《精谕》说："言者，谓之属也。"语言从属于其所指谓的对象和所表达的思想。"离谓"，"言意相离"，即语言离开其所指谓的对象和所表达的思想，则徒有其表，会受到诡辩论者的曲解。指谓对象和表达思想二者密切相关。思想是对象的反映，言辞离开了其所指谓的对象，也就离开了其所表达的思想。"离谓"导致"言意相离"。

《经说上》第32条说："言，谓也。"语言的功能是指谓的对象，表达思想。《广雅·释言》："谓，指也。"指同旨。《说文》："旨，意也。""离谓"即"离意"。《吕氏春秋》讨论对象、思想和语言的关系，用意在于批评使语言和思维、对象相脱离的诡辩。

阴阳家代表邹衍批评公孙龙及其门徒"白马非马"之类的诡辩，是"饰辞以相悖"，"引人声（引用别人的话）使不得及其意"（即言意相离），是有害于大道的"缴言纷争"的根源。司马谈说，名家一派"苛察缴绕"（诡辩），"使人不得返其意"（违反别人原意，偷换概念或论题）。这都从语言和对象、思维相背离的角度，指明诡辩的实质。

解决"言意相离"即使语言和思维、对象脱节的问题，从两方面着手：一是说话人应把意思说明白，让人听其言而知其意，不容歪曲篡改；二是听话人应理解说话人话语所指谓的对象和原意，避免"望文生义"和"断章取义"。

《吕氏春秋·察传》说，鲁哀公听到"夔一足"的话，从字面上理解为"夔这个人天生只有一只脚"，迷惑不解，向孔子请教："夔这个人，天生只有一只脚，您相信吗？"孔子解释说，过去舜想借用音乐教化天下，命令重黎（尧时掌管时令的官，后为舜臣）推举人才。重黎从民间把夔举荐给舜，舜叫夔作乐官，规范音律，调和五声，贯通八方风俗，天下服从。重黎又想再找一些像夔这样的人。舜说："音乐是天地的精华，得失的关节。所以只有圣智的人，才能调和音乐的根本。夔能调和音乐的根本，以教化天下。所以像夔这样的人，有一个就足够了。"所以说"夔一足"（像夔这样的人，有一个就足够了），非"一足"也（并非夔天生只有一只脚）。

"夔一足"语句的意义切分有两种可能，一是，"夔一／足"（夔有一个，已足够）。二是，"夔／一足"（夔这个人，有一只脚）。鲁哀公不理解"夔一足"这句话的具体语境，"鉴其表而弃其意"，只根据字面上的可能意义，理解为"夔这个人天生只有一只脚"，脱离了具体语境下的确定语义，导致"言意相离"，构成"望文生义"、"断章取义"的谬误。

《吕氏春秋·察传》说，宋国丁先生，家中没有水井，经常需要一个劳动力到外边取水。后来丁先生家打了一口井，于是告诉别人:"我家打井得到一个人。"在具体语境下的确定语义是:"我家里打井得到一个劳动力的使用(节省一个劳动力)。"但听话、传话者脱离具体语境,从字面上理解为:"丁先生打井从中捞出一个活人。"这使国人和宋君迷惑不解,直到查清真实语义,才解开疑团。这是"望文生义"、"断章取义"的案例。

《察传》说:"传言不可以不察。""是非之经,不可不分。""缘物之情及人之情。"在对话辩论中,离开语境而篡改语义的现象常见,这是诡辩产生的语言认识论根源。为了克服这种脱离语境篡改语义的诡辩现象,对于语言的传播要仔细审察。语言数次传播导致信息失真。如以下连锁推论,越推离事实越远:"狗像獲。獲像母猴。母猴像人。所以,狗像人。"这里,"像"、"似"的语义、角度和标准不统一,经语言的数次传播,差别越来越大,离事实和真理越远。这是人犯错误的原因。是非界限要分清。如果能够根据物情、人情、事理,即结合广义的语境,就有助于了解语言的确定语义,有助于揭露篡改语义的诡辩。

(三)欧阳建的论点

欧阳建《言尽意论》说:有雷同君子问于违众先生曰:"世之论者,以为言不尽意,由来尚矣。至乎通才达识,咸以为然。若夫蒋(济)公之论眸子,钟(会)、傅(嘏)之言才性,莫不引此为谈证。而先生以为不然,何哉?"

先生曰:"夫天不言,而四时行焉。圣人不言,而鉴识存焉。形不待名,而方圆已著。色不俟称,而黑白已彰。然则名之于物,无施者也。言之于理,无为者也。而古今务于正名,圣贤不能去言,其故何也?诚以理得于心,非言不畅。物定于彼,非名不辨。言不畅志,则无以相接。名不辨物,则鉴识不显。鉴识显而名品殊,言称接而情志畅。原其所以,本其所由,非物有自然之名,理有必定之称也。欲辨其实,则殊其名。欲宣其志,则立其称。名逐物而迁,言因理而变。此犹声发响应,形存影附,不得相与为二矣。苟其不二,则言无不尽矣。吾故以为尽矣。"

这是"言尽意论"的代表作,是"言意之辩"正方论点的发挥,构成回应"言不尽意"论的第三次高潮。欧阳建的论证像一面镜子,反映"言意之辩"的历史发展和影响。"言不尽意"论是当时多数人的见解,欧阳建假托为"雷同君子",即与别人雷同。"言尽意"论是与众不同的创见,欧阳建假托为"违众先生",即违背众人见解。

欧阳建肯定对象的客观性,语言的被决定性。事物运行不依赖于语言。人对事物的认识不说出来,也已存在于意识中。没有名称,事物的形体颜色等性质是客观存在。名称对于事物及其规律没有增减。事物及其规律的名称不是固有和必然。欧阳建从语言与认识、事物的相互关联,探讨语言的性质。欧阳建的议论,涉及事物、认识和语言三者的关系。事物反映为认识,认识形之于语言。考察名称的根源,追溯语言的起源,可以了解名称、语言的派生性、社会性和主观性。

人们设法把名称搞正确,圣人贤者也不能不说话。心里明白道理,不用语言不能清楚表达。没有名称,不能辨别事物。语言不能清楚表达思想,无法相互交际。不用名称辨别事物，精辟的认识就不能显露。把真知灼见显露出来，而名称类别都区分开来，人们就能通过语言相互交际，思想感情就能清楚表达。要想辨别不同的实体，就应该使用不同的名称。要把思想表达出来，就应该建立不同的称谓。这是语言的指谓和交际功能。

名称跟随事物而迁移，语言依据规律而变化。事物的名称、规律和语言之间的关系，就像声音发出来而回响呼应，形体存在而影子跟随，不能把它们分成两个互不相干的东西。这里用"声发响应"和"形存影附"的比喻，形象说明名称、语言来源的客观性，说明名称与事物、语言和规律的联结和一致性。

欧阳建指出名称、语言的灵活性、变动性。所谓"言尽意"的"尽"，不是照镜子式的一次完成，而是有跟随事物迁移变化的过程。欧阳建的"言尽意"论有很大影响，论点为许多人所接受。

（四）刘昼的新意

北齐刘昼《刘子·崇学》说："至道无言，非立言无以明其理。"即最高的道理，自己不会说话，不依靠语言，不能明白道理。《刘子·审名》说："言以绎理，理为言本。名以订实，实为名源。有理无言，则理不可明。有实无名，则实不可辨。理由言明，而言非理也。实由名辨，而名非实也。今信言而弃理，非得理者也。信名而略实，非得实者也。故明者课言以寻理，不遗理而著言。执名以责实，不弃实而存名。然则言理兼通，而名实俱正。"即用语言解释道理，道理是语言的根本依据。名称确定实体，实体是名称的本原。有道理不说出来，道理就不能明白。有实体无名称，则实体不能得到分辨。道理由语言说明，但语言不等于道理本身。实体由名称分辨，但名称本身不等于实体。现在相信语言而抛弃道理，实在不是获得道理的方法。只相信名称而忽略实体，就不能得到实际情况。所以明智的人通过考核语言以便探寻道理，不抛弃道理而只突出语言。用名称来检查实体，不抛弃实体而只保存名称。这样来做到语言和道理两方面的贯通，而名实关系双方都得到纠正。

《刘子·审名》说："世人传言，皆以小成大，以非为是。传弥广而理逾乖，名弥假而实逾反。""古人必慎传名，近审其词，远取诸理，不使名害于实，实隐于名，故名无所容其伪，实无所蔽其真。此之谓正名也。"即世人传言，通常会把小说成大，造成是非颠倒的结果。言论传得越广，而道理越乖戾荒谬，名称越假，而与实际越相反。古人一定慎重传达名称，近审察词句，远探求各种道理，不使名称有害实体，或者实体被名称掩盖。这样名称就不会容纳虚假，实体也不会被掩盖真相。这就叫作"正名"。刘昼用大量案例，说明传言必须察明语境，以确定真实语义，避免望文生义，断章取义。刘昼的论述，在前人基础上有所发挥，颇具新意。

（五）欧阳修的质疑

《易·系辞上》说："书不尽言，言不尽意。"即书面文字不能完全表达自然语言，自然语言不能完全表达内心深意。北宋欧阳修《系辞说》提出质疑说："'书不尽言，言不尽意'，然自古圣贤之意，万古得以推而求之者，岂非言之传欤？圣人之意所以存者，得非书乎？然则书不尽言之烦，而尽其要言，不尽意之委曲，而尽其理，谓'书不尽言，言不尽意'者，非深明之论也。予谓《系辞》非圣人之作，初若可骇，余为此论迨今二十五年矣，稍稍以余言为然也。六经之传，天地之久，其为二十五年者，将无穷而不可以数计也。予之言久当见信于人矣，何必汲汲较是非于一世哉？"

即《易·系辞上》假托孔子说"书不尽言，言不尽意"，但古代圣贤的意思，难道不正是通过语言的传承，才得以推求把握？圣人意思的保存，难道不正是得益于书籍的记载？书籍虽不能穷尽语言的烦琐细微，但可以穷尽语言的精要。不能穷尽意义的底细原委，但可以穷尽其道理。说"书不尽言，言不尽意"，不是深刻明智的论断。

欧阳修说《系辞》不是孔子圣人的作品，这种论点的提出，最初似乎骇人听闻，但经过多年的考验，他更坚信其正确，自信历时愈久，会愈为人相信，而不在乎当世的认可。欧阳修用理性分析和批判的方法，疑古怯惑，质疑问难，提出异于众人的创新见解。

《论语·卫灵公》载："子曰：'辞达而已矣。'"清刘宝楠《论语正义》解释说："辞不贵多，亦不贵少，皆取达意而止。"孔子作为杰出的教育家，肯定语言能够表达意义。《易·系辞上》假托孔子说"书不尽言，言不尽意"，与《论语》所载孔子的思想不合。这是用归谬法进行反驳，是"言尽意"论点的重要发挥。

三、结论

言意之辩反方主张"言不尽意"论，有见于语言表达意义的相对性、过程性和阶段性，而失之于对语言达意功能的怀疑，有陷于相对主义、怀疑论和不可知论的可能。正方主张"言尽意"论，有见于语言的达意功能、目的和结局，而失之于对语言达意功能相对性、过程性和阶段性的忽视和过于乐观，有陷于语言达意功能一次完成的形而上学片面性和简单化的可能。

未来辩论，期待双方继续调整各自的论点，深化论证，互相汲取对方的合理因素，在思想的对立碰撞中，实现更高层次的综合提升，使论点逐步接近，最后获得统一的新认识，实现互利双赢。

（本章主要内容曾发表于《重庆工学院学报》2007年第5期。）

第二十二章　比较逻辑观名家

司马谈所称的名家在先秦被称作辩者。名家是诸子百家的重要一家。名家学说的性质和历史作用，酷似古希腊智者。从学说的性质说，名家和古希腊智者都有三个共同点，即奇辞怪说的表达方式，双重论证的思维模式和归谬反驳的论证方式。从学说的历史作用说，名家和古希腊智者都有一个共同点，即先起的名家学说，是墨家辩学、荀子名学的前导和刺激；智者学说，是亚里士多德逻辑学的前导和刺激。

反过来说，墨家辩学、荀子名学，是名家学说的清理与升华；亚氏逻辑学，是智者学说的清理与升华。名家学说和墨家辩学、荀子名学；智者学说和亚氏逻辑学，分别是中西文化中两个对立统一的矛盾侧面。这种矛盾的对立统一，是推动中西逻辑发展的动力。分析名家、智者学说和墨家辩学、荀子名学、亚氏逻辑的对立统一，矛盾渗透关系，揭示中西逻辑发展的机制和规律，是比较逻辑学的典型个案研究，有重要的科哲学与文化意义。

西汉司马谈《论六家要旨》，东汉班固《汉书·艺文志·诸子略》论九流十家，都包含名家在内。名家和古希腊智者，分别产生于公元前数世纪人类文化的轴心时代，有酷似的奇异特征，有从反面推动逻辑学说发展的特殊贡献，是世界逻辑史领域的两朵奇葩。用比较逻辑学观点，分析名家和古希腊智者学说的性质与历史作用，是比较逻辑学的典型个案研究，有重要的哲学与文化意义，饶有兴味，引人入胜。

名家和古希腊智者，产生地域国度，人群语言与文化背景不同，却都有三大共同点，即运用奇辞怪说的表达方式，双重论证的思维模式与归谬反驳的论证方式。这三大共同点，是名家和智者对修辞效用性，思维全面性与论证严谨性的机智妙用。

奇辞怪说和双重论证，有诡辩成分，表现名家、智者学说与逻辑的矛盾和对立。归谬反驳是名家、智者和逻辑家共用的论证方式，表现名家、智者学说与逻辑的统一和渗透。就名家、智者学说与逻辑整体的性质和作用说，二者是世界逻辑史领域的两个矛盾对立面。

就名家、智者和逻辑家共用的论证方式——归谬法说，归谬法虽对名家、智者和逻辑家都同样在形式上有效，但充其量只是论证形式和工具方法的相同，而归谬法对名家、智者和逻辑家所服务的论证内容和目的，却判然有别。《墨子·小取》说："夫辩者，将以明是非之分。"逻辑家可用归谬法论证真理，名家和智者可用归谬法论证诡辩。

古希腊智者高尔吉亚，用归谬法论证"无物存在；即使存在，也不可认知；即使认知，也不可言传"等诡辩论题。[①]

---

① 〔德〕黑格尔：《哲学史讲演录》第二卷，生活·读书·新知三联书店1957年版，第32—38页。苗力田主编：《古希腊罗马哲学》，中国人民大学出版社1989年版，第192—196页。苗力田等主编：《西方哲学史新编》，人民出版社1990年版，第49—51页。

《公孙龙子·迹府》载名家公孙龙用归谬法,凭借"悖"的逻辑语义学概念,辩护"白马非马"的诡辞,反驳孔子六世孙孔穿劝说公孙龙放弃"白马非马"诡辩的谏言。

名家和智者学说的主轴,是挥洒诡辩。在名家和智者的无数诡辩说辞中,有部分蕴涵着逻辑的点滴,折射出智慧的闪光。名家和智者在大放诡辩厥词的同时,又在发展和运用归谬反驳的论证方式。名家和智者学说的主要特色,是戏玩和歪用逻辑,以反题形式启示和激发逻辑思考。

梁启超说:"学问以辨而明,思潮以摩而起。"[1]名家和智者学说是逻辑的前导和刺激,逻辑是名家和智者学说的清理与升华。没有名家奇辞怪说的反面刺激和推动,就没有墨家辩学和荀子名学的诞生。名家奇辞怪说的激烈碰撞,是催生墨家辩学和荀子名学的前提。

名家"鸡三足"、"臧三耳"和"黄马骊牛三"等诡辩,激励《墨经》作者苦心孤诣,推出数条《经》和《经说》的文字,总结集合和元素概念的学说,尽扫辩者的"鸡三足"等诡辩。宋陈渊《默堂集》卷九说:"奇言尽扫鸡三足,妙意谁窥豹一斑?"没有名家"鸡三足"等奇言诡辩,就没有墨家对集合和元素概念艺术的总结,这是逻辑学发展机理妙意的"窥豹一斑"。

亚氏《工具论》剖析智者的诡辩,说智者是仰仗"似是而非的智慧来获取金钱的人",而逻辑家的职责则是:"避免

---

[1] 梁启超:《论中国学术思想变迁之大势》,《饮冰室合集》文集七,中华书局1989年版,第14页。

在自己的知识范围内，进行荒谬的论证，并能够向进行错误论证的人，指出错误所在。"[1]亚氏一语道出智者的诡辩，从反面推动逻辑发展的机理。智者的诡辩，促使亚氏全面探讨逻辑学。亚氏逻辑学的诞生，得益于智者诡辩的反面刺激和推动。

"魔高一尺，道高一丈。"反题的怪论，激发正题的思考。诡辩的说辞，促进逻辑的发展。中外逻辑史都证明，诡辩的流行，刺激逻辑家探索思维规律，构造逻辑学体系。名家、智者学说与逻辑的对立统一，是逻辑发展的动力。分析名家、智者学说与逻辑的对立统一，矛盾渗透关系，揭示逻辑发展的机制和规律，有重要的哲学与文化意义。

名家、智者学说和逻辑学的对立统一，矛盾渗透关系，异常纷繁复杂，学者普遍关注。我们把古希腊智者作为比较参照的对象和方法论的借鉴，而把中国名家作为重点论述的对象和分析解剖的主体。行文构思虽有详略主从之分，义理情感却无褒贬轻重之别。

一、奇辞怪说的表达方式

（一）智者诡辩

智者鼎盛于公元前5至前4世纪的古希腊，主要代表是普罗泰戈拉（Protagoras）和高尔吉亚（Gorgias）。普罗泰戈拉第一个自称智者，以善辩著称，收费授徒，传授辩技。民

---

[1] 〔古希腊〕亚里士多德:《工具论·论题篇》和《辩谬篇》,《亚里士多德全集》第一卷，苗力田主编：中国人民大学出版社1990年版，第351—621页。

主派首领伯里克利曾跟普氏学辩论,并把两个儿子托付给普氏教授。

智者(sophistes)由形容词 sophos(聪明的、有智慧的、机智的、灵巧的)和名词 sophia(智能、知识)派生而来。柏拉图《智者篇》用 sophos 指有真正智慧,用 sophistikos 指有假智慧,小聪明,把 sophistikos 取名为 sophistes。

苏格拉底、柏拉图和亚里士多德反对智者。柏拉图《智者篇》(Sophistoi),严复侄孙严群译为《智术之师》,即"智慧技术的教师"。柏拉图该篇 221C-226A 说,智者是零售虚假精神货物的商人,是敛钱的诡辩家。[①]

亚里士多德《辩谬篇》164a20-165a35 说,智者是靠似是而非的智慧赚钱的人,是混淆真假的诡辩家。[②] 中文文献对英文 sophist 有"智者"和"诡辩家"两重翻译。《新英汉词典》sophist 释文是诡辩学者、诡辩家与大智者。[③]

黑格尔说,诡辩这个词是一个坏字眼,我们要把这个坏的意义抛在一边,把它忘掉。相反地,我们现在要进一步从它的积极的方面,严格地说,即是从科学的方面,来考察智者们在希腊究竟占据什么地位。黑格尔的观点,是正确评价

---

① 参见〔古希腊〕柏拉图:《泰阿泰德·智术之师》,严群译,商务印书馆 1963 年版,第 139—146 页。

② 参见〔古希腊〕亚里士多德:《工具论·辩谬篇》,苗力田主编:《亚里士多德全集》第一卷,中国人民大学出版社 1990 年版,第 552 页。北京大学哲学系外国哲学史教研室编译:《古希腊罗马哲学》,商务印书馆 1961 年版,第 144 页。

③ 参见《新英汉词典》编写组编:《新英汉词典》(增补本),上海译文出版社 1985 年版,第 1313 页。

先秦辩者和古希腊智者学术地位的方法论借鉴。[1]

（二）名家怪说

名家的主要代表人物是邓析、惠施和公孙龙。《荀子·非十二子》说，"好治怪说，玩奇辞"，"然而其持之有故，其言之成理，足以欺惑愚众，是惠施、邓析也"。

奇辞怪说，即奇怪的命题论证，即与通常见解对立，违反常识，超脱尘俗，似非而是的言论，又译奇论、怪论、诡论、反论、异论、悖论、谬论、佯谬和自相矛盾的议论。

《荀子·不苟》说："山渊平，天地比，齐秦袭，入乎耳，出乎口，妪有须，卵有毛，是说之难持者也，而惠施、邓析能之。"即山渊一样平（特例），天地互比高（整体看），齐秦紧相连（地理不相连，政治经济文化相连），耳进口部出（学习语言过程），老妪长胡须（特例），鸟卵生羽毛（孵雏特定阶段）。奇辞怪说难成立，惠施邓析能论证。

《庄子·天下》六次说"辩者"，如："惠施以此为大观于天下，而晓辩者，天下之辩者，相与乐之。"两次说辩者的"怪"："特与天下之辩者为怪"（特地跟天下辩者发怪论）；"益之以怪"（附加奇怪论证）。

名家钟情于奇辞怪说的表达形式，目的是最大限度地取得轰动天下，惊耸世人的修辞效果。宋叶适《习学记言》说："战国群谈聚议，妄为无类之言。彼固自知其不可，而姑为戏，以玩一世。其贵人公子，亦以戏听之。"名家奇辞怪

---

[1] 参见〔德〕黑格尔：《哲学史讲演录》第二卷，生活·读书·新知三联书店1957年版，第7页。

说，是一种语言游戏和机智娱乐方式。

《列子·仲尼》载："（公孙）龙诳（骗）魏王曰：'有意不心（意念不是本心），有指不至（概念不反映实际），有物不尽（物体分割不尽），有影不移（影子不会移动），发引千钧（头发牵引三万斤，1钧等于30斤），白马非马（白马不是马），孤犊未尝（曾）有母。'其负类反伦（不合情理，违反常识），不可胜言也。"

《公孙龙子·迹府》载，名家公孙龙对孔子六世孙孔穿说："子知难白马之非马，不知所以难之说。"批评孔穿只知反驳"白马非马"，不知该怎样才能驳倒"白马非马"。而公孙龙自己，则既知"白马非马"为"不可"（论题虚假），又知该如何驳倒"白马非马"。解铃还要系铃人。公孙龙对自己的诡辩"白马非马"，既能系铃，又能解铃。

清纪昀《四库全书·公孙龙子提要》说："盖其（指公孙龙）持论雄赡，恢悦恣肆，实足以耸动天下。故当时庄、列、荀卿并着其言，为学术之一特品。""其书出自先秦，义虽恢诞，而文颇离奇可喜。"公孙龙的诡辩，是逻辑学的反面教材。

《天下》列举辩者奇辞怪说的典型论题，惠施有十个，同期辩者有二十一个。实际的数量还要多。《天下》说："惠施多方，其书五车。"惠施的奇辞怪说，书于简策，要装满五大车。扬雄《法言·吾子》说："公孙龙诡辞数万，以为法。"公孙龙炮制奇辞怪说，有数万言之多，作为训练门徒辩论技巧的标准教材。

今存《公孙龙子》六篇，只有《名实论》一篇，从正面阐发"物实位正名"等逻辑哲学范畴和"彼止于彼"、"此止于此"的同一律,"彼此而彼且此,此彼而此且彼"的矛盾律。①但是,却有《白马论》等五篇,论证奇辞怪说。班固《汉书·艺文志》著录《公孙龙子》十四篇,证明汉代国家图书馆所收藏的公孙龙奇辞怪说,比流传至今的数量,超出一倍多。

名家是诡辩和逻辑学两面精熟的专家。名家在理论上,把诡辩摆第一,逻辑学摆第二。在实践上,把逻辑学摆第一,诡辩摆第二。因为名家从政,为诸侯宫廷出谋划策,只有讲逻辑学,才能行得通,专门施诡辩,终究要碰壁。公孙龙一生的事迹,就是绝好的证明。

尽管现存《公孙龙子》六篇,有五篇专讲诡辩,怪话连篇,谬种流传,但公孙龙成名后约有四十年,在赵国宰相平原君赵胜(赵惠文王弟)门下做谋士,替赵国宫廷筹谋献策,却主要是在讲逻辑学,应询对答,熟用同一律、矛盾律、归谬法和二难推论,摆事实,讲道理,以理服人。这有大量的历史资料可证。

司马迁《史记·太史公自序》引司马谈《论六家要旨》说:"名家(辩者),使人俭而善失真。然其正名实,不可不察也。"辩者过细考察,钻牛角尖,背离真相,但注意矫正名实关系,不能抹杀。

司马迁发挥说:"名家,苛察缴绕,使人不得反其意,专决于名,而失人情。故曰:'使人俭而善失真。'若夫控名责实,参伍不失,此不可不察也。"名家过细分析,缠绕烦琐,

---

① 孙中原:《逻辑哲学讲演录》,广西师范大学出版社2009年版,第246—251页。

不识大体，曲解对方观点，专抠名词，违背事实，但援引名称，考察对象，错纵比验，值得肯定。

南朝刘宋裴骃《史记集解》引服虔说："缴，谓烦也。"引如淳说："缴绕，犹缠绕，不通大体也。"宋章如愚《群书考索》说，名家"苛察缴绕，滞于析辞，而失大体"。明王世贞《管子韩非子序》说，"苛察缴绕"，若"公孙龙之泛滥诡悖"。"苛察缴绕"的典型，是公孙龙"白马非马"和"离坚白"等诡辩。

从今日的科学观点看，名家部分奇辞怪说，确属诡辩。如"卵有毛"等，激发《墨经》总结模态命题的理论，有从反面推动逻辑学发展的功用。名家部分奇辞怪说，不属诡辩，包含敏锐的逻辑学思想，符合科学真理。

如惠施"大同而与小同异，此之谓小同异。万物毕同毕异，此之谓大同异"，是《墨经》总结"达、类、私"概念分类理论的前导。"万物毕同"是"达名"（范畴概念）；"万物毕异"是"私名"（单独概念）；"大同而与小同异"是"类名"（一般普遍概念）。

黑格尔说："亚里士多德为了清除混乱，曾经花了很大的力气。"黑格尔列举亚氏《工具论》批评智者偷换概念的诡辩："你有一条狗，它是有儿女的；因此这条狗是父亲。因此你有一个父亲，它的儿女是狗；因此你本身是那些狗的一个兄弟，并且本身是一条狗。"说明亚氏逻辑是智者诡辩的清理和升华。[①]

---

① 〔德〕黑格尔：《哲学史讲演录》第二卷，生活·读书·新知三联书店1957年版，第125、126页。

二、双重论证的思维模式

（一）双重论证

公元前3世纪古希腊作家第欧根尼·拉尔修《著名哲学家的生平和学说》第九卷第五节说，普罗泰戈拉有专著《论相反论证：关于学费的辩论》。3世纪的波菲利说，柏拉图《国家篇》抄袭普罗泰戈拉《论相反论证》。塞克斯都·恩披里柯手稿，保存佚名智者作品《相反命题》，该作品分几组，证明任何事物都可以有正反两个命题。

相反论证，即双重论证（double arguments），或称两种论证，两面论证，两端论证和两可论证。关于学费的辩论，指普罗泰戈拉跟学生欧特洛斯（Euathlus）因学费打官司的故事。第欧根尼·拉尔修《著名哲学家的生平和学说》第五十六节说，普罗泰戈拉跟学生约定，先付一半学费，待学满出师，打赢第一场官司，再付另一半学费。

学生学成，普罗泰戈拉要学生付另一半学费。学生说："我还没有打赢第一场官司呢！"普罗泰戈拉说："不然，如果我控告你，而胜诉了，我肯定获得学费，因为我赢了。如果你赢了，我也肯定获得学费，因为你打赢了官司。"半费之讼的逻辑形式，如表36。

表36　半费之讼的逻辑形式

论证要素	普罗泰戈拉论证	学生论证	论证式	读为
假言前提一	如果我赢，按判决，你付另一半学费	如果我赢，按判决，我不付另一半学费	P → R	如果P那么R

续表

论证要素	普罗泰戈拉论证	学生论证	论证式	读为
假言前提二	如果你赢，按约定，你付另一半学费	如果你赢，按约定，我不付另一半学费	Q→R	如果 Q 那么 R
选言前提	我赢或你赢	我赢或你赢	P∨Q	P 或者 Q
结论	所以你付另一半学费	所以我不付另一半学费	∴R	所以 R

普罗泰戈拉和学生两个对立的双重论证，其论据内容不同，都用假言和选言命题形式。其论证式，都用二难推论的简单构成式。双方各从自身的利益出发，随心所欲，各取所需地使用"按判决"和"按约定"的双重标准，使他们所用的假言前提，各有一个内容是虚假的。

普罗泰戈拉假言前提二"如果你赢，按约定，你付另一半学费"虚假。因学生赢，意味着"按判决，学生不付另一半学费"；就不应该"按约定，付另一半学费"。学生假言前提二"如果你赢，按约定，我不付另一半学费"虚假。因普罗泰戈拉赢，意味着"按判决，学生付另一半学费"；就不应该"按约定，不付另一半学费"。普罗泰戈拉和学生，采用双重标准的双重论证，违反同一律矛盾律，从同一论证式推出矛盾结论，构成悖论式的诡辩。①

智者双重论证的思维模式，主张同一事物有两种相反的

---

① 〔英〕威廉·涅尔、马莎·涅尔：《逻辑学的发展》，商务印书馆 1985 年版，第 19 页。汪子嵩等：《希腊哲学史》第 2 卷，人民出版社 1993 年版，第 70—71、287—288 页。金岳霖主编：《形式逻辑》，人民出版社 1979 年版，第 198—199 页。

说法。任一事物有两个相反的命题。万物有两个对立的说法。任何命题都可给出反命题。一切正题都可提出反题。一切理论都可提出对立的理论，可以驳斥任一命题。任一命题，在任何情况下，只要说话机灵，就能做出双重论证。智者辩论的技巧，是扬长避短，强调对自己有利的一面，回避对自己不利的一面，使自身的论据由弱变强，以图取胜。

某件事情是非正义的，只要举出一件更不正义的事情，原来那件事情，就显得并不那么非正义。死亡、疾病、翻船，对遭难者是坏事，对殡葬业者、医生和造船者是好事。对同一个人，可以称赞他，同时又可以指责他，因为同一个人，有不同的方面。

普罗泰戈拉从感觉论和相对主义出发，认为知识是感觉、看法、见解、意见。一件事情，你说对，我可以说错；你说好，我可以说不好。"在一阵风吹来时，有些人冷，有些人不冷；因此对于这阵风，我们不能说，它本身是冷的，或是不冷的。"[①]

一种食品，正常人感觉香甜可口，病人感觉苦而无味。对同一个对象，两人相反的感觉都是真的。同一个事物，既大又小，既多又少，既重又轻。一个塔兰特（合38.86公斤），比一个明那（合1/60塔兰特）重，却比两个塔兰特轻。[②]

普罗泰戈拉说："人是万物的尺度。"人的感觉是对象的

[①]〔德〕黑格尔：《哲学史讲演录》第二卷，生活·读书·新知三联书店1957年版，第29页。

[②] 参见汪子嵩等：《希腊哲学史》第二卷，人民出版社1993年版，第152、156页。

尺度。存在就是被感知。同一事物,对不同的人,有不同的显现。对任一事物的正反两个命题,同时成立,不存在非此即彼的真假关系。一切意见都是真的。

亚氏在《形而上学》批评说,如果认为一切意见都是真的,则所有的意见,就会既真又假。因为众人的意见,是互相冲突的,都以对方的意见为假。假如连疯子的意见,都是真的,就没有任何意见是真的。①

黑格尔分析智者双重论证的诡辩性质说:"世界上一切腐败的事物都可以为它的腐败说出好的理由。"②诡辩家"可以为一切找出理由和反面理由"。"在世界上出现的坏事情,都曾被用好的理由说成正当。"③

(二)两可之说

《列子·力命》和刘向、刘歆《校上邓析子序》说,邓析"操两可之说,设无穷之辞"。晋鲁胜《墨辩注序》说:"是有不是,可有不可,是名两可。"即正确,同时又不正确;成立,同时又不成立。对立两端都成立。两可之说即双重论证。《吕氏春秋·离谓》载邓析诡辩故事。

第一,郑国多相县以书者。子产令:"无县书。"邓析致之。子产令:"无致书。"邓析倚之。令无穷,则邓析应之亦

---

① 汪子嵩等:《希腊哲学史》第二卷,人民出版社1993年版,第262页。〔古希腊〕亚里士多德:《形而上学》,《亚里士多德全集》第七卷,苗力田主编,中国人民大学出版社1993年版,第99页。

② 〔德〕黑格尔:《小逻辑》,商务印书馆1980年版,第264页。

③ 〔德〕黑格尔:《哲学史讲演录》第二卷,生活·读书·新知三联书店1957年版,第22页。

无穷矣，是可不可无辨也。邓析用双重论证，模糊子产命令"可和不可"（P和非P）的区别。

第二，洧水甚大，郑之富人有溺者，人得其尸者，富人请赎之，其人求金甚多，以告邓析。邓析曰："安之，人必莫之卖矣。"得尸者患之，以告邓析，邓析又答之曰："安之，此必无所更买矣。"邓析用同一答案"安之"，安抚利益相反的双方，是旨在从两面赚钱的双重论证。

第三，子产治郑，邓析务难之。与民之有狱者约，大狱一衣，小狱襦裤，民之献衣襦裤而学讼者不可胜数。以非为是，以是为非，是非无度，而可与不可日变，所欲胜因胜，所欲罪因罪。郑国大乱，民口喧哗。邓析"是非"、"可不可"日变，是旨在从两面赚钱的双重论证。

《墨经》的逻辑学概括，包含邓析双重论证和墨家反驳的对立渗透。《经下》说："唱和同患，说在功。"《经说下》说："'唱无过：无所用，若稗。和无过：使也，不得已。'唱而不和，是不学也。智少而不学，功必寡。和而不唱，是不教也。智多而不教，功适息。使人夺人衣，罪或轻或重；使人予人酒，功或厚或薄。"

假定有一犯罪案件。一人是主犯，一人是从犯。邓析为主从二犯，均作"无罪"的辩护。说主犯无罪，因他未亲自实施犯罪，像稻田的稗子，无所用，无过错。从犯无罪，因他是受主犯指使，不得已而为。这是双重论证。

按前一半论证，主犯因未亲自实施犯罪，无罪，则从犯因亲自实施犯罪，应有罪。按后一半论证，从犯因受主犯指使，不得已而为，无罪，则主犯因是指使者，应有罪。邓析的双重论证，随意取一半，舍一半，两头各取对自己有利的一半，回避对自己不利的一半，构成自相矛盾的悖论，相对主义的诡辩。①

邓析是民间律师，招收徒弟，征收学费，教人学讼，论证主犯和从犯均无过错。为了赚钱，帮主从二犯双方脱罪。《淮南子·诠言训》说邓析"巧辩而乱法"。黄震《黄氏日抄》卷五十六说："析盖世所谓教唆者之祖矣。"即邓析是世人所说教唆犯的老祖宗。

《庄子·天下》载惠施说："南方无穷而有穷。"公孙龙奇辞怪说"轮不碾地"，论证机械运动的连续性和非间断性；"飞鸟之影未尝动也"，论证机械运动的非连续性和间断性。《庄子·秋水》载公孙龙"合同异，离坚白，然不然，可不可"。公孙龙对同异、坚白的对立面，既能合，又能离。然、可（P），能说成不然、不可（非P）。不然、不可（非P），能说成然、可（P）。这是辩者构造双重论证的素材。

《吕氏春秋·淫辞》载："秦赵相与约，约曰：'自今以来，秦之所欲为，赵助之；赵之所欲为，秦助之。'居无几何，秦兴兵攻魏，赵欲救之，秦王不悦，使人让赵王曰：'约曰，秦之所欲为，赵助之；赵之所欲为，秦助之。今秦欲攻魏，而赵因欲救之，此非约也。'赵王以告平原君，平原君以告公孙龙，公孙龙曰：'亦可以发使而让秦王曰，赵欲救之，今秦王独不助赵，此非约也。'"

这是因论题含混，导致双重论证。秦赵相互指责，从同

---

① 《沈有鼎文集》，人民出版社1992年版，第436页。

一有效前提，推出矛盾结论，构成悖论式的双重论证。条文预先埋伏作出矛盾论证的前提，遇到对秦赵利益相反的案例，势必发生"两可"的争辩。

公孙龙建议赵王"亦可"，沿袭邓析"两可"式双重论证的传统，酷似西方哲学家的"二律背反"，即从公认的论据，证明矛盾论题。

名家和智者的双重论证，从任何事物都有矛盾两重性的前提出发，朝谬误方向跨越，抹杀事物对立统一的具体性，抽象断言两个相反命题同时成立，构成自相矛盾的悖论，相对主义的诡辩。墨家和亚氏朝科学方向跨越，扬弃名家和智者的双重论证，总结思维规律，升华逻辑学理论。

名家和智者虽共用双重论证的思维模式，但东西方学者对名家和智者学说的元研究（港台学者称为后设研究），却有久暂深浅的不同。西方逻辑史料的研究，历史悠久，精密深广。如普罗泰戈拉双重论证的故事素材，被后来的研究者，施加元研究的精密化处理，使之呈现形式推演的美感。①

中国逻辑学史料的精密和科学研究，方在当今，亟待加强。如汉籍所载名家两可式双重论证的故事素材，却依然保留着原始诡辩的朴素状态，期待今人用现代工具，对传统名辩史料，施加元研究的精密化处理，使其跟普罗泰戈拉的双重论证一样，呈现形式推演的美感。

比较名家和智者双重论证的思维模式，可谓同异互见，

---

① 本文所列普氏半费之讼双重论证式的表格，是笔者据多种西方哲学与逻辑论著的资料，综合整理而成。

"同异交得"(《墨经》语),即同一性和差异性互相渗透,同时把握。通过比较,把握异中之同,同中之异,体现辩证思维的全面性理则,获取比较逻辑的科学性美感。

《荀子·正名》说:"凡同类同情者,其天官之意物也同,故比方之疑似而通。"客观世界和认识器官的相同,决定东西方人类逻辑学的本质相同。东西方人类语言形式的不同,决定其逻辑学的表现各异。随着全球一体化现代化的发展,人类同一逻辑学的表现将愈益趋近。

三、归谬反驳的论证方式

(一)智者归谬

普罗泰戈拉是爱利亚派芝诺(Zeno of Elea)归谬法的重要发展者。柏拉图《优苔谟斯篇》286C说,普罗泰戈拉第一个在论证中使用推断矛盾不可能的方法。第欧根尼·拉尔修《名哲言行录》9卷8章53节说,普罗泰戈拉"首先提出如何攻击与辩驳人们所提出的任何命题",即针对论敌的任一论题,提出反论题,以诘难对方。高尔吉亚《论自然或非存在》杰出运用芝诺的归谬法,揭示巴门尼德存在论的荒谬。[①]

归谬法(reductio ad absurdum)又称归于不可能(reductio ad impossibile),是辩论术和逻辑学的核心。其论证形式是:如果P则Q;非Q;所以非P。希腊文辩证法Dialektikos(Dialectic)本指归谬法,即在辩论中揭露对方矛盾,以战胜

---

① 苗力田主编:《古希腊罗马哲学》,中国人民大学出版社1989,第176—196页。苗力田等主编:《西方哲学史新编》,人民出版社1990年版,第49—51页。

对方的方术，后成为西方对逻辑的第一个专门术语，从古代到近代以前，一直是逻辑学的统称。

印度逻辑术语梵文 Tarka，原指归谬式推论，后扩大为逻辑学统称。葡萄牙人傅泛际与李之藻合译首部西方逻辑著作《名理探》，葡萄牙高因盘利学院 1607 年刊行的原书名，用辩论术（Dialecticam）一词。①

（二）名家归谬

名家杰出运用和精彩总结归谬反驳论证方式。《吕氏春秋·审应览》载："赵惠文王谓公孙龙曰：'寡人事偃兵十余年矣，而不成，兵不可偃乎？'公孙龙对曰：'偃兵之意，兼爱天下之心也。兼爱天下，不可以虚名为也，必有其实。今蔺、离石入秦，而王缟素布总（布冠束发：丧服），东攻齐得城，而王加膳置酒。秦得地而王布总，齐亡地而王加膳，所非兼爱之心也，此偃兵之所以不成也。今有人于此，无礼慢易而求敬，阿党不公而求令，烦号数变而求静，暴戾贪得而求定，虽黄帝犹若困。'"这里，公孙龙用归谬法，据理力驳赵惠文王自相矛盾的思维混乱。

《吕氏春秋·应言》载，公孙龙说燕昭王以偃兵。昭王曰："甚善。寡人愿与客计之。"公孙龙曰："窃意大王之弗为

---

① 《名理探》原书名：*Commentarii Collegii Conimbricensis e Societate Jesu: In Universam Dialecticam Aristotelis*（耶稣会立高因盘利学院刊行《亚里斯多德逻辑概论》），德国科隆 1607 年，1976 年重印。参见孙中原译，日本新潟大学教授深泽助雄撰《〈名理探〉：中国翻译亚里斯多德逻辑的成就》，载台湾《哲学与文化》26 卷，第 12 期，1999 年 12 月，第 1168—1177 页。日文原文载《中国社会与文化》第 1 期，东京大学中国学会 1986 年 6 月，第 20—38 页。孙中原：《中国逻辑研究》，商务印书馆 2006 年版，第 168—185 页。

也。"王曰："何故？"公孙龙曰："日者大王欲破齐，诸天下之士，其欲破齐者，大王尽养之。知齐之险阻要塞，君臣之际者，大王尽养之。虽知而弗欲破者，大王犹若弗养。其卒果破齐以为功。今大王曰：'我甚取偃兵。诸侯之士，在大王之本朝者，尽善用兵者也。臣是以知大王之弗为也。'"王无以应。这里，公孙龙用归谬法，据理力驳燕昭王自相矛盾的思维混乱，使燕昭王无言以对。

《公孙龙子·迹府》载公孙龙说："先生之言悖。""先教而后师之者，悖。""夫是仲尼异楚人于所谓人，而非龙异白马于所谓马，悖。""无以教，而乃学于龙也者，悖。"连用"悖"概念五次。"悖"是表示论敌自相矛盾的元语言语义概念，为运用归谬反驳论证方式的标志词。《公孙龙子·名实论》从孔子正名术语出发，引申归谬反驳论证方式，可与《墨经》的论述互相媲美。公孙龙和墨家的正名归谬，见表37。

表37 公孙龙和墨家的正名归谬

	《公孙龙子·名实论》	《墨子·经说下》
正名归谬	其名正，则唯乎其彼此焉。谓彼而彼不唯乎彼，则彼谓不行。谓此而此不唯乎此，则此谓不行。其以当不当也，不当而当乱也。故彼彼当乎彼，则唯乎彼，其谓行彼。此此当乎此，则唯乎此，其谓行此。其以当而当也，以当而当正也。故彼彼止于彼，此此止于此可，彼此而彼且此，此彼而此且彼不可	正名者：彼彼此此可：彼彼止于彼，此此止于此。彼此不可彼此此也。彼此亦可：彼此止于彼此。若是而彼此也，则彼亦且此此也
同一律	彼止于彼，此止于此	彼止于彼，此止于此，彼此止于彼此

续表

	《公孙龙子·名实论》	《墨子·经说下》
符号代换	A＝A，B＝B	A＝A，B＝B，AB＝AB
实例代换	牛＝牛，马＝马	牛＝牛，马＝马，牛马＝牛马
矛盾归谬	彼此而彼且此，此彼而此且彼不可	彼此不可彼且此也。若是而彼此也，则彼亦且此此也
符号代换	并非（（AB＝A）并且（AB＝B）），并非（（BA＝B）并且（BA＝A）），并非（（AB＝AB）并且（AB≠AB）），并非（（BA＝BA）并且（BA≠BA））	并非（（AB＝A）并且（AB＝B）），并非（（AB＝AB）并且（AB≠AB）），若C而AB也，则A亦且BB也
实例代换	并非（（牛马＝牛）并且（牛马＝马）），并非（（马牛＝马）并且（马牛＝牛）），并非（（牛马＝牛马）并且（牛马≠牛马）），并非（（马牛＝马牛）并且（马牛≠马牛））	并非（（牛马＝牛）并且（牛马＝马）），并非（（牛马＝牛马）并且（牛马≠牛马）），若羊而牛马也，则牛亦且马马也

数理逻辑学和计算机学家吴允曾说，《公孙龙子·名实论》"彼止于彼"、"此止于此"类似同一律。"彼此而彼且此，此彼而此且彼"类似矛盾律。公孙龙和墨家说"彼此"指集合概念，如"牛马"。《经说下》第113条为此提供确证和解释说："'俱一'（从元素角度说）若'牛马四足'。'惟是'（从集合角度说）当'牛马'。数牛数马则牛马二（从元素角度说）。数'牛马'则'牛马'一（从集合角度说）。若数指，指五（从元素角度说）而'五'一（从集合角度说）。"

《经说下》归谬论证式"若是而彼此也，则彼亦且此此也"，"是"这个古汉语代词，用具体例子说如"羊"。用具体例子"牛马羊"代换古汉语代词"彼此是"，《经说下》归谬论证式可改写为："若羊而牛马也，则牛亦且马马也。"用拼音字母"ABC"代换古汉语代词"彼此是"，《经说下》归谬论证式可改写为："若C而AB也，则A亦且BB也。"这是用归谬法，说明违反同一律和矛盾律，势必产生逻辑谬误。①

表述同一律和矛盾律，公孙龙和墨家用古汉语代词，西方逻辑学用拼音字母，所用元语言工具不同，逻辑学实质等价。归谬反驳的论证方式，为名家、智者和逻辑家互相贯通，共同运用。名家、智者学说与逻辑学的对立统一，矛盾渗透，构成世界逻辑学的丰富多彩和亮丽风景。

（本章主要内容曾发表于《南通大学学报》2011第6期；台湾《哲学与文化》2010年第8期。）

---

① 金岳霖主编：《形式逻辑》，人民出版社1979年版，第349页。《沈有鼎文集》，人民出版社1992年版，第323、324、330、331、467—478页。孙中原：《逻辑哲学讲演录》，广西师范大学出版社2009年版，第388页。

第二十三章　兴危继绝　综合创新

张仁明、王兆春和黄朵著《墨经辞典》，取精用宏，综合创新，采撷百年来《墨经》训诂考证和义理研究成果，树立《墨经》专书辞典的典范，是学术界的盛事，墨学史的里程碑，辞书界的创举，对中国语言、逻辑、哲学、科学和思想史研究，有重要的学术价值。对弘扬中华民族优秀传统文化，振兴中绝两千年的《墨经》研究，传承墨家的科学人文精神，有重要的历史意义。

仁明于 2007 年 11 月和 2009 年 1 月，先后两次把数十万字书稿，电邮给笔者，邀笔者撰序。因工作关系，笔者与仁明、兆春、黄朵多有联系。通过切磋讨论，笔者深为墨学同仁精心研究，潜心撰著的敬业精神感动，故略述《墨经辞典》的学术价值和历史意义，作为代序，向广大读者推荐和请教。

一、轴心精神待挥洒

雅斯贝尔斯所讴歌的人类文化轴心时代和革新时代，正值我国诸子蜂起，百家争鸣的春秋战国时期。恩格斯赞颂文艺复兴时代，"是一次人类从来没有经历过的最伟大的、进步的变革，是一个需要而且产生了巨人"[①]的时代。恩格斯对文艺复兴时代的赞颂，适用于我国诸子百家争鸣辩论的春秋战国时期。

春秋战国时期，是"需要而且产生了巨人"的时代，这时产生的思想"巨人"，是由许多学者组成的学术群体，可用"群星灿烂"形容。春秋末老子、孔子分别创始道儒两大学派，战国初墨子创始墨家学派，形成中华文化儒道墨三足鼎立之势。

战国中后期，诸子繁兴，百家激辩。司马谈概括为"阴阳、儒、墨、名、法、道德"六家，班固概括为"儒、道、阴阳、法、名、墨、纵横、杂、农、小说"九流十家。这一时期伴随思想巨人的诞生，同时产生有原创价值和永恒意义的思想元典。

墨家是战国时期，继道儒两大学派之后，横空出世的第三大学派。战国初期墨子创立的墨家学派，在战国时期兴盛两个半世纪，与儒家并称显学，对中国传统文化影响巨大。《墨经》是中国文化轴心时代墨家后学原创的哲学、逻辑学和科学元典，是墨家集体智慧的结晶，是中华民族优秀文化的荟萃，包含古今中外常用的普遍真理，有施诸四海而皆准，行诸百世而不悖的永恒价值。

元典即始典、首典、原典、美典、善典和宝典，其价值经久不衰，历久弥新。《尔雅·释诂》："元，始也。""又首也。""典"是重要书籍。"经"是经典、典范、规范、常道和

[①] 《马克思恩格斯选集》第3卷，人民出版社1972年版，第445页。

路径。《释名·释书契》："经，径也，如径路无所不通，可常用也。"

元典之树常青，《墨经》之树常绿。《墨经》的逻辑与科学精神，具有永恒魅力，是可持续发展的胚胎、萌芽。恩格斯说："在希腊哲学的多种多样的形式中，差不多可以找到以后各种观点的胚胎、萌芽。"[1]《墨经》蕴涵现代多种逻辑和科学思维的胚芽，如我发现其中有时间模态逻辑的系统思想。[2]

《墨经》蕴涵后代创造性诠释和转型的全息性基元。金岳霖说，中国哲学观念的"暗示性几乎无边无涯。结果是千百年来人们不断地加以注解，加以诠释"，一语道出《墨经》精蕴可多次诠释和转型的奥秘。[3]《墨经》的智慧之光，辉耀当世，影响现代和未来。其中蕴涵适用过去、现代和未来的知识基元，禀赋永续研发的潜质。

墨家学派的特点和长处，是代表当时手工业工匠阶层的政治经济利益，以工匠理论家的视野和睿智，以客观朴实、实事求是、求真务实的科学态度，总结中华民族认识和改造世界的理论成果，铸就中国古代逻辑和科学大厦。

墨子出身匠师，精通百工，熟悉木工技巧，会制木鸢、车辖和守城器械。墨家代表"农与工肆之人"，即手工业者、农民和商人利益，提出一套治国安民的方略。"农与工肆之

---

[1] 《马克思恩格斯选集》第3卷，人民出版社1972年版，第468页。

[2] 孙中原：《〈墨经〉论时间的模态》，《逻辑与语言学习》1985年第6期。

[3] 金岳霖：《中国哲学》，《哲学研究》1985年第9期。

人"是墨家集团的社会基础,其生产生活和意识形态,是墨家引喻设譬、理论概括的素材。

墨子是劳动者的圣人,墨家是劳动者的学派,墨学反映劳动者的声音。毛泽东说:"墨子是一个劳动者,他不做官,但他是比孔子高明的圣人,孔子不耕地,墨子自己动手做桌椅子。"[1]

墨家留给我们的最重要遗产,是流传至今的明正统十年(1445)刊《道藏》本《墨子》五十三篇。《墨子》中的《经》和《经说》四篇是狭义的《墨经》,再加上《大取》和《小取》两篇,共六篇,是广义的《墨经》。

《墨经》是中华民族生产实践和科学认识的理论总结。《墨经》称呼,最早来源于《庄子·天下》:"相里勤之弟子,五侯之徒,南方之墨者苦获、已齿、邓陵子之属,俱诵《墨经》。"西晋鲁胜说:"《墨辩》有上下《经》,《经》各有《说》,凡四篇,与其书众篇连第,故独存,今引《说》就《经》,各附其章。"

鲁胜所说《墨经》篇目,与今本《墨子》恰相符合。鲁胜把《墨经》叫《墨辩》和《辩经》,突出辩学(相当于逻辑)在《墨经》中的地位。鲁胜所说是狭义《墨经》。清汪中《述学·墨子序》说"《经上》至《小取》六篇,当时谓之《墨经》",是广义《墨经》。

孙诒让《墨子间诂·墨子后语》说:"案《墨经》即《墨辩》,今书《经》、《说》四篇,及《大取》、《小取》二篇,

---

[1] 《毛泽东评点二十四史》,中国档案出版社1998年版,目录第4页。

盖即相里子、邓陵子之伦所传诵而论说者也。"鲁胜和孙诒让所说"墨辩",经百年研究,学术界约定俗成地理解为著作名和学说名两种含义。一说带书名号的《墨辩》,知道是著作名,即《墨经》的别名。一说"墨辩",知道是学说名,即墨家辩学或逻辑。

《墨经》是古代第一奇书。胡适说:"《墨子》的《经》上下、《经说》上下、《大取》、《小取》六篇,从鲁胜以后,几乎无人研究。""到了今日,(《墨经》)这几篇二千年没人过问的书,竟成了中国古代的第一部奇书了!"[①]

《墨经》奇书,第一是语言形式奇。《墨经》的元语言工具,是战国时期的古汉语,又是墨家对古汉语的特殊运用。《墨经》的功能和作用,是墨家学派的共同纲领,是墨家跟诸子百家争鸣辩论的手册,在墨家集团可理解的限度内,最大限度地使用了缩略语、浓缩语。其文字浓缩,惯用省略。语句命题,常浓缩为语词词组。推理论证,常浓缩为"论题+论证联结词'说在'+论证理由的提示"。概念范畴是如"辩名辞说",原理表达是如"辞以故生,以理长,以类行"。如果不经现代学者创造性诠释与转型,今日读者难知所云。

《墨经》奇书,第二是思想内容奇。人常说中国古代缺乏哲学、逻辑和科学。但《墨经》恰为反例。《墨经》用极其精练的语言,表达中国古代逻辑、哲学和科学范畴定理,然后加以简明解释、说明和论证。《经上》100条,是各门科学范畴和简单命题。《经说上》是其解释和说明。《经下》83

[①] 胡适:《中国哲学史大纲》卷上,商务印书馆1987年影印版,第31页。

条,是各门科学定理和论证理由的提示。《经说下》是其说明和论证。

《墨经》的科学智慧,是中国古代手工业技术的升华和生产经验的总结。《墨经》整合当时各门科学知识,是微型的古代百科全书。按现代西方的知识系统,《墨经》183条思想内容,可分为两个层级。

第一层级,包含"哲学社会科学"和"自然科学"两大类。第二层级,把"哲学社会科学"大类,分为"世界观"、"认识论"、"逻辑学"、"方法论"、"历史观"、"经济学"、"政治学"和"伦理学"八小类。把"自然科学"大类,分为"数学"、"力学、物理学和简单机械学"、"光学"和"心理学"四小类。

《墨经》是墨学总结阶段的精华荟萃,是当时中华民族认识和改造世界的理论综合。杨向奎说:"一部《墨经》等于整个希腊。"① 笔者说《墨经》是一部浓缩的古希腊和古中国。《墨经》表述的显著特点是浓缩。《墨经》字数,见表38。

表38 《墨经》字数

狭义《墨经》	《经上》529	《经说上》1445	《经下》850	《经说下》2890			共5714
广义《墨经》	《经上》529	《经说上》1445	《经下》850	《经说下》2890	《大取》1775	《小取》916	共8405

---

① 任继愈等编:《墨子大全》,北京图书馆出版社2004年版,第68册,第52页;第73册,第31页。

中国古汉语的表述特点是简练，《墨经》更甚。古用"简牍"（竹简木片）作为书写材料，携带不便。墨家集团成员，兼做游士说客，到各地游说，把《墨经》编制成这种浓缩简练的形式，便于储存更深刻的全息性基元，预留学者继续诠释和转型的空间。

《庄子·天下》所谓"相里勤之弟子，五侯之徒，南方之墨者苦获、已齿、邓陵子之属，俱诵《墨经》"，是先秦遗留有关《墨经》称呼和形成过程的重要资料。明正统十年（1445）刊《道藏》本《墨子》第四十至四十三篇，标题《经》和《经说》上下，共四篇，明确叫《经》，夹杂在墨家著总集《墨子》中，显然是《庄子·天下》所说墨子后学"俱诵"的《墨经》。

"俱"，是副词，即全，都。"俱"，表示许多人同做一件事，逻辑上可分析为全称量词。"诵"，是阅读、述说、陈述。清孙诒让所谓"今书《经》、《说》四篇，及《大取》、《小取》二篇，盖即相里子、邓陵子之伦所传诵而论说者也"，包含对后期墨家集体著《墨经》的判定。

古人著作权观念，不如今人明确。一个学派的著作，常假托为其首领的名字。《墨经》的内容和形式，都可见是公元前3世纪战国末期后期墨家的著作。它不仅总结墨学发展的最高成就，并且从世界观、方法论和逻辑学上总结战国时期的百家争鸣与朴素科学认识，不像从《尚贤》到《非命》各篇，明显是记录公元前5世纪墨子和前期墨家的思想言论。

有一个标志性的重要区别，即墨子是有神论，而狭义《墨经》是无神论。墨子说神化意义的"天"共267次，指天神。说"神"共116次，指神灵。说"鬼"共181次，指鬼魂。这是迷信、信仰和非科学的有神论观点。

狭义《墨经》一字不讲鬼神，只讲科学和逻辑。墨子的逻辑思想属于萌芽阶段，缺乏系统性，而《墨经》的逻辑思想属于成熟阶段，有系统性，《小取》就是一个证明。从《尚贤》到《非命》各篇，与《墨经》各篇相比，分明是属于战国二百五十年间墨学发展过程低级和高级两个不同阶段。

《墨经》在诸子百家中的重要性，借用雅斯贝尔斯的话说，是在人类文化的轴心时代，参与奠定人类的精神基础，囊括"所有我们今天依然在思考的基本范畴"。范畴，希腊文 kategoria，即种类、类型、范围。译名"范畴"，源自《尚书·洪范》的"洪范九畴"。周武王打败商纣王，向商代贵族箕子（商纣王诸父，官任太师）咨询治理天下的大道，箕子用"洪范九畴"回答，即治理天下的大道分九类。

南宋蔡沈《书经集传》解释说："治天下之大法，其类有九。""洪"是大，"范"是法式、模式、模范、范型、范围、类型。《广韵》："范，法也，式也，模也。"《易·系辞疏》："范，谓模范。"《尔雅·释诂疏》："范者，模法之常也。"王充《论衡·物势》说："今夫陶冶者，初埏埴作器，必模范为形。"陶工搅和黏土，制造器皿，一定要借助模子成型。"畴"是类，类型。

范畴是反映事物普遍本质的基本概念、大概念、类概念。范畴是人类认识成果的概括和结晶，是进一步认识的方法与工具。黑格尔说："我们可以完全正确地掌握一种语言；可是如果没有文化，就不能善于说话。文化可以使精神具有各式各样的观点，使它即时想起这些观点，使它拥有一大批考察一个对象时所运用的范畴。因此，人们可以从智者们学得的技巧，就是顺利地掌握一大批这样的观点，以便依据这些观点即时地来考察对象。"①

透过黑格尔这种晦涩难懂的哲学语言外表，可以剥取其意味深湛的思想内核。黑格尔对古希腊智者派的这一论述，完全适用于分析《墨经》的语词、概念和范畴。黑格尔把世界和人类的认识，比喻成一面网，而范畴就是这面网上的牢固纽结。"这些纽结，是精神生活和意识的依据和趋向之点。"②

列宁解释发挥说："如何理解这一点呢？在人面前是自然现象之网。本能的人，即野蛮人没有把自己同自然界区分开来，自觉的人则区分开来了。范畴是区分过程中的一些小阶段，是帮助我们认识和掌握自然现象之网的网上纽结。"③

《墨经》包含"所有我们今天依然在思考的基本范畴"，数量庞大。仅《经上》100条所含范畴，就在百个以上。《经上》每一条，都包含一个以上的范畴。以下列举《经上》第一、二条，说明《墨经》范畴的重要性。

《经上》第一条说："故，所得而后成也。"《经说上》举例解释说："小故：有之不必然，无之必不然。体也，若有端。大故：有之必然，无之不必然。若见之成见也。"即"故"（原因）是得到它，而能形成某一结果的东西。

---

① 〔德〕黑格尔：《哲学史讲演录》第二卷，生活·读书·新知三联书店1957年版，第11页。

② 〔德〕黑格尔：《逻辑学》，生活·读书·新知三联书店1966年版，序言。

③ 列宁：《哲学笔记》，人民出版社1956年版，第90页。

"小故"（原因中的部分要素，必要条件）的定义是：有它不一定有某一结果，没有它一定没有某一结果。"小故"是形成某一结果的部分原因，如点是形成线的必要条件。"大故"（形成某一结果的原因，相当于充分必要条件）：有它一定有某一结果，没有它一定没有某一结果。如果见物原因具备，则见物结果出现。如果天下雨，则地湿。《经说上》第78条说："湿，故也，必待所为之成也。"

《墨经》第一条定义的"故"范畴，从世界观（宇宙观、本体论、存在论、形上学）角度解释，即"原因"，在逻辑学上，可引申为推论的理由和根据，即论据。"有之必然"，是墨家用古汉语，对因果联系和推论式（正确的大前提以及前提和结论的必然联系）的元语言概括。相当于用现代语言说"如果P则Q"。"有之必然"意义，见表39。

表39 "有之必然"意义

墨经	有之必然
意义	如果P则Q
例一	如果见物原因具备，则见物结果出现
例二	如果天下雨，则地湿
评价	因果联系和推论式的元语言概括

《经上》第2条说："体，分于兼也。"《经说上》说："若二之一、尺之端也。"即"体"（部分）是从"兼"（整体）中分出来的。如数学集合"二"中的元素"一"，线段中的点。数学集合"二"，是"兼"，即整体，它兼有其中的元素

"一"。线段（尺）是点（端）的集合，是"兼"，即整体，它兼有其中"点"（端）的元素。

《经上》的内容和功能，是定义各门科学的范畴。第1条定义"故"即原因范畴。《经上》第96条说："巧传则求其故。"即对代代相传的手工业技巧，要求取其原因。一语道出《墨经》科学的形成机制。

《经上》第2条定义"兼"范畴，说明墨家对"兼"范畴的重视和"兼"范畴在整个墨学体系中的重要地位。《墨经》定义的"兼"，是世界观（宇宙观、本体论、存在论、形上学）和方法论的基本范畴。墨家对"兼"范畴的理论性规定，自觉运用于处理哲学逻辑和政治伦理问题。

《经说上》第46条说："偏也者，兼之体也。""偏"指一个整体的部分，与"体"意义相同。《经上》第87条，列举"同"有"重、体、合、类"4种，其中第2种"体同"的定义是："不外于兼，体同也。"即不在一个整体之外，而在一个整体之内各部分的相同，叫"体同"。

孙诒让注："亦与《经》云'体，分于兼'义同，分体统含于兼体之内，故云'不外于兼'。""体同"，即不同部分，同属一个整体。如"中华民族"是"兼"（整体、集合），分处于大陆、港澳台和海外各地的华人，是"中华民族"的"兼"中之"体"（部分、分子），所有炎黄子孙，都同属"中华民族"，这是"体同"。

墨家主张，把爱推广到人外延的全部，称之为"尽爱"、"周爱"。《经下》、《经说下》论证宇宙和人的无穷、不知道人口数量和不知道人的处所等,都不妨害兼爱。《大取》论证爱众世和寡世的人相等,爱上世、今世和后世的人相等,兼爱不可分割,爱人包括爱自己等论点。《小取》论证爱人须周遍,爱奴隶臧获是爱人等论点。

笔者主编撰稿《中华大典·哲学典·诸子百家分典》范畴总部墨家部政治哲学分部,把墨子的"兼王之道"列为范畴。墨子概括"兼王之道"的范畴,提倡开放兼容精神,表达建构和谐世界的理想,对中国文化影响深远。开放兼容精神,是中华民族文化的固有内涵和优良传统。从中国的历史发展来看,也可以得出这样的结论:只有开放兼容,国家才能富强。这是中国长期历史经验的总结。

二、综合创新树典范

《墨经》是墨家学术集团在中国文化轴心时代,对中华民族逻辑、哲学和科学成果综合创新的典范。《墨经辞典》是仁明、兆春和黄朵学术集体,在中华民族谋求伟大复兴的新时代,对百年来《墨经》训诂考据和义理研究成果综合创新的典范。二者在时代性、主体性和方法论上,有诸多可比处。

1. 跨越历史求真理。马克思的学生和女婿拉法格(Paul Lafague)说:"在思想史上常常有这样的情况:一些假设和理论,一度成为研究和讨论的对象之后,便从智力活动的领域消失了,而后经过或长或短的一段遗忘时期,又重新出现于舞台,这时它们在这段时期所积累的知识面前,再次受到考察,而终于被放进既得的真理的行李包里去。"①

《墨经》的假设和理论,在中国文化的轴心时代,一度成为研究和讨论对象,很快从传统智力活动领域消失,经两千余年漫长的遗忘时期,从清末梁启超开始,重新出现于主流思想界的活动舞台,成为研究和讨论的对象。《墨经》的假设和理论,在至今所积累的知识面前,再次受到考察,被放进中华民族既得真理的行囊。

库恩提出科学共同体的概念,认为科学是科学共同体按照共有范式进行的社会活动。范式是科学共同体共有的信念。科学革命的实质,是范式变革,范式变革引起科学体系和方法论的变革。英文 community,意为共同体、团体、整体、群体、集团、集体、集合、学派和类。

撰著《墨经》的墨子后学,是一个有共同纲领、目标和理想的学术集团,其成果是流传至今的辉煌元典《墨经》。仁明、兆春和黄朵,是一个有明确研究编纂纲领、目标和理想的学术集体,推出大作《墨经辞典》,标志中国墨学界和辞书界,一个强有力的学术共同体,在毕节学院蔚然成型。

自清末孙诒让以来,以《墨经》语言和思想为对象的个别研究专家专著,数以百计。高质量《墨经辞典》的推出,反映时代需求,受学术发展由量变到质变规律的制约。

《墨经》是古代逻辑、哲学和科学的多学科综合创新体。高质量《墨经辞典》的编纂,是继承和超越并举的综合创新

---

① 〔法〕拉法格:《思想起源论》,生活·读书·新知三联书店1963年版,第39页。

工程。既是综合的创新，又是创新的综合。综合是以分析为基础和前提，跟分析相结合的兼收博采。创新是在继承基础上的推陈出新，新陈代谢，是以量变积累为前提的质变飞跃过程。

黄绍箕《墨子间诂·跋》说，墨书"难通"，因其"有专家习用之词"，"有名家奥衍之旨"。《墨经》包含古代逻辑、哲学和科学专家习用的概念术语，有广义名家（逻辑、哲学和科学家）抽象深湛的学说原理，准确解读《墨经》，需要有现代专业知识的积累。

仁明、兆春和黄朵组成学术集体，具备这样的条件。仁明在二十多年前，攻读硕士学位已毕，八年前到中国社科院语言研究所做访问学者。作为毕节学院语言学科带头人，长期从事古汉语、文字、音韵、训诂学的教学研究，参编字词典多部。

仁明参加中国社科院语言研究所"九五"重点课题"先秦专书语法研究"，研究写作《〈墨子〉的副词》，编著五十万字的《墨子辞典》，由贵州人民出版社出版，收入《墨子大全》，填补墨学研究空白。

兆春任毕节学院中文系语言教研室主任，长期从事古汉语和文字学教学研究，尤专《墨经》。黄朵讲授古汉语多年。对《墨经》词汇，兼用横向比较、纵向考源和空间联系征引方法，穷尽分析，逐词敲定。敲定一词，常费时多日，甚至更久。

训诂学有发凡起例、考证和编纂三派。仁明学术集体，走编撰派道路，以现代辞书编纂理论为指导，运用训诂学知识，编纂墨家专书辞典。兼顾学术性和实用性。体现专书文字、词汇、语法特点。在详尽分析语言材料基础上，穷尽归纳。融会诸说，综合创新。

《墨经辞典》广纳专书词汇、语法和文字专题研究的成果，为先秦词汇语法和汉语史研究提供确凿可靠的实证材料，综合展现迄今为止的《墨经》研究成果，为学术界的继续研究，编制完备适用的工具书。

2. 推敲锤炼探真义。从2007年11月以来，笔者跟《墨经辞典》编纂集体，多有联络与切磋。笔者拜读2007年底和2009年初两部稿子，其间显见重大的修改和提升。笔者于2009年1月22日、2月17日和26日，先后三次给仁明、兆春、黄朵发送电邮，寄呈笔者十余万字的相关研究论著，供三位学者参考，请推敲、斟酌原稿文字：

推 tuī（5次）

推论，类推。（3次）"在诸其所然未然者，说在于是～之。"（经下）译：考察某事之所以这样和之所以不是这样的原因，因为由此可以推知这些事物的结论。"～也者，以其所不取之同于其所取者，予之也。"（小取）译："推"即类推，就是把还没有取得判断的这一部分和已经取得判断的那一部分相比较，把这一部分也定出判断来。"是故'辟'、'侔'、'援'、'～'之辞，行而异，转而危，远而失，流而离本。"（小取）译：所以比喻、等比、引用、类推这些方式，运用起来会有差异，辗转引证会导致诡辩，离题远了会失去原义，流失原义就脱离根本。

【推类】类推,推理。(1次)"~~之难,说在之大小。"(经下)译:类推是困难的,因为类有大小。

2009年2月17日,给三位寄呈笔者的相关研究论著和在台湾的演讲稿,并写信说:

原稿说:"~也者,以其所不取之同于其所取者,予之也。"(小取)译:"推"即类推,就是把还没有取得判断的这一部分和已经取得判断的那一部分相比较,把这一部分也定出判断来。

我建议修改为:"推"这种论辩方式,就是论证对方所不赞成论点(以其所不取之),跟对方所赞成的论点(其所取者),是属于同类(同于),从而驳倒对方(予之也)。这种论辩方式的实质,是用揭示对方自相矛盾的方法,说服对方改变观点。如王公大人不赞成"治国任贤能"的论点,可是却赞成"制衣索良工"的论点,我论证"治国任贤能"和"制衣索良工"的论点是同类,即都是"做事任贤能",把这个论证摆给对方,看对方怎么办?结论是:对方应该改变观点,同意"治国任贤能"的论点。再如,公输班不赞成"杀多人为不义",却赞成"杀一人为不义",我论证"杀多人为不义"和"杀一人为不义"是同类,即都是"杀人为不义",把这个论证摆给对方,看对方怎么办?结论是:对方应该改变观点,同意"杀多人为不义"的论点。

笔者2009年2月26日再写信建议：

"推"列第一义项：类推，推理，推论。第二义项：归谬式的类比推论，简称归谬类比。"～也者，以其所不取之同于其所取者，予之也。"（小取）译："推"，就是证明对方所不赞成的（其所不取之），跟对方所赞成的（其所取之），是属于同类（同于），从而驳倒对方（"予之"，就是把我的证明，给予对方，使对方认识到，如果不改变观点，把不赞成改为赞成，那就会陷于自相矛盾，逻辑混乱，因此而改变观点，被我说服）。"是故'辟'、'侔'、'援'、'～'之辞，行而异，转而危，远而失，流而离本。"（小取）译：所以，譬喻式的类比推论，比较相似词句的类比推论，援引对方言行的类比推论，归谬式的类比推论等辩论词句，推演过程会发生差异，转移话题会导致诡辩，离题遥远会丧失原义，流向偏斜会脱离本源。【推类】类推，推理，推论。"～～之难，说在之大小。"（经下）译：类推会遭遇困难，发生谬误，论证的理由在于：论据的适用范围有大小不同。

我着重说明：

1. "说在"的"说"，即"以说出故"的"说"，翻译为"论证"。"在"：在于。"说在"翻译为"论证的理由在于"，比翻译为"因为"更准确。因为《墨经》的"说在"，是一种非常稳定和格式化的表达方式，务必有稳定和格式化的翻译对应。

2. "推"这种论辩方式，就是论证对方所不赞成论点

（以其所不取之），跟对方所赞成的论点（其所取者），是属于同类（同于），把这个论证给予对方（予之也），从而驳倒对方。

这种论辩方式的实质，是用揭示对方自相矛盾的方法，说服对方改变观点。例子很多，兹举两个：第一，王公大人不赞成"治国任贤能"的论点，可是却赞成"制衣索良工"的论点，我论证"治国任贤能"和"制衣索良工"的论点是同类，即都是"做事任贤能"，把这个论证摆给对方，看对方怎么办？结论是：对方应该改变观点，同意"治国任贤能"的论点。第二，公输班不赞成"杀多人为不义"，却赞成"杀一人为不义"，我论证"杀多人为不义"和"杀一人为不义"是同类，即都是"杀人为不义"，把这个论证摆给对方，看对方怎么办？结论是：对方应该改变观点，同意"杀多人为不义"的论点。

3."～～之难，说在之大小"："说在之大小"，不仅是指"类"。《经说》的例子："谓四足，兽与？并鸟与？物尽与？大小也。"在"之大小"前加"类"字，不是最好的校勘。我是不加的。紧扣《经说》的例子解释《经》，应是最保险的方法，也是我的治墨原则。

2009年3月2日，黄朵代表三人给笔者回复电邮。以下节录电邮原话：

认真地研读了先生发来的文章后，我们均深深感到先生对墨辩逻辑的研究远搜旁绍，持之有据，言之凿凿，结论令人信服。我们将不遗余力，力争拿出精品，不辜负先生您的厚望。经过我们的讨论，拟对"推"字词条做出如下修改：

推 tuī（5次）

类推。（3次）"在诸其所然未然者，说在于是~之。"（经下）译：审察任一事物之所以如此和之所以不如此的原因，理由在于由此可以推知这些事物的结论。

逻辑学上特指归谬式的类比推理。2次。"~也者，以其所不取之同于其所取者，予之也。"（小取）译："推"这种论辩方式，就是论证对方所不赞成论点，跟对方所赞成的论点，是属于同类，从而把这个论证给予对方。"是故'辟'、'侔'、'援'、'~'之辞，行而异，转而危，远而失，流而离本。"（小取）译：所以，"譬"、"侔"、"援"、"推"中的词句，无类比附会混淆差异，辗转列举会发生诡辩，生拉硬扯会失去本义，牵强推论会离开根据。

【推类】类推，推理。（1次）"~~之难，说在之大小。"（经下）译：类推是困难的，论证的理由在于类有大小。

另外相关的"取"字等条，我们将做进一步的讨论和修改。

笔者跟仁明、兆春和黄朵学术集体之间，尽管远隔数千里，路途遥远，但是借助互联网交往，却宛如近前。日子久了，使笔者渐次产生一种感觉：仿佛笔者也已经加入了他们这一令人神往的学术圣殿。无论即将面世的《墨经辞典》，以上文字还要作何种修改，笔者相信定将愈改愈好，愈益完美。

此一典型事例说明，仁明、兆春和黄朵学术集体，撰著《墨经辞典》，尽心竭力，精益求精。唐皮日休说："百炼成字，千炼成句。"唐卢延让《苦吟》说："吟安一个字，捻断数茎须。"严复说："字字由戥子称出。""一名之立，旬月踯躅。"《墨经辞典》字斟句酌，推敲锤炼功夫，不逊前人。

三、兴危继绝宏图展

晋鲁胜《墨辩注序》说："自邓析至秦时，名家者世有篇籍，率颇难知，后学莫复传习，于今五百余岁，遂亡绝。《墨辩》有上下《经》，《经》各有《说》，凡四篇。与其书众篇连第，故独存。今引《说》就《经》，各附其章，疑者阙之。又采诸众杂集，为《刑名》（形名）二篇，略解指归，以俟君子。其或兴危继绝者，亦有乐乎此也。"

鲁胜宏愿，是使处于衰微并即将中绝的名家学说再度兴盛并传承下去。鲁胜所谓名家，比东汉班固《汉书·艺文志·诸子略》所列邓析、惠施和公孙龙等学者范围更大，囊括所有曾参与名辩讨论的诸子百家。

鲁胜《墨辩注》失传，《序》存《晋书·隐逸传》。在魏晋玄学"辩名析理"的文化胜景中，兴盛于先秦的名辩思潮，有某种程度的复苏。鲁胜《墨辩注序》，是魏晋"辩名析理"思潮激励碰撞产出的重要学术成果。

鲁胜论名家学术，列举名家着重讨论的问题"坚白"、"无厚"（"厚"讹为"序"）、"两可"、"同异"等，其学说范围，涉及逻辑学、方法论、认知理论与逻辑哲学等多学科，简言之，是一种广义的思维认识理论。

鲁胜《墨辩注序》三百余字，富含重要学术价值。鲁胜给出中国名学的定义，罗列先秦名学人物传承的谱系，论列先秦名学人物热议的范畴命题及其社会意义，涉及先秦名学的对象、定义和范围。鲁胜点出先秦名学由盛而衰，再到他发"兴危继绝"宏愿的曲折过程和历史命运。

鲁胜是近现代先秦名辩研究的先驱，为后人树立研究典范，启示研究门径。今人先秦名辩研究的整体框架，与鲁胜的论述模式遥相契合。鲁胜发先秦名辩研究"兴危继绝"的宏愿，由于中国长期封建宗法社会重儒，重政治伦理意识形态的重压，魏晋重启的先秦名辩研究，不久又陷于危绝，归于寂灭。

近代西方学术传入，从梁启超开始，《墨经》研究高潮重启。仁明、兆春和黄朵，率先用专书辞典方式，担当《墨经》名辩研究推手，上承鲁胜，对《墨经》研究有"兴危继绝"的历史意义。大作《墨经辞典》，必定在今后的学术实践中，充分发挥工具性的作用，使广大读者从中受益。

（本章主要内容曾发表于《毕节学院学报》2009年第6期。）

第二十四章 墨家的军事思想

墨守,即墨翟之守,坚固防守,也叫善守,即最佳防守。墨守和善守,是墨家积极防御的战略战术和军事思想,有重要的理论、历史和现实意义。张仁明、卢凤鹏编著《墨守辞典》,承上启下,推陈出新,汲取前人训诂考证和义理研究成果,树立编纂墨学专书辞典的典范,是学术界的盛事,墨学史的里程碑,辞书界的创举。对中国语言和军事思想史的研究,有重要的工具性意义。对弘扬墨家积极防御的战略战术和军事思想,实现中华民族伟大复兴,捍卫国家主权和领土完整,有重要的现实意义。

一、墨者贡献

(一)墨守善守

墨守善守,是墨家积极防御的战略战术和军事思想,有重要的学术、历史和现实意义。

中国素有"墨翟之守"和"墨守"的成语。《四库全书》所收古籍,有27卷,出现"墨翟之守"成语,共28次;有396卷,出现"墨守"成语,共500次。

战国时有"墨翟之守"的成语流传。《史记·鲁仲连邹阳列传》:"今公又以敝聊之民,距全齐之兵,是墨翟之守也。"张守节《正义》:"如墨翟守宋,却楚军。"《战国策·齐策六》说:"今公又以弊聊之民,距全齐之兵,期年不解,是墨翟之守也。"

史称墨子"善守"。"墨守"义同"善守"。"墨守",是"墨翟之守"四字成语的缩简,即"坚固防守",也叫"善守",即"最佳防守"。墨子以"善守"闻名。司马迁《史记·孟子荀卿列传》说墨子"善守御"。《四库全书》所收古籍有872卷,出现"善守"词语,共990次;有28卷,出现"善守御"词语,共29次。

东汉经学家何休喜好公羊学,于是著书,题《公羊墨守》,注云:意为《春秋公羊传》"义理深远,不可驳难,如墨翟之守城也"(就像墨子守城,坚固难犯)。郑玄针锋相对,著书《发墨守》,反驳何休(《后汉书·郑玄传》)。明清之际黄宗羲《钱退山诗文序》说"未尝墨守一家"。

"墨守成规"成语中"墨守"二字,借用"墨子善守"和"固守"之意。"墨翟之守"和"墨子善守"四字成语,在语言应用变迁中,被缩简为"墨守"和"善守"二字成语或词语。缩简后比缩简前,使用量呈数十倍增长,显示词语缩简,在语言应用中的优势。这从一个侧面,显示墨家积极防御的战略战术和军事思想,在中国历史和语言文化中具有不可磨灭的影响。《四库全书》出现墨守、墨翟之守、善守和墨子善守词语频次,见表40。

表40 《四库全书》"墨守"等词语出现频次

词语	卷数	频次
墨守	396	500
墨翟之守	27	28
善守	672	990
善守御	28	29

（二）攻守两面

《尚同中》说："入守固，出诛胜。"强调坚固防守和出诛不义，务求取胜，这是从正面说明墨家积极防御战略战术的两面规定。《节葬下》说，"以厚葬久丧者为政"，则"出战不克，人守不固"。"出战"，即"出诛"，要克敌制胜。"入守"，则坚固有力，毫不松懈。这是从反面说明墨家积极防御战略战术的两面规定。

《尚贤中》说："入守则固，出诛则强。""守固"，即坚固防守，防御坚不可摧。"诛强"，即强力诛讨不义，诛讨强劲彻底。守固和诛强，是相辅相成、相互为用的两面。"守固"方能"诛强"，"诛强"利于守固。"守固"和"诛强"兼顾，这是积极防御战略战术的全面规定。

（三）坚固防守

积极防御，坚固防守，是墨家军事思想的侧重点。坚持积极防御的军事思想，是墨家学派社会性的必然要求：墨子是劳动者的圣人，墨家是劳动者的学派，墨书反映劳动者的心声。劳动者要生存，世代繁衍，需要保卫自己的劳动成果不被掠夺，保卫自己的和平生活不被干扰，武装自卫是不得已的，被迫的，由攻掠者逼出来的，自卫战是后发制人。

《七患》说："备者国之重也。食者国之宝也，兵者国之爪也。城者所以自守也。此三者国之具也。""库无备兵，虽有义不能征无义。城郭不备全，不可以自守，心无备虑，不可以应卒（敌国突然进犯的事变）。""城郭沟池不可守"，"敌国至境，四邻莫救"，"自以为安强，而无守备，四邻谋之而不知戒"，是国家的祸患。

墨子止楚攻宋，当游说、辩论未完全解决问题时，他严正地指出："臣之弟子禽滑厘等三百人，已持臣守御之器，在宋城上，而待楚寇矣，虽杀臣，不能绝也。"楚王这才不得已地说："善哉！吾请无攻宋矣。"军事实力与充足战备，是和平谈判的后盾。

（四）兴师诛罚

《非儒下》说："抑暴残之国也，圣将为世除害，兴师诛罚，胜将因用儒术令士卒曰：'勿逐奔，掩函勿射，驰则助之重车。'暴乱之人也得活，天下害不除，是为群残父母，而深贼世也，不义莫大焉。"

墨家主张为世除害，对残暴的入侵之敌，兴师诛讨，予以歼灭。如果已取得部分胜利的将领，用儒家思想命令士卒说："不追逐逃奔之敌，掩盖箭函不向逃奔之敌射箭，敌方战车驰回则帮助引挽重车。"

这使暴乱之人得活，不为天下除害，是对天下父母的残暴，是天下的大害，是最大的不仁义。对残暴入侵者的仁义，就是对天下父母的不仁义。战争是敌我双方你死我活的武装搏斗，目的和本质是消灭敌人，保存自己。在你死我活的殊死博斗中，主张对敌人仁慈，等于对人民残忍。

在古代战争中，宋襄公蠢猪式的仁义道德，害人至深。公元前638年，弱小的宋国跟强大的楚国在泓水交战。宋军已排列成阵，楚军正在渡河，宋臣说："楚军人多，宋军人少，应乘楚军正渡河，未排列成阵的时机，发动攻击，必然取胜。"宋襄公说："不行。楚军未全部渡河，而攻击，不符合仁义。"楚军已全部渡河，尚未排列成阵，宋臣又要求发起进攻，宋襄公说："不行。君子不进攻未排列成阵的军队，等楚军排列成阵再进攻。"等楚军排列成阵交战，宋军大败，宋襄公受重伤，不久死亡。①

墨者所反驳的儒家"君子胜不逐奔，掩函勿射，驰则助之重车"的论点，正是宋襄公这种蠢猪式的仁义道德。《孙子兵法》说"归师勿遏"、"穷寇勿迫"，主张对逃归的敌军不拦截，对穷困的敌寇不追击。墨者"为世除害"、"兴师诛罚"不义的观点，"宜将剩勇追穷寇"、"除恶务尽"的精神，反映了战争的目的、本质和规律，是积极防御战略方针的明确表达。

（五）伤敌为上

墨家主张积极防御（攻势防御，决战防御），在防御中实施进攻，歼灭入侵之敌，反对消极防御（专守防御，单纯防御），即不实施进攻，只阻挡敌人进攻，被动挨打。墨家主张以有义征伐无义的正义战争，歼灭入侵之敌，反对攻伐掠夺的不义战争。

《号令》说："凡守城者以亟伤敌为上。"尽可能多地歼灭

---

① 参见《左传·僖公二十二年》;《韩非子·外储说左上》。

入侵之敌,是积极防御的战略战术要求。《旗帜》说,在防御中"三出却敌"者受奖。《备梯》篇说,敌人进攻受挫,"引兵而去","则令吾死士左右出穴门,击溃师,令贲士、主将皆听城鼓之音而出",这是在战斗中集中优势兵力,歼灭溃逃之敌,并说"因素出兵施伏","破军杀将"。

《汉书·艺文志》论兵家说:"自春秋至于战国,出奇设伏,变诈之兵并作。"墨家主张屡屡出兵实施埋伏,出其不意地歼灭敌人。《备城门》记述有伪装成"可道行"的"机巧""发梁","出挑且败",引诱"敌人遂入","引机发梁,敌人可擒"。

《备穴》说:"穴中与敌人遇,则皆御而毋逐,且战败以须炉火之燃也。"即在地道中与敌人相遇,仅防御而不追逐,并且伪装成战败以等待炉火燃烧,鼓烟熏敌。这都是使用"变诈之兵",以最大限度地歼灭敌人。

《墨子》军事各篇,记述"强弩射"、"技机掷"、"奇器投"、"夹而射"、"重而射"、"桔槔冲"、"行临射"等,在当时都是强有力的歼敌手段,目的是尽可能多地歼敌,转化敌我力量对比,以赢得积极防御战的胜利。

(六)剑犹甲,死生也

《经上》说:"同异交得仿有无。"《经说上》说:"同异交得:于富家良知,有无也。比度,多少也。蛇蚓旋圆,去就也。鸟折用桐,坚柔也。剑犹甲,死生也。处室子、子母,长少也。两色交胜,白黑也。中央,旁也。论行、行行、学实,是非也。鸡宿,成未也。兄弟,俱适也。身处志往,存亡也。霍,为姓故也。价宜,贵贱也。"

"同异交得",即同异相互渗透和同时把握。同异相互渗透,是物质实体存在的规律,本体的规律。同异同时把握,是思维认识的规律,辩证法、辩证逻辑的规律。客观事物的同异相互渗透,要正确认识世界,应同时把握同异两面,这体现了世界观和认识论、方法论、逻辑学的统一,存在规律和思维规律的一致。"同异交得"是辩证法对立统一规律的别名,另一种表述。

"同异交得"即事物相异、对立的性质,统一于一物之身;同一物分裂为相异、对立的两面。如一个人有富家、无良知,或无富家、有良知,这是同一个人"有"和"无"的两种对立性质。一数与不同的数比较度量,既多又少。如古希腊智者普罗泰戈拉说:"这里有六颗骰子,我们在旁边再放上另外四个,我们会说原来的骰子比后放的要多些;如果在旁边放上十二个,我们便会说,原来的六个是少些。"[1]同一数有多和少两种对立性质。

蛇和蚯蚓旋转盘桓,既去且就。鸟筑巢折用的梧桐树枝,既坚且柔。母比子长一辈,母又比其母少一辈,既长且少。乙色比甲色白,又比丙色黑,既白且黑。一个区域的中央,又是另一区域的旁边,既是中央又是旁边。言论与行动、行动与行动、学问与实际,既有是又有非。母鸡宿窝孵雏,雏鸡即将出壳又未出壳,既成且未成。排行老二,说兄和弟都合适。身处此志往彼,既存且亡。霍字本义为水鸟(鹤),后

---

[1] 〔德〕黑格尔:《哲学史讲演录》第2卷,生活·读书·新知三联书店1957年版,第29页。

又兼为姓氏之故，使其有歧义，一人既是霍（姓霍），又不是霍（鹤）。一个适宜的价格，既贵且贱。

以上《墨经》的语境显示，墨家关于进攻和防御，消灭敌人和保存自己的军事辩证法，是其一般辩证法的组成部分。墨者论证"同异交得"一般辩证法的一个典型事例"剑犹甲，死生也"，是其军事辩证法的典型事例说明。"剑犹甲，死生也"，意谓剑这种致敌死的进攻性武器，也有如铠甲一样保存自己生命的防御作用。

同一种进攻性武器"剑"，具有"死生"两种对立性质。致敌人死，是为了保自己生；消灭敌人，是为了保存自己；必要的进攻，是为了有效地防御。这是"剑犹甲，死生也"这一"同异交得"典型事例的启示，是消灭敌人与保存自己、进攻与防御军事辩证法的揭示。

毛泽东说："战争的目的不是别的，就是'保存自己，消灭敌人'。""古代战争，用矛用盾：矛是进攻的，为了消灭敌人；盾是防御的，为了保存自己。""进攻，是直接为了消灭敌人的，同时也是为了保存自己，因为如不消灭敌人，则自己将被消灭。""只有大量地消灭敌人，才能有效地保存自己。"[①]

剑跟矛一样，是进攻性武器，用于消灭敌人。铠甲跟盾一样，是防御性装备，用于保存自己。《墨经》用"剑犹甲，死生也"这一"同异交得"典型事例，揭示消灭敌人与保存自己、进攻与防御的军事辩证法，就像一根红线，贯穿墨家

---

① 毛泽东：《论持久战》，《毛泽东选集》，人民出版社1968年版，第449、450页。

的全部军事思想,是墨家积极防御战略战术的哲学基础。

墨家关于进攻和防御,消灭敌人和保存自己的军事辩证法,反映战争的矛盾、本质和规律,是其积极防御的战略战术的哲学基础,对现代和未来人民防御战争、反侵略战争有重要启迪。

(七)兵技巧

史家把墨家军事论著归入"兵技巧"类。东汉班固《汉书·艺文志》,据刘向《别录》、刘歆《七略》,在兵书项中,分兵技巧类,班固自注:"省《墨子》,重。"可见在兵技巧类中,本有《墨子》,因其与诸子项重复而被省略。班固对"兵技巧"的定义是:"技巧者,习手足,便器械,积机关,以立攻守之胜者也。"这是墨家"立攻守之胜"的关键。

1."习手足":训练手足技巧。墨者在当时的特定历史条件下,由贵义任侠而学军救守,组成一个带军事性的学术团体。墨者教弟子"能谈辩者谈辩,能说书者说书,能从事者从事","从事"包括由学军到从军。

墨子教育,有"学射"等军事科目。《公孟》说:"二三子有复于子墨子学射者。"专门提炼哲学、逻辑和科学范畴的《墨经》,以射箭为例说:"矢至侯(布制箭靶)中,志功正也。"射箭射中靶心,是动机和效果的正好符合。《备高临》记述需十人操作的大型兵器"连弩车",更需用熟练的体能和灵敏的智力配合,是墨家"兵技巧"训练的重要项目。

2."便器械":制造方便器械。墨家熟悉木、车、制陶、皮革、冶金、建筑等百工技艺,把这些技艺应用于军事,设计、制造了各种方便作战、有更大杀伤力的军事器械，如连弩车、转射机、窑灶鼓橐等。

《备高临》记载，墨家设计制造重兵器连弩车。发射机关"连弩机郭用铜"，"一石三十斤"。[①]用以产生弹力的弓弦，"以弦钩弦，至于大弦"。引张弓弦，非单靠手足力量，而是"引弦辘轳收"，用力士十人操作。"矢长十尺"，"如弋射，以辘轳卷收"。用矢无数，"出入六十枚"。

杜甫《前出塞九首》说："挽弓当挽强，用箭当用长。苟能制侵凌，岂在多杀伤？"墨者为积极防御当时强大国家侵凌弱小国家的不义战争，利用其技术优势，特意设计、制造有强大杀伤力的重兵器。

转射机（简称射机、揶车、技机、奇器等），是利用杠杆原理制造的抛掷机械，是古代防御战的重兵器，为古炮原型，用以抛掷石弹、利剑、炭火筒、蒺藜球等杀伤物。窑灶鼓橐，是利用风力传播烟雾熏敌的守城战具，是采矿、冶金、制陶技术在军事上的运用。

3."积机关"：设置机巧关节。机关本指弩箭上的发动设施，引申为一切机巧关节。《备城门》描述"引机发梁"的机关："去城门五步大堑之，高地丈五尺，下地至泉，三尺而止，施栈其中，上为发梁而技巧之，比傅薪土，使可道行，旁有沟垒，毋可逾越，而出挑且北（败），敌人遂入，引机发梁，敌人可擒，敌人恐惧，而有疑心，因而离。"

---

① 杨宽：《战国史》，上海人民出版社1980年版，第440页。重量单位，1石合120市斤。《汉书·律历志上》："三十斤为钧，四钧为石。"

精心伪装，用机械牵引的活动吊桥，加上"兵不厌诈"的诱敌谋略，可以达到擒敌的目的，这是工匠技艺和兵家谋略的结合。《备穴》篇描述"罂听"，是利用声传播原理设计、制造的原始测声仪，是工匠技艺和科学知识的结合。

二、现代价值

墨家积极防御的战略战术和军事思想，有着重要的现实意义，是今日积极防御战略战术和军事思想的良好借鉴，对现代人民防御战有重要启迪。当前国家面临长期复杂的安全威胁和挑战，中国军事战略坚持防御自卫和后发制人原则。奉行防御性政策，坚持捍卫国家主权、安全和领土完整，保卫国家安全和发展利益。建设与国家安全和发展利益相适应的军事力量，加强国家战略能力建设，实施富国和强军相统一的战略思想。

新时期积极防御的战略方针，坚持防御、自卫和后发制人，立足打赢信息化条件下的局部战争。提高军队应对多种安全威胁、完成多样化军事任务，坚持和发展人民战争的战略思想，履行新世纪新阶段的历史使命。军事现代化建设的目的，是为自卫防御，保家卫国。

人民要保卫自己的和平生活与劳动成果，只有实施积极防御的战略战术。聚精会神搞建设，一心一意谋发展，需要稳定的国内环境，和平的国际环境。霸权主义，强权政治，企图遏制我国和平发展。

不能丧失警惕，要有随时应付各种可能突发事件的精神与物质准备。准备以军事斗争，捍卫国家主权和领土完整，维护稳定，保卫改革开放成果。在争取和平的同时，应居安思危，坚持加强军队和国防现代化建设，增强国家实力。《七患》说，国家大患之一是："自以为安强，而无守备，四邻谋之，不知戒。"又说："心无备虑，不可以应卒。"心中不考虑战备，不能应对突发事变。

霸权主义占据军力、经济力的优势，以大欺小，恃强凌弱。弱小国反霸权，物质力量处于劣势，凭借发挥人的自觉能动性，团结一切可以团结的力量，调动一切可以调动的积极因素，用人力弥补物力不足。

墨者尽人力坚守胜围，把局部小国、小城有限人力发挥到极致，是古代战争史上的奇迹。人民战争是克敌制胜的法宝。用劣势装备，打败优势装备的敌人，依靠把人力发挥到极致的人民战争。研究现代技术条件下人民战争的规律，墨家积极防御的战略战术，颇有启发。

根据今日国际局势和国情，我国战略方针是和平发展。中国人民爱和平，不称霸，不侵略别国，力求避免制止战争，主张用和平方式解决国际争端。当今世界上由于霸权主义和强权政治存在，因此，我们必须准备用包括军事的各种手段，捍卫国家主权和领土完整。

第二十五章 《老子》的实践哲学

"取下求上"是《墨经》概括《老子》的实践哲学命题。分析"取下求上"命题的产生过程,用《老子》的大量论述,说明"取下求上"命题可符号化为"取非A求A",可泛化变形为"非A则A"、"大A若非A"和"A若非A"等多种实践哲学公式。

在中国传统文化宝库中,《墨经》概括的《老子》实践哲学命题"取下求上",闪闪发光,字字珠玑,一字千金,蕴含深刻的辩证理论精神。

一、"取下求上"命题的产生

(一)善下为上:《老子》的实践哲学

善下为王:政治实践哲学。《老子》第66章说:"江海所以能为百谷王者,以其善下之,故能为百谷王。是以欲上民,必以言下之。欲先民,必以身后之。是以圣人处上而民不重,处前而民不害。是以天下乐推而不厌。以其不争,故天下莫能与之争。"意即:江海所以能成为所有小河的领袖,是因为善于处在所有小河的下游。所以,要想管理百姓,必须用语言表示谦虚。要想在百姓前面领导,必须在百姓后面学习。

所以圣人在上边管理，百姓不感到压抑。在百姓前面领导，百姓不感到妨害。所以天下人乐于推举，而不厌弃。因为不跟人争，所以天下没有人能争得过。

《老子》第8章说："上善若水。水善利万物而不争，处众人之所恶，故几于道。居善地，心善渊，与善仁，言善信，正善治，事善能，动善时。夫唯不争，故无尤。"意即：最高的善像水。水善于给万物带来利益，而不相争，处于众人所厌恶的地方，所以接近于大道。居住像水一样安于卑下，心地像水一样深沉，交友像水一样仁爱，言语像水一样真诚，管理像水一样有条有理，做事像水一样无处不能，行动像水一样与时俱进。因为不跟人争，所以没有过失。

《老子》第32章说："譬道之在天下，犹川谷之于江海。"意即：天下归于道，就像所有小河归于江海。《老子》第41章说："上德若谷。"意即：最崇高的德，就像卑下的河谷。以上论述属于政治实践的哲学。

大者宜下：外交实践哲学。《老子》第61章说："大国者下流。""故大国以下小国，则取小国。小国以下大国，则取大国。故或下以取，或下而取。""大者宜为下。"意即：大国处下流，像小河归于海。所以大国对小国谦下，则可以取得小国的信任。小国对大国谦下，则可以取得大国的信任。所以或者大国用谦下取得小国的信任，或者小国用谦下取得大国的信任。大的一方宜于把谦下作为行动的原则。以上论述属于外交实践的哲学。

将欲歙之，必固张之：军事实践哲学。"将欲歙之，必固张之。将欲弱之，必固强之。将欲废之，必固兴之。将欲夺之,必固与之。"意即:将要收缩它,必须先扩张它。将要削弱它,必暂且增强它。将要废弃它,必暂且兴盛它。将要夺取它,必暂且给予它。以上论述属于军事实践的哲学。

(二)从"善下为王"到"兼王之道"

从《老子》的"善下为王",到墨子的"兼王之道",反映春秋末期到战国时期道墨思想合流的趋势。《老子》"善下为王"的实践哲学,与《墨子·亲士》阐发的"兼王之道",在语言表达和思想内涵上有惊人的一致性,标志道墨思想的融会贯通。

《墨子·亲士》说:"江河不恶小谷之满已也,故能大。圣人者,事无辞也,物无违也,故能为天下器。是故江河之水,非一源之水也。千镒之裘,非一狐之白也。夫恶有同方不取,而取同己者乎?盖非兼王之道也。是故天地不昭昭,大水不潦潦,大火不燎燎,王德不尧尧者,乃千人之长也。其直如矢,其平如砥,不足以覆万物。是故溪陕者速涸,逝浅者速竭,峣埆者其地不育。王者淳泽,不出宫中,则不能流国矣。"

从思想内涵说,《墨子·亲士》的话,与《老子》"善下为王"的实践哲学,本质一致。从语言表达说,《墨子·亲士》的话,跟《老子》一样,多用水作类比论证的事例。试看以下例句:"江河不恶小谷之满已也,故能大。""是故江河之水,非一源之水也。""大水不潦潦。""是故溪陕者速涸,逝浅者速竭。"如果把以上例句,加以修饰,放到《老子》一书中,足可与《老子》的其他论述,融会贯通,密合无间。略有不同的是,《老子》文体是较早出现的哲理诗,《墨子》

文体是较晚出现的哲学论文。这足证道墨思想的相互渗透，相辅相成，相灭相生。班固《汉书·艺文志》分析诸子学术说，"其言虽殊，譬犹水火，相灭亦相生也"，"相反而皆相成也"。《老子》"善下为王"的实践哲学，与《墨子》"兼王之道"的合流，是诸子学说融会贯通的范例。

（三）"取下求上"：《墨经》对《老子》实践哲学的概括

在《墨子》一书中，被称为狭义《墨经》的《经》和《经说》上下四篇，形式和内容都极为独特，被称作"天下奇书"。西晋鲁胜撰《墨辩注》，把《墨经》称为《墨辩》，其《序》称："《墨辩》有上下《经》，《经》各有《说》，凡四篇，与其书众篇连第，故独存。"（《晋书·隐逸传》）值得庆幸的是，由于道教经典《道藏》收录一个较好较全的五十三篇本《墨子》，被称为《墨经》或《墨辩》的4篇书仍赖以"独存"，使我们可一窥《墨经》对《老子》实践哲学概括的原貌。

《经下》说："取下以求上也，说在泽。"意即：采取居下位的手段，求得居上位的目的，论证的理由在于用水泽作为类比推论的事例。《经说下》解释说："高下以善不善为度，不若山泽。处下善于处上，下所谓上也。"意即：社会生活中的上下，是以善不善作为衡量的标准，不像山泽，是以空间上下作为衡量的标准。所谓处下位善于处上位，是在某种意义上把下说成上。

《经下》"取下以求上也，说在泽"，是墨家对《老子》实践哲学思想的客观叙述和一般概括，揭示《老子》实践哲学思想论述的论证方式是用水泽类比。《经下》的叙述，虽没有表达墨家评论的主观态度,但既然已堂而皇之地作为《墨经》条文,表明墨家对老子实践哲学思想"取下求上"的元理论概括和规律性定位。

所谓元理论概括,是借鉴希尔伯特、罗素、塔尔斯基等人关于科学、理论和语言的分层论,即分为"对象"和"元"的方法,分析由《老子》到《墨经》理论发展的机制。这里,可以把《老子》对"善下为王"、"善下为上"等实践哲学思想的论述,看作《墨经》元理论概括的对象理论,把《墨经》对老子实践哲学思想的元理论概括,看作墨家对《老子》"善下为王"、"善下为上"等实践哲学对象理论的元研究,即在《老子》对象研究之后、之上和之外的高一层次研究。由《老子》到《墨经》的理论发展,反映春秋末期到战国中后期学人思维和语言的演变。

所谓规律性定位,是《墨经》作者对老子实践哲学思想"取下求上"元理论概括的处理。《经下》共83条的功能和作用,是论列各门科学的定律、定理和原理。"取下求上"一条,占《经下》1/83的分量和位置,说明这一原理受到《墨经》作者足够的重视,用正面肯定的口气叙述,是《墨经》作者正面肯定的观点。《经下》是"经"的体裁。"经"有经典、典范、规范、常道、路径、基本命题、定律、规律的意思。《释名》说:"经,径也,如径路无所不通,可常用也。"《墨经》作者把"取下求上"看作社会生活"可常用"的基本命题、定律、规律和原理。

《经说下》是对《经下》条文的展开论证和说明。《小取》说:"以说出故。"《经上》说:"说,所以明也。"《经说下》是

"说"的体裁。"说"指论证和说明。"高下"本是方位名词，本意是空间方位、位置的上下。《老子》第2章说："高下相倾。"意即上和下互相对立，互相包含。马王堆出土《老子》甲、乙本作："高下之相盈也。""盈"即充盈、涵容和包含。

《经说下》所谓"高下以善不善为度"，是说《老子》实践哲学思想论述中的"高下"，不是指空间方位、位置的上下，是指社会地位、生活境况的好坏、优劣程度。"不若山泽"，是说不像山泽。山泽"高下"，是指空间方位、位置的上下。"处下善于处上"，是《墨经》作者客观叙述《老子》的实践哲学观点，认为居下位好于、优于居上位。"下所谓上也"，是《墨经》作者评述的口气，认为《老子》所谓"居下位好于、优于居上位"，是在某种意义上把"下"说成"上"，作为"上"，古"谓"与"为"通。"度"指衡量的标准。《汉书·律历志》说："度者，分、寸、尺、丈、引也，所以度长短也。""引"即十丈。

老子对"善下为王"实践哲学的论述，是墨家概括老子"取下求上"实践哲学命题的素材。这些素材与《墨经》的概括，有相同的关键词（如"上下"、"善"和"处"等）和相同的思想内涵。"取下求上"命题的字面，在《老子》中未见。检索共9亿字的电子版《四库全书》和《四部丛刊》，"取下求上"命题的字面，仅《墨经》一见。"取下求上"命题的词句，出于《墨经》，是墨家对老子实践哲学的概括。"取下求上"命题的含义，出自《老子》，有《老子》的相关论述为证。《老子》相关的论述与《墨经》的概括恰相对应。

二、"取下求上"命题的推广

"取下求上"命题的字面，包含"上下"的对立统一。"取下求上"命题的意义，包含方法和目的、策略和战略、暂时和长远的对立统一。"取下求上"命题的意涵，在《老子》一书中被推广、泛化为多种形式。

为便于分析"取下求上"命题在《老子》中被推广、泛化的多样性，借用现代逻辑（数理逻辑、符号逻辑）引入人工符号语言的方法，用英文字母充当命题变项，代表《老子》所列举的各种对立面，用《老子》原来所使用的语言，表达各种不同的对立统一（所谓"泛化"，是指广泛化、一般化和普遍化）。

这里把"取下求上"的命题，符号化为"取非A求A"。"A"代表"下"，"非A"代表"上"，即"非下"。可见《老子》"取下求上"的实践哲学命题，被泛化、变形为多种实践哲学的公式。

将欲弱之，必固强之：将欲A之，必固非A之。《老子》第36章说："将欲歙之，必固张之。将欲弱之，必固强之。将欲废之，必固兴之。将欲夺之，必固与之。"意即：将要收缩它，必须先扩张它。将要削弱它，必暂且增强它。将要废弃它，必暂且兴盛它。将要夺取它，必暂且给予它。其中"将欲弱之"、"废之"和"夺之"，属于目的、战略和长远的范畴。"必固强之"、"兴之"和"与之"，属于方法、策略和暂时的范畴，见表41。

表 41　取非 A 求 A

范畴	目的；战略；长远	方法；策略；暂时
命题	求上	取下
公式	求 A	取非 A
公式	将欲 A 之	必固非 A 之
事例 1	将欲歙之	必固张之
事例 2	将欲弱之	必固强之
事例 3	将欲废之	必固兴之
事例 4	将欲夺之	必固与之

曲则全：非 A 则 A。《老子》第 22 章说："曲则全。枉则直。洼则盈。敝则新。少则得。不自见故明。不自是故彰。不自伐故有功。不自矜故长。"意即：委曲反能保全。屈枉反能伸直。卑下反能充盈。敝旧反能新奇。少反有所得。不专靠自己的眼睛看才看得分明。不自以为是才是非昭彰。不自己夸耀才有功劳。不自高自大才能成统领。其中"曲"、"枉"、"洼"、"敝"、"少"、"不自见"、"不自是"、"不自伐"和"不自矜"等，属于方法、策略和暂时的范畴。"全"、"直"、"盈"、"新"、"得"、"明"、"彰"、"有功"和"长"等，属于目的、战略和长远的范畴，见表 42。

表 42　非 A 则 A

范畴	方法；策略；暂时	目的；战略；长远
命题	取下	求上
公式	取非 A	求 A
公式	非 A	则 A

续表

范畴	方法；策略；暂时	目的；战略；长远
事例1	曲	则全
事例2	枉	则直
事例3	洼	则盈
事例4	敝	则新
事例5	少	则得
事例6	不自见	故明
事例7	不自是	故彰
事例8	不自伐	故有功
事例9	不自矜	故长

大成若缺：大A若非A。《老子》第45、41章说："大成若缺。""大盈若冲。""大直若屈。""大巧若拙。""大辩若讷。""上德若谷。大白若辱。""大方无隅。大器晚成。大音希声。大象无形。"意即：最成功好似欠缺。最充实好似空虚。最正直好似枉屈。最灵巧好似笨拙。最高辩论像嘴笨。崇高大德似山谷。最光彩好似卑辱。最为方正无棱角。最贵器物后制成。最大声音似稀薄。最大形象似无形。其中，"大成"、"大盈"、"大直"、"大巧"、"大辩"、"上德"、"大白"、"大方"、"大器"、"大音"和"大象"等，属于目的、战略和长远的范畴。"若缺"、"若冲"、"若屈"、"若拙"、"若讷"、"若谷"、"若辱"、"无隅"、"晚成"、"希声"和"无形"等，属于方法、策略和暂时的范畴，见表43。

表43　大A若非A

范畴	目的；战略；长远	方法；策略；暂时	出处
命题	求上	取下	
公式	求A	取非A	
公式	大A	若非A	
事例1	大成	若缺	45章
事例2	大盈	若冲	45章
事例3	大直	若屈	45章
事例4	大巧	若拙	45章
事例5	大辩	若讷	45章
事例6	上德	若谷	41章
事例7	大白	若辱	41章
事例8	大方	无隅	41章
事例9	大器	晚成	41章
事例10	大音	希声	41章
事例11	大象	无形	41章

正言若反：A若非A。在"大A若非A"的实践哲学公式中，"大A"是"A"的一种，是"A"中较大的一种，"大"这个形容词限制语，可用概括的方法省略，于是"大A若非A"的实践哲学公式，就变形为"A若非A"，代入具体事例，即《老子》第78章说："天下莫柔弱于水，而攻坚强者莫之能胜。"意即：天下没有比水更柔弱的，而攻击坚强的力量没有能胜过它的。这个具体事例，可简化为"强若非强"。"强若非强"的具体事例和"A若非A"的实践哲学公式，在《老子》第78章最后用简明的公式概括为"正言若反"，即表

达真理的言论，看来像是谬误。

"正言若反"的思维表达方式，是故意使用似乎谬误的形式，表达科学真理。其语言效果妙趣横生，令人惊异，为之一振，哲学意味精警隽永，发人深省，引人深思。这是《老子》思维表达艺术的极致，为中外先哲所乐用。

庄子的"正言若反"。唐陆德明《经典释文》卷一说，庄子"辞趣华深，正言若反"。庄子运用"正言若反"的表达方式，联结对立概念，构成违反常识的悖论式命题，表达事物的对立统一。《庄子·秋水》说"以小不胜为大胜"，表达事物局部和整体的对立统一。从局部说是"小不胜"，从整体说是"大胜"。"以众小不胜为大胜"，是违反常识的悖论式语句。《至乐》说"无为而无不为"，论证说天地在没有人为干预的情况下，按照自然规律创生万物，无为而无不为。又说"至乐无乐，至誉无誉"，即你认为"至乐"，换一角度看是"不乐"。你认为"至誉"，换一角度看是"无誉"。乐极生悲，物极必反。用不正当手段获取美誉，最不名誉。《山木》说："合则离，成则毁，廉则挫，尊则议，有为则亏，贤则谋，不肖则欺。"唐成玄英解释说："合则离之，成者必毁，清廉则被挫伤，尊贵者又遭议疑。""廉则伤物，物不堪化，则反挫也。自尊贱物，物不堪辱，反有议疑也。亏，损也。有为则损也。贤以志高，为人所谋。"清郭嵩焘解释说："廉则挫，峣峣者易缺。尊则议，位极者高危。有为则亏，非俊疑杰，固庸（常）态也。"这些"正言若反"式的表达，包含深刻的智慧哲理。

儒家的"正言若反"。《论语·泰伯》说："有若无，实若虚。"唐吴兢《贞观政要》卷六说，贞观三年（629），唐太宗李世民问经学家孔颖达，《论语·泰伯》"有若无，实若虚"是什么意思？孔颖达回答："圣人设教，欲人谦光，已虽有能，不自矜大，仍就不能之人求访能事。已之才艺虽多，犹病以为少，仍就寡少之人更求所益。已之虽有，其状若无；已之虽实，其容若虚。"这是儒者的"正言若反"。

《荀子·天论》说："故大巧在所不为，大智在所不虑。"唐杨倞注："大巧在所不为，如天地之成万物，若偏有所为，则其巧小矣。大智在所不虑，如圣人无为而治也。若偏有所虑，则其智窄矣。"《荣辱》说："斩而齐，枉而顺，不同而一：夫是之谓人伦。"不齐而齐，不顺而顺，不同而同，这种"正言若反"式的表达，叫作人事伦理。

诸葛亮的激将法也是"正言若反"。《三国演义》第六十五回说，张飞听到马超攻关，大叫去战马超，诸葛亮假装没听见，故意对刘备说，马超侵犯关隘，无人可敌，除非去荆州请关云长，方可与敌。张飞说，你为什么如此小看我，我曾独拒曹操百万兵，岂愁马超一匹夫，我只今便去，如胜不得马超，甘当军令，诸葛亮才表示同意派他去。本想派，故意说不派，用不派的言词激励，以达到真派的目的。[①]

毛泽东的"正言若反"。他在1956年4月25日作题为《论十大关系》的讲话中说："你对发展重工业究竟是真想还是假想，想得厉害一点，还是差一点？""你如果是真想，或

---

① 参见（明）罗贯中：《三国演义》，作家出版社1953年版，第536页。

者想得厉害，那你就要注重农业轻工业，使粮食和轻工业原料更多些，积累更多些，投到重工业方面的资金将来也会更多些。""这也是一个对于发展内地工业是真想还是假想的问题。如果是真想，不是假想，就必须更多地利用和发展沿海工业，特别是轻工业。""我们一定要加强国防，因此，一定要首先加强经济建设。"简言之，即真想发展重工业，就要注重农业、轻工业。真想发展内地工业，就必须更多发展沿海工业。真想加强国防，一定要首先加强经济建设。也就是"正言若反"：欲正先反，反为了正，以反为正。用公式表达即"真想A就非A"，类似《老子》的实践哲学公式"取下求上"。

西方哲学家的"正言若反"。黑格尔说："如果事物或行动到了极端总要转化到它的反面。这种辩证法在流行的谚语里，也得到多方面的承认。譬如'Summum jus Summa injuria'（至公正即至不公正）这一谚语里，意思是说抽象的公正如果坚持到它的极端，就会转化为不公正。同样，在政治生活里，人人都熟知，极端的无政府主义与极端的专制主义是可以相互转化的。在道德意识内，特别在个人修养方面，对于这种辩证法的认识表现在许多著名的谚语里：如'太骄则折'、'太锐则缺'等等。即在感情方面、生理方面以及心灵方面也有它们的辩证法。最熟知的例子，如极端的痛苦与极端的快乐，可以互相过渡。心情充满快乐，会喜得流出泪来。最深刻的忧愁常借一种苦笑以显示出来。"黑格尔的举例，酷似老庄的命题。

三、"取下求上"命题的意义

（一）认识史总结

老子经历。老子作过周朝守藏室的史官（相当于今国家图书馆馆长）。司马迁《史记·老子列传》说，"老子者"，"周守藏室之史也"。唐司马贞《索隐》说："藏室史，乃周藏书室之史也。"又说："老子为柱下史，即藏室之柱下，因以为官名。"老子通晓古代文化，后来隐居乡村，熟悉民情、民意和民间文化。这说明老子有条件总结中华民族认识史的经验和智慧。

老子用词。前文列举"上德若谷。大白若辱"、"大方无隅。大器晚成。大音希声。大象无形"等命题，《老子》明说是"建言有之"。"建言"，奚侗《老子集解》说"当是古载籍名"。任继愈《老子新译》说是古谚语、歌谣。前文列举"曲则全。枉则直。洼则盈。敝则新。少则得"等命题，是老子引用的成语，《老子》第22章明说"古之所谓'曲则全'者"，即历来有这些现成的说法。这说明《老子》论述"取下求上"的实践哲学，有丰厚的历史文化积淀和现实生活根据。

韩非论证。《韩非子·喻老》的所谓"喻"，是一种论证方式，即譬喻式说明。《韩非子·喻老》用历史故事中的经验智慧，譬喻说明《老子》的实践哲学。

譬喻说明《老子》的"守柔曰强"，引用历史故事："文王见詈于玉门，颜色不变，而武王禽纣于牧野。""勾践入宦于吴，身执干戈，为吴王洗马，故能杀夫差于姑苏。"意即：周文王在用玉装饰的宫门前，被殷纣王辱骂，脸色不变，他的儿子周武王才能在牧野生擒殷纣王。越王勾践到吴国做贱役，手执兵器做吴王的马前卒，所以才能把吴王夫差杀死在姑苏。

譬喻说明《老子》的"将欲歙之，必固张之。将欲弱之，必固强之"，引用历史故事："越王入宦于吴，而劝之伐齐以敝吴。吴兵既胜齐人于艾陵，张之于江济，强之于黄池，故可制于五湖。"意即越王勾践到吴国做贱役，劝说吴王夫差攻伐齐国，以便削弱吴国。吴国军队在艾陵战胜齐军，势力扩张到长江、济水，主盟逞强于黄池，越国才能在太湖地区打败吴国军队。

譬喻说明《老子》的"将欲夺之，必固与之"，引用历史故事："晋献公将欲袭虞，遗之于璧马。智伯将袭仇由，遗之于广车。"意即晋献公想要攻打虞国，却故意把玉璧好马送给虞国国君。智伯想要攻打仇由，却故意把豪华大车送给仇由国君。

从以上列举老子的经历、《老子》的用词和《韩非子·喻老》的论证，可以窥见《老子》"取下求上"的实践哲学。

（二）"取下求上"的实践哲学意义

实践哲学相对于理论哲学而言，是指社会政治、外交关系和军事活动等实践领域的哲学。"取下求上"命题的意义，属于实践哲学，涉及方法和目的、策略和战略、暂时和长远等实践哲学的范畴。"取下"是采取的策略方法，暂时行为，"求上"是希望达到的战略目的，长远目标。"取"即采取，"求"即寻求，都是指人的实践行为。正如《墨经》所说，这里所谓"上下"，是指社会地位、生活境况的好坏、优劣程度,而不是如山泽一样,是指空间方位、位置的高低。

(三)"取下求上"的理论哲学意义

在"取下求上"命题的实践哲学中,蕴含着老子辩证理论哲学的灵魂。《老子》第 39 章说:"高以下为基。"意即上以下为基础,这是对立面相互依赖的辩证理论哲学观点。《墨子·亲士》说:"今有五锥,此其铦,铦者必先挫。有五刀,此其错,错者必先靡。是以甘井近竭,招木近伐,灵龟近灼,神蛇近暴。是故比干之殪,其抗也。孟贲之杀,其勇也。西施之沈,其美也。吴起之裂,其事也。故彼人者,寡不死其所长。故曰:太盛难守也。"

意即:如今有五把锥子,其中有一把最锐利,这最锐利的一把必定先折损。有五把刀子,其中有一把曾磨砺得最锋利,这磨砺得最锋利的一把必定先用钝。所以清甜的水井最先被汲干,高大的树木最先被砍伐,最灵异的龟甲最先被烧灼,最神奇的长蛇最先被曝晒。比干的被杀,是因为他谏劝最激烈。孟贲的被杀,是因为他最勇敢。西施被沉于江,是因为她最美丽。吴起被车裂,是因为他改革事业的成效最大。这些人没有一个不是死于他们的长处。所以说极盛难保。

《老子》第 30 章说:"物壮则老。"第 76 章说:"故坚强者死之徒,柔弱者生之徒。是以兵强则灭,木强则折,坚强处下,柔弱处上。"上述论证说明,老墨的共同认识,是事物发展到极端,会转向反面。《老子》第 40 章说:"反者道之动。"意即向相反的方向转化是道的运动规律。这是对立面相互转化的辩证理论哲学观点,这些观点是渗透于《老子》实践哲学的辩证理论哲学灵魂。

（四）谋略借鉴

《老子》"取下求上"的实践哲学，包含适合新时代需要的开放兼容精神，可与当代中华民族伟大复兴的目标相结合，转化为可资借鉴的思想资源和谋略启迪。当代中国对外交往奉行"不称霸"的原则，提出建立"和谐世界"的主张，跟《老子》"大者宜为下"，即大的一方应把谦下作为行动原则的思想，一脉相承。《老子》"取下求上"的实践哲学和墨子的"兼王之道"，可以改造转化为当代民族振兴的谋略借鉴。

（本章主要内容曾发表于《重庆工学院学报》2008年第2期。）

第二十六章　学术论文的逻辑范式

学术论文的逻辑范式，理想完备的论证结构，有三项基本要求：第一，论题明确。第二，论据充分。第三，论证合理。本章从逻辑学角度，探讨怎样写学术论文，研究论文的逻辑范式，论题明确，论据充分和论证合理，评论若干重要资料，加深对主题的理解。

学术论文，是讨论系统专门学问的文章。学术是有系统的、较专门的学问。论文是讨论或研究某种问题的文章。范式是可以作为典范的形式、样式或模式。跟典范形式、样式、模式意义相近的词，还有法式、模范、模型、典型、榜样、样本、样板和标准等。

学术论文的逻辑范式，指学术论文在思维形式和规律方面的典范形式、样式和模式。范式，即典范、形式、样式、模式、法式、模范、模型、典型、榜样、样本、样板和标准。

从论证角度，学术论文分论题、论据和论证方式三个要素。学术论文的逻辑范式，理想完备的论证结构，有三项基本要求：第一，论题明确。第二，论据充分。第三，论证合理。

一、论题明确

论题是通过论证，确定其真实性的命题。对论题所提的问题是："论证什么？"论题标志证明的宗旨、目的，是立论者所提出的主张，要解决的问题，是论证的所在，论证之处，论证之点，也叫论点。

论题好比是论证的"纲"。通常说，纲举目张，提纲挈领。《韩非子·外储说右下》说："善张网者引其纲。"《荀子·劝学》说："若挈裘领，屈五指而顿之，顺者不可胜数也。"会张网的人，要提起网的总绳。整理裘皮大衣，要拎起领子，用手一抖，所有的毛都顺了。

分析论证结构，把握住论题，整个论证就迎刃而解。论题是论证的"灵魂"，是整个论证的统帅、向导、中心、焦点、轴心和核心。全部论证应紧扣论题，围绕论题，犹如千枝万花，系于一本。

论证的目的，是运用各种论证方式，以确立论题的真实性。论题通常在论证的开头提出，在论证的末尾归结。标志论题的联结词，有"所以"、"因此"、"由此推出"等。论题用题目显示。"题"的本意是前额。"目"是眼睛。前额眼睛，地位明显，显示重要。

论证要求论题明确。第一，要明白清晰，没有歧义。论题的语言表现，是命题，命题的意义和所用的概念，要明白清晰，无歧义。第二，同一论题，要贯彻论证过程的始终，前后一致，这是逻辑思维规律同一律。

文章家对论题明确的要求，表述角度不同，但实质是一致的。西晋陆机《文赋》说:"立片言以居要,乃一篇之警策。"即把揭示文章主题的话,放在显要位置,作全篇统帅,作用就像乘马驾车的鞭子。

南朝梁刘勰《文心雕龙·附会》说:"总文理,统首尾。""附辞会义,务总纲领。驱万途于同归,贞(正)百虑于一致。使众理虽繁,而无倒置之乖,群言虽多,而无棼丝之乱。"

清刘熙载《艺概·经义概》说:"凡作一篇文,其用意俱可以一言蔽之。扩之则为千万言,约之则为一言。所谓主脑者是也。""主脑既得,则治动以静,治烦以简,一线到底,万变不离其宗,如并非将不御,射非鹄不志也。"

元陶宗仪《辍耕录》卷八引乔孟符说:"作乐府亦有法,曰:凤头、猪肚、豹尾,六字是也。大概起要美丽,中要浩荡,结要响亮。尤贵在首尾贯穿,意思清新。苟能若是,斯可以言乐府矣。"论题在论证开头提出,要像"凤头"一样俊秀动人;在论证末尾归结,要像"豹尾"一样响亮有力;在论证中间展开,要像"猪肚"一样饱满浩荡。

明谢榛《四溟诗话》说:"起句当如爆竹,骤响易彻。结句当如撞钟,清音有余。"开头提出论题,要像放爆竹,突然炸响,使人为之一震,引人关注,扣人心弦。结尾归纳论题,要像撞钟,使人觉得余音绕梁,余味无穷,发人深省。

确定主题,是论文立意,为文章家所关注。南朝宋史学家范晔《后汉书·自序》说:"故当以意为主,以文传意。以意为主,其旨必见。以文传意,其词不流。"唐杜牧《答庄充书》说:"凡为文以意为主,以辞采章句为之兵卫。"清王夫之《姜斋诗话》卷下说:"以意为主,意犹帅也,无帅之兵,谓之乌合。"

整理历来文章家对论题明确的阐述，可用以下一组文字表示：

　　一以贯之，一线到底。一言以蔽，首尾归依。
　　弥纶群言，研精一理。万变归宗，万言归一。
　　兵为将御，箭要射的。有的放矢，解决问题。
　　恰当点题，简明具体。确切特定，体现立意。

二、论据充分

论据是用来论证论题真实性的命题。对论据所提的问题是："用什么论证？"论据是论证的根据、理由。逻辑论证要求论据充分。论据是好比论证的"血肉"。论据充分，论证丰满。常言道："摆事实，讲道理。"这就是列举事实和理论两方面的论据。

讲道理，是列举理论证据。所谓道理，理论证据，即一切已经为实践证明为真的一般命题。如科学中的定理、定义等。理论是人们由实践概括出来，关于自然界和社会知识的系统结论。

摆事实，是列举事实证据。事实是事情的真实情况。论题符合事实，才能通过论证确立其正确性。论题不符合事实，无论怎样巧妙的论证，都不能确立其正确性。通常说的实证，就是举出事实证据。符合事实的真论题，才能最终加入到人类真理的宝库。不符合事实的假论题，终究要被事实和实践推翻。

王充《论衡·薄葬篇》说:"论莫定于有证。空言虚语,虽得道心,人犹不信。"《知实篇》说:"凡论事者,违实不引效验,则虽甘义繁说,众不见信。"《对作篇》说:"论则考之以心,效之以事。虚浮之事,辄立证验。"

事实胜于雄辩。论证论题的事实证据,是经过分析和选择,代表事物本质、全体和内部联系的典型事例。事物是复杂的,表现为多种多样的现象。在一般情况和正面事例存在的同时,也常有特例和反例存在。一般情况和正面事例,证明正论题。特例和反例,证明反论题。如果正反论题都可证,就没有任何论题可证,会导致谬误诡辩,否定客观真理。古今中外的诡辩家,常用特例和反例,论证跟常识和真理相悖的荒谬见解。

论证要选择说明事物本质的典型事例,不能随意使用特例反例。列宁说:"在社会现象方面,没有比胡乱抽出一些个别事实和玩弄实例更普遍更站不住脚的方法了。罗列一般例子是毫不费劲的,但这是没有任何意义的或者完全起相反的作用,因为在具体的历史情况下,一切事情都有它个别的情况。如果从事实的全部总和、从事实的联系去掌握事实,那么,事实不仅是'胜于雄辩的东西',而且是证据确凿的东西。如果不是从全部总和、不是从联系中去掌握事实,而是片断的和随便挑出来的,那么,事实就只能是一种儿戏,或者甚至连儿戏也不如。"[①]

---

① 列宁:《统计学和社会学》,《列宁全集》第23卷,人民出版社1959年版,第279页。

《荀子·非十二子》说:"持之有故。"《正名》说:"辩则尽故。"即提出论题,要有充分的论据支持。辩论(证明,反驳)要穷尽各方面的论据。《小取》说:"以说出故。"即用论证揭示理由。《大取》说:"夫辞以故生。立辞而不明其所生,妄也。"即论题凭借论据而产生。建立论题,不明白论题所赖以产生的论据,可能使论题虚妄不实。

论据要具有真实、独立和关联三种性质。论据不真实,无从根据论据推出论题真实。论据和论题没有关联,风马牛不相及,无从根据论据推出论题。论据真实性不独立于论题,会使论证循环,无进展,失去论证的意义。

用充分论据,论证论题,就是用丰富材料,说明观点。历来文章家提出文章的三要素。清戴震说"义理、考核、文章",章学诚说"义理、征实、辞章",姚鼐说"义理、考证、文章",曾国藩说"义理、考据、辞章"。理论家胡绳、王忍之和郑惠等,用笔名施东向,在《红旗》杂志1959年第14期,以《义理、考据和辞章》为题,发表文章,论述写作技巧。讲求"义理",要求论题明确。讲求"考核"、"征实"、"考证"和"考据",要求论据充分。讲求"文章"和"辞章",要求"论证合理"。

三、论证合理

论证合理,确切说,是论证方式合理,即论证中使用的推理形式有效。论证方式,是论据和论题的联系方式,由论据引出论题的推理形式,可以用一个推理形式构成,也可以用多种和多个推理形式合成。

论证方式，好比是论证的"骨骼"、脉络、结构，即通常说的"文章"、"辞章"、"章法"和"谋篇布局"。由论据引出论题的推理形式有效，论题能从论据必然得出，就能表现出严谨的逻辑性，论证性，就有逻辑力量和说服力。

对论证方式所提的问题是："怎样论证？"论证方式，是由论据引出论题的方式、形式、过程和方法。《荀子·非十二子》说："言之成理。"即对论题的论证有条理，顺理成章。

《大取》说："辞以理长。今人非道无所行，虽有强股肱（大腿胳膊），而不明于道，其困也，可立而待也。"即由论据合理地引出论题。这里把论证的条理，比喻为人走道。某甲欲往A地，不明白道路在哪儿，虽有健全体魄，也要立即遭困。论证合理，即论证思路通顺，条理清晰，就像一个人步行，道路清楚。

《论衡·超奇篇》说："论之应理，犹矢之中的。"《文心雕龙·论说》说："论者，伦也。论也者，弥纶群言，而研精一理者也。""论如析薪，贵能破理。理行于言，叙理成论。"可见王充也强调论证的合理性。

四、评论资料

以下资料有助于加深对本章主题的理解。

纠正文字缺点。1950年11月22日毛泽东写信给他的秘书、新闻总署署长胡乔木说："请你负责用中央名义起草一个指示，纠正写电报的缺点……修改充实，然后送交我阅。"[①]这

---

① 《毛泽东书信选集》，人民出版社1983年版，第390页。

个指示,就是我们看到的 1951 年 2 月发出的《中共中央关于纠正电报、指示、决定等文字缺点的指示》。毛泽东在这指示末尾,加了如下的话:"中央认为此种文字缺点的纠正,将使我们同志的头脑趋于精密,工作效能有所提高,故须予以重视,对已存缺点认真地加以改革。"

在这一指示中,提到一次的要求有:"清楚明确";"条理分明";"按照条理,分清层次";"条理清楚";"至再至三地分清条理"。提到两次的要求有:"分清条理";"纠正眉目不清的现象"。而"条理"一词,则提到七次。[①] 关键词频次,见表 44。

表 44 关键词频次

序号	关键词	出现频次
1	清楚明确	1
2	条理分明	1
3	按照条理,分清层次	1
4	条理清楚	1
5	至再至三地分清条理	1
6	分清条理	2
7	纠正眉目不清的现象	2
8	条理	7

纯洁语言。1951 年 6 月 6 日《人民日报》发表社论,以《正确地使用祖国的语言,为语言的纯洁和健康而斗争》为

---

① 参见《毛泽东新闻工作文选》,第 168 页;陈思明:《毛泽东致力纠正错别字》,《光明日报》1993 年 1 月 3 日理论综合版。

题。这一社论向全国宣传1951年2月《中共中央关于纠正电报、指示、决定等文字缺点的指示》的精神。

1951年2月指示说:"为解决此一问题,《人民日报》不久将连载文法讲话,望全党予以注意。"1951年6月6日《人民日报》社论,呼应了1951年2月指示,并强调、解释和发挥了毛泽东在该指示末尾所加的话。

社论开宗明义地说:"语言的使用是社会经济政治文化生活的重要条件,是每人每天所离不了的。学习把语言用得正确,对于我们的思想的精确程度和工作效率的提高,都有极重要的意义。很可惜,我们还有许多同志不注意这个问题,在他们所用的语言中有很多含糊和混乱的地方,这是必须纠正的。为了帮助同志们纠正语言文字中的缺点,我们决定从今天起连载吕叔湘、朱德熙两先生的关于语法修辞的长篇讲话,希望读者注意。"

社论强调说:"更严重的是文理不通。""在整个的篇章结构上","缺乏条理","眉目不清","是常见的缺点"。"毛泽东同志痛恨文理不通的现象,因为只有学会语法、修辞和逻辑,才能使思想成为有条理的","使自己的头脑趋于精密"。两相对照,可知二者的内在必然联系。

写文章讲逻辑。1955年10月11日毛泽东在一次会议上作结论说:"最后,我顺便讲一点请你们注意写文章的问题。我希望在座的都变成'国文教员'。""写文章要讲逻辑。就是要注意整篇文章、整篇说话的结构,开头、中间、尾巴要有一种关系,要有一种内部的联系,不要互相冲突。"

"总之,一个合逻辑,一个合文法,一个较好的修辞,这三点请你们在写文章的时候注意。"所谓"整篇文章、整篇说话的结构，开头、中间、尾巴要有一种关系，要有一种内部的联系，不要互相冲突"，就是指论证合理。[①]中央全会的结论，最后要讲写文章的逻辑性，可见对问题的重视程度。

工作方法。1958年1月31日毛泽东在《工作方法60条》第43条中说："学点文法和逻辑。"第37条说："文章和文件都应当具有这样三种性质：准确性、鲜明性、生动性。准确性属于概念、判断和推理问题，这些都是逻辑问题。鲜明性和生动性，除了逻辑问题以外，还有词章问题。现在许多文件的缺点是：第一，概念不明确；第二，判断不恰当；第三，使用概念和判断进行推理的时候又缺乏逻辑性；第四，不讲究词章。看这种文件是一场大灾难，耗费精力又少有所得。一定要改变这种不良的风气。作经济工作的同志在起草文件的时候，不但要注意准确性，还要注意鲜明性和生动性。不要以为这只是语文教师的事情，大老爷用不着去管。"这是把写文章逻辑性的问题，提升到"工作方法"的高度加以强调，对写文章缺乏逻辑性的缺点，提出严厉批评。

理论文辞。1958年9月2日，毛泽东在《对北戴河会议工业类文件的意见》中说："'说明要点'最差，我读了两遍，不大懂，读后脑中无映象。将一些观点凑合起来，聚沙成堆，缺乏逻辑，准确性、鲜明性都看不见，文字又不通顺，更无高屋建瓴、势如破竹之态。其原因，不大懂辩证逻辑，也不大懂形式逻辑，不大懂文法学，也不大懂修辞学。"

[①]《毛泽东选集》第5卷，人民出版社1977年版，第217页。

"讲了一万次了,依然纹风不动,灵台(心灵)如花岗之岩,笔下若玄(厚)冰之冻。哪一年稍稍松动一点,使读者感觉有些春意,因而免于早上天堂,略为延长一年两年寿命呢!""甚为不足,是在理论与文辞。我的意思,痛切一道,引起注意(过去我所做的一万次的唠叨历史,只当做一阵西北风)。"

"我看你们的心意,把这类事当作芝麻,你们注意西瓜去了。却是写出文件叫人不愿意看,你们是下决心不叫人看的,是不是呢?建议:重写一遍,二遍,三遍,以至多遍。""你们研究一下,你们做工业官,有工业志,就是不用心思,毫无理论研究,以至文件写成这样。"[1]这是把写文章逻辑性的问题,提升到极高程度加以强调,对写文章缺乏逻辑性的缺点,提出严厉批评,对提高写文章的逻辑性,大有裨益。

五、推敲锤炼

历来文章家强调写文章,要斟酌推敲,千锤百炼,呕心沥血,刻苦认真。"推敲"的出典。《四库全书》收宋祝穆《古今事文类聚别集》卷十载,贾岛初赴举在京师,一日于驴上得句云:"鸟宿池边树,僧敲月下门。"始欲着"推"字,又欲着"敲"字,炼之未定,于驴上吟哦,引手作敲推之势,观者讶之。韩退之权京兆尹,车骑方出,贾不觉,行至第三节,尚为手势未已,俄为左右拥至尹前,岛具对所得诗句,

---

[1] 《建国以来毛泽东文稿》第7册,中央文献出版社1992年版,第368、369页。

"推"字与"敲"字未定,神游象外,不知回避。退之立马久之,谓岛曰:"'敲'字佳。"遂并辔(缰绳)而归,共论诗,留连累日,因与为布衣之交。

1958年3月21日,郭沫若答《新观察》记者问"关于文风问题"说:"说得神秘一点,字眼里面还有它的声调和色彩。法国有个作家叫福楼拜,很讲究字眼,他写了文章要用钢琴来检查字眼,听听声音是否和谐。所以,在选择字眼方面恐怕要费点功夫。所谓锤炼,大概就是在这些地方力求准确、鲜明、生动,使人家更容易了解你的内容和概念。文章写好后,要翻来覆去地推敲一下。'推敲'这两个字的出处大家都知道,原来是'僧推月下门',后来改成'僧敲月下门'。'敲'和'推'的动作本来不一样。再说寺门掩闭,恐怕'敲'可能性多些,'敲'字的声音也更响亮一些。两下一比较,就可以看出'敲'的好处。所以文章写好后多推敲、琢磨是必要的。所谓千锤百炼。"[①]

"千锤百炼"的出典。古有"千锤百炼"的成语,比喻对文章反复推敲,精心修改。晋刘琨《重赠卢谌》说:"何意百炼钢,化为绕指柔。"唐皮日休说:"百炼为字,千炼成句。"清赵翼《瓯北诗话》说:"奇句警语,必千锤百炼而后能成。"杜甫说:"语不惊人死不休。"卢延让《苦吟》说:"吟安一个字,捻断数茎须。"贾岛《题诗后》说:"二句三年得,一吟双泪流。"

南宋洪迈《容斋续笔·诗词改字》说:"王荆公绝句云:

[①] 郭沫若:《关于文风问题答〈新观察〉记者问》(1958年3月21日),《沫若文集》第17卷,人民文学出版社1963年版,第337页。

'京口瓜洲一水间，钟山只隔数重山。春风又绿江南岸，明月何时照我还？'吴中士人，家藏其草。初云：'又到江南岸。'圈去'到'字，注曰：'不好。'改为'过'，复圈去，而改为'入'，旋改为'满'。凡如是十许字，始定为'绿'。"

严复自述著述用词是："字字由戥子称出。""一名之立，旬月踟蹰。"戥子是极小的秤，用以测定金银首饰等贵重物品或药品的重量，可精确到一两的千分之一，比喻谨慎锤炼字句。孔子说："君子于其言，无所苟而已矣。"（《论语·子路》）对说话用词，一丝不苟，绝不马虎。

"呕心沥血"的出典。成语"呕心沥血"，形容写作穷思苦索，费尽心血。《新唐书·李贺传》说，李贺七岁能辞章。韩愈和皇甫湜不信。叫李贺赋诗，李贺提笔就写成。二人大惊，于是李贺很早出了名。李贺身材削瘦。每天早上，太阳一出来，他就骑上弱马，背上锦囊，遇到有心得，就写下来，投入囊中。晚上回家，作品就写成了。李贺的母亲，担心儿子这样会搞坏身体，叫婢女搜索锦囊，发现儿子又写了很多，就生气地说："我儿是要呕出心来，才肯罢休吗？"李贺只活到二十七岁。① 这是"呕心"的出典。韩愈《归彭城》诗："刳肝以为纸，沥血以书辞。"这是"沥血"的出典。

成语"呕心沥血"，又作"呕心镂骨"或"呕心滴血"。

---

① 《新唐书·李贺传》说，李贺"七岁能辞章"。"韩愈、皇甫湜始闻未信。过其家，使贺赋诗，援笔辄就"。"二人大惊，自是有名"。"为人纤瘦"，"每旦日出，骑弱马"，"背古锦囊，遇所得，书投囊中"。"及暮归，足成之"。"母使婢探囊中，见所书多，即怒曰：'是儿要呕出心乃已耳！'"《唐书考证》说李贺"卒年二十七"。

清袁枚《随园诗话》卷一说："李义山《咏柳》云：'堤远意相随。'真写柳之魂魄。与唐人'山远始为容，江奔地相随'之句，皆是呕心镂骨而成。"郭沫若《李白与杜甫·李白与杜甫在诗歌上的交往》说："请读韩愈为他的诗友孟郊所作的《贞曜先生墓志铭》吧。他形容孟郊的苦吟竟至使用上'刿目鉥心'，'掏擢胃肾'的辞句。这也就是后人所说的'呕心滴血'了。"这些成语，都是形容写作费尽心思，刻苦认真。

（本章主要内容曾发表于《毕节学院学报》2009年第11期。）

后 记

拙著《中国逻辑研究》，商务印书馆2006年版，由全国哲学社会科学办公室组织专家评审，于2015年列入国家社会科学基金"中华学术外译项目"，中国高等教育出版社组织翻译为英文，在海外出版推广。

本书成果，是继以上拙著之后，由近年陆续发表的百篇专题拙文中精选，内容关涉墨学和中国逻辑学两大学术增长点，经反复修改，编为本书，希望出版有助于中华优秀传统文化的纵深研究。

本书于2012年6月7日跟商务印书馆签约，由商务印书馆丁波、孙昉、鲍海燕等同仁悉心编审、锤炼提升，谨致由衷谢意。不当之处，敬请读者指教。

孙中原
2017年3月3日寿登八十